運動部活動の戦後と現在

なぜスポーツは学校教育に結び付けられるのか

中澤篤史
Atsushi Nakazawa

青弓社

運動部活動の戦後と現在——なぜスポーツは学校教育に結び付けられるのか　目次

はじめに 11

序章　なぜスポーツは学校教育に結び付けられるのか 15

1　本書の目的　15
2　なぜスポーツは学校教育に結び付けられるのか　16
3　理念としての〈子どもの自主性〉への注目　20
4　本書の教育学的背景　23
5　本書の構成　27

第1章　運動部活動を分析するための方法論 32

1　方法論的検討──戦後体育学を批判的に再考する　32
　1-1　スポーツと学校教育の結び付きを論じる既存の体育学的議論の図式とその問題点
　1-2　本書の方法論的立場
　1-3　定義と対象
2　分析枠組みの設定──戦後以降の学校と教師のかかわりに注目する　43
　2-1　何が運動部活動を成立させてきた／させているのか
　2-2　運動部活動への学校と教師のかかわりは、いつ始まったのか
3　運動部活動の日本特殊性　46
　3-1　青少年スポーツの国際状況
　3-2　運動部活動の日米英比較
4　教育問題としての運動部活動　51
　4-1　日本教職員組合の見解と学校スリム化論の主張
　4-2　運動部活動は地域社会に移行したのか
5　代表的な運動部活動論の検討　54
　5-1　運動部活動のあり方はどう論じられてきたか

    5−2　城丸章夫の運動部活動論
    5−3　中村敏雄の運動部活動論
    5−4　内海和雄の運動部活動論
    5−5　城丸・中村・内海の議論が運動部活動のあり方に与えた影響

補論　運動部活動研究の包括的レビュー 67

1　日本とアメリカの社会科学が蓄積してきた運動部活動研究 67
2　教育学領域 68
3　体育・スポーツ科学領域 69
4　社会学／心理学領域Ⅰ（参加・適応研究） 69
5　社会学／心理学領域Ⅱ（機能・効果研究） 70
6　社会学／心理学領域Ⅲ（顧問教師研究） 71
7　歴史学領域 72
8　日本研究（Japanese studies）領域 73
9　運動部活動研究上における本書のオリジナリティー 74

第Ⅰ部　運動部活動の戦後

第2章　戦後運動部活動の実態・政策・議論 86

1　運動部活動はどのように拡大してきたのか 86
　1−1　実態・政策・議論から戦後史を描く
　1−2　各種資料の網羅的蒐集
2　戦前の運動部活動 92
3　戦後の実態はどう変遷してきたのか 95
　3−1　生徒の活動状況——加入率と活動日数の増加

 3−2 教師のかかわり
    ──一部の部分的なかかわりから、半数以上の全面的なかかわりへ
 3−3 運動部活動を取り巻く状況
 3−4 実態の変遷のまとめ
4 戦後の政策はどう変遷してきたのか 107
 4−1 終戦直後〜1950年代前半──自治／統制の二重性の制度化
 4−2 1950年代後半〜60年代──統制の緩和と競技性の高まり
 4−3 1970年代〜80年代前半──大衆化の追求と教師の保障問題
 4−4 1980年代後半〜2000年代──多様化＝外部化の模索
5 戦後の議論はどう変遷してきたか 123
 5−1 終戦直後〜1950年代──自由・自治の価値と学校・教師のかかわりの必要性
 5−2 1960年代──選手中心主義への批判と学校・教師の主体性確立の必要性
 5−3 1970年代──教師の負担・保障問題と社会体育化の模索
 5−4 1980年代──非行防止／生徒指導手段の是非と生涯スポーツ論の台頭
 5−5 1990年代〜2000年代──「開かれた運動部活動」と多様化＝外部化の推進
6 戦後運動部活動の拡大過程 139
 6−1 実態・政策・議論の関係と時期区分
 6−2 戦後運動部活動の拡大過程と〈子どもの自主性〉

第3章 戦後運動部活動と日本教職員組合 157

1 運動部活動はなぜ縮小しなかったのか 157
 1−1 日本教職員組合への注目
 1−2 教師集団における日本教職員組合の位置
2 日本教職員組合の分析方法 160
 2−1 分析の枠組み・レベル・時期
 2−2 教育研究全国集会資料の重要性
 2−3 教育研究全国集会資料の扱い方
3 日本教職員組合は運動部活動をどう見たか 164
 3−1 課題A──全国レベルの見解はどのような変遷をたどってきたのか

3-2　課題B
　　　　——積極的保障という見解の背景に、都道府県レベルのどんな運動があったのか
　3-3　課題C
　　　　——社会体育化／積極的保障という見解のズレは、どんな帰結をもたらしたのか
4　戦後運動部活動と教師　176
　4-1　日本教職員組合の見解の構図
　4-2　戦後運動部活動への教師のかかわりと〈子どもの自主性〉

第Ⅱ部　運動部活動の現在

第4章　戦後から現在へ　200

1　運動部活動の現在性　200
　1-1　戦後の分析を踏まえて
　1-2　現在の運動部活動の成立と学校と教師のかかわり
2　組織レベルでの学校−保護者関係　203
　2-1　学校のかかわり方に与える保護者の影響
　2-2　保護者の二面性——「消費者」と「協働者」
3　個人レベルにおける教師のかかわり　207
4　ヒガシ中学校のフィールドワーク　211
　4-1　データ収集方法
　4-2　公立ヒガシ中学校の概要とその位置づけ
　4-3　フィールドワークの経緯
　4-4　主なインフォーマントの一覧

第5章　運動部活動の存廃と学校 - 保護者関係 227

1　学校 - 保護者関係は、運動部活動の存廃にどう影響するか　227
2　存続する部活動と廃止される部活動　229
　2-1　年度替わりの顧問教師の異動への注目
　2-2　分析対象の抽出
3　保護者の〈要望〉と〈支援〉の有無から見た比較　231
　3-1　パターンA──保護者の〈要望〉と〈支援〉の両方があった部活動
　3-2　パターンB──保護者の〈要望〉があり〈支援〉がなかった部活動
　3-3　パターンC──保護者の〈要望〉がなく〈支援〉があった「部活動支援」
　3-4　パターンD──保護者の〈要望〉と〈支援〉の両方がなかった部活動
　3-5　保護者全体に対するヒガシ中の対応
4　運動部活動と学校 - 保護者関係　244
　4-1　保護者の〈要望〉と〈支援〉が運動部活動の成立に与える影響
　4-2　運動部活動の新自由主義的／参加民主主義的な再編

第6章　運動部活動改革と学校 - 保護者関係 249

1　運動部活動改革はどう進行していくか　249
2　運動部活動改革の追跡調査　251
　2-1　地域社会に移行するか、学校に留まるか
　2-2　ヒガシ中学校サッカー部の特徴
3　ヒガシ中学校サッカー部の改革　253
　3-1　保護者の運動部活動への意識
　3-2　保護者のかかわりと学校の対応
4　運動部活動改革の進行と学校 - 保護者関係　266
　4-1　保護者の〈要望〉と〈支援〉の源泉とその影響
　4-2　学校 - 保護者関係と〈子どもの自主性〉

第7章　運動部活動に積極的な顧問教師 272

1 なぜ教師は運動部活動に積極的にかかわり続けるのか 272
2 教師本人の意味づけ方への注目 273
　2−1　解釈的アプローチ
　2−2　教師が直面する指導上の困難
3 積極的な顧問教師と消極的な顧問教師 276
　3−1　運動部活動に積極的／消極的な顧問教師の分類
　3−2　運動部活動に消極的な顧問教師と指導上の困難
4 運動部活動に積極的な顧問教師による困難の意味づけ方 280
　4−1　運動部活動の捉え方
　4−2　(イ)多様性への対処場面での困難への意味づけ方
　4−3　(ロ)選手の選考場面での困難への意味づけ方
　4−4　(ハ)時間の配分場面での困難への意味づけ方
5 運動部活動と積極的な顧問教師 294
　5−1　教師が運動部活動に積極的にかかわり続ける理由
　5−2　教師の積極的なかかわりと〈子どもの自主性〉

第8章　運動部活動に消極的な顧問教師 300

1 なぜ教師は運動部活動から離脱しない／できないのか 300
2 消極的な顧問教師の記述的分析 300
　2−1　記述的分析
　2−2　分析対象とする消極的な顧問教師
3 運動部活動から離脱しない／できない顧問教師 302
　3−1　個人的志向のために離脱しない顧問教師
　3−2　教師−生徒関係によって離脱しない／できない顧問教師
　3−3　教師−教師関係によって離脱しない／できない顧問教師
　3−4　職場環境によって離脱しない／できない顧問教師

4 　運動部活動と消極的な顧問教師　311
　　4-1　消極的な顧問教師が離脱しない／できない理由と文脈
　　4-2　教師の消極的なかかわりと〈子どもの自主性〉

終章　スポーツと学校教育　314

1 　各章の概要　314
2 　第1の結論——運動部活動の拡大・維持過程　316
3 　第2の結論——スポーツと学校教育の日本特殊的関係の構築プロセス　318
4 　新たな課題——訓練としてのスポーツ、解放としてのスポーツ　322
5 　理論的展望——スポーツと学校教育の結び付きに関する二元的パースペクティブ　324

おわりに　329

参考文献　337

装丁——神田昇和

はじめに

　本書では、運動部活動の戦後と現在を描き、なぜスポーツは学校教育に結び付けられるのかを考える。正確にいえば本書は、体育学・教育学をベースに社会学・歴史学の方法論も用いながら、運動部活動の戦後の拡大過程と現在の維持過程を分析し、それを通じてスポーツと学校教育の日本特殊的関係の構築プロセスを探究するモノグラフである。
　はじめに、本書が専門的研究者だけでなく、運動部活動に関心を持つ一般の方にも広く読んでいただくことを願って、私が本書を書こうとした動機をとりわけ一般読者に向けて示しておきたい。

　いったい運動部活動とは何なのだろうか。それを考えたいというのが、本書を書く根本的な動機であった。といっても私は、運動部活動とは何かと、運動部活動それ自体を疑ってかかることが、長い間できなかった。なぜなら、多くの読者にとってもそうであるように、私にとって運動部活動は、あまりにも身近にある自明な存在だったからである。運動部活動を知らない日本人はいない。そして私自身の学校生活経験でも運動部活動はあるのが当たり前だったし、研究者として運動部活動を取り上げ始めてからも、運動部活動の自明性はなかなか拭えなかった。
　中学校や高校の現実を見てみよう。生徒たちは、授業よりも運動部活動を楽しみにしていたり、勉強をそっちのけで運動部活動にのめり込んだり、学校を卒業しても運動部活動の思い出を大切にしたりしている。そうかと思えば、たいして好きでもない運動部活動に何となく参加している生徒がいたり、つらく激しい運動部活動に耐えかねて辞めたいと思っている生徒もいたり、実際には活動していないのに名目的に運動部活動に入っているユーレイ部員がいたりする。生徒にとって運動部活動は、そのかかわり方は多様であっても、学校生活を送るうえで無視できない存在になっている。そして教師も、運動部活動をやはり無視することはできない。運動部活動の顧問になるために教員免許を取得し、運動部活動に生き甲斐を感じて熱血に指導する教師がいる。その一方で、好きでもない運動部活動の顧問を任されて、負担に悩ま

されている教師もいたりする。校長や教頭は、そうした教師たちを何とかまとめあげて、学校全体として運動部活動を成り立たせている。さらに最近は、保護者も運動部活動に強い関心を抱いている。運動部活動で頑張ろうとするわが子を応援したり、そうした運動部活動を学校と教師とともに支えようとする保護者も少なくない。

　読者のなかにも、教師や保護者のような立場でまさにいま、運動部活動にかかわっている方がいるかもしれない。たとえそうした直接的なかかわりがなかったとしても、子どものときには自分も運動部活動に熱中していたという方、地域住民として近隣の学校の運動部活動を応援しているという方、テレビ・ラジオ・新聞を通じて甲子園野球などの最高レベルの運動部活動を楽しみにしている方もいるだろう。また、運動部活動を題材としたテレビドラマ『われら青春!』『スクール☆ウォーズ』を観たり、漫画『アタックNo.1』『ドカベン』を読んだ方もいるだろう。私と同世代の読者ならば、『キャプテン翼』『タッチ』『SLAM DUNK』『ROOKIES』に夢中になったにちがいない。最近では、朝井リョウの小説『桐島、部活やめるってよ』がベストセラーになり、映画化されて話題になった。「桐島」という一人の生徒が「部活」をやめたくらいで、学校が大騒ぎになってしまう。私たちにとって運動部活動は、それほど身近な存在なのである。

　しかし、私は、こうした運動部活動の存在自体を、次第に不思議に感じるようになってきた。なぜなら、カリキュラムに含まれない課外活動であるにもかかわらず、運動部活動はおこなわれてきた。生徒や教師が必ずしも好き好んで参加しているわけではないにもかかわらず、運動部活動はおこなわれてきた。運動部活動に潜む多くの問題が指摘されてきたし、運動部活動を廃止して地域社会に移行しようと検討されたこともあった。にもかかわらず、運動部活動は学校に残り続けてきた。つまり、運動部活動は過剰なほど大規模に成立し続けてきた。運動部活動について調べ始めると、こうしたことがわかってきたからである。

　加えて、私が運動部活動の存在を不思議に思うようになったより大きな理由としては、こうした運動部活動が他の国ではあまり見られない、日本特有の存在であることがわかってきたからでもある。海外の教育事情やスポーツ事情を取り上げた文献を読んでも、海外の学校を見学に行っても、日本のような運動部活動に出合うことはない。そして、国際会議などで私が運動部活

動の研究報告をすれば、外国人研究者たちは「なぜ日本では運動部活動なるものがあるのか？ Amazing!」と驚く。そうした海外の事情や外国人研究者の反応から、私は、日本人にとって自明だった運動部活動の存在自体をますます不思議に感じるようになった。

　こうした関心を持って、私は本書を書いた。だから本書は、運動部活動が良いか悪いかを評価したりはしないし、運動部活動に潜む問題を告発したりその解決策を提示したりもしない、また、運動部活動とは本来こうあるべきだといった主張もしない。たしかに運動部活動には、昨今の悲劇的な体罰問題のような、解決すべき根深く大きな問題がある。そうした問題を一刀両断し、こうすれば運動部活動はすばらしく生まれ変わるといったバラ色の理想論を語ることを、本書に期待する読者もいるかもしれない。しかし、残念ながら、本書はそうした期待には応えられない。そうした理想論を語ることではなく、本書が目指すのは、運動部活動の存在自体の不思議を解きほぐすために、運動部活動の現実を徹底的に見つめ直すことである。運動部活動は、どのような歴史のなかで成立し、これほど大規模になってきたのか。そしていま現在、どのような状況のなかで運動部活動がおこなわれているのか。日本では、なぜ運動部活動が存在するのか。運動部活動の理想を考える前に、そして理想を考えるためにこそ、まず運動部活動の現実——その戦後と現在——を見つめ直す必要があるはずだ。

　ところで、私たちがよく知っている「部活」といえば、運動部活動だけでなく、吹奏楽部・美術部・文芸部などの文化系の「部活」もある。しかし、本書はスポーツ系の「部活」、つまり運動部活動に対象を絞っている。そのことで本書は「部活」全体を論じることはできなかったが、しかし、スポーツ系の運動部活動の存在にこそ、「部活」の不思議を理論的に解きほぐすための重要な問いが隠されていると私は考えている。それは、なぜ日本ではスポーツは学校教育に結び付けられるのかという問いである。一見すると、スポーツと学校教育には関連がないように見える。そして、他の国では、スポーツは学校教育のなかで運動部活動としておこなわれるものではなく、地域社会のなかでスポーツクラブとしておこなわれるのが一般的だったりもする。外国人研究者が日本の運動部活動に驚くわけは、こうしたスポーツと学校教育の"奇妙"な結び付きに由来している。

　さらにいうと、そもそもスポーツは、サッカーであれ野球であれバスケッ

トボールであれ、本人自身が自由に楽しもうとする一種の遊びである。私たちは楽しいからスポーツをするのであり、遊びたくてスポーツをするはずだ。しかし学校教育は、本人が楽しいかどうか、本人が好きかどうかにかかわらず、教育的に必要なことを、しつけや指導として強制的にでもおこなわせる。「遊んでいないで勉強しなさい」と教師が生徒を叱ることがあるように、学校教育は遊びを禁止したりもする。そう考えると、遊びと学校教育は正反対にあるように思われるし、スポーツと学校教育の間には矛盾があるようにも思われてくる。だとすれば、スポーツと学校教育が結び付くことによって存在している運動部活動とはいったい何なのか。

　運動部活動の戦後と現在に注目し、なぜ日本ではスポーツは学校教育に結び付けられるのかという問いに取り組むことで運動部活動の不思議を理論的に解きほぐし、そこから見える日本社会の特徴を示したい。こうした見通しを持ちながら、私は本書を書いた。

序章　なぜスポーツは学校教育に結び付けられるのか

1　本書の目的

　日本の学校教育には運動部活動がある。生徒は、関心がない場合や運動が苦手な場合も含めて、運動部活動に加入しスポーツに触れる。学校は教科教育だけではなく、教育課程に含まれない活動でありながら、運動部活動としてスポーツの機会を用意する。教師は授業だけでなく、たとえスポーツの経験がない場合でさえも、顧問として運動部活動の指導と運営に携わる。その結果、実態としては、7割以上の中学生と5割以上の高校生が運動部活動に加入し、ほぼすべての学校が運動部活動を設置しており、半分以上の教師が運動部活動の顧問に就いている（運動部活動の実態に関する調査研究協力者会議、2002）。このように日本では、運動部活動が大規模に成立している。それでは日本の運動部活動は、どのような歴史的展開のなかで、これほど大規模に拡大してきたのか。さらに、運動部活動は、教育制度という面で見ると、課外活動というあいまいで周辺的な位置にある。そのため、顧問配置や超過勤務や手当の問題などが解決されないままに残されていて、学校や教師にとっては教育問題でもあり続けた。にもかかわらず、現在も大規模なままで維持されているのはなぜなのか。
　そして、運動部活動が日本ほど大規模に成立している国はほかにない（文部省、1968；Bennett et al., 1983；Weiss and Gould eds., 1986；Flath, 1987；Haag et al. eds., 1987；Wagner ed., 1989；De Knop et al. eds., 1996）。詳細はあらためて述べるが、課外スポーツに関して、ヨーロッパや北米では、学校ではなく地域社会のクラブが青少年のスポーツを提供するのが一般的であり、学校に運動部活動がある場合も、日本に比べてその規模は小さく、教師のかかわりもきわめて弱い。そこでは、スポーツが学校教育と切り離されてきた。

対して日本では、運動部活動として、一見すると学校教育と関連がないように思われるスポーツが学校教育の一環として編成され続けてきた。つまり、運動部活動の大規模な成立状況が示唆しているのは、スポーツと学校教育の日本特殊的関係である。このスポーツと学校教育の日本特殊的関係はどのようにして構築されてきたのか。

本書は、このスポーツと学校教育の日本特殊的関係の構築プロセスを、日本の大規模な運動部活動の拡大・維持過程の解明を通して考察する。言い換えれば、スポーツと学校教育の日本特殊的関係がどのようにして構築されてきた／されているのか、という理論課題に対応した作業課題として、日本の大規模な運動部活動がどのように成立してきた／しているのか、を考える。

すなわち、本書の目的は、第1に、運動部活動の戦後の拡大過程と現在の維持過程を解明することであり、第2に、それを通じてスポーツと学校教育の日本特殊的関係の構築プロセスを考察することである。

前者の目的は、運動部活動の大規模な成立という日本的な現象を説明・理解しようとする作業である。これが本書の中心にあり、それについての本格的な議論は第1章から開始する。後者の目的は、前者の目的の理論的な含意として、一見すると学校教育とは無関連あるいは矛盾するようにさえ思われるスポーツを、日本の学校教育はどのように位置づけ、取り込んできたのかを考察する作業である。この序章では、そうした理論的含意について議論し、本書のねらいを示しておきたい。

2 なぜスポーツは学校教育に結び付けられるのか

なぜスポーツは学校教育に結び付けられるのかという問いを立てるのは、内容的にスポーツと学校教育に関連がないと思われるからというだけでなく、原理的に考えてみても、両者が結び付くことに矛盾が生じうると考えられてきたからであり、そして、これまでの研究が、両者の結び付きに適切な解答を与えていないと思われるからである。

これまでに、スポーツと学校教育の関係を分析してきた中心領域は、教育学の下位分野としての体育学であった。体育学は、一方で、スポーツと学校教育の間に矛盾があることを指摘しながら、他方で、その矛盾を乗り越えよ

うと、いくつかの図式でスポーツと学校教育の結び付きを議論してきた。しかし、筆者の考えによれば、それらの体育学的議論は必ずしも成功しておらず、なぜスポーツは学校教育に結び付けられるのかを十分に説明・理解するに至っていない。これまでの体育学が、スポーツと学校教育の結び付きをどう論じてきたのか、そしてその論じ方にはどのような問題点があったのか、については第1章であらためて批判的に検討する。その前に、スポーツと学校教育の間に矛盾が生じうるという点を確認し、本書がスポーツと学校教育の結び付きをどのような仮説を持って論じようとするのかを述べておきたい。

　スポーツは、身体を使った一種の遊戯であると見なされてきた。スポーツの語源は「運び去る」を意味するラテン語のdeportareであり、単に物質的な運搬・移動という意味だけでなく、日常的な生活や仕事を離れる身体的・精神的な解放、すなわち「遊戯」という意味を含んでいた。そのため、学術的なスポーツ概念の定義も、この「遊戯（play）」を中心要件としてきた。スポーツ史学者のベルナール・ジレ（1952、pp.9-20）は、スポーツを「遊戯」「競争」「激しい肉体的活動」という3要素から定義し、遊戯を第1の要素に挙げている。また、スポーツ社会学者のアレン・グートマン（1981、pp.7-29）も、「遊戯」を基底において、組織化された遊戯を「ゲーム」と定義し、競争するゲームを「競技」と定義し、肉体を使う競技を「スポーツ」と定義した。つまりスポーツは遊戯のサブカテゴリーと見なされている。

　では、遊戯とは何か。ヨハン・ホイジンガ（1973）は、遊戯を「真面目ではないもの」と大きく括ったうえで、遊戯の形式的特徴として「自由」「非日常性」「没利害性」「時間的・空間的完結性」などを挙げた。ホイジンガの議論を引き継ぎながら、ロジェ・カイヨワ（1990）は、遊戯を「自由な活動」「隔離された活動」「未確定の活動」「非生産的活動」「規則のある活動」「虚構の活動」の要件から定義した。とりわけ第一要件の「自由な活動」は重要であり、カイヨワ（1990、p.40）は、これについて「遊戯者が強制されないこと。もし強制されれば、遊びはたちまち魅力的な愉快な楽しみという性質を失ってしまう」と説明している。すなわち、強制されずに本人自身が楽しむことが遊戯の絶対条件だった。そのため遊戯としてのスポーツは、非強制的で自発的な自由な活動であると見なされることになる。

　他方で、学校教育は、スポーツが持つそうした遊戯の性質と相容れない側面を持つ。遊戯を「真面目ではないもの」と括ったホイジンガの議論を踏ま

えれば、学校教育は、生活・仕事上の必要性や利害関係と切り離すことはできない「真面目なもの」である。仮に子ども自身が望まない場合でも、学校や教師は、子どもが生活や仕事に有用な知識や能力を得られるように、義務として勉強を強制したり、しつけや指導として介入する。そのように、一般的に学校教育は遊戯を認めない。だから、「遊んでいないで勉強しなさい」と教師は子どもを叱るわけである。

　また、近代社会を批判的に再考しようとする諸研究は、周知のとおり、近代になって整備された学校教育が権力装置であることを明らかにしてきた。近代社会は、子どもを、大人とは区別された独自の存在と捉え、教育的配慮をもって、学校教育という異質な空間に隔離する（アリエス、1980）。学校教育は、制度として、子どもに、自律的な学習を保障するのではなく、他律的な教育を強制する（イリッチ、1977）。学校教育は権力を行使し、子どもに規律を与え、子どもを訓練していく。そうした規律訓練型の権力を通じて学校教育は、子どもに力を与え能力を引き出しながらも、同時に、子どもを従順で服従する存在に変えていく（フーコー、1977）。ただし、学校教育の権力は、少なくとも建前としては、子どものために行使される。学校教育は、子どものために子どもに介入するのであり、その権力はパターナリズムとして特徴づけられる[1]。

　これらを踏まえると、学校教育における学校や教師のパターナリスティックな教育的働きかけが、子どもの自由を制限し、遊戯そしてスポーツを成立させないかもしれない。逆に、遊戯そしてスポーツそれ自体を大切にしようと、子どもの自由を全面的に肯定すれば、一切の教育的働きかけが否定され、学校教育そのものが成立しないかもしれない。そう考えると、遊戯としてのスポーツが、その遊戯の性質と相容れない学校教育に結び付けられることに、原理的な矛盾があるようにも思われてくる。

　これまでの体育学は、スポーツと学校教育の間のこうした原理的な矛盾を、スポーツと学校体育の矛盾、あるいはもっと普遍的なレベルでのスポーツ概念と体育概念の矛盾として指摘してきた。以下では、そのように論じた代表的な体育学者である竹之下休蔵と江橋慎四郎の議論を見てみよう。

　教育としての体育は、遊戯としてのスポーツと相容れないのではないか。ホイジンガやカイヨワの遊戯論を取り入れながら、遊戯としての体育のあり方を構想した竹之下休蔵（1972）は、その構想が抱える問題点を次のように

述べている。

> スポーツは非日常的なことがら、体育は〈まじめ〉の領域のことがら、両者の関連を考える際の基本的な問題点がここに見いだされる。（略）スポーツは体育の手段となりうる。しかし、手段となったとき、形式上はともかくとしても、定義上スポーツから離れるのではないか。スポーツの手段化を進めることと、スポーツの特性を保持する工夫のどちらがより体育的なのか、1つの問題である。（竹之下、1972、p.164）

　竹之下は、スポーツを体育の手段とすることに問題を感じていた。スポーツは非日常的なことがらであり、それを「真面目なもの」である教育や体育の手段とすれば、その瞬間にスポーツの特性が保持できなくなり、スポーツはスポーツでなくなってしまう、というわけである。

　同じように、江橋慎四郎（1979）も、普遍的なレベルでのスポーツ概念と体育概念の違いを論じている。江橋は、スポーツ振興法、ミッチェナー、ジレ、国際体育・スポーツ協議会によるスポーツの定義などを参照しながら、スポーツと体育の特色を表序—1のように整理した。江橋によれば、スポーツは、「自然発生的」に「活動それ自体のために」「遊び、楽しみとして」おこなわれる目的的な活動である。対照的に体育は、「意図的、計画的に」「教育の一環として」「心身健康な人間の形成が目標」となっておこなわれる手段的な活動である。

　そのため、目的的な活動であるスポーツと、それとは別の目的に応じた手段的な活動である体育は、互いに相容れない部分を持つ。スポーツが自然発生的な遊びや楽しみであるかぎり、意図性や計画性を備える体育とは相容れない。また、体育が教育として人間形成の手段であるかぎり、それ自体を目的とするスポーツとは相容れない。[2]

　これらの議論を踏まえれば、スポーツを学校教育の手段とすることの矛盾を理解できる。すなわち、遊戯としてのスポーツが、その遊戯の性質と相容れない学校教育に結び付けられることには、原理的な矛盾がある[3]。とすれば、スポーツと学校教育が結び付くとはいったいどういうことなのか。

表序－1　江橋慎四郎によるスポーツ概念と体育概念の特色の整理

スポーツ	体育
1．自然発生的。 2．活動それ自体のために行われる。 3．遊び、楽しみとして行われる身体活動の総称。 4．しかし、遊戯に比較すれば、闘争、競技とが最大の努力に強調点がおかれ、最高度の技術の追求が目標となる。 5．それぞれの特色を持った多様な種目から構成されている。	1．意図的、計画的に行われる。 2．教育の一環として構成された体育の目標がある。 3．体育の目標を達成するためにふさわしい身体活動が、発育発達に応じて選択される。 4．すべての生徒・児童が対象であり、基礎的、共通的な事項の学習が主であり、心身健康な人間の形成が目標となる。 5．目標達成に寄与するスポーツ種目が選択され、また、体操、ダンスなどの身体運動によって構成される。

（出典：江橋〔1979、p.22〕から引用）

3　理念としての〈子どもの自主性〉への注目

　それを考えるために、いつスポーツと学校教育が結び付いたのかを考えてみたい。筆者の見立てによれば、日本で、現在に続くような形でスポーツと学校教育が結び付けられた時期は戦後教育改革期であり、スポーツと学校教育を強く結び付けた力学は戦後民主主義教育という構想のなかにあった。戦後教育改革期に学校体育のあり方は変化し、戦後民主主義教育はスポーツを中心とした新しい学校体育を求めた。ここに、スポーツと学校教育が結び付く開始点があったと思われる。こうした見立てを、終戦直後の大谷武一による学校体育論を検討しながら、より詳しく述べる[4]。

　大谷武一は、大正期から戦後初期までの日本での体育全体の第一人者である。大谷は、終戦後間もない1948年に刊行した著書『これからの体育』のなかで、そのタイトルどおり「これからの体育」を、次のように論じている。

　　　今後の体育は、学校における場合でも、社会における場合でも、スポーツを中心に運営されることになるものと考えて、まず、まちがいはない。それは、これからのわが国の教育は、専ら民主主義を基調とした自由教育を行うことになるわけであるが、スポーツは、民主主義の基盤の

上に発達したものであるだけに、今後の教育と同調で行けるので、指導上まことに都合がよいからである。（大谷、1948→1960、p.103）

大谷は、終戦後の「民主主義を基調とした自由教育」で、学校体育は「スポーツを中心に運営される」と考えた。なぜなら、スポーツは、「民主主義の基盤の上に発達した」からであり、民主主義的な学校教育と合致するからだという。こうした学校体育でのスポーツの位置づけは、戦前と戦後で大きく変化した。続けて大谷は、次のように論じている。

　体育の方法としてそれほどまでに優れているスポーツが、何故に、これまで、わが国で体育の王座を占めるに至らなかったのであるかというと、それは、従来の教育が、どちらかといえば、画一的な形式訓練を重視したために、この方針に最も適応している体操や、教練が重視せられ、これらの点では、全く相反した立場にあったスポーツが、おのずから軽視されるという傾向にあったわけである。ところが終戦後、わが国の教育の行き方に一大転換が遂げられた結果、従来の画一的な、詰込主義を排して、自由な自主的活動を重んずる、個性伸張の教育が行われることになったので、自主性に富んだスポーツが最前線に登場するのは、自然の勢いで、少しもあやしむにたりない。（大谷、1948→1960、pp.103-104）

大谷が論じるように、戦前の学校体育は、「画一的な形式訓練を重視」して、それに「最も適応している体操や、教練」を中心とした。しかし戦後の学校体育は、「自由な自主的活動を重んずる、個性伸張の教育」として、「自主性に富んだスポーツ」を中心とした。戦後民主主義教育は、子どもの自由と自主性に高い価値を与え、そのために自由な自主的活動であるスポーツを求めたのである。その戦後民主主義教育に応じたスポーツによる学校体育が、大谷がいう「これからの体育」であった。

こうした戦後教育改革期での学校体育の変化と戦後民主主義教育でのスポーツの位置づけによって、スポーツと学校教育が結び付いたと考えられる。すなわち、その結び付きには、子どもの自由と自主性をめぐる理念が投影されていた。

以上を踏まえて本書は、原理的な矛盾を含みながら、なぜスポーツは学校教育に結び付けられるのかという問いを解くための補助線として、理念としての〈子どもの自主性〉に注目する。スポーツは「自由な活動」としての遊戯であるから、子どもがスポーツをすることは、子どもが自由であることを示している(5)。すなわち、子どもがスポーツをするとき、少なくとも理念上は、〈子どもの自主性〉が表出していることになる。ここでいう〈子どもの自主性〉とは、「子どもが、他者からの干渉・介入を受けることなく、自らの意思で自らの行為を決めること」に与えられる教育的価値であり、教育する側が求める教育的理想である。ただし、山括弧を付けて表記しているように、〈子どもの自主性〉とは、事実の次元での「子ども自身の真の自主性」ではなく、学校や教師を中心とした教育する側が子どもをめぐって意味づける理念のことである。簡単にいうと、本当に子どもが自主的であるかどうかに注目するのではなく、「子どもが自主的であり、それはよいことだ」と学校と教師が思っていることに注目する。こうした理念としての〈子どもの自主性〉を媒介として、日本の学校教育はスポーツを取り込もうとしてきた、と仮説的に考える。

　後述する教育学の知見からわかるとおり、日本の学校教育は、特に戦後以降、〈子どもの自主性〉を高く価値づけ、それを学校教育のあり方を構成する基軸の一つに据えてきた。しかし、学校と教師からフォーマルかつ強制的に与えられる教科教育のような枠組みのなかで、〈子どもの自主性〉は表出され難く、その枠組みだけでは、〈子どもの自主性〉を基軸にした教育は実現できない。そこで、そうした枠組みをはみ出るような、インフォーマルで自発的な場面を学校教育の一環として用意する必要があった。その具体的場面の一つが、スポーツであり運動部活動ではなかったのか。そのため、日本の学校教育は、知識教授中心の教科教育とは内容的に無関連に思われるスポーツを、学校教育の一環である運動部活動として編成してきたのではないか。そうしてスポーツと学校教育の日本特殊的関係が構築されたのではないか。

　すなわち、理念としての〈子どもの自主性〉がスポーツと学校教育を結び付ける。これが本書が提示する新たな仮説である。

4　本書の教育学的背景

　この仮説は、教育学の知見を参照しながら、それを体育学の立場で受け止めて構成したものである。この点を論じながら、本書の教育学的背景について述べる。
　本書が理念としての〈子どもの自主性〉に注目した背景には、「子ども」自体に価値を置いた近代教育思想、その実現を目指した「子ども中心主義」の新教育、そしてその延長線上にある日本の戦後学校教育、なかでも教科外活動や特別活動の領域で取り組まれた「子どもの自主性を育てる」教育がある。
　いうまでもなく、近代社会は、個人が個として生きることを価値とする社会である。そのため近代教育思想は、『エミール』（ルソー、1962－64）が示すように、「子ども」自体に価値を置きながら、ありのままの自然な「子ども」に働きかけることを求めた。その実践の現れが、「子ども中心主義」の新教育であったといえる。教育学者の堀尾輝久（1979）が論じるとおり、知識や徳目の詰め込みを排し、子どもの活動や興味を重視する新教育は、ルネッサンス・ヒューマニズムを源流として、ジョン・ロック、ジャン＝ジャック・ルソー、ヨハン・ハインリッヒ・ペスタロッチたちの近代教育思想を経て、ジョン・デューイやジャン・ピアジェを指導者としながら、19世紀末から現代に至るまで国際的運動として展開した。堀尾は、新教育の思想と運動が、多様な個性と雑多な夾雑物を含み込んでいたと指摘しながらも、その共通点を次のようにまとめている。

　　　新教育の運動とは、子どもをおとなとは違った存在と認め、子どもの未熟さに発達の可能性を見出し、それを開花させることをこそ教育の目的と見なし、発達心理学的知見を支えとして、発達の段階と筋道に即しての教育的働きかけの方法をつくり出す仕事であった。あるいはまた、深層心理学や精神分析学の影響のもとに、子どもの深層に着眼し、子どもの抑圧からの解放をめざすものであった。そして、これらを通して、子どもの自由な活動と個性の開花がめざされ、そのための教育の自由の

原則が運動の共有物となっていった。(堀尾、1979、p.351)

　新教育は、「子ども」の発達可能性を開花させ、「子ども」を抑圧から解放し、それを通して「子どもの自由な活動と個性の開花」を目指した。そのために「教育の自由」が求められたのである。
　こうした新教育は、日本の学校教育では、大正自由教育として萌芽し、ありのままの自然な「子ども」への働きかけが実践された。日本の学校教育での「子ども中心主義」の流れは、いったんは戦時期の総力戦体制下での軍国主義教育によって途絶えざるをえなかったが、終戦後の民主主義教育では前面に押し出された。日本の学校教育理念は、戦争を挟んで、国家のための教育から、子どものための教育へと、大きく転換した。
　子どものための教育という理念は、ひとまず戦後学校教育全体を包み込んだといえるが、なかでも、子どもの自由や主体性を中心理念に据えたのが、教科外活動や特別活動の領域だった。この領域は、学習指導要領上では、「自由研究」「教科以外の活動」「特別教育活動」「特別活動」と名称を変えてきたが、そこで追求されてきたのが、「生きることの教育」(宇留田、1981)、「生き生きとした学校生活の創造」(木原、1979)、そして後述する宮坂哲文の「子どもの自主性を育てる」教育だった。以下では、教科外活動論および特別活動論の第一人者である宮坂哲文の議論を、やや詳細に検討してみたい。[6][7]宮坂は次のように論じる。

　　　特別教育活動とは子どもたちが自主的にいとなむ生活活動のことだといわれる。たんに子どもの自主性を育てるということであれば、教科の学習のなかでも当然考えられることである。しかし、生活活動を自主的にいとなむということになると、教科以外の場でないと、いろいろな拘束が生じることになる。教科の大系や、教科そのものを、子どもたちが自分できめるということは困難なことである。教科外の領域にはそのような拘束は存在しないという考えかたがともかくも前提になって、子どもたちの自主的な生活活動としての教科外活動というものが考えられているといえよう。(宮坂、1959→1975、p.13)

　宮坂によれば、「子どもの自主性を育てる」ためには、「教科以外の場」が

必要だという。なぜなら教科教育の枠組みには、「拘束」があるからである。「教科以外の場」には「拘束は存在しない」と考えることではじめて、「子どもたちの自主的な生活活動としての教科外活動」が構想可能だったわけである。続けて宮坂は、次のように論じる。

> 自主的な生活活動という以上、子どもたちの側に、自由と主体性とがなければならない。教師によって子どもたちの意思が拘束されたり、学校や教師の指示や命令で子どもたちが動かされるところに、子どもたちの生活活動の自由と主体性とはありえない。したがって特別教育活動は、なによりもまず、学校や教師からの拘束や指示命令から自由でなければならないことになる。つまり、子どもたち自身の自由な意思と、行動の主体性とが、特別教育活動にとっての必須要件でなければならないことになる。（宮坂、1959→1975、p.13）

宮坂は、教科外活動では、「子どもたちの側に、自由と主体性とがなければならない」と論じる。教科外活動の必須要件は、「子どもたち自身の自由な意思と、行動の主体性」だった。そのため、学校と教師は、子どもに指示・命令してはならない。では、教科外活動で、学校と教師は何もせずに、子どもを放任しておけばよいのか。

> 特別教育活動というものが、ただ放っておいても生まれてくるものではないこと、そこになんらかの育成の手段が、つまりなんらかの指導が必要なものであることは明らかであろう。本来の教科外活動をなり立たせるところの、子どもたちの自由な意思や主体性、さらに要求、生活意欲、問題意識といったものは、やはりそれ自体育成されねばならないものだということはまちがいないところだと考えられる。いいかえれば、特別教育活動を学校がその教育活動の一環にふくめて考えるということは、子どもたちの自主性を育てて、自主的活動を育てることを学校の任務とするということだということになる。（宮坂、1959→1975、p.14）

宮坂にとって、子どもの自由と主体性を尊重することは、子どもを放任することと同じではなかった。宮坂は、子どもの自由と主体性は、「それ自体

育成されねばならない」と論じる。「子どもたちの自主性を育てて、自主的活動を育てること」が、学校と教師の任務とされたわけである。すなわち、学校と教師は、一方で、子どもの自由と主体性のために子どもに指示・命令してはならず、もう一方で、同じく子どもの自由と主体性のためにそれを育成・指導しなければならない。学校と教師には、こうした指示・命令の否定と育成・指導の肯定という、アンビバレントなかかわりが求められた。宮坂は、子どもの自由や主体性を中心に据えることで、学校と教師による子どもへのかかわり方が、緊張関係を含んでいることを論じている。

　以上の議論を、本書の問題関心に引き付けながら小括すれば、第1に、戦後学校教育の中核には、自らの意思で自らの行為を決めるように子どもを育てようとする理念——〈子どもの自主性〉——があった。〈子どもの自主性〉を尊重し、それを最大限に発揮させる学校教育のあり方が構想されたといえる。第2に、それを実現させるための場は、学校と教師から強制的に与えられる教科教育ではなく、その枠を外れた領域に求められた。〈子どもの自主性〉を壊さないために、一切の強制が排除されなければならなかったからである。そのため第3に、学校と教師は、〈子どもの自主性〉を壊さないために強制することなく、しかし同時に、〈子どもの自主性〉を育成するために放任することもない、そうした子どもへのかかわり方を求められた。〈子どもの自主性〉をめぐる教育的なかかわりには、緊張関係が内在化していた。

　こうした教育学の知見、とりわけ教科外活動論や特別活動論における議論の蓄積は、運動部活動のあり方やスポーツと学校教育の関係を考えるうえで、体育学にとって非常に重要な示唆を与えているといえるだろう。だが、これまでの体育学はそれら教育学的な議論を真正面から受け止めて、それを体育学的な議論と接続させながら十分に深めようとはしなかったように思われる。[8]しかし、体育が教育の下位分野であるかぎり、体育学が探究しようとする体育的現象は、常に、それを含むより大きな教育的背景のなかに位置しているのであり、そのため、体育学の探究は教育学とのつながりのなかで深められなければならない。

　そうした反省的な認識から本書は、教育学の知見を参照しながら、それを体育学の立場で受け止めて、スポーツと学校教育の結び付きを考えるために、理念としての〈子どもの自主性〉に注目した。このように教育学の知見を参

照しながら体育学との接続に留意したことは、本書の方法的独自性といえる。それによって、体育学から教育学へ示唆を与えることもできるだろう。〈子どもの自主性〉を中核に置いた戦後学校教育とはどのようなものだったのか。そして現在、その戦後的な学校教育のあり方は、どのような展開を見せているのか。運動部活動そしてスポーツは、そうした教育全体にかかわる問いを体育学的に分析するための対象として位置づくはずであるし、その分析を通じて〈子どもの自主性〉を取り込む学校教育のあり方と展開も考察できるはずである。[9]

　だから、本書が〈子どもの自主性〉の理念を仮説的に提出したことは、体育学での遊戯をめぐる議論を、教育学での自主性をめぐる議論に単に置き換えただけ、という以上の意味がある。その意味とは第1に、体育学が教育学と接続する筋道を示し、両者を貫く大きな問いが発見されたということ。第2に、既存の体育学が解けなかったその問いを、教育学の知見を参照して解ける可能性を指摘できたということ。第3に、そのように教育学の知見を参照しながらも、体育学の立場に立ってその問いを解くことで、体育学を前進させると同時に、体育学から教育学へインパクトを与えることができるということ。そうした意味があるからこそ、体育学を、教育学との接続のなかで探究することが重要だと思われるのである。

5　本書の構成

　本書の構成は次のとおりである。第1章では、運動部活動を分析するために、本書の方法論的立場と分析枠組みを設定し、運動部活動を取り巻く状況を整理する。続いて、第2・3章を【第Ⅰ部　運動部活動の戦後】として、運動部活動の戦後の拡大過程を、歴史的資料を用いながら分析・考察する。第2章では、戦後の全体史として、運動部活動の実態・政策・議論の変遷およびそれらの関係を分析する。第3章では、個別史として、運動部活動のあり方に対する日本教職員組合の見解を分析する。次に、第4章から第8章までを【第Ⅱ部　運動部活動の現在】として、運動部活動の現在の維持過程を、公立中学校のフィールドワークで得られたデータを用いて分析・考察する。第4章で、第Ⅰ部の知見から引き出される運動部活動の現在性を論じ、それ

を踏まえた分析課題を組織レベル（学校－保護者関係）と個人レベル（教師のかかわり）に分けて設定する。合わせて、データ収集の方法、フィールドワークの経緯とフィールドの概要について述べる。第5章では、組織レベルで、学校－保護者関係が運動部活動の存廃に与える影響を横断的に分析する。第6章では、組織レベルで、学校－保護者関係が運動部活動改革の進行過程に与える影響を縦断的に分析する。第7章では、個人レベルで、運動部活動に積極的な顧問教師の指導上の困難に対する意味づけ方を分析する。第8章では、個人レベルで、運動部活動に消極的な顧問教師が離脱しない／できない文脈を分析する。最後に終章では、それらを踏まえた総括論議をおこなう。

以上の構成を、リサーチクエスチョンの関係から模式的に示したのが、図序－1である。

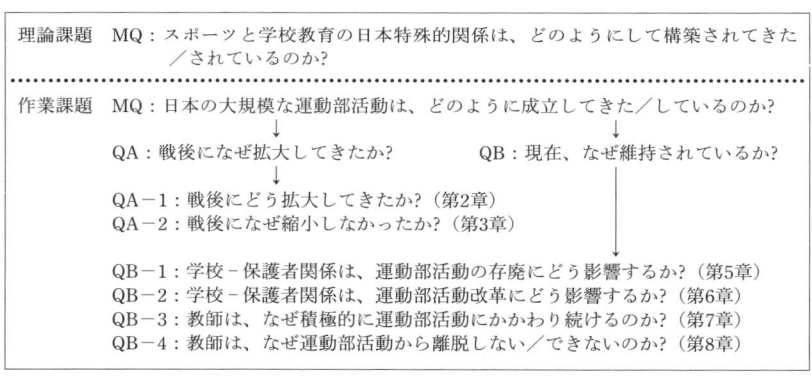

図序－1　本書の構成とリサーチクエスチョンの関係

注

（1）パターナリズム（paternalism）は、父を意味するラテン語のpaterを語源とした概念であり、父が子を守るように、優れた知識と能力を持つとされる個人や国家が、その人のためにという理由で、その人の自由に対して介入・干渉する原理の一つである（中村、2007、p.1）。このパターナリズムは、個人の自由を抑圧しうるものであり、ジョン・スチュアート・ミル（1971）を代表とするリベラリズムから批判されてきた。この議論を敷衍すると、パターナリスティックな側面を持つ教育が個人を抑圧してしまう危険性を理解

できる。それでは、教育でのパターナリズムの問題をどう考えればよいのか。個人の自由を至上価値とするならば、パターナリズムは完全に否定すべきであり、極論すれば教育も完全に否定すべきなのか。それとも、個人の自由に価値を置きながらも、他方でパターナリズムや教育は正当化されうるのか。本書の理論的テーマであるスポーツと学校教育の関係を問うことは、そうした論点に示唆を与えることにもつながるように思われる。

（2）こうした概念上の対立から、体育哲学領域では、スポーツと体育はそれぞれ独立した概念だという認識が定説になっている（前川、1981；佐藤、1993）。そのためスポーツを体育の手段に限定したりすることが問題であるのと同様に、スポーツを体育と同一視することにも問題がある。この問題は、実践的なレベルでいうと、遊戯としてのスポーツをありのままに教科体育へつなげようとした「楽しい体育論」の課題へと通底している。竹之下休蔵や佐伯年詩雄を中心とした民間体育研究団体の全国体育学習研究会が提唱し、1977年・1978年改訂の学習指導要領に盛り込まれた「楽しい体育論」は、知識偏重や人間疎外の教育の改善を意図して、遊戯としてのスポーツを教科体育へ直結させようと、「楽しむこと」を教科体育の目標に掲げた（日野、1998）。しかし、義務として課される教科教育の枠組みのなかで、遊戯・スポーツ・「楽しむこと」を成立させるには原理的な矛盾を伴い、楽しい体育論は、実践レベルで課題を抱え込むことになった（菊、1998）。

（3）ただし、この矛盾はスポーツの遊戯性を仮定する立場に立った場合に生じるものである。だから、巷間いわれるように、「スポーツは遊びじゃない。真面目に努力し訓練し競い合う、真剣勝負だ」と、スポーツの遊戯性を否定する立場に立てば、そうした矛盾はそもそも生じない。本書は、どちらの立場が正しいか、スポーツが本質的に遊戯性を備えているかどうかについては議論しない。かわりに本書が議論しようとするのは、スポーツの遊戯性を仮定した場合に生じるとされたスポーツと学校教育の矛盾が、スポーツに遊戯性を認めるからこそ——スポーツに投影される〈子どもの自主性〉の理念を媒介として——逆説的に解消されることになった可能性である。それを考えるため本書は、スポーツの遊戯性をひとまず仮定して、これまでの体育学の議論と接続を試みる。そうすることで、体育学が直面した課題を、体育学の内部から突破できるかもしれない。

（4）大谷武一の学校体育論は、『大谷武一体育選集』全巻に目を通しながら、特に1948年刊行の『これからの体育』などが収められた『大谷武一体育選集5』（大谷、1960）を主な文献として検討した。引用に際しては、原典の発行年と合わせて表記する。

（5）詳しくいえば、自由の概念は、強制からの解放を意味する消極的自由と、ある対象への本人の志向を意味する積極的自由に分類される。それを踏まえると、子どもがスポーツをする場面には、強制されているわけではないという点で消極的自由があり、スポーツをしたいからしているという点で積極的自由もあるといえるだろう。そのため本書では、基本的に、スポーツの自由を消極的自由／積極的自由に弁別せずに、一括して議論を進める。ただし、両者を注意深く弁別する議論が、より多くの認識利得を生む可能性を否定するわけではない。そうした議論の精緻化は今後の課題としたい。

（6）ただし、教科外活動や特別活動の領域が子どもの自主性の育成に取り組もうとした理由は、軍国主義教育から民主主義教育へという終戦時の転換だけにあるわけではなく、その後に続いた戦後日本社会のあり方とも関係していた。戦後日本社会は、「近代化後期」として、高度経済成長と高学歴化を背景に産業的マンパワー育成を学校教育に要請し（麻生、1982）、学校教育は競争と選抜の性格を強めて、落ちこぼれ、登校拒否・不登校、校内暴力、いじめなどを生み出したとされる（久冨、1993）。こうして戦後学校教育の現実は、子ども自体を大切にするという理念から遠ざかっていった。その現実を問題視し、教科外活動や特別活動の領域では、「人間が人間らしく生きることを妨げる現代社会」に対抗するために「生きることの教育」が追求され（宇留田、1981）、「人間疎外への対応」として「生き生きとした学校生活の創造」が追求された（木原、1979）。それを踏まえると、子どもの自主性を育成しようとした教科外活動と特別活動の内実は、時代によって違う可能性があり、留意する必要がある。

（7）宮坂哲文の教科外活動論と特別活動論は、『宮坂哲文著作集』全巻に目を通しながら、特に1959年刊行の『新訂　特別教育活動』などが収められた『宮坂哲文著作集Ⅲ』（宮坂、1975）を主な文献として検討した。引用に際しては、原典の発行年と合わせて表記する。

（8）語義をさかのぼれば、体育学は「身体教育の学」に由来する言葉であり、教育学の下位分野である。にもかかわらず、これまでの体育学は、いわゆる教育学の範囲内にとどまらず、そこから超え出て、相対的な独自性を持った学問領域として形成されてきた。そうした動向が行き過ぎれば、教育学の下位分野としての体育学を貧困にしてしまい、体育学の持つ教育学的可能性を減じてしまうように思われる。重ねて筆者が危惧するのは、体育学が教育学から距離を置いた学問領域となってしまうことであり、体育学者が教育学者の議論に耳を傾けず、また体育学者の「教育学的議論」が教育学者には届かない、そうしたディスコミュニケーションが生じてしまうことである。その

ような事態を避けるためにも、体育学は、教育学と架橋する筋道を意識しながら、教育学からの批判的摂取を通じて前進していくべきだろう。本書を通じて、そうした教育学との接続によって体育学自体を深められる利点があること、そして体育学から教育学へ示唆を投げ返しうる可能性があることを示したい。

（９）ただし、「〈子どもの自主性〉と学校教育」という大きなテーマから見れば、本書が扱うスポーツそして運動部活動は、あくまで限られた対象の一つにすぎない。そのテーマについて十全に論じるためには、〈子どもの自主性〉に関連する議論や実践として、上述した教科外活動論や特別活動論をより精緻に再検討する必要があるし、その他に、遊戯教育論、生活綴方運動、生活指導論、生徒指導論、自治集団論などを再検討する必要もある。さらに、分析対象としても、〈子どもの自主性〉が表出されうる他の場面として、生徒会や学校行事を含めた特別活動全般、文化系部活動を含めた多様な課外活動なども見る必要がある。しかし、本書はそれらにまで及んでおらず、その点で、「〈子どもの自主性〉と学校教育」というテーマへの接近の仕方は限定的である。

　付け加えると、こうした限定を自覚的に強調する理由は、ここで指摘した〈子どもの自主性〉に関連する議論、実践、対象を幅広く捉えきれていないからという以外に、「学校教育」自体に関する教育学的検討の蓄積を十分に生かしきれていないからでもある。「学校教育」を考えるためには、一方で、普遍的な概念としての「教育」、その一つのパターンとしての「近代教育」、具体的に整備・拡充された「近代学校教育」との関連についての教育思想史的検討や教育史的検討を欠かせないし、他方では、学校教育・社会教育・家庭教育の関係や、学校教育内部での教科教育・教科外教育・課外教育の関係についての学校論やカリキュラム論の検討も欠かすことはできない。

第1章　運動部活動を分析するための方法論

1　方法論的検討──戦後体育学を批判的に再考する

1−1　スポーツと学校教育の結び付きを論じる既存の体育学的議論の図式とその問題点

　本書は、スポーツと学校教育の日本特殊的関係を、〈子どもの自主性〉を媒介として考察する。そのために、運動部活動をどのように分析すればよいだろうか。第1章では、分析の準備として、その方法論を検討しよう。

　はじめに、本書の方法論的立場を示すため、これまでの体育学で、スポーツと学校教育の結び付きがどう論じられてきたのかを批判的に再考する。本書では、スポーツと学校教育の結び付きに関する既存の体育学的議論の図式を、「人格形成論的図式」「身体形成論的図式」「スポーツ文化論的図式」という名称で類型化し(1)、それぞれの論じ方を見たうえで、それらの問題点を指摘する(2)。

　なお、体育学でスポーツと学校教育の関係の議論は、運動部活動だけでなく、むしろ教科体育を中心にした学校体育論として蓄積されてきた。本書が扱う運動部活動のあり方がどう論じられてきたのかは、後であらためて確認することとして、ここでは、スポーツと学校教育の関係についての体育学的議論の到達点を概観するために、運動部活動だけでなく教科体育も含めた学校体育論を検討する。

1−1−1　人格形成論的図式

　第1に、人格形成論的図式とは、スポーツは望ましい人間性や道徳性を育成するから学校教育に結び付く、というように、人格形成を目指す学校教育の一部分にスポーツを位置づける図式である。その歴史は、19世紀のイギ

リスのパブリックスクールで生まれた「アスレティシズム」にさかのぼる（Mangan, 1981）。トマス・ヒューズ（1952）が著した小説『トム・ブラウンの学校生活』が描くとおり、19世紀初期の学校間対抗スポーツは異常なほど熱気を帯びた。こうしたスポーツの過熱に対して、当初、多くの教師はそれが学校教育の成立を妨げると敵意を持って見なしていた。しかし、その後は徐々に学校教育の一手段と見なされ始めていった。19世紀中頃には、スポーツの場が運動や娯楽の場としてではなく、もっとも価値がある社会性や男らしい徳性を形成する場として評価され、人格形成のためにスポーツが積極的に奨励されていった（マッキントッシュ、1960、1983、1991）。つまり、スポーツに人格を形成する機能を見いだし、人格形成のためにスポーツが利用された。

このように人格形成の観点からスポーツを学校教育に結び付ける議論は、戦前・戦後の日本にも通底している。たとえば、国立体育研究所所長や文部省体育局長を務めた小笠原道生（1961）は、著書『体育は教育である』のなかで次のように述べている。

> スポーツがわれわれの「人」としての修養に役立ち、スポーツは「人」を造るものであるという事は、誰が何と言おうと飽くまでも真実である。早い話が、われわれはスポーツに親しんだ人の中に、他に見られないような好もしい性格、優れた性格を持っている人が沢山にいる事を、直接の経験として知っている。そしてそれは明らかにスポーツの好もしい影響の結果であると見て間違いはない。（小笠原、1961、pp.241-242）

小笠原は、「スポーツは「人」を造る」と論じた。こうした議論によって、スポーツは人格形成を目指す学校教育の重要な部分として位置づけられた。

しかし、この人格形成論的図式が依って立つ、スポーツは人格形成に有効であるという仮定は、成立するかどうかが不確かであり、それを無条件に認めることはできない。日常的な経験レベルでも、私たちは、運動部活動の部員による暴力、いじめ、犯罪が繰り返されてきたことを知っているし、「スポーツをすれば必ず良い人間になる」と素朴に信じていない。また、いくつかの実証研究の結果も、スポーツの人格形成への有効性を必ずしも支持して

いない。たとえば、運動部活動参加者と非参加者を比較した心理学的研究には、運動部活動参加が反社会的な逸脱を引き起こすという報告もある（岡田、2009）。つまり、「スポーツが人格形成に役立つ」という命題は、実証されていない神話としての側面がある（Miracle and Rees, 1994 ; Rees and Miracle, 2000）。

これらを踏まえると、スポーツの人格形成への有効性を仮定した人格形成論的図式は、その仮定が成立するかどうかが不確かであるという点で、問題点を抱えている。

1-1-2　身体形成論的図式

第2に、身体形成論的図式とは、スポーツは発達や、健康、体力づくりといった身体形成に有効であるから学校教育に結び付く、というように、いわゆる「身体の教育」にスポーツを位置づける図式である。上述の第1の図式は、人間性や道徳性を育む手段としてスポーツを副次的に評価するものであり、スポーツに直接関連する身体的要素を評価するものではなかった。これに異を唱え、身体的要素に注目し、身体の形成に価値を置いてスポーツを評価する立場が出てきた。猪飼道夫と江橋慎四郎は、「われわれは、教育の基礎として身体を考え、その身体の健康保持にとどまらず、積極的に諸機能の向上をはかる、すなわち「体力」の育成ということを体育の基礎と考えている」（猪飼・江橋、1965、p.61：猪飼執筆部分）と述べた。こうした体力づくりを中心とする体育観が意図したのは、従来のスポーツ技術の教授に専心する学校体育のあり方を反省し、医学・生理学的観点から身体形成に有効な運動の質と量を見極め、スポーツの枠組みにとらわれない運動プログラムを提示しようとする点にあった（猪飼・江橋、1965；加藤ほか編、1970；水野ほか、1973）。その意味で、身体形成への有効性を重視する猪飼や江橋は、スポーツと学校教育をいったん切り離そうとする意図を持っていた。

ただし、そうした意図とは別に、身体形成に向けた学校体育を実現しようとする政策・実践段階に至ると、むしろスポーツは、体力づくりに必要だとして、学校教育に強く結び付けられていった。政策的には、東京オリンピック開催と合わせて1964年に「国民の健康・体力増強対策」が閣議決定され、その後現在まで官民挙げて展開されてきたいわゆる「体力つくり国民運動」は、青少年の体力づくりに向けて、学校でのスポーツを強く奨励していった。

実践的にも、正木健雄や城丸章夫を中心とした民間教育研究団体の教育科学研究会 身体と教育部会は、生産労働や生活向上のための「からだづくり」としての学校体育を構想し、そのための教材としてスポーツを積極的に活用しようとしてきた（正木、1975a）。
　しかし、この身体形成論的図式にも問題点がある。なぜなら、そこで敷かれているスポーツは身体形成に有効だという仮定とは真逆に、スポーツによるけがや障害が後を絶たない現実があるからである。猪飼たちと同じ医学・生理学の立場から、武藤芳照は、運動部活動での子どものけがや障害の問題を指摘してきた。自明なことだが、適度な運動は身体形成に好影響を与え、過剰な運動は悪影響を与えるのであり、スポーツはそのどちらにもなりうる。そして、しばしば、スポーツは学校教育と結び付けられたそのときに、過剰な運動を引き起こしてしまう。武藤が警鐘を鳴らしたのは、教育的関心を持った大人が子どものスポーツに介入することで、過剰な運動が引き起こされ、けがや障害が生じてしまう事態だった（武藤、1987、1989；武藤編、1988；武藤・太田編、1999）。いわば、身体を正しく形成するために、スポーツと学校教育の結び付きを断ち切る必要性が指摘されたわけである。
　以上から、スポーツの身体形成への有効性を仮定した身体形成論的図式も、その仮定がいつも成立するとはかぎらない点で、問題点を抱えている。

1-1-3　スポーツ文化論的図式

　第3に、スポーツ文化論的図式とは、スポーツはそれ自体が文化的価値を持つから学校教育に結び付けるべきだ、というように、文化伝達装置としての学校教育を通じて学習され発展させられる文化としてスポーツを位置づける図式である。この第3の図式は、日本では、スポーツを身体形成の手段として体力向上を図ろうとする上述の第2の図式を、それが国家主義的であり、能力主義的であり、資本主義的であると批判しながら、生まれてきた（中村ほか、1978）。この主張は、丹下保夫と中村敏雄を中心とした民間教育研究団体の学校体育研究同志会によって、「運動文化論」として展開された。運動文化論がいう「運動」の中心にあるのは、文化遺産としてのスポーツである。運動文化論は、過去世代が蓄積してきたスポーツ文化を受け継いで、そのすばらしさを学習し、さらにより発展させた形で未来世代につないでいくことを目指し、その役割を学校体育に求めた。丹下は、この運動文化論の立

場から、概念としての体育を、「運動文化そのものを追求し、それを継承し発展させることを目的とした教育活動」（丹下、1961、p.144）と再定義した。具体的には、体育が担うべき教育課題として、「①だれにも運動文化の本質を体得させ、人間的な運動欲求をほりおこす。②運動技術の獲得上達と運動文化追求の価値の認識を意図的計画的に行なう。③運動能力の向上についての自覚とくふうをさせる。④現実生活のなかでいかにして運動文化の追求を可能にするかを理解させる」（丹下、1975、p.42）などを挙げた。

　こうした日本の動向と類似して、アメリカでも、学校体育のあり方を再考する機運のなかで、スポーツを文化として学習し、発展させていこうとする議論が出てくる。代表的な論者は、ダリル・シーデントップである。シーデントップは、学校体育のあり方を、人格形成や身体形成のためではなくスポーツ文化のために変えていこうと、概念としての体育を、「競争的で、表現的な運動をプレイする個人の性向や能力を向上させる過程」（シーデントップ、1981）と再定義した。この再定義は、ホイジンガやカイヨワの遊戯論を援用したものであり、自由な遊戯としてのスポーツを学習し、さらに発展させる役割を担う教育として体育を捉えたものである。その後、シーデントップは、この遊戯としてのスポーツを中心に据えた体育のあり方を、「スポーツ教育」（Sport Education）として定式化した（Siedentop ed., 1994）。そこでは、「あらゆる形態のスポーツをすべての人に保障すること」を中心理念として、生徒を「プレイヤー」「熱狂的なスポーツ人」「有能なスポーツ人」に育成することが目指された（Siedentop ed., 1994, pp.4-5）。シーデントップの「スポーツ教育」も、「運動文化論」と同じように、スポーツをそれ自体価値がある文化だと見なし、学校教育を通じて、スポーツ文化を学習し発展させることを意図していた。

　しかし、このスポーツ文化論的図式にも問題点がある。なぜなら、スポーツの文化的価値を強調する同じ文化論の内部から、スポーツの文化性を重視するからこそ学校教育から離れるべきだという、まったく対蹠的な規範も提出されてきたからである。代表的な論者は、スポーツ評論家の玉木正之（1999、2000、2001、2003）である。玉木によれば、体育の授業で子どもにスポーツが教育として強制されることで子どもがスポーツを嫌いになってしまい、高校野球が教育的に意味づけられることで勝利至上主義などの弊害が生じてしまうという。玉木は、学校教育の枠組みがスポーツ文化の発展を阻

害していると問題視し、スポーツ文化自体を発展させるためにこそ、スポーツを学校教育から分離すべきだと主張する。このように、スポーツ文化の発展のために学校教育や運動部活動を仮想敵として批判し、スポーツを学校教育から切り離そうとする主張は、玉木に限らず、多くの戦後体育学者にも共通するものだった（竹之下、1966、1968、1970；前川、1967、1975；松田、1971）。これはつまり、スポーツと学校教育の結び付きを説明・理解するはずだった、スポーツの文化的価値という仮定から、スポーツを学校教育から切り離そうとする主張も生み出されていることを意味している。

　これらを踏まえると、スポーツの文化的価値を仮定したスポーツ文化論的図式は、逆にスポーツを学校教育から切り離そうとする主張も生み出す点で、問題点を抱えている。

1-2　本書の方法論的立場

　以上から、本書は、なぜスポーツは学校教育に結び付けられるのか、という問いを解くための方法論的立場として、人格形成論的図式、身体形成論的図式、スポーツ文化論的図式ではなく、〈子どもの自主性〉に注目した社会科学的アプローチを取る。人格形成論的図式、身体形成論的図式、スポーツ文化論的図式の個別の問題点は上述したとおりだが、ここではそれら既存の図式に共通する問題点をあらためて指摘し、それとの違いから、本書の方法論的立場の特徴を4点示しておく。

　第1に、既存の図式は規範理論としてスポーツと学校教育の結び付き方に規範を提示してきたが、本書は、あくまで形而下で、スポーツと学校教育が結び付く現象を社会科学的に説明・理解することに焦点を当てる。既存の図式は、現象を説明・理解するための科学理論という側面だけではなく、それ以上に、そうあるべきだという規範を提示する規範理論の側面を持っていた。人格形成論的図式はスポーツの人格形成への有効性を仮定し、身体形成論的図式はスポーツの身体形成への有効性を仮定し、スポーツ文化論的図式はスポーツの文化的価値を仮定し、それぞれの仮定から、スポーツを学校教育に結び付けるべきだという規範を提示してきたといえる。そうした規範理論は、当該規範からの距離を持って現象を評価・批判するが、現象自体を説明・理解することはできない。

　これに対して、本書は、スポーツの人格／身体形成への有効性や文化的価

値という仮定をいったん脇に置いて、価値中立的な立場から、スポーツが学校教育に結び付けられるという現象自体に問いを投げかけ、それを社会科学的に説明・理解することを目指す。ある価値を出発点にして良いか悪いかを議論するのではなく、目の前の現象を出発点にしてその現象の不可思議さを探究しようとするわけである(5)。

　第2に、既存の図式はスポーツと学校教育の結び付きを脱文脈的なものと見なしていたが、本書は、それを文脈依存的で、歴史的・社会的に構築されたものだと見なす。第1の規範理論としての側面とも関連するが、既存の図式は、スポーツと学校教育の結び付きを、あらゆる時代や国に普遍に妥当するべき脱文脈的なものと見なしてきた。しかし、実際は、スポーツと学校教育の結び付き方は多様である。スポーツと学校教育が分離される時代や国もあり、むしろ密接に結び付く現代日本のほうが特殊である。規範理論としての既存の図式は、こうした現象の多様性に対峙したとき、スポーツが学校教育に結び付く場合を規範と合致していると評価し、スポーツが学校教育に結び付かない別の場合を規範と合致しないと批判するかもしれない。しかしそうした規範的な接近の仕方では、なぜ、ある場合にスポーツが学校教育に結び付けられ、別の場合には結び付けられないのかを、説明・理解できないのである。

　これに対して本書は、こうしたスポーツと学校教育の結び付き方の多様性を踏まえ、その結び付きが文脈依存的であり、歴史的・社会的に構築されてきたと見なす。そうすることで、どのような歴史的・社会的背景が、どのようにスポーツを学校教育に結び付けてきたのかを説明・理解する筋道が開けてくる。具体的には、序章で議論したように、本書は理念としての〈子どもの自主性〉がスポーツと学校教育を結び付ける、という仮説を提示している。この仮説は、日本でのスポーツと学校教育の結び付きが、戦後教育改革期の戦後民主主義教育という歴史的・社会的文脈によって構築されたと見なすところから浮かび上がってきたものである。そうした見方によって、スポーツと学校教育が強く結び付く日本特殊性、および両者の結び付き方の国際的多様性の双方を説明・理解することができるかもしれない。

　さらに付け加えると、このように歴史的・社会的文脈に注目する立場からすれば、先ほどいったんは脇に置いたスポーツの人格／身体形成への有効性や文化的価値という仮定を、普遍に妥当する真理としてではなく、ある歴史

的・社会的文脈上で構築されてきた観念として、再び分析の俎上に載せることもできる。歴史的・社会的に構築されてきた観念としてそれらを分析し、そのなかでの意味連関を理解することで、スポーツを学校教育に結び付ける力学を考察することもできるだろう。

　第3に、既存の図式はスポーツと学校教育の結び付きを自明視し、両者の間にある矛盾と緊張関係そのものを論じてこなかったが、本書は、スポーツと学校教育の結び付きを安易に自明視せずに、両者の結び付きが、緊張関係を内在化した形で構築されてきたと見なす。既存の図式は、スポーツの人格／身体形成への有効性や文化的価値を仮定しながら、スポーツと学校教育が結び付く事態を、機能的で親和的なものであり、自然で当然であるものとして捉えた。しかし、このようにスポーツと学校教育の結び付きを自明視すれば、これまで指摘されてきた両者の矛盾と緊張関係から目を背けることになってしまう。結局、理論レベルの課題だったはずのその矛盾と緊張関係そのものがどうなったのかが議論されず、その意味で、議論を回避あるいは後退させている。そのため、スポーツと学校教育の結び付きを安易に自明視せずに、なぜ両者が結び付くのかを、両者の矛盾と緊張関係そのものを含めて考えなければならない。

　これに対して本書は、スポーツと学校教育の結び付きが、緊張関係を内在化させた形式で構築されてきたと見なす。そこで注目するのが、理念としての〈子どもの自主性〉である。〈子どもの自主性〉という教育的価値を媒介として、スポーツは学校教育に結び付けられる、と同時に、スポーツとの間にある緊張関係を内在化させた学校教育が構築されていく。本書は、こうした仮説を持って、スポーツと学校教育の結び付きを説明・理解することを目指す。

　第4に、既存の図式はスポーツを手段として位置づけていたが、本書は、スポーツの目的的側面に焦点化して、スポーツと学校教育の緊張関係を分析しようとする。第3のスポーツと学校教育の緊張関係に関連して、既存の図式は、スポーツを各目的に応じた手段として位置づけていて、スポーツ自体が目的的な活動と見なされてきた点を十分に考慮していないという問題点がある。既存の図式は、スポーツを、よりよい人格を育成するための手段、身体を鍛え上げるための手段、現状のスポーツ文化をより発展させるための手段、と捉えている。しかし、目的的な活動と見なされたスポーツを手段化し

てしまえば、もはやスポーツがスポーツでなくなるということが、まさに、これまで指摘されてきた矛盾であった。つまり、ここで問うべきなのは、そのようにスポーツを手段化した場合、目的的な活動であるというスポーツの特徴がどうなっているかである。言い換えると、学校と教師は人格形成や身体形成やスポーツ文化発展の手段としてスポーツを扱おうとするが、まさにそのときに、学校と教師はスポーツの目的的側面をどう扱っているかが問われなければならない。[6]

　これに対して本書は、〈子どもの自主性〉の理念に注目しながら、スポーツと学校教育の緊張関係を、スポーツの目的的側面に焦点化して分析する。学校と教師は、〈子どもの自主性〉という理念を自由な遊戯としてのスポーツに見いだし、スポーツを価値づけ、スポーツにかかわる。ただし、学校と教師が学校教育活動として意図的・計画的にスポーツを編成しようとすれば、皮肉なことに、そのかかわりがスポーツを形式化・画一化させることになりかねず、その結果として、スポーツに見いだされていた〈子どもの自主性〉という理念が壊されてしまうかもしれない。すなわち、学校と教師は、〈子どもの自主性〉のための運動部活動へのかかわりが〈子どもの自主性〉を壊してしまう、という逆説に向き合わざるをえない。その逆説をどう考えればよいのか。本書は、こうした論点も含めながら、スポーツと学校教育の緊張関係の分析を展開する。

　以上が、本書の方法論的立場である。[7]

1-3　定義と対象

　本書は、そうした方法論的立場を基本として、スポーツと学校教育の日本特殊的関係を考察する。そこで分析対象とするのが、運動部活動である。本書では、運動部活動を、「学校教育の一環として児童・生徒・学生が放課後や休日におこなう組織的・継続的な教育課程外のスポーツ活動」と定義する。この定義は、これまで呼称されてきた「課外スポーツ」「課外体育」「課外クラブ」「選択クラブ」などを含むものである。それらの呼称は、授業としておこなわれる教科体育や特別活動内の必修クラブ活動などとの違いを表現するために用いられてきた。運動部活動と教育課程との関連は時代によって複雑であり、それについては第2章で述べるが、ここでは、定義上、運動部活動が教育課程外の活動である点を確認しておく。つまり、運動部活動は、国

レベルで設置や実施が定められていないにもかかわらず、現場で学校が設置し教師が実施している活動である。また、運動部活動は小学校で児童がおこなうものから、大学で学生がおこなうものまであるが、本書では、特に大規模に成立している、中学・高校で生徒がおこなうものを中心的な対象とする。

　繰り返しになるが、本書の中心対象は、ごく一般的に存在している中学・高校の運動部活動であり、議論の範囲も基本的にそれに限定する。スポーツと学校教育の関係というテーマから眺めれば、強豪校の運動部、大学の体育会運動部、そして教科体育なども対象となりうるかもしれない。しかし、本書では強豪校の運動部や大学の体育会運動部を部分的に取り上げることはあっても中心対象とはせず、教科体育については対象外とした。なぜなら、ごく一般的な中学・高校の運動部活動にこそ、スポーツと学校教育の結節点を見いだすことができるからである。この点を、強豪校の運動部、大学の体育会運動部、教科体育との違いから、順に説明する。

　まず、いわゆる強豪校の運動部を中心対象としない理由は、運動部活動全体から見れば、それがきわめて小さな部分だからである。単純な事実として、ほとんどの運動部は、全国大会に出場しない。トーナメント形式の競技大会であれば、半分は1回戦で敗れる。大規模に成立している日本の運動部活動の大部分は、全国大会に出場するような強豪校とは縁遠い、ごく一般的な学校の運動部である。スポーツと学校教育の結び付きの全体像を把握するためには、そうした一般の運動部活動を見る必要がある。ただし、このように分析対象から強豪校を除外したことで、強豪校特有の運動部活動の成立の仕方に言及できない。たとえば、全国大会に頻繁に出場する強豪校で見られるような、専門的コーチを雇用することによる技術指導面での援助や、後援会やOB・OGによる資金面での援助、スポーツ推薦制度や特待生制度などの特別な入試選抜システムとの関係などを、本書は論じられていない。

　次に、大学の体育会運動部を中心対象としない理由は、比較的規模が小さいことに加えて、その特徴や仕組みが、中学・高校の運動部活動と異なるからである。中学・高校の運動部活動は、生徒が強い関心を持たない場合や運動が苦手な場合も含めて参加し、教師がたとえ経験がない場合も顧問に就いて指導する。しかし、大学の体育会運動部は、参加するのは強い関心を持った競技力が高い学生であり、指導するのは学生自身あるいは専門的コーチであり、教師はほとんどかかわりを持たない。こうしてみると、中学・高校の

運動部活動に比べて大学の体育会運動部は、学校教育活動というよりも純粋な競技活動として特徴づけられる。そうした違いから、少なくとも現在のスポーツと学校教育の関係を考える対象としては、大学の体育会運動部よりも中学・高校の運動部活動のほうが適していると考えられる。[8]

　最後に、教科体育を対象外とする理由を3つ述べる。1つ目は、教科体育のなかでスポーツは部分的にしか扱われていないからである。教科体育のカリキュラムにスポーツが含まれていることから、スポーツと学校教育の関係を考えるうえで、教科体育は対象となるように思われるかもしれない。しかし、教科体育のカリキュラム全体から見ると、スポーツはそのすべてではなく、あくまで一部分である。戦前の学校体育教授要目で、高等尋常小学校や旧制中学校のカリキュラムの中心は「体操」であった。「遊戯」や「競技」のカテゴリー内に、いくらかスポーツも含まれていたが、全体から見ればきわめて少ない。戦後の学習指導要領では、中学や高校の保健体育（体育分野）カリキュラムで、「個人的スポーツ」「集団的スポーツ」「球技」といったカテゴリーでスポーツは、ある程度の分量を占めるようになった。しかし、戦前ほどではないにしても、「体操」「体つくり運動」「器械運動」などが占める部分があり、スポーツは教科体育の一部分である。

　2つ目は、量的な側面で、学校教育内でおこなわれるスポーツのうちで、教科体育が占める割合は大きくないからである。単純に時間を計算してみよう。年間100時間に満たない中学・高校の教科体育の時間のなかで、スポーツがおこなわれる時間は、当然さらに少ない。一方で、運動部活動では、仮に放課後2時間の活動が週3日おこなわれるとすれば週6時間、長期休暇中を除いたとしても、1年で35週間活動すれば、それだけで年間200時間を超える。こうした単純な計算からしてみても、運動部活動の時間は教科体育でおこなわれるスポーツの時間の数倍に及ぶだろうことがわかる。学校教育内でおこなわれるスポーツは、教科体育よりも運動部活動で占められている。

　3つ目は、質的な側面で、学校教育内のスポーツが、いくつかの制約に縛られずに展開する場面は、教科体育ではなく運動部活動だからである。たしかに、義務教育の授業としておこなわれる教科体育は、すべての生徒にスポーツに触れる機会を提供してきた。しかし、その提供は限られた授業のコマ数、限られた種目にすぎず、学校間の対抗試合のような広範囲の競技大会に発展することもない。授業のコマ数に縛られず、カリキュラムにない種目も

含めて、スポーツが展開するのは、運動部活動の場面である。そして学校間対抗のスポーツ大会に出場する選手／チームは、教科体育の授業を受ける生徒／学級からではなく、運動部活動に所属する部員／団体から選ばれる。いわば学校教育内のスポーツがまさにスポーツとして展開する場面は、教科体育ではなく運動部活動である。

　まとめると、ごく一般的に存在している中学・高校の運動部活動は、強豪校の運動部よりも数が非常に多く、大学の体育会運動部よりも教育の性質を強く持っており、教科体育よりもスポーツの性質を強く持っている。これらの点から、それをスポーツと学校教育の結節点と見なし、本書の中心的な対象とする。

2　分析枠組みの設定——戦後以降の学校と教師のかかわりに注目する[9]

2−1　何が運動部活動を成立させてきた／させているのか

　本書は、スポーツと学校教育の日本特殊的関係の構築プロセスを考察するという理論課題に対応して、運動部活動の拡大・維持過程を解明するという作業課題を位置づけている。そこで、この作業課題に向けての分析枠組みを設定するため、何が運動部活動を成立させてきた／させているのかを検討する。それが何かを特定し、その変化や不変化を捉えることによって、運動部活動の拡大・維持過程が解明できると考えられるからである。

　では、何が運動部活動を成立させるのか。まずそれは、直接的には、国レベルの教育政策であるとは必ずしもいえない。なぜなら、運動部活動は、国が学習指導要領上で定めた教育課程には含まれない課外活動だからである。そのため、文部（科学）省を中心とした政策それ自体が、運動部活動のあり方に与えた影響は間接的で限定的だった。総じていえば、運動部活動を支える制度的な基盤はきわめて脆弱である。たとえば、部の設置は学校の任意であるため、顧問教師が異動した部などはしばしば廃止される。指導計画は公式に用意されていないため、顧問教師に任されている。といっても、運動部活動の指導方法は教員養成課程に含まれていないため、経験のない教員が手探りで指導に携わることも多い。また、そもそも責任の所在が不明瞭であるため、学校教職員だけでなく、インフォーマルに地域住民や保護者の多様な

かかわりが生じる。これらの事情を踏まえると、運動部活動は、制度と呼ぶにはあまりにも脆弱な基盤のうえに成立しており、慣習と呼ぶほうが適切だといえる。

　そう考えると、運動部活動を成立させる原動力は、国レベルの教育政策ではなく、現場での動向のなかにあることになる。この点は、基本的に、戦前・戦後・現在を通して妥当する。ただし、運動部活動のあり方を考えるうえで、政策をまったく無視してよいわけではない。たとえ現場の動向が直接的に運動部活動を成立させていたとしても、その現場の動向を左右する外的条件として、国レベルの政策はさまざまな影響を間接的に与えていたからである。

　次に、現場で運動部活動を成立させる原動力は、必ずしも生徒の意思でもない。脆弱な制度的基盤のうえにある運動部活動は、生徒に任せられ、生徒の意思によって成立するように思われるが、実態はそうではない。仮に生徒が運動部活動に加入したいと思っても、学校や教師の協力がなければ、運動部活動は成立しない。なぜなら、顧問教師がいないと、日々の活動はもちろん、いわゆる公式大会に参加できないからである。たとえば、東京都内の公立中学校では、顧問教師の異動によって毎年300以上の部が廃止されている（東京都教育委員会、2007、pp.23-24）。顧問教師が他校に異動して、後任がうまく補充できなければ、顧問教師が不在になり、運動部活動が成立しないのである。一方で、仮に生徒が運動部活動に加入したくないと思っても、教師が積極的に加入を勧めたり、加入を義務づけたりする学校は少なくない。文化部も含めた場合では、公立中学校の38.4％が、生徒への部活動加入を義務づけているという調査結果もある（中澤ほか、2009）。つまり、生徒の意思があっても学校や教師のかかわりがなければ運動部活動は成立せず、逆に、生徒の意思がなくても学校や教師のかかわりがあれば運動部活動は成立する。

　こうした今日的状況からわかるように、少なくとも現在の運動部活動を成立させている中心的な原動力は、生徒の意思ではなく、学校と教師のかかわりである。学校と教師のかかわりのありようは、後述するように、時代によって違いがあるが、運動部活動の成立を考えるうえで非常に重要な論点となる。ただし、生徒の意思をまったく無視してよいわけではない。生徒の希望や願いに促されて、学校と教師が運動部活動を成立させようとかかわる場合があるからである。しかし、その場合も、そうした生徒の希望や願いを蔑ろ

にせずに真摯に受け止め、あくまで学校教育活動につなげようとする、学校と教師の態度や関心、そしてかかわりがあるからこそ、運動部活動が成立することに留意しなければならない。

以上から、運動部活動の拡大・維持過程を解明するための本書の分析の中心軸を学校と教師のかかわりのあり方に設定する。

2−2　運動部活動への学校と教師のかかわりは、いつ始まったのか

続いて、分析を開始する時期を考える。運動部活動に対する学校と教師のかかわりは、いつ始まったのか。それをたどっていくと、戦前／戦後の区切りが決定的に重要になってくる。戦前では、運動部活動を成立させていた基本的な力は、学生・生徒の意思だった（木下、1970）。大正末期の運動部活動の実態について、体育学者であり国立体育研究所所長なども務めた岩原拓（1936、p.25）は、「学生生徒の意思に放任し過ぎた観があった」と述べている。戦前の運動部活動では、学校と教師のかかわりが比較的少なかったといえる。[10]

対して、戦後の学校教育改革で、学校と教師のかかわりは著しく増加した。詳細は第2章で記述するが、戦前の軍国主義から戦後の民主主義へという変化のなかで、民主主義的な国家・人間を形成するために、自由と自治を象徴するスポーツが高く価値づけられたからである。そのため、戦前と比較して、多くの学校と教師が運動部活動に強くかかわることが求められ、実際にかかわり始めた。現在に続く、運動部活動への学校と教師のかかわりの原点は、この戦後教育改革期にあるといってよい。たしかに、運動部活動は明治期以来、存在してきた。しかしその成立の仕方を見ると、戦前／戦後の区切りは、大きな意味を持つ。それは、スポーツを楽しみたい学生・生徒自身が成立させた時代から、教育的関心を持った学校と教師が成立させる時代への、転換である。そのため、本書は、運動部活動を成立させる学校と教師のかかわりの分析を、戦後から開始する。

論を先取りすれば、戦後から現在に至る過程は、そうした学校と教師のかかわりが増大してきた過程であり、その結果として、運動部活動が拡大してきた過程である。そうした拡大過程の延長線上に現在の大規模な運動部活動の成立があり、それが縮小・解体されることなく、現在もなお維持されている。こうした認識のうえで、本書は、戦後の拡大過程と現在の維持過程を、

それぞれ個別に論じると同時に、その接続にも留意し、日本の運動部活動の大規模な成立の背景と仕組みを考察する。

　以上から、本書は、運動部活動の拡大・維持過程を解明するための分析枠組みとして、戦後以降の学校と教師のかかわりのあり方に焦点を当てる。この含意として、これまでの議論と重ね合わせて、あらためて次の3点を強調しておく。すなわち、第1に、事実として、運動部活動を拡大・維持させてきた原動力は、「子ども自身の真の自主性」ではない。たしかに、運動部活動は教育課程に含まれないことで、理想的には、「子ども自身の真の自主性」が発揮されるかもしれない領域である。しかし、実際には、生徒の意思があっても学校や教師のかかわりがなければ運動部活動が成立しないように、運動部活動の拡大・維持の原動力は、「子ども自身の真の自主性」ではなく、学校と教師のかかわりである。そして第2に、これは仮説としてだが、その学校と教師が運動部活動にかかわり、その結果としてスポーツが学校教育に結び付けられるのは、学校と教師が運動部活動そしてスポーツに〈子どもの自主性〉という、とりわけ戦後に前面に押し出された教育的価値を見いだすからである、と考えられる。そのため、〈子どもの自主性〉は、学校と教師のかかわりを生み出しながら運動部活動を拡大・維持させるのであり、スポーツと学校教育を結び付ける媒介となる。しかし、重ねて注意すべきなのは、そこでの〈子どもの自主性〉は「子ども自身の真の自主性」ではなく、学校と教師によって意味づけられた理念である。それらを踏まえて、第3に、本書全体の構想として、運動部活動の拡大・維持過程を学校と教師のかかわりの分析から解明することを通して、スポーツと学校教育の日本特殊的関係の構築プロセスを、〈子どもの自主性〉への意味づけ方の変遷と展開という観点から考察することができるだろう。

3　運動部活動の日本特殊性

3-1　青少年スポーツの国際状況

　次に、運動部活動の国際的状況を整理しながら、日本の特殊性を論じる。序章で述べたように、日本のように運動部活動がこれほど大規模に成立している国は、他にない。それを、比較体育・スポーツ研究の知見などをもとに、

青少年スポーツの国際状況と運動部活動の日米英比較を論じながら確認しておく。
(11)

　この作業は、スポーツと学校教育の日本特殊的関係という本書テーマの基盤を整えるうえで重要である。これまで、「運動部活動は日本独特である」と繰り返し言われ続けてきた。しかし、ほとんどの場合、その学術的根拠が提示されておらず、単なる印象論にとどまっていたように思われる。それに対してここでは、諸外国の状況と比較した運動部活動の日本特殊性を示すために、先行研究と各種資料を蒐集し、それらを活用しながら、青少年スポーツと運動部活動の各国の状況を記述する。その記述は、各国の歴史的背景や社会的文脈を十分に捉えきれていないという課題はあるが、それ以上に、運動部活動の日本特殊性に学術的根拠を与える資料的価値がある。

　まず、青少年スポーツの国際状況である。各国の青少年はどこでスポーツをおこなっているのか。表1－1は、一連の比較体育・スポーツ研究（文部省、1968；Bennett et al., 1983；Weiss and Gould eds., 1986；Flath, 1987；Haag et al. eds., 1987；Wagner ed., 1989；De Knop et al. eds., 1996）をもとにして、世界34カ国の中等教育段階のスポーツの場を、「学校中心型」「学校・地域両方型」「地域中心型」に筆者が類型化したものである。典拠文献の発行年がやや古く、記述内容の質と量が十分とはいえない国もあるために留意は必要だが、青少年スポーツのおおよその国際状況を知ることはできる。

　これを見ると、運動部活動と地域クラブの双方が存在する「学校・地域両方型」が、ヨーロッパの大部分や北米を中心に20カ国でもっとも多い。ただし、そのうちのほとんどの国では、運動部活動が存在するものの、地域クラブのほうが規模が大きく活動も活発である。次に、運動部活動ではなく地域クラブを主とする「地域中心型」は、ドイツやスカンジナビア諸国など9カ国である。このように運動部活動が存在しない国も、珍しくない。そして、運動部活動を主とする「学校中心型」の国は、日本を含むアジア5カ国ともっとも少ない。加えて、日本以外の4カ国が「学校中心型」に属する理由は、地域社会のスポーツが未発達なためである。これらの国では、たとえば中国や韓国の運動部活動がわずか一握りのエリートだけしか参加していないように、運動部活動そのものの規模は日本と比較して小さい。青少年のスポーツの中心が運動部活動にあり、かつ、それが大規模に成立している日本は、国際的に特殊であることがわかる。

表1-1　各国の中等教育段階のスポーツの場に関する類型

学校中心型	学校・地域両方型		地域中心型
日本	カナダ	ポーランド	ノルウェー
中国	アメリカ	ソ連（現ロシア）	スウェーデン
韓国	ブラジル	イスラエル	フィンランド
台湾	スコットランド	エジプト	デンマーク
フィリピン	イングランド	ナイジェリア	ドイツ
	オランダ	ケニア	スイス
	ベルギー	ボツワナ	ザイール（現コンゴ）
	フランス	マレーシア	イエメン
	スペイン	オーストラリア	タイ
	ポルトガル	ニュージーランド	

（出典：文部省〔1968〕、Bennett et al.〔1983〕、Weiss and Gould eds.〔1986〕、Flath〔1987〕、Haag et al. eds.〔1987〕、Wagner ed.〔1989〕、De Knop et al. eds.〔1996〕の比較研究などをもとにして、筆者作成）

表1-2　各国の中等教育段階での学校間対抗スポーツの状況

国	実施状況	生徒の参加率	種目の数	連盟の数	全国／地区大会
オーストラリア	ほとんどの学校	58%	12-18	12-17	有
バングラディシュ	ほとんど無し	10-15%	5-6	5-6	有
中国	約半分	5%	5	5	有
インド	ほとんどの学校	3%	10	10	有
インドネシア	ほとんどの学校	30%	8	8	有
イラン	すべての学校	10-15%	12	12	有
日本	すべての学校	21%	30	30	有
韓国	ほとんどの学校	5%	10	10	有
マレーシア	すべての学校	20%	16	16	有
モルジブ	無し	0%	0	0	無
モンゴル	すべての学校	60%	12	12	有
ネパール	ほとんど無し	10%	3	0	有
ニュージーランド	ほとんどの学校	30%	20	10	有
パプア・ニューギニア	ほとんどの学校	20%	6	1	無
フィリピン	約半分	10%	5	0	無
シンガポール	すべての学校	80%	18	18	有
スリランカ	ほとんどの学校	10%	24以上	18	有
タイ	ほとんどの学校	30%	4-5	不明	有
トンガ	ほとんどの学校	40%	6	6	有
トルコ	ほとんどの学校	30%	9	9	有
ソ連	すべての学校	25-30%	不明	不明	有
西サモア	すべての学校	80%	5	5	有

（出典：Saunders（1987, p.117）から日本語に訳して引用。Saundersは、アジア・環太平洋地域の各国のユネスコ委員会〔national UNESCO commissions〕を対象に、郵送での質問紙調査を実施した）

では、運動部活動を基盤とした学校間対抗スポーツについてはどうか。表1－2は、Saunders（1987, p.117）が調査した、アジア・環太平洋地域22カ国の中等教育での学校間対抗スポーツの状況である。調査項目は「実施状況」「生徒の参加率」「種目の数」「連盟の数」「全国／地区大会」である。この表を見ると、学校間対抗スポーツのそもそもの有無、そして種類や規模は、各国で多様である。そのなかで日本は、学校間対抗スポーツの機会が「すべての学校」で用意され、「21％の生徒」がその機会を享受し、「30のスポーツ」が提供され、「30の学校スポーツ連盟」がそれを支援し、全国／地区大会が「有る」。「30のスポーツ」そして「30の学校スポーツ連盟」という数は、この表でもっとも多い数である[12]。運動部活動を基盤とした学校間対抗スポーツの状況を見ても、日本のそれが他国と比較して規模が大きく、盛んであることがわかる。

3－2　運動部活動の日米英比較[13]

次に、日米英比較である。アメリカとイギリスにも運動部活動は存在していて、両国は、運動部活動が活発な代表的な国である。世界史的に見ても、運動部活動の起源は、18世紀末から19世紀前半のイギリスのパブリックスクールにあり、それが大きく広がりを見せたのが、19世紀末から20世紀初頭にかけてのアメリカだった。さらに、両国の運動部活動は、日本の運動部活動にとって、明治導入期や戦後教育改革期のモデルでもあった。このアメリカとイギリスとの比較から、日本の運動部活動の特徴を浮き彫りにしよう[14]。

表1－3は、一連の比較体育・スポーツ研究（文部省、1968；Bennett et al., 1983；Weiss and Gould eds., 1986；Flath, 1987；De Knop et al. eds., 1996）および各国の実態調査報告書などをもとに[15]、日米英での中学・高校運動部活動の諸特徴を、「設置学校の割合」「各学校の部数」「生徒の加入率」「活動状況」「全国大会」「指導者」「指導目的」という項目で整理したものである。

表1－3の中身を順に見ていく。設置学校の割合については、3カ国ともほぼすべての学校に運動部活動が設置されている。各学校の部数については、日本とイギリスでは、多数の部を持つ学校が一般的である。対してアメリカでは、アメリカンフットボールやバスケットボールなどの代表的な少数の部だけを持つ学校が珍しくない。また入部に際してトライアウトを設けて、競

技能力によって入部希望者を選抜する場合もある。生徒の加入率は、日本が約50％から70％で高く、イギリスが約50％で続く。アメリカは、ほとんど参加しない名目的な部員も含めれば加入率が50％に達するが、それらを除いた実質的な割合は30％から40％であり、やや低い。活動状況は、日本とアメリカは活発で高度に組織化されている。ただし、アメリカはシーズン制を敷いており年間を通して活動しているわけではない。対してイギリスは、参加生徒の多くは週1～2日気晴らし程度に活動するにすぎず、活発とはいえない。全国大会は、日本とイギリスではあるが、国土が広いアメリカではなく、州レベルの大会でとどまっている。ただし、アメリカの高校のアメリカンフットボールやバスケットボールの州大会は、多くの観客を集めるビッグ・イベントになっている。指導者は、関心や経験がある教師が担う点は、3カ国とも共通している。違いは、アメリカで、教師とは別に雇われる専門のコーチも担当する点、日本で、関心や経験がない教師も担当する点である。そうした指導者の違いに関連して、指導目的にも違いが見られる。アメリカとイギリスの指導者は、競技力向上を挙げるのに対して、日本ではまず第一に人間形成を挙げる傾向にある。

　これらを踏まえて、日米英の運動部活動の総括的特徴を対比的に述べると、日本は「一般生徒の教育活動」、アメリカは「少数エリートの競技活動」、イギリスは「一般生徒のレクリエーション」として、まとめることができるだ

表1-3　日米英における中学・高校運動部活動の諸特徴

	日本	アメリカ	イギリス
設置学校の割合	ほぼすべての学校	ほぼすべての学校	ほぼすべての学校
各学校の部数	多数	少数（トライアウト制）	多数
生徒の加入率	約50％～70％	約30％～50％	約50％
活動状況	活発	活発（シーズン制）	不活発
全国大会	有	無	有
指導者	教師（関心や経験の無い教師を含む）	教師とコーチ	教師
指導目的	人間形成	競技力向上	競技力向上
総括的特徴	一般生徒の教育活動	少数エリートの競技活動	一般生徒のレクリエーション

（出典：文部省〔1968〕、Bennett et al.〔1983〕、Weiss and Gould eds.〔1986〕、Flath〔1987〕、De Knop et al. eds.〔1996〕の比較研究、および、運動部活動の実態に関する調査研究協力者会議〔2002〕、National Center for Education Statistics〔2005〕、Sport England〔2001〕の各国の実態調査報告書などをもとに、筆者作成）

ろう。
　以上、運動部活動の国際状況を概観することで、スポーツと学校教育の日本特殊的関係が見えてくる。多くの国で、スポーツは学校教育を離れて成立していた。また運動部活動が存在するアメリカとイギリスでも、学校教育活動というよりも、競技活動やレクリエーションとして存在していた。このように日本以外では、スポーツと学校教育は、互いに無関連あるいはその結び付きが弱いのが一般的である。しかし、対照的に日本では、学校と教師が、一見すると学校教育と無関連に思われるスポーツを、学校教育の一環として大規模に編成している。つまり、スポーツと学校教育が互いに密接に関連し、その結び付きが強いという、われわれにとって馴染み深い実態は、日本特殊的であるといえる。

4　教育問題としての運動部活動

4-1　日本教職員組合の見解と学校スリム化論の主張

　このように、日本で運動部活動が大規模に成立していることは、国際状況を踏まえると、不思議に映る。この不思議さは、国内の今日的状況を踏まえると、より一層大きくなる。なぜなら、運動部活動は、排除されるべき教育問題として扱われてきたからである。ここでは、日本教職員組合の見解と「学校スリム化」論の主張を概観しておく。
　日本教職員組合は、運動部活動が教師の負担になっていることを問題視してきた。運動部活動は課外活動であることから、学校が引き受けるべきかどうかはあいまいであり、教師が従事すべきかどうかもあいまいである。そのため、学校にとっては財政上の問題や顧問配置の問題が、教師にとっては超過勤務の問題や手当の問題がある。そのため日本教職員組合は、1970年代から、教員手当を要求しながら、運動部活動は学校と教師が担うべき活動ではなく社会体育(16)に属する活動であり、地域社会へと移行すべきだとの見解を示してきた。結果として、人事院規則9-30（特殊勤務手当）が一部改正され、第24条の2（教員特殊業務手当）が設けられるなど、運動部活動への従事に対する保障が部分的に整えられた。しかし、この保障が妥当なのか、あるいは、保障を受けないかわりに部活動への従事を拒むことができるのかな

ど、運動部活動の従事に伴う問題は完全に解決されたわけではない。というよりも、そもそも日本教職員組合にとって、こうした保障自体が、教師が運動部活動に従事し続けてきた現状を後追いする暫定的な措置にすぎなかった。つまり、将来的には運動部活動を学校から地域社会に移行すべき、というのが日本教職員組合の基本的な見解だった（日本教職員組合権利確立対策委員会編、1989）。なお、日本教職員組合の見解の詳細は、第3章で検討する。

　次に、1990年代後半からの「学校スリム化」論もまた、運動部活動を教育問題と見なし、それを地域社会に移行することを主張してきた。学校スリム化論の嚆矢は95年に経済同友会が発表した論考「学校から「合校」へ」であった。経済同友会はこの論考で、学校に期待される役割が肥大化していると問題視し「学校を「スリム化」しよう」と提唱した。その「スリム化」すべき対象の一つとして運動部活動を挙げ、「部活指導を地域社会が引き受けていくことはできないだろうか」と主張している（経済同友会 1995、p.34）。こうした経済同友会の主張は、政策文書に反映されるに至った。96年には中央教育審議会が『21世紀を展望した我が国の教育の在り方について（第一次答申）』の第二部第4章の「学校スリム化」の項目中で、運動部活動を地域社会に移行させる方向性に触れた。そして97年に保健体育審議会が『生涯にわたる心身の健康の保持増進のための今後の健康に関する教育及びスポーツの振興の在り方について』のⅢ2の「運動部活動と地域スポーツ」の項目中で、運動部活動を地域社会に移行させる方向性に触れた。学校スリム化論が隆盛した背景には、顧問教師が高齢化しそのなり手が不足してきた問題などの、学校のなかだけで運動部活動を存続させることが困難になってきた当時の時代状況があった。そのために学校スリム化論は、教師や学校の役割を縮小しようとするなかで、運動部活動を地域社会に移行するように主張してきたのである。

　日本教職員組合と学校スリム化論は、運動部活動を教育問題と見なし、それを解決・排除するために地域社会への移行を唱えてきた。では、結局のところ、運動部活動は地域社会に移行したのか。続いて、今日の政策的展開と合わせて、それを確認する。

4-2　運動部活動は地域社会に移行したのか

　運動部活動を学校から移行するためには、まず、その受け皿となる施設や

設備が地域社会に必要である。そこで今日、運動部活動を地域社会に移行するための準備が、スポーツ政策として進められてきた。保健体育審議会は、2000年に「スポーツ振興基本計画」を答申した。このスポーツ振興基本計画は、1961年制定のスポーツ振興法を根拠として、戦後初めて、スポーツ政策の本格的な計画をまとめたものである。その中心的な構想は、総合型地域スポーツクラブの設立だった。そこでは、多世代、多様な技術・技能レベル、多様な興味・目的の者が加入できる地域スポーツクラブを、中学校区を単位に全国1万カ所ほど育成することが目標とされた。この総合型地域スポーツクラブ政策は、文部科学省や日本体育協会、各都道府県などからの助成を受けて進められた。加えて、2002年からは、スポーツ振興くじ（toto）の売り上げによる日本スポーツ振興センターからの助成を受けて、本格的な整備が開始された。文部科学省が実施した調査によれば、総合型地域スポーツクラブは、10年7月時点で、1,249の市区町村で3,114クラブ（創設準備中含む）が設立されているという[17]。こうした総合型地域スポーツクラブ政策によって、運動部活動を地域社会に移行する下地が整ってきたように見える。それでは、日本教職員組合と学校スリム化論が求めていたとおりに、運動部活動は地域社会に移行したのか。

　しかし、実態として、運動部活動は地域社会に移行されず、学校に残り続けている。たとえば中学校の運動部活動の場合、その活動の全国的な統括団体である日本中学校体育連盟に加盟している学校の割合と生徒の割合は、総合型地域スポーツクラブが本格的に整備され始めた2002年以降ほとんど変化していない。文部科学省「学校基本調査」と日本中学校体育連盟「部活動調査」の結果をもとに、日本中学校体育連盟の加盟学校の割合と加盟生徒の割合を計算し、それらの移り変わりを表1－4に示した。加盟学校数・割合は男女別に集計されているためここでは男子の数値だけを表記し、生徒数と割合は男女合わせた数値を表記した。これを見ると、加盟学校の割合は一貫して98％以上で推移しており、加盟生徒の割合は一貫して65％程度で推移していることがわかる。中学校の運動部活動は、地域社会に移行されず、学校に残り続けてきたといえる。

　以上、今日的状況を見れば、運動部活動は、日本教職員組合や学校スリム化論にとって教育問題であったにもかかわらず、やはり成立し、さらに総合型地域スポーツクラブのような地域社会の活動基盤が整備されても、なお成

表1−4 日本中学校体育連盟への加盟状況の推移

	2002年	2003年	2004年	2005年
学校数	11,159	11,134	11,102	11,035
加盟学校数(男)	10,969	11,134	11,003	10,925
加盟学校の割合(男)	98.3%	100.0%	99.1%	99.0%
生徒数	3,862,849	3,748,319	3,663,513	3,626,415
加盟生徒数	2,514,932	2,442,774	2,392,161	2,349,519
加盟生徒の割合	65.1%	65.2%	65.3%	64.8%

(出典:「学校基本調査」と日本中学校体育連盟「部活動調査」をもとに、筆者作成。ただし、加盟学校数・割合は男女別に集計されているため、ここでは男子のそれらを表記した)

立し続けてきたことがわかる。

5 代表的な運動部活動論の検討

5−1 運動部活動のあり方はどう論じられてきたか

　このような国際的／国内的状況を踏まえると、運動部活動の存在自体が不思議に思われてくる。では、この運動部活動のあり方は、これまでどのように論じられてきたのだろうか。ここでは、代表的な論者として、城丸章夫、中村敏雄、内海和雄を取り上げ、彼らが運動部活動のあり方をどう論じてきたかを検討する。

　城丸・中村・内海の運動部活動論は、運動部活動という現象を説明・理解するための科学理論ではなく、運動部活動に潜む問題を告発し、運動部活動のあるべき姿を提示しようとする規範理論である。ただし、城丸・中村・内海の運動部活動論は、ただ現実離れした規範を提示したわけでなく、現場レベルでの実践的な指針を示し、学校と教師の運動部活動へのかかわり方や意味づけ方に影響を与え、現実の運動部活動のあり方を方向づける役割を担ってきた。そのため、その内容を検討することで、運動部活動の拡大・維持過程を考察する手がかりを得ることができると考えられる。あらかじめ論点を明示すれば、ここで検討したいのは、本書が注目する〈子どもの自主性〉という理念が、運動部活動のなかでどう現れうると論じられてきたのかという点である。それを問われなければならない理由は、学校と教師が学校教育活動として意図的・計画的にスポーツを編成しようとすれば、皮肉なことに、

2006年	2007年	2008年	2009年	2010年
10,992	10,955	10,915	10,864	10,814
10,892	10,855	10,848	10,790	10,735
99.1%	99.1%	99.4%	99.3%	99.3%
3,601,527	3,614,552	3,592,406	3,600,319	3,558,169
2,372,004	2,348,785	2,339,491	2,336,048	2,281,243
65.9%	65.0%	65.1%	64.9%	64.1%

そのかかわりがスポーツを形式化・画一化させることになりかねず、その結果として、スポーツに見いだされていた〈子どもの自主性〉という理念が壊されてしまうかもしれないからである。すなわち、学校と教師は、〈子どもの自主性〉のための運動部活動へのかかわりが、〈子どもの自主性〉を壊してしまう、という逆説に向き合わざるをえない。この逆説をどう考えればよいのか。それを論点として、戦後運動部活動の実践論を展開した代表者である城丸・中村・内海の議論を検討する。

なお、3氏の運動部活動論を分析した研究として、神谷拓の諸研究（神谷、2000、2008a、2008b；神谷・高橋、2006）がある。以下の議論はこの神谷の研究を参照しており、神谷の分析については、最後にあらためて取り上げる。

5-2　城丸章夫の運動部活動論 (18)

城丸章夫は、集団主義的な生活指導論を背景にしながら、自治活動である教科外活動の一つとして、運動部活動のあり方を論じた。

まず、城丸の教育観を確認することから始めよう。城丸によれば、日本の義務教育は、親の教育権を押さえて子どもを保護するように成立してきたという。このため特に戦前で、日本の教師は子どもの保護を一手に引き受け、子どもの学校生活だけでなく、家庭生活にまで指導の手を伸ばし、いわば「親が子を抱きかかえる」ような家族主義的な教育がおこなわれてきたという。

しかし、このような保護の名を借りた教師による子どもや家庭へのかかわりは、戦後改革を経て、子どもや親の自由に対する介入であり干渉であると見なされ、パターナリズムとして批判されつつある。そのため城丸は、学校

教育のあり方をつくり直す必要があると考えた。ただし、城丸にとって、学校教育の見直しは、従来からの子どもを保護する側面を全面的に捨て去ることを意味しない。城丸が構想したのは、さまざまな悪影響から子どもを保護しながらも、それが行き過ぎることなく、〈子どもの自主性〉を尊重し育成していく学校教育のあり方だった（城丸、1962→1993a、pp.13-32）。

　こうした背景のなかで、城丸は、教師が一方的に指導するのではなく、子ども自身が活動を成り立たせる自治活動を重視した。そして、自治的な特徴を色濃く備える教科外活動を評価し、その一つとしてクラブ活動や運動部活動のあり方を論じた。城丸はクラブ活動を次のように論じる。

　　　クラブ活動は、形式としては子どもの自治、すなわち集団としての経営活動の一つの形態であり、活動内容に即してその特質をとらえてみれば、文化要求をめぐる文化運動——児童文化運動——である。（城丸、1962→1993a、p.176）

　城丸は、子どもが発する「文化要求」をもとに、子ども自身による自治活動として、運動部活動を捉えた。この運動部活動論の中心にあるのは、〈子どもの自主性〉という理念である。ただし、学校教育が意図的で計画的なものであり、パターナリスティックな側面を持てば、〈子どもの自主性〉を壊してしまう。城丸は、学校教育が〈子どもの自主性〉に価値を与えながらも、実際には意図的で計画的で画一的な枠があることで、〈子どもの自主性〉が壊されてしまう事態を懸念していた（城丸、1962→1993a、pp.161-182）。

　それでは、〈子どもの自主性〉を尊重した場合、学校教育や運動部活動はどうあるべきであり、教師はどうかかわるべきなのか。城丸は、次のように述べている。

　　　まず指摘されねばならないことは、クラブは文化への愛好者があれば、ひとりでに発生・発展するというものではないことである。（略）文化愛好という事実の前に、子ども社会——子どもが自主的に行動し、自主的に仲間を作る自由を持った社会——が存在しなければならない。（略）子どもが自主性を獲得することは、こんにちの学校では、とくに困難となりつつある。教師がどの程度子どもたちのとりでとなって彼らの自由

を守りうるか、子ども自身がどの程度自主性の確立のために努力するかに、すべてがかけられているように思われる。このことはクラブの発展と成立が、実はクラブが所属する学校社会の自由と自主性とに深く依存していることを物語る。逆にクラブは同好者集団内部の自主性を発展させながら、同時にまた学校社会の民主主義の発展に貢献しなければならないことを意味するであろう。（城丸、1962→1993a、pp.171-172：傍点は城丸）

　城丸によれば、〈子どもの自主性〉を尊重するためには、その条件として、「自主的に仲間を作る自由を持った社会」をつくらなければならない。そしてそうした民主的な社会をつくるためには、第1に教師が「とりで」となって子どもを守ることが必要であり、第2に子ども自身が「自主性の確立のために努力」することが必要だという。城丸はこの2つの必要性から、〈子どもの自主性〉を尊重する学校教育で、教師がどうかかわるべきかという難題に答えようとした。その答えとはすなわち、「保護」「内面からの指導」「経営活動の分担」である。順に説明する。
　1つ目の「保護」は、第1の教師が「とりで」となる必要性と関連している。上述したように、城丸は、さまざまな悪影響から子どもを「保護」するという、従来からの学校教育の一側面を全面的に捨て去らず、引き続き重要視していた。と同時に、城丸は、第2の子ども自身が「自主性の確立のために努力」する必要性と関連させて、教師が子どもを「民主主義の発展」へと導かなければならないと考えた。しかし、子どもを民主主義の発展へと導くその指導が権威的におこなわれては〈子どもの自主性〉を壊すことになる。そこで構想された教師の指導のあり方が、「内面からの指導」と「経営活動の分担」である。
　2つ目の「内面からの指導」とは、教師が同好者の一員として運動部活動に参加し、同志として活動の内部からおこなう指導のあり方である。城丸は、次のように述べる。

　　クラブが同好者的性格を持つ限り、クラブの構成員のなかに同好者としての、あるいは同志としての、教師が参加することは一向にさしつかえないはずである。その教師が、同志の中の先達として、活動を内面か

ら方向づけをしたり、援助を与えたりすることは可能なはずである。
（城丸、1962→1993a、p.180）

　城丸によれば、こうした「内面からの指導」は、同好者が自分たちで活動内容をより充実させていくという、運動部活動の「必然的発展の方向に沿った指導」であり、子どもの願いや運動部活動の目標と合致する。そのため、〈子どもの自主性〉を壊すことなく教師がかかわることが可能になり、子どもを民主主義の発展へと導くことが可能になるという（城丸、1962→1993a、pp.180-182、1952→1993b、pp.286-287）。
　3つ目の「経営活動の分担」とは、教師が自ら責任と権限を持つ学校教育内の経営活動を、部分的に子どもに任せ、分担させる指導のあり方である。城丸は、この「経営活動の分担」を、運動部活動を含めた教科外活動全般における自治のあり方として構想した。城丸は次のように述べている。

　　子どもの自治の中に溶け込み、自治活動の一部分となった管理は、自治活動の一つの支柱であるが、もはや管理というべきではなくて、一つの いとなみ——経営的な活動である。経営という側面からみれば、これは経営活動を子どもが分担したにすぎないものである。いや、自治活動全体が経営活動の一部分になっているのだというべきであろう。私たちは従来、自治活動を子どもたちの要求組織であり、学校内における集団生活の諸問題を解決する組織であると考えてきた。そのことは、自治活動が、子どもの手による経営活動の分担であり、そういう形で、教師＝子ども集団としての学校の経営が行われると考えてきたことを意味している。（城丸、1962→1993a、p.72：傍点は城丸）

　城丸によれば、自治活動とは「経営活動の一部分」であり「子どもの手による経営活動の分担」であった。この認識は、「教師＝子ども集団」の協同的な学校経営、という理想を反映しているといえる。ここでは、子どもが学校によって経営される客体ではなく、協同的に学校を経営する主体へと転換されている。そのため、〈子どもの自主性〉は壊されない。つまり、城丸の考えによると、運動部活動の経営を子どもに分担させるような教師の指導は、〈子どもの自主性〉を壊すことなく、運動部活動を自治活動として成立させ

るのであり、その指導によって子どもを民主主義の発展へと導くことが可能になるというわけである（城丸、1962→1993a、pp.69-79）。

5−3　中村敏雄の運動部活動論[19]

中村敏雄は、民間体育研究団体である学校体育研究同志会が提唱した運動文化論を背景にしながら、スポーツ文化を学習し発展させる場の一つとして、運動部活動のあり方を論じた。

本章の1−1−3で述べたが、中村が依拠する運動文化論とは、スポーツ文化を受け継いで、そのすばらしさを学習し、さらにより発展させた形で未来世代につないでいくことを目指す立場である。中村は、この立場から運動部活動を捉えた。この捉え方は、城丸が教育として運動部活動を見た捉え方と対比させると、スポーツとして運動部活動を見る捉え方である。中村によれば、運動部活動はスポーツの「クラブ」であり、「クラブ」とは本来的に、自由・自主・自治を原則として、自分たちのために活動する場所を意味している。すなわち、「クラブ」としての運動部活動では、子ども自身が自由に自主的に自治的にスポーツをするという、スポーツの「私事性」が追求されなければならないという（中村、1979→2009、pp.14-38）。その意味で中村は、〈子どもの自主性〉を基盤に置いたスポーツ組織として運動部活動を構想したといえるだろう。

それでは、〈子どもの自主性〉を基盤とした場合、教師はどのようにかかわるべきなのか。ここには、城丸が運動部活動を自治活動と捉えたときと同様、〈子どもの自主性〉を壊すことなく教師が何をすべきであり何ができるのか、という難題がある。

この難題に中村はどう答えたのか。それを考える準備として、中村が指摘していた、スポーツのあり方を子どもに任せきりにすることで生じうる問題を確認しておこう。その問題とは、たとえば、運動部員が施設や用具を独占することで非運動部員が自由にスポーツをできないという不平等の問題や、非運動部員からも徴収した生徒会費を優先的に使って運動部活動が成立しているという不公正の問題である。これらは、ある生徒のスポーツをする自由が、別の生徒のスポーツをする自由を奪ってしまう問題であり、〈子どもの自主性〉を基盤とするためには、解決されなければならない。そのため中村は、運動部活動がただ「自分たちのため」だけに活動するのではなく、「全

校生徒のため」に活動するべきであり、運動部員は専門家としてスポーツの普及や発展に努めるべきだと考えた（中村、1979→2009、pp.71-75）。中村は次のように述べている。

 誰が、どのようなスポーツを選択・実施するかということについて他人がそれに容喙することはできず、この自由はすべての人に保障されねばならない。しかしすべてのスポーツは人類の文化遺産であり、これを選択・実施するということは、またこれを観戦するということも、直接・間接という違いはあるにしてもともに文化遺産の継承者になるということであり、その発展に責任を負うということを意味している。（中村、1995→2009、p.179）

中村によれば、スポーツをする者は、スポーツ文化の「継承者」であり、スポーツ文化を発展させる「責任」があるという。この論理から、運動部活動と運動部員は、「全校生徒のため」に、スポーツの普及と発展に努めなければならないとされた。中村は、「スポーツマンに課された使命」を、次のように語っている。

 スポーツマンたちは、スポーツのこれまでとこれからという歴史的・社会的な流れの中にあって、スポーツがより多くの人々に愛され、より多くの人々の幸福実現に役立つよう、さらに改革されていくことに力を尽くさなければならないのである。しかもそれは、スポーツの文化的特性を深く考察し、あるべきスポーツの未来像を正確に展望しつつ行われなければならない。先に、スポーツマンたちを「専門家集団」と呼んだのは、こうした事柄を専門的に追求しうる位置にあり、それを基盤としながら専門的な立場からする何らかの、具体的で、しかも未来を見通した新しい提言・試案・実践を展開できる役割をにないうる人たちという意味を、その中に込めたいと考えたからにほかならない。（中村、1979→2009、p.45：傍点は中村）

つまり、中村は、運動部活動と運動部員にスポーツを「改革」することを求めた。具体的には、多くの生徒がスポーツを楽しめるようにルールを変更

したり、工夫を施したり、科学的な練習方法を取り入れたりすることで、「スポーツを変え、クラブを変える」ことを求めた（中村、1979→2009、pp.39-75）。このように運動部活動と運動部員は、スポーツの「改革」を通じて、「全校生徒のため」にスポーツを普及・発展させる「責任」がある。そして、中村によれば、運動部活動と運動部員がその「責任」を果たすように導く役割を担うのが、教師だという。中村は、次のように述べている。

　　クラブを専門家集団ととらえ、彼らがスポーツの発展と、さらに新しい国民運動文化の創造という役割をになうものであると考えることに同意できるならば、すべての顧問教師は、全校生徒とともにあろうとしている彼らの活動を積極的に援助・指導することにも協力すべきではなかろうか。（中村、1979→2009、p.109）

　中村によれば、教師は、運動部活動が全校生徒のための活動となるように「積極的に援助・指導」しなければならないという。ここで注意したいのは、こうした教師のかかわりが〈子どもの自主性〉を壊さない、と考えられていることである。なぜなら、スポーツをする運動部員にはスポーツを普及・発展させる「責任」があるからであり、その「責任」を果たしたときにだけ、生徒会費や施設の優先的利用が認められるからである（中村、1979→2009、p.74）。この論理に従えば、運動部員は、「自分たちのため」に活動するという目的のために、自ら進んで「全校生徒のため」に活動することになる。そのため、運動部活動を全校生徒のために方向づける教師のかかわりは、〈子どもの自主性〉を壊す強制ではなく、〈子どもの自主性〉に沿った援助として意味づけられるのである。

5−4　内海和雄の運動部活動論[20]

　内海和雄は、権利主体としての生徒が中心となり、それを学校教育が公的責任を持って支える活動として、運動部活動のあり方を論じた。
　内海の運動部活動論を検討する前にまず注意すべきなのは、内海の議論がおこなわれた時代の運動部活動の状況が、城丸と中村の場合と異なる点である。城丸と中村が議論したのは終戦後から1970年代にかけてであり、その時代の運動部活動は拡大途中にあり、現在のように大規模化してはいなかっ

た。そうした状況のなかで、城丸と中村の議論は、民主主義とスポーツ文化の発展を目指して、運動部活動をより充実させ拡大させる方向で展開したといえる。他方で、内海が議論したのは90年代の後半であり、このときすでに運動部活動はかつてないほどに大規模化していて、その過剰な活動が問題となっていた。その状況を踏まえて、内海の議論は、この大規模化した運動部活動を、生徒の諸権利を保障するように修正する方向で展開する。内海は、「週7日部活動」「部活動漬け」などの過剰な活動実態が、子どもの意見や自由を制限したり、心身の障害を引き起こしたりする状況を、子どもの「人権蹂躙」であると厳しく批判した。こうした状況認識から、内海は、基本理念として「子どもの権利を保障する」ことを第一に掲げ、権利主体としての生徒が中心となる運動部活動のあり方を提言した（内海、1998、pp.188-189）。つまり、内海の運動部活動論も〈子どもの自主性〉を中心にしていて、それを守るために過剰な運動部活動を修正することを主張した。

　そのうえで内海は、「教師の権利を保障する」ことと「部活動は学校教育の機能の一部である」ことも、運動部活動の基本理念に加えた。前者については、過剰な運動部活動が、教師から授業研究の時間や家庭生活を営む時間などを奪っていて、子どもと同様に、教師の「人権蹂躙」にもつながっているという。そのため、教師の権利を保障するために、運動部活動への教師のかかわりを低減させる必要があった。ただし、単純に教師が運動部活動から手を引けば、運動部活動そのものが成り立たなくなってしまう。そこで内海は、運動部活動が学校教育の機能を担っているという後者の理念に基づいて、運動部活動を支える国・地域レベルの行政の責任と役割を求めた。具体的には、「部活動の法的行政的財政的位置づけを確立する」ことや、「部活動の諸経費を公的に保障する」ことで、教師のかかわりを低減させるかわりに、国・地域レベルで十全に保障する仕組みを求めたわけである（内海、1998、pp.189-201）。

　こうした内海の運動部活動論では、城丸や中村が直面した、〈子どもの自主性〉を尊重しながら教師がかかわるにはどうすればよいか、という難題は浮かび上がってこない。なぜなら、子どもの権利侵害を引き起こす過剰な運動部活動が問題であった内海にとっては、〈子どもの自主性〉を守るためにこそ教師のかかわりを低減させるべきだったからである。具体的な論点を一つ挙げると、内海（1998、pp.204-205）は、「いかなるスタメンを選出するか、

いかなるチームを結成するかは生徒の最終判断に任せるべきである」という。「スタメン」とは「スターティングメンバー」の略であり、試合開始時の出場選手を意味する。内海は、この「スタメン」を教師ではなく生徒が決めるべきだと、次のように述べている。

> このスタメンの決定方法に部活動の主体はいったい生徒なのか教師なのかという根本的な思想が集約されている。その意味では今後、スタメンの生徒自身による決定を軸として、生徒の権利を保障する、生徒が主体の部活動の在り方、また部活動の民主主義的な在り方の根本的な議論を広げたいものである。練習方法にしても、その科学化・合理化、技術の高度化と部運営の民主化は是非とも生徒たちの積極的な参加で達成したい。また、試合中は顧問はベンチに入らず、顧問からの指示は一切無くして、生徒たち自身による試合運営をも検討すべきであろう。(内海、1998、p.205)

内海は、運動部活動の主体が教師ではなく生徒であるという考えから、「生徒自身による決定」や「生徒たちの積極的な参加」を求め、試合でも、「顧問からの指示は一切無く」すことを求めた。このように内海は、〈子どもの自主性〉を守るために、運動部活動への教師のかかわりを低減させることを求めた。

5−5　城丸・中村・内海の議論が運動部活動のあり方に与えた影響

以上の城丸・中村・内海の運動部活動論から、実際の運動部活動の拡大・維持過程を考察するための、どのような手がかりが得られるだろうか。その点を、神谷拓による戦後運動部活動論の諸研究を踏まえながら考える。

神谷は、体育科教育学の立場から、戦後運動部活動論の内容を体系的に分析している。神谷の研究は、城丸章夫の運動部活動論の個別分析（神谷、2008a）、中村敏雄の運動部活動論の個別分析（神谷・高橋、2006）、両者の比較および内海和雄の運動部活動論も加えた3氏の歴史的関係の分析（神谷、2000）、それらを踏まえた、学習指導要領上で示された戦後の「教育的運動部活動」論の体系的分析（神谷、2008b）などから構成されている。神谷の問題関心は、「何のために運動部活動があるのか」という「運動部活動の存

在意義」を突き止めることにある（神谷、2008b、pp.1-9）。その意味で、神谷の研究は、現象の説明・理解ではなく、城丸・中村・内海と同様に規範理論の構築を目指して、3氏の運動部活動論を解釈し、批判し、総括する作業に向けられている。その点に注意しながら、神谷の分析を検討しよう。

　以下で取り上げるのは、「城丸、中村、内海による「部活動研究」の歴史的関係」（神谷、2000、pp.41-43）として論じられた部分である。神谷は、民間教育研究団体の教育科学研究会が城丸に与えた評価を参照しながら、城丸の運動部活動論を、自治集団として運動部活動を発展させる「方法」を示したと位置づける。たしかに、神谷が指摘するとおり、城丸の「保護」「内面からの指導」「経営活動の分担」は、生活指導実践を前進させる先駆的な「方法」だった。しかし、神谷によれば、城丸は、運動部活動が何をすべきかという、運動部活動の「内容」を十分には検討しなかったという。神谷は、この城丸の運動部活動論が及ばなかった「内容」を示したのが中村の運動部活動論であると位置づける。中村は、多くの生徒がスポーツを享受できるように、ルール変更や活動の科学化を通じたスポーツ文化の発展を求めた。たしかに、これらはスポーツの「内容」に踏み込む議論であり、「内容」面から運動部活動論を前進させたといえるだろう。ただし、城丸が論じた「方法」と中村が論じた「内容」を備えたとしても、運動部活動は、それを支える制度的な基盤が脆弱であるため、十全に保障されるとはかぎらない。そこで神谷は、「方法」と「内容」のもう一回り外側で運動部活動を支える「保障体制」を論じたのが内海の運動部活動論であると位置づける。神谷によれば、生徒の権利と学校教育の責任から運動部活動の「保障体制」を論じた内海の議論は、1990年代後半以降の生徒や保護者の「学校参加」が叫ばれる今日、大きな意味を持っているという。すなわち、運動部活動の地域社会への移行という流れを再考し、生徒や保護者の参加から運動部活動を保障する筋道を示唆しているという。

　以上の神谷の分析を踏まえて、3氏の議論が実際の運動部活動のあり方に与えた影響を推論してみたい。まず、終戦後から1970年代に展開した城丸と中村の議論は、戦後の運動部活動を次のような論理で後押ししたのではないか。城丸は、民主主義の発展に向けた自治活動として、〈子どもの自主性〉を尊重した運動部活動を論じた。そして、〈子どもの自主性〉を尊重した教師の運動部活動へのかかわり方を、「保護」「内面からの指導」「経営活

動の分担」という「方法」として提示した。こうした論理から見れば、戦後学校教育が求め続けた民主主義と不可分とされる点で、運動部活動はまさに学校教育の一部となり、教師は学校教育活動として運動部活動を成立させながら協同的に参加しなければならないことになる。

　他方で中村は、スポーツ文化の発展に向けたスポーツ組織として、同様に〈子どもの自主性〉を尊重した運動部活動を論じた。そして、〈子どもの自主性〉を尊重した教師の運動部活動へのかかわり方を、スポーツの「内容」を発展させる方向で論じた。この論理によって、教師は、一見すると学校教育とは無関連に思われるスポーツを発展させるために運動部活動にかかわるべきとされる。このように城丸と中村は、民主主義とスポーツの発展に向けて運動部活動にかかわるべきとする規範を、〈子どもの自主性〉を壊さないかかわり方の論理と合わせて、教師に提示した。こうした規範理論が、運動部活動への教師のかかわりを後押しし、戦後の運動部活動に影響を与えてきたのではないか。

　次に1990年代後半の内海の議論は、現在の運動部活動のあり方に次のような影響を与えているのではないか。内海は、生徒の権利を保障するために過剰な活動を修正するように、〈子どもの自主性〉を尊重した運動部活動のあり方を論じた。そして、〈子どもの自主性〉を尊重するために、教師はかかわりを低減させるべきであり、かわりに生徒と保護者が主体的に参加すべきであり、国・地域レベルの「保障体制」を整備すべきだと論じた。この論理が立てられることで、現場レベルの教師は、これまでの運動部活動に積極的にかかわるべきだとする規範との間で逡巡せざるをえない。教育のために運動部活動にかかわらなければならなかったはずが、いまや、教育のため、そして生徒の権利と自分の権利を保障するためにかかわるべきではないとされたわけである。こうして理念的にも実際的にも、運動部活動への教師のかかわり方は多様になるのではないか。

　また内海の議論が示唆していた生徒や保護者の「学校参加」への展開も、現場レベルの動向を考えるうえで無視できない。すなわち、それまでは必ずしも前面に出てこなかった保護者という存在が、生徒の権利を守るために登場してくるのであり、運動部活動への保護者の参加が後押しされるのである。こうした規範理論が、教師のかかわり方を多様化させながら、生徒の権利をめぐる学校−保護者関係を構成し、現在の運動部活動のあり方に影響を与

えているのではないか。
　以上の推論を手がかりにしながら、以下の【第Ⅰ部　運動部活動の戦後】と【第Ⅱ部　運動部活動の現在】では、現象としての運動部活動の拡大・維持過程を社会科学的に明らかにする。

補論　運動部活動研究の包括的レビュー

　この補論では、中学・高校の運動部活動に関する社会科学的な研究を検討しながら、本書の運動部活動研究上のオリジナリティーを示す。専門的な運動部活動研究者に向けたスペシフィックな論述になるため、専門的な運動部活動研究者以外の方や一般読者は、読み飛ばしてもらってもかまわない。

1　日本とアメリカの社会科学が蓄積してきた運動部活動研究

　運動部活動の研究は、特に日本とアメリカで、社会科学の多様な領域で蓄積されてきた。すでにこれらのレビューが、アメリカではおこなわれている。代表的なものとしては、スポーツ社会学者による、McPherson et al.（1989, pp.65-92）、Sage（1998, pp.253-275）、Rees and Miracle（2000）、Coakley（2003, pp.482-525）、Eitzen and Sage（2009, pp.90-110）などがある。それ以外に、教育学者が文化部も含めた課外活動の教育的効果に関する研究群をまとめた、Holland and Andre（1987）、Feldman and Matjasko（2005）もある。一方で日本では、「スポーツの社会化」に関するレビュー論文（山本、1987；山口・池田、1987）のなかで運動部活動参加者の特徴や背景などについて部分的にまとめられているが、それ以外の領域・テーマも含めた包括的なレビュー論文はないといってよい。そこで、この補論では、先行するレビュー論文を参照しながら、日本とアメリカを中心とした運動部活動研究を包括的にレビューし、これまで何がどう論じられてきたのか、そのなかで本書がどんなオリジナリティーがあるのかを示すことを意図した。
　レビューの範囲は、日本とアメリカの中学・高校運動部活動を対象とした社会科学的研究であり、特に実証研究とした。そのなかで、体系的なまとまりを持つ学術図書と学術論文を中心的に取り上げることにし、問題提起など

にとどまるブックチャプターや論考は除外した。領域としては、教育学領域、体育・スポーツ科学領域、社会学領域、心理学領域、歴史学領域、日本研究（Japanese studies）領域の多様なディシプリンの研究を包括するように努めた。以下では、それぞれの領域ごとに、研究動向を整理する。

2　教育学領域

　教育学領域では、基本的に、運動部活動研究が少ない。学校・教師に関する体系的な研究書や学会誌を概観すれば、堀尾輝久ほか編『講座学校』全7巻（1995－96）、日本教育経営学会編『講座日本の教育経営』全10巻（1986－87）・『シリーズ教育の経営』全6巻（2000）、日本教育方法学会編『教育方法』（1966－）、日本教師教育学会編『日本教師教育学会年報』（1992－）は、運動部活動に関してほとんど論じていない。その理由は、運動部活動が教育課程外にあることと関連しながら、運動部活動を教育学的に重要な対象として見なしてこなかったためだと思われる。教育学領域で運動部活動研究はきわめて周辺的である。

　こうしたなかでいくつかの研究は、運動部活動の教育的意義を指摘しながらも（山口編、2001、pp.160-173；吉田、2009）、それ以上に、運動部活動が引き起こすさまざまな問題を指摘してきた。教育学の立場から総合的におこなわれた初めての運動部活動研究である今橋盛勝ほか編（1987）『スポーツ「部活」』は、生徒の権利を無視して加入が半ば義務づけられる問題点、過熱化するあまりけがや障害が後を絶たない問題点、教師の権利を無視して半ば校務として従事させられる問題点などを指摘した。これに続いて、運動部活動の過熱化、勝利至上主義、しごき・体罰、けが・障害、他の学校教育活動への圧迫、教師の負担などの問題点が繰り返し指摘されてきた（城丸・水内、1991；白井ほか編、1991、pp.127-153；葉養編、1993、pp.185-194）。教育学領域の数少ない研究は、運動部活動に教育的意義を見いだすと同時に、それを教育問題として扱ってきた。

3 体育・スポーツ科学領域

　体育・スポーツ社会学／心理学は「社会学／心理学領域」で、体育・スポーツ史は「歴史学領域」で後述するとし、それらを除いた体育・スポーツ科学領域の動向を見ておく。

　体育・スポーツ科学領域も、教育学領域と同様に、運動部活動のさまざまな問題点を指摘してきた。体系的な研究書としては、浅見俊雄ほか編『現代体育・スポーツ体系』全30巻（1984）の第5巻「学校体育・スポーツ」（pp.57-58）が、運動部活動が過熱化し競技志向に偏りすぎることを問題視している。そうした過熱化や競技志向への偏りは、子どもの権利や主体性を損なう問題として（森川・遠藤、1989）、またけが・障害を引き起こす問題として（武藤・太田編、1999）、強く批判され、その改善が繰り返し叫ばれた。内海和雄（1998）『部活動改革』は、そうした問題を認識しながら、勝利至上主義や管理主義として学校や教師が過剰に介入する実態に警鐘を鳴らし、部活動改革の方向として「生徒主体への道」を提起した。他方で、こうした問題が生み出される背景として、概念レベルで教育とスポーツに重なる運動部活動自体の構造も問題化された（久保、1998）。その解決策として「部活とクラブの協働」が提唱され、運動部活動を総合型地域スポーツクラブに移行する道筋も示された（黒須編、2007）。教育でもありスポーツでもある運動部活動の位置づけが問題とされ、それを純粋なスポーツ組織として位置づけ直すことで問題の解消が目指されたわけである。

4 社会学／心理学領域Ⅰ（参加・適応研究）

　社会学（体育・スポーツ社会学や教育社会学を含む）と心理学（体育・スポーツ心理学や教育心理学を含む）は、その方法論や分析レベルに違いはあるが、かなりの程度類似するテーマに取り組んできた。そのためここでは、社会学／心理学領域として一度まとめたうえで、Ⅰ．参加・適応研究、Ⅱ．機能・効果研究、Ⅲ．顧問教師研究に分ける。

参加・適応研究とは、どのような生徒がなぜ運動部活動に参加・適応するのかを明らかにしようとした研究群である。まず、生徒の参加（継続）／不参加（退部・ドロップアウト・バーンアウト）を規定する要因やそのプロセスが、生徒の心理的諸相や社会背景的特徴に注目して検討されている（青木、1989；中込・岸、1991；稲地・千駄、1992；横田、2002；西島ほか、2002、2003；西島・中澤、2006、2007）。こうした運動部活動参加者の特徴の検討は、アメリカでも盛んであり、国レベルで無作為に抽出された大量のサンプルなどをもとに、高度な統計的手法を用いた精緻な二次分析が重ねられている。そこでは、運動部活動参加に影響を与える要因として、生徒本人の達成感や人間関係、やりがいとコスト／ベネフィットの認識（Fredricks et al., 2002）、親の収入や学歴（Fejgin, 1994）、家族構成や文化資本（Eitle and Eitle, 2002）、などが指摘された。さらに、それらの影響を媒介する要因として、学校文化や価値風土（Snyder and Spreitzer, 1979；Thirer and Wright, 1985）、人種（Goldsmith, 2003）による違いも検討されてきた。
　次に、運動部活動参加者を一括りにせず、参加者のなかにある適応程度の差異に注目し、適応／不適応を規定する要因やそのプロセスについて検討した研究もある（杉本、1986；桂・中込、1990；青木・松本、1997；西島ほか、2000；青木、2003）。そしてこれらに関連して、運動部活動からの退部・ドロップアウト・バーンアウト、そして不適応に影響を与えるストレス要因の特定や測定の検討も進められてきた（渋倉・小泉、1999；渋倉・森、2002、2004；加藤・石井、2003；渋倉ほか、2008）。運動部活動への生徒のかかわりの全体を総括するに至ってはいないが、研究の蓄積は進んでいるといえる。

5　社会学／心理学領域Ⅱ（機能・効果研究）

　機能・効果研究とは、運動部活動への参加が、どのような機能や効果を持っているのかを明らかにしようとした研究群である。その主要テーマは、人間形成や教育的・職業的・社会的達成に対する運動部活動参加の機能・効果であった[21]。ただし、明確な結論にはいまだ至っていない。
　たしかに運動部活動参加が、それらに対してポジティブな機能・効果を持つ結果を示した研究は多い。日本では、「ライフスキル」の獲得（上野・中込、

1998；上野、2006)、授業への積極性や学校への適応（吉村・坂西 1994；高旗ほか、1996；西島ほか、2000、2002、2003；藤田 2001；竹村ほか、2007)、それらを通した学業達成（白松、1997）や社会移動（甲斐、2000）などへのポジティブな影響が示された。アメリカでも、国レベルの無作為抽出による大量サンプルの二次分析などから、パーソナリティーや精神の発達・安定（Schendel, 1965；Nicholson, 1979；Gore et al., 2001；Broh, 2002)、学業・進学への意欲とその達成（Eidsmoe, 1964；Rehberg and Schafer, 1968；Spreitzer and Pugh, 1973；Snyder and Spreitzer, 1977；Otto and Alwin, 1977；Marsh, 1993；Spreitzer, 1994；Crosnoe, 2001, 2002；Broh, 2002)、職業・収入や社会移動（Otto and Alwin, 1977；Melnick et al., 1992a)、非行・退学の予防（Landers and Landers, 1978；McNeal, 1995；Miller et al., 1998)、などへのポジティブな影響が示された。

しかし、その一方で、運動部活動参加が、人間形成や教育的・職業的・社会的達成に対してポジティブな機能・効果を持つとはかぎらないことを示した研究も少なくない（Hanks and Eckland, 1976；Feltz and Weiss, 1984；Best, 1985；Melnick et al., 1988；Rees et al., 1990；Melnick et al., 1992b；Spreitzer, 1994；Hanson and Kraus, 1998；Crosnoe, 2001)。さらに、運動部活動参加が、成績の低下（Landers et al., 1978)、性行動の促進（Miller et al., 1999)、反社会的な逸脱（岡田、2009)、といったネガティブな機能・効果を持つ場合もあることも示された。結局のところ、運動部活動参加が人間形成や教育的・職業的・社会的達成に対してどのような機能・効果を持つのかは、いまだ明らかになっていないといえる。

6 社会学／心理学領域Ⅲ（顧問教師研究）

上述の参加・適応研究と機能・効果研究は生徒に注目した研究群だが、他方で、顧問教師に注目した研究群もある。まず、顧問教師はどのような特徴を持っているかという、基本的な実態を調査した研究がある（宇土ほか、1969；村井、1978；西垣、1983；徳永・山下、2000；西島ほか、2008；中澤ほか、2009)。そこでの調査項目は、顧問教師の性・年代・担当教科といったデモグラフィックな特徴から、教育観や運動部活動への期待、負担感や抱える課

題といった意識面の特徴、そして運営や指導へのかかわりの内容や程度といった行動面の特徴まで多様である。

次に、顧問教師の指導の実際に焦点を当てて、そのリーダーシップの取り方や指導観・指導意図・指導行動について検討した研究がある（松原、1990；小西・内藤、1993；北村ほか、2005）。加えて、そうした指導が成立するための前提となる教師－生徒関係について、顧問教師がどんな能力を持っているか、それを生徒がどう認知しているかといった観点から、検討が積み重ねられた（森ほか、1990；伊藤ほか、1992；伊藤、1994）。

最後に、顧問教師が自らの役割をめぐって抱く葛藤について考察した研究がある。顧問教師の葛藤に関する研究はアメリカで蓄積され、「教師役割」と「コーチ役割」の間に生じる役割間葛藤として定式化されてきた（Locke and Massengale, 1978；Sage, 1987, 1989；Figone, 1994；Chelladurai and Kuga, 1996）。こうしたアメリカの研究動向と同様に、日本でも、運動部活動での「教育的／競技的空間の二重性」が、顧問教師に葛藤を引き起こすことが指摘された（小谷・中込、2003、2008）。この葛藤は、運動部活動が教育であると同時にスポーツでもあること、そして顧問教師が教師であると同時にコーチでもあることから、生じるものである。その意味で、スポーツと学校教育の関係を考えるうえで、重要なテーマといえるだろう。

7　歴史学領域

運動部活動の歴史は、それが教育課程外の活動であることと関連して、教育史領域ではほとんど触れられず、体育・スポーツ史領域で蓄積されてきた。まず運動部活動の戦前史は、通史研究によって、明治前半期に東京の高等教育機関で誕生し、その後、大正・昭和初期までに全国の中等教育機関に普及していったとまとめられている（竹之下、1950；木下、1970；世界教育史研究会編、1975；竹之下・岸野、1983）。運動部活動の誕生は、日本のスポーツの始まりでもあった。スポーツは、文明開化の時期に欧米から輸入された文化の一つであり、それが学校で教育課程外の活動として受容された。その先駆けが、帝国大学であった。1886年（明治19年）に帝国大学で設立された学生スポーツ団体である帝国大学運動会は、学生自らの力を中心に外国人教師

の助けを受けて発展し、大正・昭和戦前期に至るまで学校スポーツを牽引し続けた（渡辺、1961、1973；木下、1970；竹之下・岸野、1983；石坂、2002）。これが課外スポーツを統轄する組織のモデルとして他の高等教育機関に波及し（木下、1970、pp.13-24）、ついで全国の中等学校・小学校での校友会運動部設立につながっていった（竹之下・岸野、1983、p.171）。こうした運動部活動の普及過程にはいくつかの背景があった。たとえば、明治後期には、そこでの人間形成に対する為政者の期待が校友会運動部に注がれたこと（竹之下・岸野、1983、p.50）、昭和初期には、マルクス主義や左翼思想に対抗するため1929年（昭和4年）の体育運動審議会設置や「体育運動の合理的振興方策」といった政策が運動部活動を後押ししたこと（入江、1986；山本、1988；中嶋、1993；坂上、1998）、一方で32年（昭和7年）の「野球の統制並びに施行に関する件」では文部省が運動部活動を統制しスポーツの自治が脅かされたこと（加藤、1975；加賀、1988；田代、1996；中村、2007）などが明らかにされている。こうした誕生から普及に至るプロセスの詳細に迫りうる個別史は、着実に積み重ねられてきた（渡辺、1978；真栄城・高木、1986；真栄城・青野、1990；鈴木・大櫃、1993；冨岡、1994；渡辺、1997；阿部ほか、1998；清水、1998；坂上、2001）。

　対して、戦後史の蓄積は比較的少ない。それは、通史研究（井上、1970；木下、1970；前川編、1973；竹之下・岸野、1983）、戦後教育改革研究（木村、1969）、政策研究（関、1997；内海、1998）で部分的に記述されているにすぎない。また、1970年代以降の現代史はいまだ総括されておらず、またその方法論も政策史に限定される傾向があり、実践や議論の歴史も不十分である。戦後学校体育の実践と議論の変遷を扱った中村敏雄編『戦後体育実践論』全4巻（1997－99）のなかに、運動部活動を直接扱った論文はほとんどない。運動部活動の歴史像は、とりわけその戦後史では、いまだ不完全といえるだろう。

8　日本研究（Japanese studies）領域

　日本研究で、運動部活動は教育としてもスポーツとしても特殊なあり方として注目されてきた。日本研究は、日本の戦後復興と経済成長の原動力を日

本の学校教育に見いだしてきたが、そのなかで、クラブや部活動の存在にも注目した（Vogel, 1979 ; Cummings, 1980 ; Rohlen, 1983）。またアメリカの文化人類学者 Miller（2011）は、日本のスポーツの特殊性として、教育全般を管轄する行政機関の文部（科学）省がスポーツを管轄している点や、スポーツクラブのほとんどが学校教育に属している点などを指摘している。海外の研究者から見れば、教育としてもスポーツとしても、運動部活動は特殊な存在だといえる。

より詳細な調査研究を概観すれば、オーストラリアの社会学者 Light（2000、2008）は、東京の高校ラグビー部のフィールドワークから、運動部活動の儀礼的側面や男性性獲得の場としての機能を論じた。イギリスの文化人類学者 Cave（2004）は、関西地方の中学・高校部活動のフィールドワークから、文化部も含めた部活動の社会化機能や秩序形成機能を論じた。オーストラリアの社会学者 McDonald and Hallinan（2005）は、滋賀の大学ボート部のフィールドワークから、「精神」という言葉の意味づけをめぐる日本的な身体観を論じた。アメリカの社会学者 Blackwood（2010）は、高校野球部のマネージャーの存在に注目しながら、ジェンダー秩序の再生産機能を論じた。

日本研究者の関心は運動部活動の歴史にも及び、アメリカの歴史学者 Roden（1980）は、明治期の第一高等学校の生活史を記述するなかで野球部員の独特な生活スタイルにも触れた。また、先の Blackwood（2008）は、「武士道」や「野球道」という日本的なイデオロギーに焦点を当てながら明治期の学生野球の精神史を記述した。日本の運動部活動は、日本特殊的な存在として、国際的な注目を浴びてきたといえるだろう。

9　運動部活動研究上における本書のオリジナリティー

以上の先行研究の検討を踏まえて、運動部活動研究上での本書のオリジナリティーは次のとおりである。これまでの運動部活動研究は、それが成立していることを前提として、教育学／体育・スポーツ科学領域でその意義や問題が何度も強調され、社会学／心理学領域で参加・適応の仕組み、機能・効果、顧問教師の姿に関する考察が積み重ねられてきた。しかし、そうした研

究は、運動部活動そのものがどのようにして成立してきた／しているかを、まったくといってよいほど論じていない。そのため、重要な教育的意義を持ち、多くの生徒が参加・適応し、種々の機能・効果を有しているはずの運動部活動を支えるために、どのような条件が必要なのかを議論できない。そして、繰り返し叫ばれるさまざまな問題を抱えながら、またそれにかかわる顧問教師が負担・課題・葛藤を抱えながらも、なぜ運動部活動が成立し続けるのかを理解できないのである。先行研究が暗黙のうちに前提としていた、運動部活動自体を成立させてきた／させている仕組みの解明、つまり、運動部活動の拡大・維持過程の解明という課題は、運動部活動研究上の大きな陥穽といえる。

　他方で、歴史学領域では、その拡大過程について部分的に明らかにされてきた。しかし、それでもなお、戦後史は不完全であり、政策以外の側面の検討が不足しているという限界がある。最後に、日本研究では、運動部活動の存在が日本特殊だとして注目されてきた。これに対して、なぜ、どのようにそうした運動部活動が存在しえたのかという説明・理解を、日本の社会科学は与えていない。現象の表面的なユニークさを指摘するにとどまる「日本特殊性論」を超えて、その特殊性を生み出した歴史的・社会的背景にまで踏み込んだ説明・理解が求められている。

　すなわち、本書が取り組もうとする運動部活動の拡大・維持過程の解明という課題は、これまでの運動部活動研究で取り組まれておらず、先行研究の前提を問い直す意義を持つといえる。

注

（１）この類型化は本書独自の試みだが、少し補足しておきたい。本書の理論的テーマであるスポーツと学校教育の関係に関連して、体育哲学領域では、身体と教育の関係が議論されてきた。そこでは身体と教育の関係が、「身体の教育」「身体による教育」「運動・スポーツの教育」などの呼称で類型化されてきた（前川、1948、pp.92-122；岡出、1987；友添、2009、pp.63-108）。それらと、本書独自の類型化である「人格形成論的図式」「身体形成論的図式」「スポーツ文化論的図式」との異同や関連性は詳細に検討できていないが、大づかみに述べれば、「人格形成論的図式」は「身体による教育」に、「身体形成論的図式」は「身体の教育」に、「スポーツ文化論的図式」は「運

動・スポーツの教育」に、それぞれ対応しているといえるだろう。
（２）ここでの検討範囲は、基本的に、日本での議論を主としている。スポーツと学校教育の関係は、海外でもさまざまに議論されてきた。ただし、ここでは、筆者の問題関心が運動部活動の大規模な成立という日本特殊的な現象の解明に向けられているため、それら海外の議論の検討は最小限の範囲にとどめ、戦後日本でどのような議論が積み重ねられてきたかを主に検討する。
（３）スポーツの人格形成への有効性を学問的に検討しようとした試みとして、1970年代以降のドイツでの「スポーツ教育学」（Sportpädagogik）がある（ウィドマー、1980；グルーペ・クリューガー、2000）。ただし、ドイツの「スポーツ教育学」は、学術的な固有性や方法論の独自性をめぐる議論に終始していて、主要課題であるはずのスポーツの人格形成への有効性の解明に、理論的にも実証的にも十分に接近できているわけではない。
（４）アメリカのスポーツ社会学者であるCoakley（2003、p.485）は、学校間対抗スポーツの賛否の議論を整理するなかで、スポーツが自尊心を育むとする賛成派の議論には、すぐさまスポーツは卑屈な従順さを植え付けるという反対派の議論が対置されるように、素朴な日常的経験としても、スポーツの人格形成への有効性を支持できないと論じている。
（５）これは何も特別な研究スタイルではなく、オーソドックスな社会科学的研究のスタイルである。しかし、体育学で、そうしたオーソドックスな社会科学的研究の蓄積はあまりにも不十分だった。体育学は、人文・社会・自然科学を含む分野横断的な学問だが、社会科学的な研究は質も量ともに貧困であるといってよい。こうした体育学での社会科学的研究の動向に対して、本書は、現象自体に問いを投げかける重要性と、その現象の不可思議さを解き明かすために歴史的・社会的文脈に目を向ける必要性を提起するものである。
（６）この筆者の指摘に対して、スポーツ文化論的図式はスポーツを手段としてではなく目的的な活動として扱っているではないか、という反論があるかもしれない。しかし、運動文化論やスポーツ教育にしても、楽しい体育論にしても、その目指すところは、スポーツをすること自体ではなく、あくまでスポーツを学習し発展させることである。だから、教師は生徒に、ルールを学ばせ、技術向上のための課題を与え、スポーツの楽しみ方を教えようとする。教師は、ただ生徒がスポーツをしているだけではダメだと考え、生徒がより理想的でより正しいスポーツをするように教育しようとする。それはつまり、目の前でおこなわれるスポーツが、理想的な正しいスポーツのあり方に近づくための手段となっていることを意味している。
（７）本書は、こうした方法論的立場に立ち、なぜスポーツは学校教育に結び付

けられるのかという理論レベルの問いを、〈子どもの自主性〉の理念というパースペクティブから探究しようとしている。ただし筆者は、その問いを解くために〈子どもの自主性〉の理念が意義と重要性を持つと考える一方で、基底還元論的に、そのすべてが〈子どもの自主性〉の理念だけで説明・理解できると考えているわけでもない。そうした本書の課題と展望に関する発展的な議論は、終章で試論したい。その前に、各章で運動部活動の戦後と現在を丁寧に分析し、それらを通じて、なぜスポーツは学校教育に結び付けられるのかを、〈子どもの自主性〉の理念というパースペクティブから考察し、先行研究とは違った本書オリジナルの知見と結論を提出しよう。

（8）ただし、大学の体育会運動部は、歴史的に見ると日本の運動部活動の萌芽であり、戦前では旧制中学校の校友会のモデルとなって、中等教育の運動部活動のあり方に大きな影響を与えてきた。そのため、運動部活動の歴史的展開を記述するうえでは、大学の体育会運動部についても取り上げることにする。

（9）このタイトルが示すとおり、本書では運動部活動を分析する基本的枠組みとして、戦後以降の学校と教師のかかわりに注目する。その理由と意義は本文中で述べるが、当然ながら限界はある。その限界を、運動部活動の拡大・維持過程を解明するために残された課題として、以下の5つに整理しておく。

1点目に、戦前の運動部活動の分析が不十分だった。その大きな理由は、現在に続く運動部活動を考えるうえでの転換点が戦前／戦後の区切りにあったという筆者の歴史認識にある。ただし第2章でも述べるが、運動部活動は、終戦直後に何もないところから急に整備され始めたわけではなく、戦前からのつながりを持っている。現在の中学・高校運動部活動の前身である旧制中学校の校友会は、1890年前後（明治20年代）に萌芽してから、昭和戦時期に報国団として解体・再編されるまで、生徒にとって馴染み深い文化的慣習として学校に定着していた。こうした戦前からのつながりが、終戦直後に運動部活動を整備する下地になったと考えられる。これらを踏まえると、戦前を含めた運動部活動の歴史的展開を総合的に記述するという課題が残されている。これに関連して、筆者は、大正後期から昭和初期の東京帝国大学運動会を事例として考察したことがある（中澤、2008）。今後はさらに、中等教育段階の運動部活動の戦前史を記述していく必要があるだろう。渡辺融（1978）によれば、旧制中学校の校友会設立は1900年頃（明治30年前後）に集中している。しかし、それぞれの形成過程の詳細と、その後の全国への普及プロセスは明らかでない。それらを明らかにするため、萌芽期の90年代（明治20年代）から、報国団として運動部活動が再編・解体された昭和戦時

期までを対象に、複数事例を比較検討することが必要になるだろう。資料は、校友会雑誌記事、学校史、部史、地方史を用いることができるはずである。

　2点目に、生徒の意識や行動の分析が不十分である。その大きな理由は、運動部活動の成立が生徒の意思よりも学校と教師のかかわりにあると考えられたからである。ただし、生徒の希望や願いに促されて、学校と教師が運動部活動を成立させようとかかわる場合があるように、運動部活動の成立を考えるうえでも、生徒の意識と行動を無視できない。そのため本書でも、全体として、学校や教師を中心とした教育する側が子どもをめぐって意味づける理念としての〈子どもの自主性〉に注目し、可能なかぎり、そうした生徒の意識や行動を分析するように努めた。しかしそこでは、事実の次元での「子ども自身の真の自主性」を十分に分析できていない。今後の課題としたい。もう1つ加えると、本書が生徒を中心に置かなかったことで、運動部活動が生徒にとってどんな意味を持っていた／持っているのか、を理解できない。この論点は本書とちょうど裏表になる別の主題にもつながる。つまり、教育する側ではなく教育される側の歴史と現在、言い換えるとスポーツをさせる側ではなくスポーツをする側の歴史と現在を問う重要な作業になるだろう。

　3点目に、それに関連して、中学校と高校の違いに関する分析が不十分である。第Ⅰ部の歴史分析では、中学と高校の違いに部分的に配慮したが、第Ⅱ部のフィールドワークは中学校を対象としたものであり、高校が対象から外れている。そのため、本書全体を通じて、中等教育の運動部活動を一括りにするような記述になっている。しかし、より子細に見れば、中学校の運動部活動のあり方や成立の仕方と、高校のそれらの間には、いくつかの違いがあると思われる。たとえば、生徒の能力の違いである。部の方針やあり方を決定したり、協同的な活動を遂行したりする能力は、当然、中学生よりも高校生のほうが高い。だとすれば、それぞれへの学校と教師のかかわり方にも違いが現れるだろう。具体的に述べれば、相対的に未熟な中学生の運動部活動には、学校と教師のかかわり方が強く、逆に相対的に成熟した高校生の運動部活動には、学校と教師のかかわり方が弱いのではないか。こうした学校と教師のかかわり方の違いは、理念としての〈子どもの自主性〉の意味内容の違いとも関連している可能性もある。すなわち、自らの意思に沿って自らの行為を十分に決定できない〈中学生の自主性〉と、自らの意思に沿って自らの行為を十分に決定できる〈高校生の自主性〉という違いが、もしかすると関連しているかもしれない。そうした可能性の検討も含めて、中学校と高校の運動部活動の違いを分析する作業が課題として残されている。

　4点目に、メディアの影響に関する分析が不十分である。運動部活動への

生徒の参加の仕方や教師のかかわり方は、運動部活動やスポーツを取り上げる雑誌やテレビなどのメディアから、何らかの影響を受けると考えられる。運動部活動を題材とした漫画を読んだり（『アタックNo.1』『ドカベン』『キャプテン翼』『タッチ』『SLAM DUNK』『テニスの王子様』）、テレビドラマを観たりして（『われら青春！』『スクール☆ウォーズ』『WATER BOYS』『ROOKIES』）、生徒がその運動部活動に参加したいと思ったり、教師がその顧問になりたいと思ったりすることもあるだろう。また関連して、1993年のサッカーJリーグ、2004年のバスケットボールbjリーグといったスポーツのプロ化に伴って、スポーツのメディア露出が増大することで、そのスポーツに関心を持つ生徒や教師が増えたかもしれない。そして、スポーツのメガイベントの影響も看過できないだろう。第2章・第3章では、1964年の東京オリンピック開催が運動部活動の戦後史に与えた影響を部分的に検討した。しかし、その検討はメディアの報道の仕方や中身にまで及んでおらず、東京オリンピックが、生徒や教師にどういうインパクトを与えたのか、そして運動部活動へのかかわり方にどんな影響を及ぼしたのかは分析できていない。加えて、それ以外のオリンピックやサッカーワールドカップなどの開催やテレビ中継が与えた影響も検討できていない。これらメディアの影響の分析が、課題として残されている。

　5点目に、地域差に関する分析が不十分である。本書全体を通じて、全国を一括りにするような記述になっている。そのために全体像を摑みやすいメリットはあると思われるが、反面で、各地域で見られる相違点を見過ごしている可能性がある。特に運動部活動の場合、自治体や教育委員会が独自の見解や方針を出す場合もあり、地域独自の展開を見せる場合もある。たとえば、2006年8月に東京都教育委員会は、「東京都立学校の管理運営に関する規則」を改正し、同規則第12条の12で「学校は、教育活動の一環として部活動を設置および運営するものとする」と記して部活動の制度的根拠を定めた。これによって都立学校では、部活動が教員の職務と見なされることになっている。こうした地域独自の展開が運動部活動のあり方に与える影響を、今後は分析しなければならない。またフィールドワークを通じた分析も、一つの中学校を対象にしたにすぎない。もちろん、そこでの分析は、単なる事例報告にとどまらないよう、その中学校内で見られた複数の運動部活動を比較したり、複数の顧問教師を比較したりすることで、運動部活動の維持過程を分析的に取り上げられるように枠組みを整えた。ただし、それでも他のフィールドで違った特徴が見られる可能性がある。具体的には、学校−保護者関係については、地域差が大きい可能性を否定できない。本フィールドは関東圏の

都市部の中学校であり、子どもの教育に熱心で、エネルギーを注ぐ保護者が多かった。こうした地域と、子どもの教育にそれほど熱心でなく、エネルギーを注ぐ保護者が少ない地域の中学校では、事情が異なるのかもしれない。それぞれの地域の事情を丁寧に分析しながら、各地域の相違点／共通点を洗い出す作業が残されている。

(10) こうした認識によって、1926年（大正15年）「体育運動の振興に関する件」が文部省から通達され、学校や教師がかかわることが推奨された。しかし、それでも戦後に比較して学校や教師のかかわりは大きくはなかったといえる。ただし、より子細に見れば、当時から運動部活動の過熱化を抑制しようとする学校と教師のかかわりはあった。たとえば、1907年（明治40年）に全国中学校長会は、文部省の諮問「各学校間に行はるる競技運動の利害及び其弊害を防止する方法如何」に対する答申として、運動部活動の利益に触れながらも、運動部活動の弊害として「競技に熱中するが為め往々学業を疎外すること」などを指摘し、それを防止する方法として「対外競技は予め学校長の許可を得べきこと」や「対外競技を行ふには必ず関係学校の職員に於て順序方法を協議し競技の精神を失はざる様監督すること」の必要性を指摘した（「教育時論」第802号、p.38）。こうした全国中学校長会の動向からわかるように、戦前における学校と教師のかかわりは、運動部活動を奨励するというよりも、それを抑制することに主眼が置かれていた（竹之下・岸野、1983、pp.83-85）。その意味で、運動部活動を積極的に成立させようとする学校と教師のかかわりは、やはり戦後に強くなったといってよいだろう。

(11) これに関連して比較教育学でも、ヨーロッパ大陸やラテンアメリカの学校では、部活動のような課外活動はほとんどないことが指摘されてきた（二宮、2006、pp.8-31）。

(12) ただし、生徒の参加率が21％というのは、シンガポールの80％やモンゴルの60％に比べれば低い。これは、日本では大会以前のそもそもの活動への参加率が非常に高いため、そこから選ばれた少数のエリートだけしか大会に出ていないことを示していると思われる。このように大衆化と競技化が混交した点が、日本の運動部活動の特徴ともいえる。

(13) ここでおこなった運動部活動の日米英比較は、分析の深さという点で、課題の残る一つの試論にすぎない。スポーツと学校教育の日本特殊的関係をより明瞭に考察するためには、これを、本格的な国際比較研究に発展させる必要がある。特に本文中でも触れたが、日本の運動部活動の明治導入期や戦後教育改革期のモデルになりながら、結局は、日本ほど大規模化することはなかったアメリカ・イギリスの運動部活動の歴史と比較し、その異同を検討す

る必要があるように思われる。具体的な研究内容を、やや大胆な仮説として展望すると、次のようになる。スポーツを学校教育と結び付ける観念と実践は、すでに19世紀のイギリスのパブリックスクールでの運動部活動で、「アスレティシズム」として誕生した（Mangan, 1981）。しかし、イギリスの「アスレティシズム」は、ごく一握りの子どもが通うパブリックスクールだけで展開し、結局は普通の中等教育学校にまでは広まらなかった（マッキントッシュ、1960）。なぜなのか。他方でアメリカでも、19世紀末あるいは20世紀初頭、東海岸地方で運動部活動が大きく広がりを見せていった（Riess, 1995）。そのときから現在に至るまで、アメリカの運動部活動で、スポーツを通じて人間形成を図ろうとする観念と実践は、少なくとも言説としては絶えることがなかったといってよい。しかし、実態としては、それ以上に「勝利」「ビジネス」「スペクタクル」と結び付けられた競技活動として、アメリカの運動部活動は展開してきた。なぜか。これらの問いを手がかりに、運動部活動の展開に関する日米英の比較史的考察をおこなうことによって、スポーツと学校教育の多様な関係の構築プロセスを、日本を基点とした国際的スケールで考察することができるかもしれない。

(14) なお、ここで扱うアメリカとイギリスの運動部活動とは、本書の定義に対応する「extracurricular sports activity」「school athletics」「interscholastic sports」「varsity sports」などと呼称されてきた活動を指している。また、アメリカでは、教育課程外のスポーツ活動を、学校内／外の区別に応じて、intramural sports／extramural sportsと呼び分ける場合もある。この呼び分けは、日本でいうと、体育祭・球技大会・課程内クラブ／学校間対抗スポーツ、という区分に対応するといえる。これを踏まえると、日本の運動部活動は、課程内クラブ活動と密接な関係を持っていたことからintramural sportsの側面を持ち、学校代表の学校間対抗スポーツと不可分であることからextramural sportsの側面も持つともいえるだろう。

(15) 実態調査報告書は、日本については、運動部活動の実態に関する調査研究協力者会議（2002）『運動部活動の実態に関する調査研究報告書』を用いた。これは、全国の中学校100校・高等学校100校（定時制含まない）の生徒と教員を対象に、2001年に実施された、運動部活動に焦点を絞った実態調査報告書である。アメリカについては、管見のかぎり、運動部活動に焦点を絞った全国規模の実態調査はないと思われる。そこで、教育統計を管轄する政府機関が青少年関連の諸実態調査結果をまとめた、National Center for Education Statistics（2005）*Youth indicator 2005*をひとまず用いた。関連して、そこでの運動部活動調査の基となっている、University of Michigan,

Institute for Social Research, *Monitoring the future* の各年度報告書、そして Coakley（2003, pp.482-525）、Eitzen and Sage（2009, pp.90-110）、Gerdy（2006）などの記述を参照した。イギリスについては、Sport England（2001）*Young people and sport in England 1999* を用いた。これは、イギリス全土ではないが、イングランド地域の初等教育と中等教育の児童・生徒と体育教師を対象に、1999年に実施された、青少年スポーツ全般に関する実態調査の報告書である。そのなかの中等教育の運動部活動に関する調査結果を参照した。

(16) 社会体育は、地域社会・企業・家庭などでおこなわれる体育・スポーツ活動の総称として定義される。社会体育は学校体育と対をなす言葉であり、時間的には就学前と卒業後、空間的には学校外での体育・スポーツ活動を指して、主に行政用語として用いられてきた。ただし、1988年に文部省に生涯スポーツ課が設置されてからは、使用頻度は減少している。

(17) 文部科学省（2011）『平成22年度総合型地域スポーツクラブに関する実態調査結果概要』から引用した。

(18) 城丸章夫の運動部活動論は、『城丸章夫著作集』全巻に目を通しながら、特に1962年刊行の『集団主義と教科外活動』が収められた『城丸章夫著作集5 集団主義と教科外活動』（城丸、1993a）と、80年刊行の『体育と人格形成』などが収められた『城丸章夫著作集7 体育・スポーツ論』（城丸、1993b）を主な文献として検討した。引用に際しては、原典の発行年と合わせて表記する。なお城丸は、「クラブ」や「部」という用語を、何らかの文化価値を追求する教科外活動という意味で一括すべきだと考えている（城丸、1980→1993b、p.291）。そのため、ここでは城丸が論じた「クラブ」と「部」のあり方をまとめて、運動部活動論として扱う。

(19) 中村敏雄の運動部活動論は、『中村敏雄著作集』全巻に目を通しながら、特に1979年刊行の『クラブ活動入門』などが収められた『中村敏雄著作集4 部活・クラブ論』（中村、2009）を主な文献として検討した。引用に際しては、原典の発行年と合わせて表記する。

(20) 内海和雄の運動部活動論は、『部活動改革』（1998）を主な文献として検討する。

(21) 他のテーマとしては、ハビトゥスの形成・再生産の機能（松尾、2001）、ジェンダー秩序の再生産の機能（羽田野、2004）、小集団研究の文脈での集団機能（竹村・丹羽、1968；丹羽、1968；佐藤、1974；金、1992）、なども研究されてきた。

(22) さらに、そうした影響のジェンダー・人種による違いや、影響を媒介する価値風土の分析も進められてきた（Spady, 1970；McElroy, 1979；Sabo et

al., 1993 ; Tracy and Erkut, 2002)。
(23) このように、「スポーツは望ましい人間をつくる」という古くて新しい仮説の検証はすんでいない。この状況に対して、変数の測定精度を高めようと努める心理学者がいるが（竹之内ほか、2002）、一方でそれは神話にすぎないと懐疑する社会学者もいる（Miracle and Rees, 1994）。
(24) Miller（2011、p.172）がまとめた、各国のスポーツを管轄する行政機関の英語表記一覧を表1－5に示した。これを見ると、日本以外の国は、文化／メディア／若者／健康／老化／伝統／ツーリズムという言葉とスポーツを関連づけている。これに対して日本では、文化という言葉以外に、教育／科学／技術という言葉ともスポーツを関連づけていて、特徴的である。

表1－5　各国のスポーツを管轄する行政機関

国	国のスポーツ政策を管轄する政府組織／個人
イングランド	Department for Culture, Media and Sport
フランス	Minister of Youth Affairs and Sport
イタリア	Agency for Cultural Heritage and Activities
スウェーデン	Ministry of Culture
デンマーク	Ministry of Culture
オーストラリア	Department of Health and Aging
ニュージーランド	Ministry for Culture and Heritage
韓国	Ministry of Culture, Sport and Tourism
日本	Ministry of Education, Culture, Sports, Science and Technology

（出典：Miller〔2011, p.172〕から一部を日本語に訳して引用）

第Ⅰ部
運動部活動の戦後

第2章　戦後運動部活動の実態・政策・議論

1　運動部活動はどのように拡大してきたのか

1−1　実態・政策・議論から戦後史を描く

　第2・3章では、戦後の運動部活動がどのように拡大してきたのかを分析することを目指す。しかし、その前に、そもそも戦後を通して運動部活動がどう展開してきたのかという点、そして本当に拡大してきたのかどうかという点が、先行研究で十分に明らかになっていない。運動部活動の戦後史研究はいまだ不十分である。そのため、本章では、ひとまず、先行研究の問題点を乗り越えながら、全体史として戦後運動部活動の展開を総合的に記述し、そのうえで運動部活動の拡大過程を分析する。

　これまで運動部活動の戦後史は、井上（1970）、木下（1970）、前川編（1973）、竹之下・岸野（1983）といった体育・スポーツの通史的研究、木村（1969）の戦後教育改革研究、関（1997）や内海（1998）の体育・スポーツ政策研究で部分的に記述されてきた。しかし、現在にまで連なる史的全体像に迫るためには、次の2つの問題点を指摘できる。

　第1の問題点は、それらの研究がおこなわれた時代的な制約も関連して、1970年代以降の歴史が十分に描かれていないことである。竹之下・岸野（1983）は50年代まで、井上（1970）、木下（1970）、前川編（1973）、木村（1969）、関（1997）は60年代までが記述の中心である[1]。そのため、後述するような学校スリム化や地域社会との連携という文脈に置かれた現在の運動部活動との接続関係や、それへの歴史的な規定性を汲み取ることができない。そうしたなかで内海（1998）は、90年代までを対象にしている。しかし、その歴史記述は、内海が措定する「生徒主体」の価値規範から眺めた場合の問題告発に重点が置かれている。内海（1998、pp.52-72）は、主に政策の変遷

をたどりながら、生徒主体の価値規範の実現が妨げられた各時代の背景として、終戦から50年代までを「競技力向上」「勝利至上主義」、60年代から70年代前半までを「体力主義化」、70年代後半から80年代を「管理主義化」「能力主義化」、90年代を「評価化」「二極化」と特徴づけた。しかし、こうした価値遡及的な歴史記述では、運動部活動それ自体の歴史を総体的に把握できない。具体的にいうと、その規模や活動内容の推移、学校や教師のかかわり方の変化といった、ごく基本的な事柄についても把握できない。また、そうした歴史をどう認識するかに関しても、生徒主体の価値規範から反照される一面だけにしか及んでおらず、後で詳述するような、さまざまに意味づけられてきた多面的な運動部活動の歴史への言及も不十分である。こうした点で、内海の歴史記述には限界がある。これは、次に述べる先行研究の問題点にも関連している。

　第2の問題点は、記述の観点が主に政策面に集中していて、実態と議論への注目が十分でないことである。井上（1970）や関（1997）に典型的だが、運動部活動の戦後史は、終戦直後から1960年代までの範囲で、学習指導要領・文部省通達・保健体育審議会答申などを資料として、その政策的展開が記述されてきた。しかし、その一方で、実態と議論への注目が不十分である。歴史を記述する際に、実態を押さえる作業はもっとも基礎的であり、看過できない。だが、各時代の運動部活動に、どれくらいの生徒がどれくらい参加していたのか、また、どれくらいの教師がどうかかわっていたのか、といった実態の検討はきわめて不十分であり、この点は先行研究の大きな限界といえる。その理由には、全国レベルで系統的かつ定期的な実態調査がおこなわれてこなかったことによって、実態を知る手がかりがまとまっておらず、半ば散逸してきたという資料的制約が考えられる。しかし、後述するように、文部（科学）省は、調査主体となった局や課が異なり、その調査目的も多様であるものの、運動部活動の実態を何度か不定期に調査してきた。それらの資料を網羅的に蒐集、分析することで、運動部活動の実態に迫ることができると考えられる。

　さらに、そうした実態を意味づけてきた各時代の議論のあり方にも注目すべきである。なぜなら、議論のあり方に注目することで、各時代の運動部活動を方向づけてきた、戦後の体育実践者たちが運動部活動に与えた意味や評価を考察できるからである。戦後の学校体育全般に関する議論の変遷を扱っ

た包括的な先行研究として、中村編（1997－99）『戦後体育実践論』がある。ただし、そのなかで運動部活動を直接扱った論文はほとんどない。[(2)]

対して、前章の5－5でも検討した、神谷拓の戦後運動部活動論の研究がある。ここでは、その研究の集大成といえる博士論文（神谷、2008b）を再度検討する。神谷（2008b）は、学習指導要領上で示された運動部活動の価値づけ方を「「教育的運動部活動」論」と呼び、その典型例を、「「必修クラブ」論」、「「自治集団活動」論」、「「教科・体育の発展学習」論」の3つに整理し、それらの背景や内容を分析している。それによると、「「教育的運動部活動」論」は、戦前からの競技力向上の過程に教育的意義を見いだす議論に対する批判として台頭し、それが先述した3つの典型例として具現化されたという。さらに、これら3つの議論が相互補完的に組み合わさり、運動部活動を教育と見なす議論の構造がつくられてきたという。この神谷の研究は、運動部活動論の多様性を類型的に示した点、そしてそれらが再び全体として教育的な運動部活動論に収斂する可能性を示した点で、意義がある。ただし、その考察が学習指導要領上で示された価値づけ方に限定されていることから、他の議論はなかったのかが包括的に検討されていない。また、そうした他の議論も対象に加えたとすれば、各議論の相互関係をあらためて問い直さなくてはならない。本章では、この包括性と相互関係性という点を補いながら、戦後運動部活動論の研究を前進させることも目指す。

以上から、運動部活動の戦後史を総体的に記述するためには、記述の範囲を2000年代まで広げることと、記述の観点に実態と議論を組み入れることが必要といえる。さらに、当然ながら、実態・政策・議論は互いに無関係ではありえない。実態を反映しながら政策や議論は展開するだろうし、政策や議論が実態を規定することもあるだろう。そのため、実態・政策・議論の関係にも注目する必要がある。

本章の課題は、中学・高校の運動部活動の戦後史を、終戦直後から2000年代までを対象に、実態・政策・議論の変遷と関係に注目しながら記述し、戦後運動部活動の拡大過程の歴史的背景を考察することである。

1－2　各種資料の網羅的蒐集

本章では、実態・政策・議論の3つの視点を組み合わせて、戦後史を記述する。実態に関しては、文部（科学）省が実施してきた全国規模の各種実態

調査を資料とする。表2-1に、調査年・調査名・把握できる項目・出典の一覧を示した。把握できる項目は、調査ごとに多様だが、ここでは基本的な実態として、生徒の活動状況と教師のかかわりに注目する。生徒の活動状況は、加入率と活動日数を取り上げた。加入率は、全生徒に対する運動部活動加入生徒の割合である。これは複数の調査に共通していて、その変遷を追跡できる。活動日数は、週当たりの日数としていくつかの調査で報告されていて、部分的だがその変遷を追跡できる。教師のかかわりは、各調査に共通する項目が少ないため、変遷を追跡することが難しいが、全教職員に対する運動部活動顧問教師の割合や、顧問教師の指導の様子などを取り上げた。その他に、運動部活動を取り巻いた状況の変遷として、学校体育施設数の推移やスポーツ少年団加入率の推移、近年の外部指導員数・合同部活動数の推移にも注意を払う。こうした各種資料を網羅的に蒐集し、通史的に比較検討する作業は、先行研究でほとんどおこなわれていない。本章には、そうした資料的価値もあることをあらためて強調しておきたい。

　政策に関しては、学習指導要領、文部省通達、保健体育審議会答申などを資料とする。運動部活動は課外活動であるため、それについての学習指導要領上での直接的な言及はほとんどなく、特別活動などとの関連からの間接的な言及にとどまってきた。そのため、運動部活動のあり方を政策的に方向づけてきたものとして、文部省からの通達や保健体育審議会（以下、保体審と略記）の答申や、その他の教育政策にも注意を払う。

　議論に関しては、運動部活動について論じた図書・雑誌・新聞の記事を資料とする。本章で取り上げた図書の一覧を表2-2に示した。雑誌記事については、戦後の代表的な体育雑誌である、新体育刊行会編「新体育」（1946-80）、東京高等師範学校体育教官室編「学校体育」（1948-2002）、日本体育学会編「体育の科学」（1950-）、日本体育指導者連盟編「体育科教育」（1953-）、文部省体育局編「健康と体力」（1969-2000；後継誌「スポーツと健康」含む）に掲載された、中学・高校運動部活動関連の記事を資料とした。蒐集した各雑誌記事の分量は半ページ程度から10ページ程度までばらつきがあった。それを踏まえたうえで雑誌記事の数を概算すれば、「新体育」で約280本、「学校体育」で約450本、「体育の科学」で約100本、「体育科教育」で約360本、「健康と体力」で約110本であり、雑誌記事の総数は約1,300本だった。次に新聞記事は、「朝日新聞」の朝刊本紙面に掲載された

運動部活動関連の記事を中心資料とし、「読売新聞」と「毎日新聞」の朝刊本紙面に掲載された記事も補足的な資料とした(7)。これらの記事のなかには、運動部活動の実態や政策を記述するための資料となるものも多く、実態と政策の変遷を記述する際にも必要に応じて利用する。なお、議論の分析・考察は、その論者の立場や背景にも留意しておこない、本文中でも適宜言及する。

　以上の方法と資料によって、運動部活動の実態・政策・議論の変遷を記述する。なお、資料の引用にあたっては、修正しても差し支えないと思われた部分については引用者の判断で、カタカナをひらがなに改めたり、漢字はできるだけ当用漢字を用いるように改めたりするなどの修正をおこなった。

表2-1　文部（科学）省が実施した全国規模の実態調査一覧

年	調査名	把握できる項目		出典
1947	運動競技チームのコーチの実態調査		教師のかかわり	学校体育研究同好会編（1949）
1949	教育者（除体育教員）の体育に対する関心の調査		教師のかかわり	文部省初等中等教育局（1952）
1955	対外競技・校内競技に関する調査	生徒の活動状況	教師のかかわり	文部省初等中等教育局中等教育課（1956a、1956b）
1964	公立学校体育調査	生徒の活動状況		文部省体育局（1965）、文部省（1966）
1966	教員勤務状況調査		教師のかかわり	教員給与研究会編（2002）
1977	小・中・高等学校における特別活動等に関する実態調査	生徒の活動状況	教師のかかわり	文部省大臣官房調査統計課（1979）
1987	運動部活動状況調査	生徒の活動状況	教師のかかわり	文部省体育局体育課（1988）
1996	中学生・高校生のスポーツ活動に関する調査	生徒の活動状況	教師のかかわり	中学生・高校生のスポーツ活動に関する調査研究協力者会議（1997）
2001	運動部活動の実態に関する調査	生徒の活動状況	教師のかかわり	運動部活動の実態に関する調査研究協力者会議（2002）
2006	教員勤務実態調査（教員個人調査）		教師のかかわり	東京大学（2007）Benesse教育研究開発センター編（2007）

表2-2　運動部活動について論じた図書一覧

発行年	著者名・編者名	図書名
1950	宮坂哲文	特別教育活動
1959	宮畑虎彦・梅本二郎	中学校高等学校学校スポーツの管理 第3巻　対外競技
1962	城丸章夫	集団主義と教科外活動
1965	丹下保夫・瀬畑四郎編	中学校体育行事・運動部の指導
1966	全国高校生活指導研究協議会編	高校クラブ活動指導研究
1972	長沼誠編	これからのクラブ活動
1975	河野重男・宇留田敬一編	特別活動の現代化をめぐる問題事例
1979	中村敏雄	クラブ活動入門
1980	城丸章夫	体育と人格形成
1981	全国教育研究所連盟編	クラブ活動の教育的効果
1982	文部省	高等学校特別活動指導資料 特別活動をめぐる諸問題
1984	学校体育研究同志会編	クラブ活動の指導
1987	きしさとる・小島勇	「部活」と「勉強」は両立できる
1987	今橋盛勝ほか編	スポーツ「部活」
1989	森川貞夫・遠藤節昭編	必携スポーツ部活動ハンドブック
1991	城丸章夫・水内宏編	スポーツ部活はいま
1992	槙常三編	特別活動の新研究14 中学校クラブ活動・部活動の弾力的運営
1993	葉養正明編	新特別活動の研究
1995	中村敏雄	日本的スポーツ環境批判
1998	内海和雄	部活動改革
1999	文部省	みんなでつくる運動部活動
1999	武藤芳照・太田美穂編	けが・故障を防ぐ　部活指導の新視点
2001	山口満編	新版　特別活動と人間形成
2003	加賀高陽	このままでいいのか!?　中学校運動部
2007	黒須充編	総合型地域スポーツクラブの時代1 部活とクラブの協働
2009	染谷幸二編	部活は"生き方指導"である
2009	染谷幸二編	部活で生徒と絆をつくる

2　戦前の運動部活動

　戦後の運動部活動について分析を始める前に、戦前の運動部活動の様子を概観しておこう。運動部活動は、終戦直後に何もないところから急に整備され始めたわけではなく、戦前からのつながりを持っている。ここでは、第1章補論7で詳細を示した先行研究の成果を要約・整理する形で、明治時代から昭和戦時期までに運動部活動がどう変遷してきたのかを述べる。

　運動部活動は、明治時代に誕生した。それは同時に、日本のスポーツ文化の始まりでもあった。明治前半期の文明開化の時代、欧米先進諸国から学問や技術とともにスポーツ文化が日本に入ってきた。その受け入れ先は、地域社会ではなく学校であり、中心は大学だった。当時、スポーツをする場所は大学くらいしかなかったのである。とりわけ重要な場所となったのが帝国大学、つまりいまの東京大学だった。学問や技術を紹介するために帝国大学に招かれた、ドイツ人医学者のエルヴィン・ベルツやイギリス人英語教師のフレデリック・ウィリアム・ストレンジといった外国人教師は、学生にスポーツ文化も紹介し、大学の場でスポーツを広めた。そのため帝国大学の学生たちは、勉学だけでなくスポーツも積極的におこなった。それまでの日本には柔術や剣術といった武術はあっても、野球やサッカーといったスポーツはなかった。明治期の文明開化の時代に、日本人はスポーツにはじめて出合った。その場所が、東京大学だったのである。

　東京大学から運動部活動が始まったと聞くと、驚く読者もいるだろう。多くの読者が抱く東大生のイメージは、勉強は得意だけどスポーツは苦手、というものかもしれない。だが、東大生がまだ帝大生と呼ばれていた明治時代、そこには世界レベルのアスリートもいた。たとえば法学部学生の藤井実は、1902年（明治35年）に100メートルで10秒24、05年（明治38年）に棒高跳びで3メートル66の記録を学内の陸上競技会で出した。ともに公認されるには至らなかったが、もし公認されれば当時の世界新記録だった。さらに日本が初めて参加したオリンピックである12年（明治45年）のストックホルム大会には、同じく法学部学生の三島弥彦が100、200、400メートルの代表選手に選ばれた。

この帝国大学で、1886年（明治19年）、学内の各運動部を取りまとめる日本初の学生スポーツ団体である「帝国大学運動会」が誕生した。「運動会」といっても体育祭のことではなく、いわゆる大学体育会組織である。この帝国大学運動会の設立に続いて、他の高等教育機関でも、次々と学生スポーツ団体が設立されていった。87年（明治20年）に東京商業学校（いまの一橋大学）で、92年（明治25年）に慶應義塾で、96年（明治29年）に東京師範学校（いまの筑波大学）で、97年（明治30年）に東京専門学校（いまの早稲田大学）で、98年（明治31年）に京都帝国大学（いまの京都大学）で、学生スポーツ団体が設立された。こうして運動部活動は、高等教育機関で誕生し、組織化されていった。

　運動部活動は、その後、中等教育機関にも広まっていった。明治後半期から、現在の中学・高校運動部活動の前身である旧制中学校の校友会が設立・整備された。こうした運動部活動の全国的な普及に合わせて、各種競技で日本一を決める全国大会も整備されていった。1915年（大正4年）に全国中等学校優勝野球大会、いわゆる夏の甲子園大会が開始され、24年（大正13年）に全国選抜中等学校野球大会、いわゆる春の甲子園大会が開始された。その他にも、テニス・競泳・相撲・サッカー・ボートなどさまざまな種目で、中等教育段階での全国大会が開催されるようになった。こうした運動部活動は、大正期を経て昭和初期になると、生徒にとって馴染み深い文化的慣習として学校に定着していった。

　当時の実態を知るための手がかりの一つとして、表2－3に、1932年（昭和7年）に実施された全国の中等教育機関での校友会運動部活動の設置状況に関する実態調査結果を示しておこう。ここでは、各種競技ごとの校友会運動部活動を設置している学校数が、「男子中等学校」「実業学校」「女子中等学校」のカテゴリー別に集計されている。これを見ると、当時すでに、たくさんの種類の競技が運動部活動として設置されていたことがわかる。詳細に見れば「男子中等学校」「実業学校」「女子中等学校」での違いは大きいが、おおよその傾向を知るために全体を合計して、全校に対する割合を算出してみよう。すると、もっとも設置割合が高いのがテニス部（75.6％）であり、4分の3以上の学校に設置されていた。次いで、陸上競技部（70.6％）と剣道部（50.1％）が半分以上の学校で設置されており、バレーボール部（38.0％）、バスケットボール部（36.7％）、柔道部（36.6％）、水上競技部（35.9％）、野

表2-3　1932年の中等教育機関における運動部活動の設置状況

	男子中等学校 (594校)	実業学校 (610校)	女子中等学校 (949校)	合計 (2,153校)	設置割合
剣道	569	508	1	1,078	50.1%
柔道	476	311	0	787	36.6%
弓道	199	98	132	429	19.9%
陸上競技	550	453	517	1,520	70.6%
水上競技	377	197	199	773	35.9%
ア式蹴球（サッカー）	210	52	0	262	12.2%
ラ式蹴球（ラグビー）	24	5	0	29	1.3%
野球	450	260	2	712	33.1%
庭球（テニス）	546	481	600	1,627	75.6%
排球（バレーボール）	175	81	563	819	38.0%
籠球（バスケットボール）	213	127	451	791	36.7%
漕艇（ボート）	73	25	3	101	4.7%
スキー	72	48	56	176	8.2%
スケート	10	8	8	26	1.2%
卓球	47	114	424	585	27.2%
相撲	155	166	0	321	14.9%
その他	210	220	403	833	38.7%

（出典：文部大臣官房体育課〔1933〕『中等学校に於ける校友会運動部に関する調査』をもとに、筆者作成。なお卓球の合計は、調査報告書で「584」と記されているが、誤記と判断し「585」と改めた）

球部（33.1%）も3分の1くらいの学校に設置されていた。ただし、この調査ではどれくらいの生徒が運動部活動に加入していたかはわからないことに留意すべきである。各学校で運動部活動が設置されていても、そこに加入し実際に活動していた生徒の割合が多かったわけではなかった。また、中等教育機関への進学率そのものが低かった。それを考えると、戦前の運動部活動の広がりは、大規模化した戦後に比べるとやはり限定的だったといえる。

　昭和戦時期に入ると、全国的に盛り上がりを見せていた運動部活動は、総力戦体制の下に統制され、結局は解体されてしまった。1941年（昭和16年）、文部省は皇国民の錬成を目的とした国民学校制度を敷き、各学校に学徒の労働力を総力戦に向けた勤労作業に当てるために「学校報国団」（後に「学校報国隊」と改称）を組織した。学校報国団（隊）は、総務部・鍛錬部・国防訓練部・文化部・生活部から構成される組織であった。校友会運動部活動は解体され、それらのなかの鍛錬部と国防訓練部として再編成された。それまでスポーツをしていた運動部員たちは、勤労奉仕作業をおこなったり、射撃や

軍事訓練をおこなったりすることを余儀なくされていった。

この学校報国団（隊）として再編成された校友会運動部活動は、「大日本学徒体育振興会」という新団体の下に統制されることになった。大日本学徒体育振興会は、文部大臣を会長とする全国的な統制団体であり、その名のとおり体育を振興するだけでなく、行軍力の養成を一つの目的としていた。そのためこの団体は、各学校や各競技の自由なスポーツ活動を一元的に統制し、学徒行軍大会といった国防目的の動員をおこなった。さらに、フェンシング・ゴルフ・アメリカンフットボールなどのいわゆるカタカナ競技を、「敵性スポーツ」と見なして除外していった。そしてついに1943年（昭和18年）、いっさいの学徒体育大会が禁止されるに至った。こうして運動部活動は、軍国主義が進展した昭和戦時期に活動を続けることができなくなり、45年（昭和20年）の終戦を迎えることになった。

3　戦後の実態はどう変遷してきたのか

それでは、戦争が終わった後、運動部活動はどうなったのか。以下では、新制中学校・高校の運動部活動の現在に至るまでの変遷を、実態・政策・議論の観点から描いていく。はじめに運動部活動の実態の変遷を、生徒の活動状況、教師のかかわり、それを取り巻く状況から記述する。なお、高校に関しては基本的に全日制について記述する。

3−1　生徒の活動状況──加入率と活動日数の増加

3−1−1　加入率──一定規模から、やや減少を経て、持続的な増加傾向へ

終戦後、いつ運動部活動は開始されたのか。戦後初の学校間対抗試合は、1945年9月30日におこなわれた京都大学と第三高等学校のラグビーの試合であった。それを嚆矢として、全国の中等教育段階の運動部活動も次々と再開し、11月には東京都で運動部が練習を始め（平野、1946）、群馬県で終戦後第1回のスポーツ大会である女子中等学校排籠球大会が開催された（群馬県富岡高等女学校、1946）。そして終戦からちょうど1年後の46年8月には、全国中等学校優勝野球大会、いわゆる夏の甲子園大会が復活した。このように、終戦からほどなくして運動部活動は開始され、その後数十年の歴史を経

て、現在に至っている。それでは、全体としてみたとき、どれくらいの生徒が運動部活動に参加してきたのか。

中学と高校の運動部活動への加入率の推移を図2－1に示した。(10)(11) 一見してわかるように、常に中学のほうが高校よりも加入率が高いが、その推移の傾向は中学と高校で類似している。より詳細に検討してみよう。1955年の加入率は中学で46.0％、高校で33.8％だった。ここから、50年代前半には運動部活動が一定規模で成立していたことがわかる。ただし、これらの数字に注意すべきなのは、後で詳述するような一部の選手を中心とした活動のあり方から、形式的に加入していても、実質的に参加していない生徒が含まれていたことである。55年調査では、そうした「名目上の部員」を除いた実質的な参加率を、中学で27.2％、高校で23.4％と算定している。

その後、東京オリンピックが開催された1964年に中学で45.1％、高校で31.3％であり、50年代後半から60年代前半にかけて加入率がやや減少した。戦後を通して、中学・高校ともに加入率が下がった唯一の時代である。ただし、この数字も、同様に一部の選手を中心とした活動のあり方から、実質的に参加していない生徒を含んでいた。それを踏まえて、当時の文部省体育局スポーツ課長の松島茂善は、中学校運動部活動の加入率を、「わずか2割ないし3割」と見積もっていた（1964年の第1回日本スポーツ少年団中央指導者講習会議事録から引用：日本体育協会日本スポーツ少年団、1993、pp.316-317）。

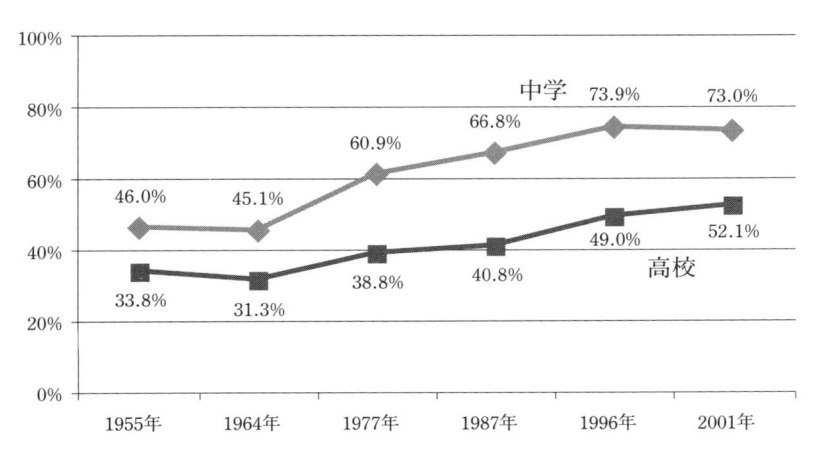

図2－1　中学・高校運動部活動の加入率の推移

そして、1960年代後半から2000年代にかけては、持続的に増加傾向を示している。77年に中学で60.9%、高校で38.8%と増加に転じ、さらに、87年に中学で66.8%、高校で40.8%となり、80年代は増加し続けた。その後は、96年に中学で73.9%と最高値を示し、高校も49.0%とさらなる増加を示した。そして2001年に、中学で73.0%とやや減少したが依然として高止まりしていて、高校では52.1%と最高値を示している。このように、運動部活動への生徒加入率は著しく増加してきた。

ただし、こうした加入率の推移には男女差がある。図2－2に中学校での加入率の推移を男女別に示した。これを見ると、男子加入率は1955年の51.2%から2001年の82.4%まで増加し、女子加入率は55年の39.9%から2001年の63.0%まで増加している。加入率は一貫して女子より男子で高く、男女差は55年の11.3ポイントから2001年の19.4%ポイントまで拡大している。さらに全体で見ると60年代に加入率がやや減少していたが、55年から64年にかけて男子加入率は増加しており、全体での加入率減少は女子加入率が減少したためであることがわかる。図2－3に高校での加入率の推移を男女別に示した。これを見ると、中学での加入率と似た傾向にある。男子加入率は55年の41.1%から2001年の61.0%まで増加し、女子加入率は55年の22.9%から2001年の42.3%まで増加している。加入率は一貫して女子より男子で高く、男女差は55年の18.2%ポイントから2001年の18.7%ポイ

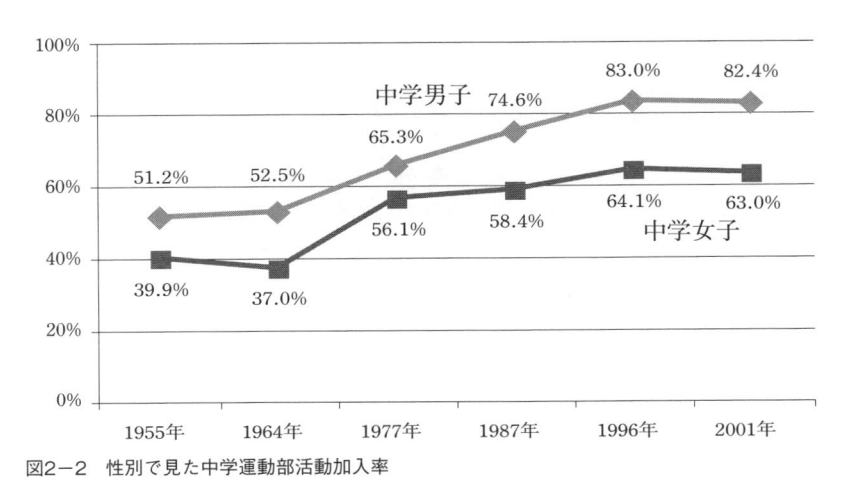

図2－2　性別で見た中学運動部活動加入率

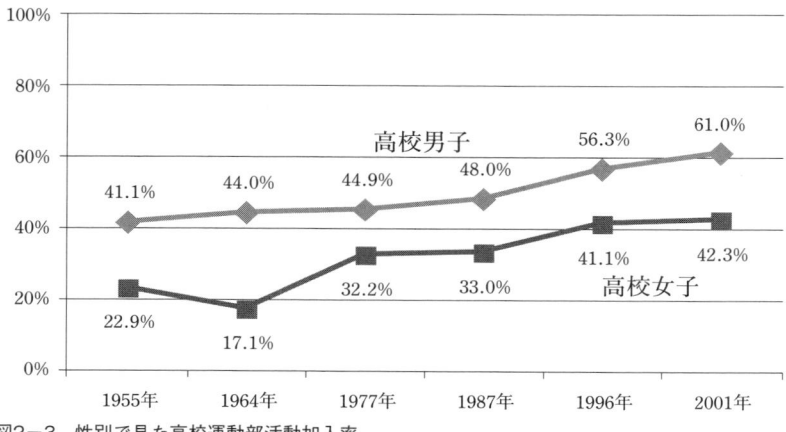

図2−3　性別で見た高校運動部活動加入率

ントとほぼ変わらない。また、全体で見ると60年代に加入率がやや減少していたが、55年から64年にかけて男子加入率は増加している。全体での加入率減少は女子加入率が減少したためであることがわかる。

3−1−2　活動日数――週4日前後から、増減を経て、週5・6日に

次に活動日数については、1955年調査では週当たりの平均日数が男女別に報告されている。中学校の場合、男子が3.8日、女子が3.7日であり、高校の場合、男子が4.8日、女子が4.2日だった。64年調査では、日数ではなく、週当たりの活動時間が男女別に報告されていて、中学校の場合、男子が週1〜6時間は45.9%、7〜12時間は41.6%、13時間以上は12.5%、女子が週1〜6時間は46.3%、7〜12時間は41.0%、13時間以上は12.7%だった。平均は報告されていないが、この分布から見れば、男女ともに平均活動時間は7〜9時間程度と推測することができる。1回2時間の活動と仮定すれば、おそらく週4日前後の活動であったと推測される。高校の場合、男子が週1〜6時間は23.9%、7〜12時間は35.8%、13時間以上は40.3%、女子が週1〜6時間は26.1%、7〜12時間は39.4%、13時間以上は34.5%だった。こちらも平均は報告されていないが、この分布から見て、男子の平均活動時間は10〜12時間程度、女子のそれは9〜11時間程度と推測することができる。同様に1回2時間の活動と仮定すれば、男子は週5〜6日、女子は週5日

前後の活動であったと推測される。77年調査では、男女合わせた平均日数が報告されていて、中学校で4.2日、高校で3.8日だった。87年調査では報告されていない。96年調査では、男女合わせて報告されていて、中学校の場合、週1日が0.7％、週2日が1.3％、週3日が3.0％、週4日が5.1％、週5日が17.6％、週6日が46.3％、週7日が26.0％であり、高校の場合、週1日が1.4％、週2日が0.9％、週3日が2.6％、週4日が4.1％、週5日が13.2％、週6日が41.7％、週7日が36.1％だった。この分布から算定すれば、中学校の平均日数は週6日弱、高校のそれは週6日程度と推測される。2001年調査では、男女合わせた平均日数が、中学校で5.5日、高校で5.6日と報告されている。

　各調査で測定の仕方が異なることから厳密な比較は難しいが、中高の男女をまとめていうと、週4日前後から、増減を経て、週5・6日へと活動日数は増加してきた。これらの推移を加入率の推移と重ね合わせて、戦後を通して見ると、現在は、多くの生徒が多くの日数にわたり活動している時代であることがわかる。

　しかし、こうした実態は、必ずしも、実際に活動する生徒自身が望んだ結果だとはかぎらない。2001年調査では、生徒に運動部活動に関する悩みを尋ねている。そこでは、少なくない数の生徒が、「休日が少なすぎる」（中学で20.9％、高校で22.6％）、「遊んだり勉強する時間がない」（中学で18.2％、高校で21.5％）、「練習時間が長すぎる」（中学で7.3％、高校で5.7％）と悩みを訴えている。ここから、戦後を通して運動部活動を拡大させてきた原動力は、生徒の意思というよりも、むしろそれを背後から方向づけようとする、学校と教師のかかわりにあったことが示唆される。

3−2　教師のかかわり
――一部の部分的なかかわりから、半数以上の全面的なかかわりへ

　生徒の活動状況の推移に関連して、教師のかかわりも変化してきた。現在と比較して、終戦直後から1950年代前半までは、かかわる教師の数は少なく、そのかかわり方は小さかった。まず教師の数について見ると、49年調査によると、運動部活動で指導や助言の役割を持っている教員（体育教師以外）は、中学で男性50％、女性25％、高校で男性55％、女性17％だった。これは体育教師が除かれた数値であるので、それを含めて男女を合わせた全

体でいうと、運動部活動にかかわる教員は半数程度だったと推測できるだろう。さらに、55年調査によると、顧問教師を置く割合は、中学で76.5%、高校で92.3%であり、中学の場合は4部に1部程度の割合で顧問教師がいなかった。そうした場合、教職員以外の地域住民が指導を担うことが多かったようである。47年調査によると、中等学校以下の校友会コーチを、教職員以外が担う割合は13%だった。

次に教師のかかわり方について見ると、1955年調査では、運動技術の指導、管理面の指導、対外競技への引率付き添いを、どれくらいの顧問教師が担っているかが報告されている。運動技術の指導については、「ほとんどの関係教師」が担う割合は中学で65%、高校で39%であり、「ごく一部の関係教師」が担う割合は中学で14%、高校で29%だった。管理面の指導については、「ほとんどの関係教師」が担う割合は中学で62%、高校で71%であり、「ごく一部の関係教師」が担う割合は中学で16%、高校で7%だった。対外競技への引率付き添いについては、「ほとんどの関係教師」が担う割合は中学で66%、高校で80%であり、「ごく一部の関係教師」が担う割合は中学で15%、高校で11%だった。これらから、仮に顧問に就いた場合でも、指導・管理・引率を引き受けず、実質的なかかわりを持たない教師が少なくなかったことがわかる。以上を踏まえると、終戦直後から1950年代までの教師のかかわりは、一部の教師による部分的なものであり、加えて教職員以外の地域住民のかかわりがあったといえる。

だが1970年代以降、かかわる教師の数は増え、そのかかわり方は大きくなった。77年調査によると、指導者のうち、教員が占める割合は中学で94.4%、高校で91.4%となり、教職員以外が占める割合は中学で3.8%、高校で4.9%にすぎなくなった。先ほどの47年調査では教職員以外が担うケースが1割以上あったから、これと比較すると、この30年間で教師のかかわりが増え、地域住民のかかわりが減ったことがわかる。77年調査に戻ると、顧問教師が指導する週当たりの日数は中学で3.4日、高校で2.8日であり、大会引率者に教員が占める割合[12]は、中学で94.6%、高校で92.4%だった。これらから、少なくとも70年代後半の時点で、運動部活動に顧問として教師が配置され、その顧問が指導から引率までを引き受けるという、現在と同様のかかわり方が一般化したといえる。

その後も運動部活動にかかわる教師の数はさらに増え、そのかかわり方も

さらに大きくなっていった。教師の数を、全教員に対する顧問教師の割合から見ると、1987年調査では中学で58.3%、高校で55.4%、96年調査では中学で62.1%、高校で53.4%、2001年調査では中学で66.8%、高校で62.6%、06年調査では中学で58.5%（教諭に限れば70.9%）、高校で58.3%（教諭に限れば62.9%）である。中高ともに、約6割の教員が運動部活動の顧問に就いている。また、教師のかかわり方については、96年調査によると、週に5日以上指導する顧問教師の割合は、中学で61.3%、高校で54.1%だった。顧問教師が運動部活動に費やす時間は、06年調査で高校について確認できる。(13)それによると、運動部活動の顧問に就いている教諭は、顧問に就いていない教諭よりも、平日で27分、休日で1時間8分、勤務時間が長い。以上を踏まえると、80年代から2000年代までの教師のかかわりは、半数以上の教師による全面的なものとなったといえる。

3-3　運動部活動を取り巻く状況

　運動部活動を取り巻く状況は、各時代でどのように変わってきたのだろうか。ここでは、運動部活動を支える基盤として学校体育施設がどう整備されてきたのか、運動部活動に代わる青少年のスポーツ活動の場としてスポーツ少年団がどう展開してきたのか、近年の外部指導員の導入や合同部活動の実施がどう進められているかを記述する。

3-3-1　学校体育施設の整備

　まず学校体育施設の整備状況に関しては、文部省が1969年から5〜6年間隔で実施してきた「体育・スポーツ施設現況調査」が手がかりとなる。(14)同調査は全国の体育・スポーツ施設を対象にした悉皆調査であり、施設の数が、「学校体育・スポーツ施設」「大学（短期大学）・高等専門学校体育・スポーツ施設」「公共スポーツ施設」「職場スポーツ施設」「民間スポーツ施設」の種別ごとに集計されている。そのなかの「学校体育・スポーツ施設」は小学校・中学校・高等学校・専修学校・各種学校の体育施設であり、その数の推移を図2-4に示した。これを見ると、1969年の10万1,672施設から90年の15万6,548施設まで、約20年間で1.5倍以上に増えたことがわかる。その後、少子化に伴う学校統廃合を主な理由に緩やかに減少し続け、2008年には13万6,276施設となっている。

この学校体育・スポーツ施設が、全体育・スポーツ施設数に対してどれくらいの割合を占めているかを図2－5に示した。これを見ると1969年の68.7%から85年の51.0%まで減少したことがわかる。これは主に公共スポーツ施設と民間スポーツ施設の数が、学校体育・スポーツ施設以上に、急激に増加したことによる。90年調査では職場スポーツ施設と民間スポーツ施設が調査されていないため割合は集計していないが、96年・2002年・08年では60%前後で推移している。

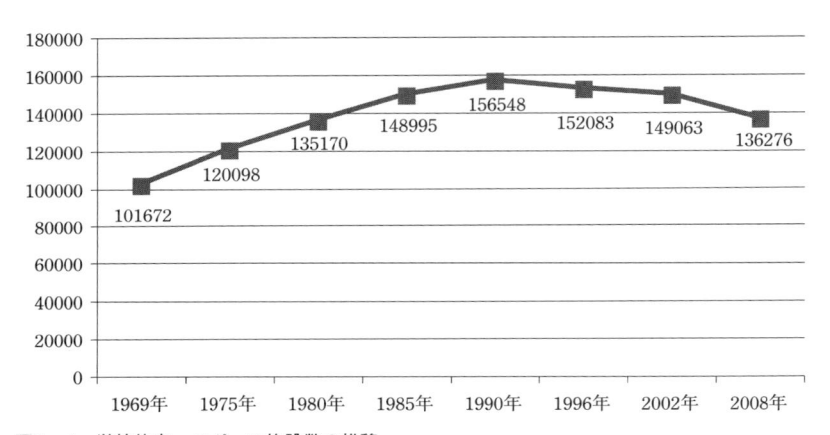

図2－4　学校体育・スポーツ施設数の推移

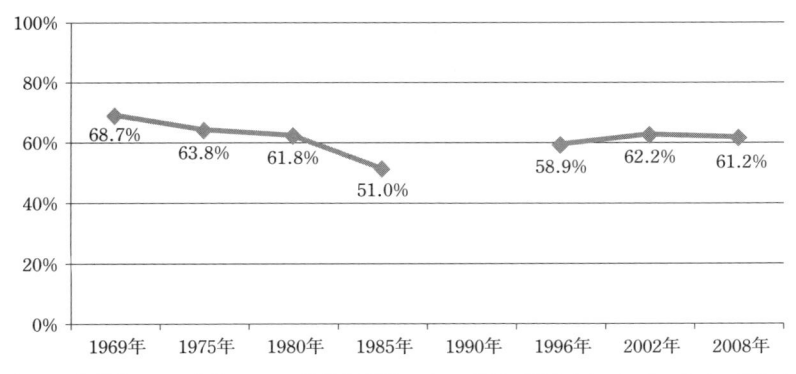

（注）1990年調査では、職場スポーツ施設と民間スポーツ施設が調査されていないため、割合は集計していない。

図2－5　全施設数に対する学校体育・スポーツ施設数の割合の推移

以上から、運動部活動を取り巻く施設状況は、70年代から90年代前半にかけて、絶対的な数を増やし、運動部活動を支える基盤が整備されてきた。ただし、それ以上に、公共スポーツ施設や民間スポーツ施設も急速に増えてきた。そのため相対的な割合でいうと、60年代後半には7割近くあった学校体育・スポーツ施設の割合が80年代には5割にまで落ち込んだ。70年代以降、学校外でスポーツをおこなうための施設的な条件が整い始めたといえる。

3-3-2　スポーツ少年団の展開

　次にスポーツ少年団の展開状況である。スポーツ少年団は、日本体育協会が設立したスポーツクラブであり、小学生・中学生・高校生・19歳以上の青少年を対象としている。東京オリンピックを2年後に控えた1962年に、日本体育協会創立50周年記念事業として、「一人でも多くの青少年にスポーツの歓びを!」「スポーツを通じて青少年のからだとこころを育てる組織を地域社会の中に!」というかけ声のもと、スポーツによる青少年の健全育成を目的として開始された。加盟人数は、開始当初の753人から2009年度には88万2,860人にのぼっている（日本体育協会日本スポーツ少年団、2010）。

　このスポーツ少年団は、運動部活動のオルタナティブになることを期待されて設立された。設立時に、スポーツ少年団の内容を紹介するために発行された『スポーツ少年団とは!!』には、運動部活動に非加入の生徒にスポーツ少年団に加入してもらうことを希望している、と記されていた（日本体育協会日本スポーツ少年団、1993、p.279）。また1964年に開かれた第1回日本スポーツ少年団中央指導者講習会では、文部官僚でありスポーツ少年団本部委員だった松島茂善や西田泰介が、運動部活動に加入している生徒は3割程度であり、残りの7割の生徒にスポーツの機会を与えることをスポーツ少年団に期待すると発言していた（日本体育協会日本スポーツ少年団、1993、pp.306-330）。

　こうしたスポーツ少年団への期待は、1960年代後半から70年代にかけて、一層高まった。後であらためて詳述するが、教員手当問題などを背景に運動部活動の社会体育化の機運が高まり、運動部活動の受け入れ先としてスポーツ少年団に注目が集まったのである。そうしたスポーツ少年団への期待や注目は、スポーツ少年団自身にとって、自らを拡大するための好機として受け止められた。スポーツ少年団本部常任委員を務めた日本陸上競技連盟の大島

鎌吉は、「スポーツ少年団のビジョン」を語る座談会で、「学校のクラブ活動の行くえが危ぶまれている現在、真剣に取り組むチャンスだ」と、運動部活動を積極的に受け入れようとした（大島ほか、1966、p.6）。またスポーツ少年団本部の増田靖弘（1967）は、運動部活動を行政に頼らず主体的に受け止められるかどうかがスポーツ少年団の試金石であると述べた。日本体育協会は、スポーツ少年団の質と量を拡充することを通じて、運動部活動の地域社会への移行を進めようとした（深川、1975）。そして実際に、運動部活動を受け入れた事例として、愛媛県伊予郡砥部町立砥部中学校（高橋・丹下、1971）、栃木県上三川町立上三川中学校（手塚、1972）、栃木県宇都宮市立星が丘中学校（鈴木、1974）などが報告された。こうした運動部活動からスポーツ少年団への流れは、「教育スポーツから生活スポーツへ」といったスローガンによって、学校教育の枠からのスポーツの解放であるとして価値づけ

表2-4 スポーツ少年団加盟率の推移（%）

	1978年	1979年	1980年	1981年	1982年	1983年	1984年	1985年
小学生	4.3	4.9	5.3	6.0	6.5	7.2	7.7	8.4
中学生	2.6	2.0	2.1	2.0	2.0	2.0	2.0	2.0
高校生	0.1	0.2	0.2	0.2	0.2	0.2	0.2	0.2
	1986年	1987年	1988年	1989年	1990年	1991年	1992年	1993年
小学生	8.9	9.7	9.6	9.5	9.5	9.6	10.0	10.3
中学生	2.0	2.0	2.0	1.9	1.9	2.0	2.1	2.2
高校生	0.2	0.2	0.2	0.2	0.2	0.1	0.1	0.1
	1994年	1995年	1996年	1997年	1998年	1999年	2000年	2001年
小学生	10.7	10.7	10.6	10.4	10.4	10.6	10.9	11.0
中学生	2.2	2.2	2.2	2.2	2.2	2.3	2.4	2.7
高校生	0.1	0.1	0.1	0.1	0.1	0.1	0.1	0.2
	2002年	2003年	2004年	2005年	2006年	2007年	2008年	2009年
小学生	11.4	11.4	11.4	11.5	11.4	11.4	11.2	11.0
中学生	2.6	2.7	2.7	2.8	2.8	2.7	2.7	2.6
高校生	0.1	0.1	0.1	0.1	0.1	0.1	0.1	0.1

（出典：各年度の日本体育協会日本スポーツ少年団『スポーツ少年団育成事業報告書』から、筆者作成。加盟率は、対象年代の全人口に対するスポーツ少年団加盟者の割合として算定されている）

られた（岩橋、1977）。

　しかし結局は、スポーツ少年団が運動部活動に代わって、中学生・高校生のスポーツ活動の中心になることはなかった。『スポーツ少年団育成事業報告書』（日本体育協会日本スポーツ少年団、1979―）では、1978年度以降の年齢構成別の加盟率が報告されている。それを下に、スポーツ少年団加盟率の推移を小学生・中学生・高校生別に表2－4に示した。これを見ると、小学生年代での加盟率は4.3％から10％以上にまで上昇している反面で、中学生年代は2～3％で、高校生年代は0.1～0.2％で低迷し続けていることがわかる。現在に至るまで、中学・高校ともに加盟率は非常に小さいままなのである。

3－3－3　外部指導員の導入と合同部活動の実施

　続いて、外部指導員と合同部活動についてである。外部指導員とは、教師の代わりや補助として、運動部活動を指導する学校外関係者である。その担い手は近隣地域の専門的指導者、保護者、卒業生などである。外部指導員を導入する手続きや待遇は多様であり、校長の委嘱というフォーマルな形式を取る場合があれば公式な手続きがなくインフォーマルに進められる場合もあり、自治体や学校の予算から報酬が支払われる場合があれば無償のボランティアの場合もある。日本中学校体育連盟（2001－）の調査結果を下に、全国の外部指導員数の推移を図2－6に示した。これを見ると、外部指導員数（参考種目を含む）は、2001年度の1万5,972名からほぼ一貫して増加し続け、09年度には3万1,911名とおよそ2倍になっている。この3万1,911名という数字は、単純にいうと、中学校1校あたり約3名の外部指導員がいる計算である。1970年代に減った地域住民のかかわりが、2000年代には、外部指導員の導入として再び増えてきたことがわかる。[15]

　次に合同部活動とは、複数の学校の生徒が集まって組織し、活動する運動部活動である。一般的に運動部活動は、学校ごとに組織されるが、近年の少子化により、チームスポーツの種目などで、1校だけで運動部活動を成立させることが困難になってきた。そのため、近隣の複数校の生徒が集まって実施される合同部活動が広まってきている。[16] 日本中学校体育連盟（2001－）の調査結果を下に、全国の合同部活動数の推移を図2－7に示した。カウントの仕方が延べ数方式から実数方式に変更されたため厳密な変化を捉えること

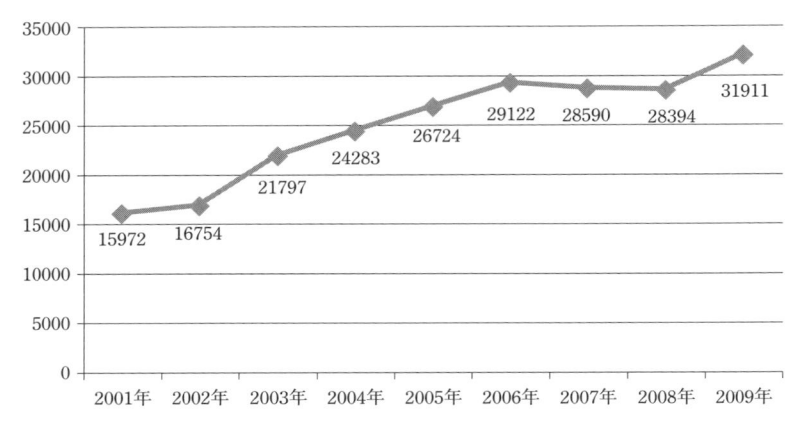

図2-6　中学校の外部指導員数の推移

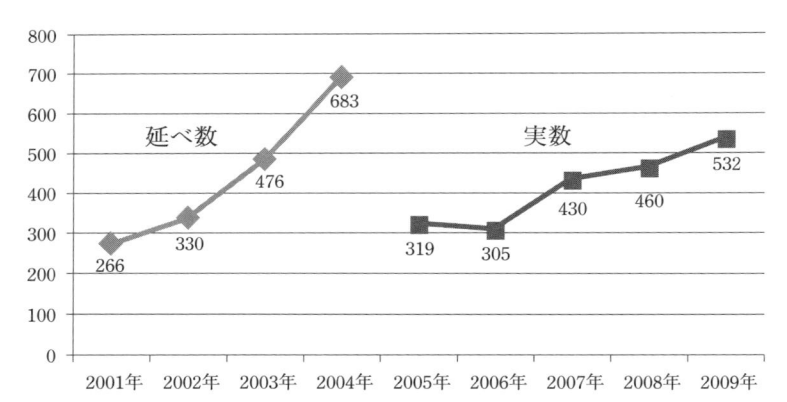

（注）2004年度までは何校かでの実施を区別しない「延べ数」方式であり、05年度以降は2校実施・3校実施・4校以上実施を区別した「実数」方式である。

図2-7　中学校の合同部活動数の推移

はできないが、おおよその傾向として、合同部活動数は、2000年代初頭から増加傾向にあることがわかる。こうした外部指導員と合同部活動の拡大は、運動部活動と地域社会の関係が強まり始めていることを示唆している。

3-4　実態の変遷のまとめ

　以上から、運動部活動の実態の変遷は次のようにまとめられる。終戦直後

から1950年代前半で、すでに加入率は一定規模に達しており、地域住民に加えて一部の教師が部分的にかかわっていた。だが50年代後半から60年代前半にかけて、特に女子の加入率が減少したことで、運動部活動の規模は縮小した。60年代以降、加入率は一転して増加傾向を示し、その規模は拡大していった。それに合わせて、地域住民のかかわりは減り、教師のかかわりが増えていき、その教師のかかわり方も、顧問教師が指導から引率まで引き受けるという、現在と同じ教師のかかわり方が70年代後半には一般化した。こうした運動部活動の拡大の背景の一つには、70年代に、学校体育施設が急速に増え始め、運動部活動を支える施設面での基盤が整備されたことがあった。ただし、公共スポーツ施設や民間スポーツ施設の整備も進み、スポーツ少年団も展開を始め、70年代以降、運動部活動のオルタナティブとしての学校外スポーツ活動が、少なくとも選択肢としては用意された。しかし、運動部活動が全面的に学校から離れることはなかった。70年代から2000年代に至るまで、運動部活動への加入率と活動日数は増加し続け、半数以上の教師が全面的にかかわるようになった。その反面で、2000年代には、地域住民のかかわりが再び増え、運動部活動と地域社会の関係が強まり始めている。

　こうした実態の変遷はなぜ生じたのか。以下で、それを政策と議論の変遷から跡づける。

4　戦後の政策はどう変遷してきたのか

　運動部活動の政策を、「学習指導要領」「文部省通達」「保健体育審議会答申」「その他」の観点から、表2－5にまとめた。さらに、学習指導要領における教科外活動の扱いの変遷を表2－6に、文部省通達における対外運動競技基準の範囲の変遷を表2－7にまとめた。これらをもとにして、以下ではその特徴を、「終戦直後～1950年代前半」「1950年代後半～60年代」「1970年代～80年代前半」「1980年代後半～2000年代」に分けて記述する。

表2-5　中学・高校の運動部活動に関する政策

年	学習指導要領	文部省通達
1945		
1946		学校校友会運動部の組織運営に関する件
1947	学校体育指導要綱 中学校学習指導要領（自由研究）	野球統制令の廃止 学生野球の施行について
1948		学徒の対外試合について
1951	中学校・高等学校学習指導要領 （特別教育活動）	
1953		
1954		学徒の対外競技について
1957		学徒の対外運動競技について 中学校・高等学校における運動部の指導について
1959		
1960		
1961		学徒の対外運動競技について
1964		
1966		
1968		中学校、高等学校における運動クラブの指導について
1969	中学校学習指導要領 （必修クラブ活動設置）	児童生徒の運動競技について
1970	高等学校指導要領 （必修クラブ活動設置）	
1971		
1972		
1979		児童生徒の運動競技について

保健体育審議会答申	その他
	新日本建設の教育方針
	第一次アメリカ教育使節団報告書
	新教育指針
保健体育ならびにレクリエーションの振興方策について	
独立後におけるわが国保健体育レクリエーション並びに学校給食の振興方策について	
学徒の対外競技の基準並びに中学校における剣道の実施について	
スポーツ技術の水準向上について	東京オリンピック決定
オリンピック東京大会の開催を契機として国民とくに青少年の健康、体力をいっそう増強するために必要な施策について	
学徒の対外運動競技の基準について	スポーツ振興法
	東京オリンピック開催
	ユネスコ「教員の地位に関する勧告」
学徒の対外運動競技の基準について	青少年運動競技中央連絡協議会設立
	日本教職員組合「教職員の労働時間と賃金の在り方」決定
	教育職員調整額
体育・スポーツの普及振興に関する基本的方策について	教員特殊業務手当
児童生徒等の運動競技の在り方について	

年		
1987		
1988		
1989	中学校・高等学校学習指導要領 (部活代替措置)	
1990		
1992		
1995		
1996		
1997		
1998	中学校学習指導要領 (必修クラブ活動廃止)	中学校及び高等学校における運動部活動について
1999	高等学校学習指導要領 (必修クラブ活動廃止)	
2000		
2001		児童生徒の運動競技について
2002		
2006		
2007		
2008	中学校学習指導要領 (教育課程との関連)	
2009	高等学校学習指導要領 (教育課程との関連)	

	臨時教育審議会第3次答申
	日本教職員組合「部活動についての基本的な考え方」決定
	文部省の運動部活動指導者派遣事業
21世紀に向けたスポーツの振興方策について	
	文部省の運動部活動指導者研修事業
	文部省の運動部活動研究推進校設置
	学校週五日制開始（月1回）
	中学生・高校生のスポーツ活動に関する調査研究協力者会議設置
	学校週五日制拡大（月2回）
	中央教育審議会答申「21世紀を展望したわが国の教育の在り方について」
生涯にわたる心身の健康の保持増進のための今後の健康に関する教育及びスポーツの振興の在り方について	文部省のスポーツエキスパート活用事業
スポーツ振興基本計画の在り方について	
	文部科学省の運動部活動地域連携実践事業
	中央教育審議会答申「子どもの体力向上のための総合的方策について」
	学校週五日制完全実施
	東京都教育委員会の制度変更 （部活動を教育課程に含む）
	文部科学省の運動部活動等活性化推進事業
	文部科学省の地域スポーツ人材の活用実践支援事業
	教育振興基本計画
	教員特殊業務手当増額

表2-6 学習指導要領における教科外活動の扱いの変遷

改訂年	中学	
	課内活動	課外活動
1947	自由研究	
1951	特別教育活動	
1958	特別教育活動	
1960		
1969	必修クラブ活動	部活動（選択）
1970		
1977	必修クラブ活動	部活動（選択）
1978		
1989	（必修クラブ活動）→部活動：部活代替措置	
1998	（廃止）	部活動（選択）
1999		
2008	（廃止）	部活動（教育課程との関連）
2009		

（出典：西島編〔2006、p.15〕をもとに、一部改訂）

表2-7 文部省通達における対外運動競技基準の範囲の変遷

改訂年	校内大会	市町村大会（隣接学校）	郡市大会（隣接市町村）	都道府県大会
1948	［中学の原則］・・・・・・・・・・・・・・・・・・・（許容範囲：宿泊を要しない）			
				［高校の原則］・・・・
1954				［中学の原則］・・・・
				［高校の原則］・・・・
1957				［中学の原則］・・・・
				［高校の原則］・・・・
1961				［中学の原則］・・・・
				［高校の原則］・・・・
1969				［中学の原則］・・・・
				［高校の原則］・・・・
1979				［中学の原則］・・・・
				［高校の原則］・・・・
2001				

（出典：浦井〔1987〕をもとに、一部改訂）

高校	
課内活動	課外活動
特別教育活動	
特別教育活動	
必修クラブ活動	部活動（選択）
必修クラブ活動	部活動（選択）
（必修クラブ活動）→部活動：部活代替措置	
（廃止）	部活動（選択）
（廃止）	部活動（教育課程との関連）

ブロック大会 （隣接都道府県）	全国大会（1回）	全国大会（2回）
・・・・・・・・・・・・・・・（許容範囲）		
（許容範囲：宿泊を要しない）		
・・・・・・・・・・・・・・・（許容範囲）		
（許容範囲：宿泊を要しない）		
・・・・・・・・・・・・・・・（許容範囲）		
・・・・（許容範囲）・・・・・（水泳競技のみ特例）		
・・・・・・・・・・・・・・・（許容範囲）		
・・・・（許容範囲）		
・・・・・・・・・・・・・・・（許容範囲）		
・・・・・・・・・・・・・・・（許容範囲）		
・・・・・・・・・・・・・・・・・・・・・・・・・・（許容範囲）		

4−1　終戦直後〜1950年代前半──自治／統制の二重性の制度化

　終戦直後から1950年代前半までの政策の特徴は、生徒による自治と文部省による統制の二重性が制度化された点にある。

　戦前の軍国主義を否定する形で、終戦直後から民主主義を基調とする学校教育改革がおこなわれた。学校体育の改革は、「体操からスポーツへ」と総括されているように、自発的におこなわれるスポーツに大きな価値を与えた。1945年「新日本建設の教育方針」で「明朗闊達なる精神を涵養する為め大いに運動競技を奨励」することが求められ、46年「第一次アメリカ教育使節団報告書」で「スポーツマンシップと協力の精神とが有する価値を、学校は認識すべき」と記された。こうして価値づけられたスポーツのなかで、とりわけ奨励されたのが運動部活動であった。46年「新教育指針」で「課外運動の重視」が打ち出され、同年の文部省通達で「課外運動としての校友会運動部の適正な組織運営は民主主義的体育振興の原動力」と位置づけられた。さらに、47年文部省通達で戦前の「野球の統制並びに施行に関する件」が廃止され、51年保体審答申で「青少年のクラブ活動を促進すること」が提案された。こうした自由なスポーツを運動部活動として奨励しようとする一連の改革のなかで、47年に学校体育指導要綱が設定された。この学校体育指導要綱の趣旨について文部省は、「これからの教育は教師中心の画一主義を排して、学徒の自発活動を中心とする個性尊重の教育でなければならない」と説明し、その強調点として「学徒の個性を重んじて自主的活動を強調したこと」「スポーツを重視して体育の社会性を強調したこと」「課外体育を重視したこと」などを挙げた（文部省体育課長、1947）。運動部活動は、教師に強制される教科活動ではなく、少なくとも建前上は、生徒自身が自発的におこなう活動である。そのため運動部活動は、教師ではなく生徒を中心に据えようとした、民主主義的な学校教育改革で大きな価値が与えられたわけである。ここで注意しておきたいのは、そうした価値が付与される前提として、運動部活動は生徒による自治が基本であらなければならなかったということである。

　しかし一方で、生徒に任せきりにしてしまった場合に教育上の問題が生じるとも懸念され、学校と教師による何らかの働きかけが望まれた。そこで、生徒による自治を求めながら、同時に文部省による統制が敷かれていった。

先の1946年文部省通達で「教職員は進んで之〔＝運動部活動：引用者注〕に関与し生徒と共に楽しく運動競技を愛好実施」することが求められ、47年学校体育指導要綱で「教職員はつとめて課外運動に参加し管理と指導にあたる」ことが指導方針として掲げられた。さらに、47年学習指導要領で「自由研究」、51年学習指導要領で「特別教育活動」を設置して、そのなかでスポーツクラブなどを実施することが試案として示された。この特別教育活動は、従来の課外活動を含み、それを単なる課外ではない「正規の学校活動」として再編成したものである（1951年学習指導要領Ⅱ－2）。また当時、無秩序に乱立した対外試合が問題視された。48年文部省通達で「勝敗にとらわれ、身心の正常な発達を阻害し、限られた施設や用具が特定の選手に独占され、非教育的な動機によって教育の自主性がそこなわれ、練習や試合のために不当に多額の経費が充てられたりする等教育上望ましくない結果を招来するおそれがある」ことを理由に、中学では宿泊を要しない程度に、高校では年1回の全国大会までに、対外試合の範囲を制限した。53年保体審答申でも、「対外試合の諸問題を解決する」ことが学校体育で講ずべき事項として記された[17]。

こうした自治／統制の二重性は、基本的にその後も引き継がれていった。ただし、この二重性は、統制によって生徒の自治が擬制的なものにならざるをえない一方で、生徒の自治を尊重しようとするために統制が徹底されえないものだったといえる。

4－2　1950年代後半～60年代──統制の緩和と競技性の高まり

1950年代後半から60年代までの政策の特徴は、64年の東京オリンピック開催との関係から、文部省の統制が緩和され競技性が高まった点にある。

1950年代後半からオリンピック招致運動が本格化し、59年にアジア初のオリンピックとして東京オリンピック開催が正式決定された。それに至る過程で、各種競技団体の要望などから、対外試合に関する文部省の統制が緩和されていった。その画期は、54年文部省通達「学徒の対外競技について」であった。同通達で、中学の対外試合は校内大会に限るという従来の原則が、都道府県大会まで認めると大幅に改訂された。また、世界的水準の競技力を持つ中学生は全日本選手権大会や国際的競技会に参加可能、そして高校生も国民体育大会への参加は例外とされるなど、これまでの統制が緩和された。

その後はさらに、57年文部省通達（対外運動競技）、57年保体審答申、61年文部省通達と同年の保体審答申などで、宿泊を要しないという条件が見直され、中学校水泳競技の全国大会が特例として認められるなど、統制の緩和は続いた。競技団体は、オリンピックで好成績を残すために早期から中高生の競技力を向上させることが必要と主張し、政策がそれに応えたわけである。

　先に、自治／統制の二重性という特徴を指摘したが、この時代の文部省統制の緩和は、もう一対の生徒による自治を前景化させたわけではなかった。むしろ、1959年・60年保体審答申で「スポーツ技術の水準向上」や「体力の増強」が求められたように、東京オリンピックという国家的イベントの流れに巻き込まれながら、運動部活動は競技性を高めていった。実際、東京オリンピックの日本選手団355人のなかには、高校生14人が含まれた。このように競技性が極度に高まったことで、一般生徒がスポーツに触れる機会が妨げられてしまうことが問題視された。

　そのため統制を再び強化しようとする動きが出てきた。1957年文部省通達（指導）では、「運動部の運営が、単に生徒の自主的活動に放任されることなく、学校教育の一部としてじゅうぶんな指導の行われる」ことが記され、具体的な留意点が細かく記された。たとえば、校長には、教職員以外のコーチに教育への理解を求めることや、先輩や後援会からの悪影響に配慮すること、運動選手を優遇しないことなどが、担当教員には、たえず部の活動全体を掌握すること、過度な練習や暴力行為を防ぐことが、留意すべき点として記された。68年文部省通達で「関係教員全員が連携を密にし、協力して指導の徹底を図るようにする」ことが記された。こうした競技性の高まりとその反動としての統制の強化は、運動部活動を、どのようにして、どの程度まで、学校内に留め置くのかという問題を浮上させた。

　その一つの解決策として、1969年文部省通達と保体審答申では、対外試合がひとまず学校教育活動内と学校教育活動外に区別され、後者のあり方を議論するために、日本体育協会・全国高等学校体育連盟・全国中学校体育連盟・全国連合小学校長会・日本高等学校野球連盟・日本PTA全国協議会・全国高等学校PTA協議会・全国教育長協議会・全国体育主管課長協議会・学識経験者で構成される「青少年運動競技中央連絡協議会」が設立された（手塚、1969）。その後この協議会が十全に機能したとはいえなかったが、文部省の説明によると、その趣旨は学校体育の枠を超えた社会体育の振興にあ

り、学校教育活動内／外の区別は各学校の判断に委ねるという（西村、1970；手塚、1970）。裁量権を学校現場に預けたままの状態で、後で述べる運動部活動の社会体育化の端緒が開かれたといえる。

4-3　1970年代〜80年代前半——大衆化の追求と教師の保障問題

　1970年代から80年代前半までの政策の特徴は、競技性の高まりに対する反省から大衆化が追求され、それに伴って教師の保障問題が生じた点にある。
　1969年・70年の学習指導要領では、総則内で学校教育活動全体を通じて「体育」をおこなうように記され、特別活動内に必修の「クラブ活動」が設置された。文部省はその設置理由を、「価値の高いクラブ活動の経験を全ての生徒に得させたい」からだと説明し、さらに必修クラブ活動の設置によって、「課外活動として実施される従前のクラブ活動を触発し、それへの参加がいっそう活発なものとなることが期待される」という（飯田、1971、p.5）。つまり、必修クラブ活動と運動部活動を互いに相乗させながら、スポーツを大衆化させることが意図されていたわけである。さらに72年保体審答申では、一部の選手を中心とした運動部活動のあり方が見直され、79年文部省通達・保体審答申では、中学では年1回の全国大会が、高校では年2回の全国大会が認められた。より多くの生徒により多くのスポーツ機会を与えることが目指されたといえる。そして82年に文部省が発行した『高等学校特別活動指導資料　特別活動をめぐる諸問題』では、「課外の部活動の充実のための配慮」として、(1) 学校の管理下の教育活動として計画すること、(2) 学校としての指導体制を確立すること、(3) 指導に当たる教師の姿勢を確立すること、(4) 対外試合や合宿などの基準を明確にすること、が挙げられた（文部省、1982、pp.160-167）。スポーツを大衆化させるために、学校と教師が運動部活動にかかわることが求められたわけである。
　この大衆化路線のなかで、運動部活動は拡大し、教師のかかわりも大きくなってきた。必修クラブ活動がスポーツに触れる機会を増やし、その延長として運動部活動を位置づける学校も出てきたことで（田沢、1974；長谷川、1974）、運動部活動の加入率は増加していった。と同時に、教師が何らかの部の顧問に就くことが通例となってきた（市村、1970；小倉、1974）。そのため教師の負担が一層重くなり、顧問に就くことに消極的な教師も増えていった（工藤、1970；菱山、1974；鳥取県立米子東高等学校、1975；不老、1975；宮

本、1977；鹿内、1979）。そこで、かねてから問題とされながらも解決されなかった教員手当問題がクローズアップされた。1966年にユネスコ特別政府間会議で採択された「教員の地位に関する勧告」で課外活動の負担について触れられたことを背景に、日本教職員組合は、70年「教職員の労働時間と賃金の在り方」のなかで、運動部活動は社会体育に含まれる活動であるとの認識を示し、手当の支給を求めた。それに対応して文部省と人事院は、71年「教育職員調整額」、72年「教員特殊業務手当」を制度化し、運動部活動の指導や対外試合の引率など、業務範囲の不明瞭な教員の特殊な勤務状況に対する手当をいくらか充実させた。といっても、88年「部活動についての基本的な考え方」のなかで日本教職員組合が、運動部活動は社会体育活動であり、その手当はいまだ不十分であると論じたように、問題が完全に解消されたわけではなかった（日本教職員組合権利確立対策委員会編、1989）。

　さらに教員手当問題の他に、顧問教師の責任範囲も問題となった。運動部活動で事故が起きた場合、顧問教師はどのような責任を取らなければならないのか。この顧問教師の責任範囲は、実際の裁判結果を見ても、事故の原因や過失の有無などによって多様であった[20]。ただし、文部省は、「一般的にいって、①指導上の過失によって、児童生徒を死傷させたことに対する業務上過失致死罪などに問われる刑事上の責任、②児童生徒の死傷による損害を賠償する民事上の責任、および③職務上の義務を怠ったものとして問われる行政上の責任（懲戒処分）」の3つがあると説明していた（文部省体育局体育課、1972、p.42）。こうした説明を受けて、現場の顧問教師は戦々恐々とした。教育課程に含まれない活動に不十分な手当で従事しているにもかかわらず、もし事故が起きれば刑事・民事・行政上の責任を取らなければならないとすれば、教師は顧問を引き受けることに消極的にならざるをえなかった。実際、熊本市立藤園中学校柔道部で部員が半身不随となる事故が起きたとき、1970年7月の熊本地方裁判所の判決で顧問教師と校長と熊本市が注意義務違反で敗訴した（「朝日新聞」1970年7月21日付）。教員手当や責任範囲という教師の保障問題にどう対応するかが、喫緊の政策的課題として浮上してきたのである。運動部活動の大衆化を追求した結果、膨れ上がった運動部活動を支える制度的な綻びが顕在化したといえる。

　そうした教師の保障問題は、その一つの解決策として、運動部活動の社会体育化を模索する政策につながっていった。必修クラブ活動設置以来、それ

と内容的に類似した運動部活動の取り扱い方が現場ではより一層不明瞭になっていた。いったい学校や教師は運動部活動をどう扱えばよいのか。文部省は、運動部活動は「教育課程の一部ではないが、学校教育活動の一部」であり、それを「学校の教育計画の中に盛り込んで実施するかどうかは、当該学校の判断に委ねられている」と回答した（文部省体育局体育課、1972、p.40）。各学校は、自らの裁量で運動部活動の処遇を迫られたわけである。その結果、従来どおり学校教育活動としておこなうケースがほとんどだったが（山川、1973）、なかには、部分的あるいは全面的に運動部活動を社会体育化するケースもあった。教師の負担も大きく、保障も十分でないのだから、社会体育へ移行してしまおうというわけである。たとえば、1971年度に保護者が「課外クラブ育成会」を結成し、運動部活動を補う組織をつくった東京都杉並区立阿佐ヶ谷中学校のケース（有元、1974）、71年度から運動部活動を社会体育活動の「少年クラブ」として、中学校区ごとに「クラブ振興会」を組織した兵庫県明石市のケース（柳瀬、1975）、72年度から運動部活動を保護者による社会体育活動に切り替えた岐阜県岐阜市立長良中学校のケース（土居、1975）、県教育委員会が中学生スポーツクラブ事業に総額765万円の補助を出し、74年度で255のクラブを設置した佐賀県のケース（江崎、1975）などがあった。

　とりわけ熊本県は、県全域で大規模に社会体育化を政策的に進めた。熊本県では、1967年頃から教員手当問題が議論され始め、70年7月には先述した運動部活動中の事故に対する学校側の敗訴が決定した。それを受けて熊本県教育庁は県全域で運動部活動を社会体育化することを決定し、70年11月にその旨を記した通達「児童・生徒の体育・スポーツ活動について」を出した。その要点は、運動部活動を勤務時間内に制限し、それ以降は学校教育活動以外のスポーツ活動として、別途、新たな体制を整えて実施するようにしたことである（江藤、1971、1974）。この通達によって、たとえば、熊本市立京陵中学校では、勤務時間の5時までは部活動として教師が指導し、それ以降は会費を別に徴収した「京陵スポーツクラブ」として教師と一般社会人をコーチとしておこなうように変わった（塩津、1973）。そして熊本県全体では、76年度でスポーツクラブ加入率が中学校で52.3％、高校で21.0％にまで増加した（川野、1977）。こうした熊本県のケースは「社会体育の勝利」と呼ばれ、運動部活動の社会体育化は順調に進んだように見えた。

第2章　戦後運動部活動の実態・政策・議論

しかし、1978年に日本学校安全会の災害共済給付制度が大幅に改善されたことで、事態は急転した。日本学校安全会の災害給付制度とは、学校における児童生徒の事故への特別な救済制度であり、いわゆる学校保険である。[23] 先の運動部活動中の事故の場合などのように、事故に対する教師の過失が追求されることで学校教育活動の遂行に支障が生じてしまうことが懸念されていた。そこでこの災害給付制度の内容が改善された。具体的には、廃疾見舞金と死亡見舞金の額がおよそ4倍に引き上げられ、義務教育以外の学校での掛け金が保護者の全額負担から学校設置者も一部負担へと切り替えられ、児童生徒の災害について学校設置者の免責が特約として認められた（杉浦、1978a、1978b）。他方で熊本県では、運動部活動の社会体育化を円滑に進めるため、独自に、熊本県スポーツ災害見舞金運営審議会による、スポーツクラブでの事故補償制度を設けていた。[24] だが、その補償内容は、改善された日本学校安全会の災害給付制度には及ばなかった。そのため、より充実した日本学校安全会の災害給付制度を受けるためには、教師が指導する運動部活動に戻る必要があった。こうした補償の手厚さの違いが一つの背景となり、社会体育化されつつあった運動部活動は、再び学校へ戻っていった（内尾、1979）。1970年代に模索された運動部活動の社会体育化は、80年代に入ると全国的に急速に勢いをなくしていった。

4-4　1980年代後半〜2000年代——多様化＝外部化の模索

　1980年代後半から2000年代までの政策の特徴は、多様化、とりわけ指導者や活動自体を外部化させる取り組みが模索された点にある。
　膨れ上がった運動部活動を学校と教師だけで支えることは難しかった。1989年学習指導要領で、部活動参加をもって必修クラブ活動の履修を認める、いわゆる「部活代替措置」が設けられた。この措置を使えば、学校は必修クラブ活動にあてていた週1時間のコマを他教科などに回すことができた（槇編、1992）。学校5日制が1992年に月1回で開始され、95年に月2回に拡大され、2002年に完全実施されていくなかで、授業時数の確保に苦慮する多くの学校は、部活代替措置を用いて必修クラブ活動を時間割上からなくし、かわりに生徒の部活動加入を義務づけた。たとえば埼玉県では、98.8％の中学校が部活代替措置を取った（沢田、1997）。部活代替措置の下では事実上部活動はカリキュラム内に組み込まれ、それを根拠にしながら顧問教師の配

置や部の維持が図られてきた。運動部活動への従事が半ば教育課程内の公務と見なされ、教師の負担はさらに増大したわけである。

1984年に設置された臨時教育審議会以降、教育の自由化を進める改革が議論され始め、教師の負担を和らげ、また子どもの個性を伸ばす方策が、運動部活動を多様化する方向で議論された。1987年臨時教育審議会第3次答申で、運動部活動が「個性の伸張」という意義を有するとして、それを支えるために「人的・物的両面での整備を進める」ことが提言された。また1989年保体審答申では、「特色ある運動部活動の促進」として学校外からの指導者を活用することなどが提案された。それらを下に文部省は、88年「運動部活動指導者派遣事業」、90年「運動部活動指導者研修事業」「運動部活動研究推進校設置」、95年「中学生・高校生のスポーツ活動に関する調査研究協力者会議設置」(25)を実施し、多様な運動部活動のあり方が目指されていった。

ただし、注意すべきは、こうした運動部活動の多様化が、いわゆる「学校スリム化」の文脈で、その外部化として進められたことである。その転換点は、第1章の4-1でも触れたように、1995年に経済同友会が「学校から「合校」へ」で発表した「学校スリム化」論だった。経済同友会は、学校に期待される役割が肥大化していると問題視し「学校を「スリム化」しよう」と提唱した。その「スリム化」すべき対象の一つとして部活動を挙げ、「部活指導を地域社会が引き受けていくことはできないだろうか」と主張した（経済同友会、1995、p.34）。この経済同友会の学校スリム化論が目指したのは、さまざまな形態の運動部活動を実現させるために積極的に後押しするような、従来の多様化としての自由化にとどまらず、それをもう一歩進め、運動部活動への文部省・学校・教師の介入そのものを低減させて、指導や運営、さらには活動母体を地域社会に放任しようとするような、外部化としての自由化だった。その意味で、学校スリム化論は新自由主義的だったといえる。この新自由主義的な多様化＝外部化路線は、95年以降の政策的基調となった。

1996年中央教育審議会答申と97年保体審答申で「地域社会にゆだねることが適切かつ可能なものはゆだねていくことも必要である」と、運動部活動を地域社会に移行する方向性が検討された。さらに98年・99年学習指導要領で、「放課後等における部活動が従来から広く行われていた」ことや「地域の青少年団体やスポーツクラブなどに参加し、活動する生徒も増えつつあ

る」ことを理由に、必修クラブ活動が廃止された(26)(文部省、1999b、p.3)。この必修クラブ活動の廃止によって部活代替措置も崩れ、運動部活動への従事を半ば公務と見なす根拠がなくなった。98年文部省通達で「生徒の個性の尊重と柔軟な運営に留意すること」が記され、2001年文部科学省通達で「学校が自らの判断で特色ある学校づくりに取り組む」ようにするため、ついに統制が撤廃された。統制がなくなったなかで、各学校は自らの裁量で、外部指導員の導入、合同部活動の実施、地域社会との連携、地域社会への移行という、運動部活動の多様化＝外部化を模索していった。

　こうした動向と相前後しながら、運動部活動の指導や運営の多様化＝外部化を推進する事業として、文部省は、1997年「スポーツエキスパート活用事業」、2002年「運動部活動地域連携実践事業」、07年「運動部活動等活性化推進事業」、08年「地域スポーツ人材の活用実践支援事業」などを実施した。加えて、00年保体審答申では、運動部活動の受け皿となりうる総合型地域スポーツクラブの政策構想が示された。総合型地域スポーツクラブとは、多世代、多様な技術・技能レベル、多様な興味・目的の者が加入できる地域スポーツクラブである。この00年保体審答申では、本答申には盛り込まれなかったが、一時、中間報告で地域社会への移行を推進するために「運動部活動の土日禁止」が明文化される経緯もあった。さらに02年中央教育審議会答申では、子どもの体力低下を防ぐため、運動部活動の充実が求められたが、その具体的方策は、外部指導員の充実や地域スポーツクラブとの連携・融合であった。

　しかし、こうした多様化＝外部化は、あくまで模索にとどまり、運動部活動それ自体が完全に外部に委託されるようになったわけではない。多くの運動部活動はいまだ学校内に残ったままである。裁量権が学校に委ねられた結果、学校は運動部活動を手放さなかったといえるだろう。それを後追いするように、2000年代後半からは、再び運動部活動を学校教育に結び付けようとする政策も出てくる。06年には、全国に先駆けて東京都教育委員会が都立学校の部活動を教育課程内に含めるように制度変更した(27)。また08年・09年学習指導要領では、「学校教育の一環として、教育課程との関連が図られるよう留意すること」(28)が記された。これに関連して、08年教育振興基本計画では「運動部活動の推進」が謳われ、同年に部活動手当を含む教員特殊業務手当の増額が実施された。その先行きはいまだ不透明だが、こうした制度

変化は、それまでに模索された多様化＝外部化の方針に転換を迫るものと位置づけられるかもしれない。[29]

5 戦後の議論はどう変遷してきたか

　運動部活動の価値づけ方や問題点の論じ方は多様であり、時代とともに変化してきた。さらにそれぞれの議論は、いくつかのまとまりを形成しながら、互いに親和的な関係を築くこともあれば、対抗的な関係を築くこともある。こうした議論のまとまりと関係に留意しながら、以下では、「終戦直後〜1950年代」「1960年代」「1970年代」「1980年代」「1990年代〜2000年代」に分けて、その特徴を記述する。

5−1　終戦直後〜1950年代——自由・自治の価値と学校・教師のかかわりの必要性

　終戦直後から1950年代までの議論の特徴は、自由と自治を基調とする運動部活動に民主主義的な価値が与えられ、それを人間形成の手段として活用するために学校と教師のかかわりの必要性が叫ばれた点にある。

　終戦直後、戦前の軍国主義を否定する形で「新体育」が目指され、自由と自治を基本とするスポーツが価値づけられた。新体育とは、「子ども中心主義」の新教育の流れに位置づく、画一的な体操ではなく自発的なスポーツを重視した子ども中心の体育である。この新体育の思潮のなかで、とりわけ生徒が自由にスポーツ種目を選び、自治的に活動する運動部活動は高く価値づけられた（浅川、1946、1947；東・清瀬、1948）。たとえば、「新体育」誌上で1947年に開催された座談会「新日本の体育を語る」では、次のような発言があった。

　　　スポーツはやはりスポーツ自体が民主的に組織されておるものですから、それを正しく実行することによつて、民主的な人間が育成されて行くという点から言つても、スポーツを重点にして行くのがよいと思うのであります。（高田通の発言：大谷ほか、1947、p.19）

　　　これからは自主性を重視してやりますから、今までのとはよほど変つて

来るわけです。特に課外運動を重視する。課外では一層自治の面が多くなり、自治的運営によって自主的にやらせる。（大谷武一の発言：大谷ほか、1947、p.19）

　このようにスポーツが重視されたのは、スポーツ自体が「民主的」で「自主的」なものと見なされたことに加えて、それが民主主義的な人間形成の手段としても効果的だと捉えられたからでもある。日本陸上競技連盟や日本体育協会の理事を務めた高田通は、「運動の自由選択と自発的実施」について次のように論じている。

　（運動の自由選択と自発的実施は）世界人類に共通な、健康の保持増進、基本的作業能の錬成、人格の陶冶等体育の有つ本質的要素を個性に応じて遺憾なく発揮せしむるための教育的手段に他ならない。要は必要だからとて強制的画一的に実施せしむることを避けると共に其の目的又は効果を極端な国家主義や軍事的目的に利用することなく生徒が自由に選択した運動を楽しく熱心に実行することによって体育本来の普遍的効果を挙げようといふにあるのである。不易な言葉で言へば「楽しく十分に運動させることに依ってその運動が持つ本質的な要素を十分に発揮させる」といふにある。即ち楽しく運動するためには他から極端に強制されたり、命令されたり、自分の性に合はないものであってはいけないし、又嫌ひなものでは熱心にやれないから効果も挙がらないといふわけである。（高田、1946、p.4）

　高田は、「生徒が自由に選択した運動を楽しく熱心に実行すること」によって、はじめて効果が上がるのであり、「嫌ひなものでは熱心にやれないから効果も挙がらない」という。スポーツは好きだから楽しむ運動であり、そうしたスポーツの特徴が、教育手段としても効果的であると評価された。だからスポーツが、民主主義的な人間形成の手段としてふさわしかったのである。
　そうしたスポーツを多くの生徒がおこなえるようにするために、運動部活動の整備が求められた。ただしこの整備は、文部省による統制によってではなく、学校と教師の手によって成し遂げられなければならなかった。なぜな

ら、運動部活動を教育課程に含めるような画一的な整備の仕方は、生徒の自発性を損なう「形式化」と「強制」を意味するとして忌避されたからである（宮坂、1950）。そのため、運動部活動を整備するためには、それが課外活動でありながらも、学校や教師が主体的にかかわることが必要とされた（江尻、1949）。学校と教師のかかわりを求めることは、反面で、地域住民のかかわりや影響を減らそうとすることでもあった。運動部活動の問題は「職業的コーチが文句を言う筋合いのものではない」のであり、「教師自身が決めるべき性質のものである」とされた（西田、1954、p.9）。そして、学校教育の一環として運動部活動を編成するために、地域社会の諸勢力に屈服しないように学校の自主性が求められ（佐々木、1951）、コーチを務める地域住民に学校教育への理解が求められた（宮畑・梅本、1959）。

　しかし一方で、こうした運動部活動への学校や教師のかかわり、そして文部省の統制を、スポーツの自由と自治を損なうものとして批判する議論もあった。東京高等師範学校教授の浅川正一（1946、1947、1954）によれば、本来スポーツは遊戯であるため、運動部活動ではその自発的活動を奨励しなければならなかった。浅川は、「課外運動のありかた」を次のように論じている。

> 課外運動は正課より一層生徒の自由意志を尊重し、統制ある自発的、自治的な活動を重くみなければならない。教師は愉快に遊ぶ彼等の生活を束縛したり、自治的な活動を統制して、彼等の遊戯やスポーツに対する意欲を圧えることがあってはならない。彼等が遊戯集団やスポーツのチームをつくるとその活動と秩序を保つために自ら色々な規約を作り、モットーを定めて行動し、他から見ると苛酷と思われるような場合さえある。しかし彼等にとってそのチームは最も自由な自然な小社会であって、その秩序に従いつつスポーツすることが最も楽しいことである。（浅川、1947、p.28）

　浅川は、「課外運動は正課より一層生徒の自由意志を尊重」すべきだという立場から、「教師は愉快に遊ぶ彼等の生活を束縛したり、自治的な活動を統制して、彼等の遊戯やスポーツに対する意欲を圧えることがあってはならない」と論じた。スポーツの自由と自治を追求するためには、生徒の意思を

最大限に尊重し、学校や教師のかかわりは最小限に抑えられなければならなかったのである。こうした立場からは、対外試合の制限などの文部省通達は、自主性を損なう他律的な統制であると批判され（浅川、1954）、自由であるはずのスポーツのあり方を歪曲する「弾圧」であると批判された（藤田、1954）。

先ほど当時の政策面での自治／統制の二重性を指摘したが、議論面でもそれと重なる対抗的な関係が確認できる。すなわち、学校と教師のかかわりを求めて運動部活動を学校教育活動として編成しようとする議論と、スポーツの自由と自治を追求して運動部活動をスポーツとして編成しようとする議論である。この対抗的な2つの議論は、これ以降にも随所で見られ、戦後運動部活動のあり方を論じる議論の基本骨格であるといえる。

5-2 1960年代——選手中心主義への批判と学校・教師の主体性確立の必要性

1960年代の議論の特徴は、東京オリンピックに向けた選手中心主義的な運動部活動のあり方が批判され、あくまで学校教育の一環として編成するために学校と教師の主体性を確立する必要性が叫ばれた点にある。

運動部活動は教育かスポーツか。運動部活動の位置づけは、1960年代に入ると、東京オリンピックにいかに向き合うのかとして、問い直された。まず、選手養成を通じて東京オリンピックに貢献すべきだとする声があった。その貢献の仕方とは、「素質の優れた生徒や青年を発見したならば、組織を通じて推せんすること」（野口、1960、p.12）や、「直接オリンピック競技によい成績をあげるために、選手強化に協力すること」（森、1961、p.11）だった。こうした議論は、第一義的には、運動部活動をスポーツとして推進しようとするものだったが、そこで学校教育との結び付きが断ち切られたわけでは必ずしもなかった。たとえば、東京教育大学教授の本間茂雄（1960）は、東京オリンピックに向けて、「学校体育の線から、全面的に選手を輩出させるということを企画すること」を求めたが、彼は「学校体育と優秀選手の輩出ということは決して矛盾するものではない」と考えていた。どういう意味か。本間は次のように説明した。

> 教育は、見方によっては、人類社会に必要な個人の素質を最大限度まで発達させる目的で行われるといってよいと思うが、体育も勿論この線

に沿って考えられる。(略) 理想的な体育を追究するものとしては、高能児即ち天才児も低能児も普通児同様それぞれの能力の許す最高度まで発達されねばならぬ筈である。こう考えた場合、いうところの高能児の体育は、そのままこれが、小学校・中学校・高等学校・大学へと継承されて最善の手が打たれれば、これが我が国の代表選手となるべき筋のものである。この意味に於いて、学校体育とオリンピック選手の育成は決して相対立する性質のものではないのである。(本間、1960、p.9)

　ここでは、オリンピックを見据えて選手を養成することが、各人の能力の違いに応じて、それぞれの能力を最大限に発達させるという点で、まさに教育でもある、と意味づけられている。つまり、能力の発達を媒介として、スポーツと学校教育の矛盾が超克されようとしたわけである。このように、運動部活動をスポーツと見なして、そこで選手養成を目指す流れは、それが能力の発達につながる教育でもあると見なされることで、強く後押しされていった。
　しかし、こうした選手養成を目指す流れは、選手中心主義として批判された。運動部活動は全生徒のための学校教育活動であらねばならない、にもかかわらず選手養成に重点が置かれるため一般生徒の機会や指導が疎かになっている、と問題視された(馬場、1960；山岡、1961；城丸、1962；畑、1963；丹下・瀬畑、1965；全国高校生活指導研究協議会編、1966；粂野、1969)。それでは、選手中心主義に陥らないためにはどうすべきであり、これからの運動部活動はどうあるべきなのか。まず、選手養成を運動部活動に求める学校外からの圧力に対して、学校と教師が主体性を確立することが必要とされた(佐々木、1962；山岡、1962；吉田、1965)。たとえば、現場では、運動部活動や対外競技のあり方に関して体育協会や各種スポーツ団体からの強い働きかけがあったため、それに抗する学校と教師の主体性が求められた(田能村、1965；黒木、1966)。また対外試合のあり方は、学校と教師の決断によって解決されるべき問題であり、それを制限する文部省通達は、学校と教師の主体性を確立することによって撤廃されなければならないとされた(吉田、1961；遠山、1961；前川、1965)。運動部活動が東京オリンピックに振り回された反動として、1950年代に叫ばれた学校と教師のかかわりの必要性を再強調するように、学校と教師が主体性を確立する必要性が求められたのであ

る。そのうえで、学校と教師が主体的に、一部の選手に独占される運動部活動のあり方を、一般生徒に運動・スポーツの機会を与えられるように変えていくことが望まれた。選手中心主義によって「多くのものは見物や応援の立場にたって、自分でスポーツを行う機会が次第に少なくなってきている」（花輪、1969、p.59）のであり、「全校スポーツ活動の必要」（山川、1967）が叫ばれた。こうした議論の流れは、1970年代に本格化する大衆化路線の政策を後押しし、実態としても教師のかかわりを増やしていった。ただし、学校と教師が主体的に多くの生徒を抱え込むべきとする理念は、その後、教師の負担と保障問題に直面することになった。

5−3　1970年代──教師の負担・保障問題と社会体育化の模索

　1970年代の議論の特徴は、教師の負担や保障が問題となり、その解決が、スポーツの自由と自治を求める流れと歩調を合わせながら、社会体育化の方向で模索された点にある。

　学校と教師が主体性を確立し、全生徒に運動・スポーツの機会を与えようとする理念は、必修クラブ活動とそれに伴った運動部活動の拡大によって、ある程度は実現された。しかしその反面で、教師の超過勤務や負担の大きさが問題となった。当時、教師が顧問に就くことが通例となりつつあり、技術指導ができない顧問教師が出始めた（石川、1970；桜井、1975）。また1966年の「教員の地位に関する勧告」以来、勤務時間を超えた運動部活動への従事をどうすべきかが繰り返し問題となった（石井、1970；大友、1970；有元、1972）。たとえば、休日の引率に対しても代休制度や経済的保障が不十分であり（大瀬良、1969）、「週1日の休息が生徒引率のためにつぶされては顧問であるための負担は余りにも大きい」（松崎、1970、p.61）と訴えられた。そのため、顧問の引き受け手がなかなか見つからないケースも出てきた（脇本、1970；桂島、1970；伊波、1970）。こうした現状から運動部活動にスポーツ指導の専任教員を配置する声も上がったが（松田、1978）、実現されることはなかった。

　さらに事故が起きた場合の教師の保障が問題となった。たとえば「朝日新聞」は、1960年代には、「人間的な交流の場」として運動部活動の効用を喧伝していたが（1966年6月27日付）、70年代には、教師がその指導に手が回らない現状や、必修クラブ活動と運動部活動との関係に戸惑う現状を報道し

ていった（1972年6月14日付、同年10月18日付）。この転換の一つの契機は、熊本市立藤園中学校で起きた柔道部員の事故を教師側の注意義務違反とした、70年7月の熊本地方裁判所の判決であった。「朝日新聞」はこの判決を、「現場教師の大きな衝撃　時間外でも責任とは　もう顧問はやめたい」という見出しで報じた（1970年8月1日付）。大衆化の追求された70年代には、このように教師の超過勤務や負担の大きさ、そして事故責任に関する教師の保障問題がクローズアップされ、それらの問題にどう対処すべきかが運動部活動をどうすべきかとあわせて論じられていった。

　対処の仕方は2通り議論された。1つは、運動部活動を勤務時間内に収まるように縮小することで、運動部活動を維持する仕方であった（川本、1967；藤野、1967；山市、1972）。運動部活動の維持を唱えた代表者は、元文部官僚の佐々木吉蔵であった（佐々木、1970、1973）。佐々木は、運動部活動の学校教育活動としての意義を強調し、「運動クラブすなわち運動部を、社会体育として位置づけるべきだとの意見は見当違いもはなはだしい」と断じた（佐々木、1973、p.10）。ただし、運動部活動を学校に残すためには、教師の負担と保障を考慮しなければならない。そのため、佐々木（1970）は、「運動部の練習時間は2時間以内を原則とする」と具体的な数字を挙げて、運動部活動を縮小することで折り合いを図ろうとした。これと対立するもう1つの対処の仕方は、運動部活動を地域社会に移行し社会体育化するというものだった（清水、1967；浅田、1968；栗本、1970；深川、1975；梅本、1975）。運動部活動の移行を唱えた代表者は、当時、国立競技場理事に就いていた西田泰介であった(30)（西田、1967、1973）。西田は、学校教育の一部としてではなくスポーツの場として運動部活動を捉える立場から、勤務時間内に収まるように運動部活動が縮小されれば、青少年のスポーツ活動が疎かになると警鐘を鳴らした（西田、1967）。運動部活動を縮小させることは、スポーツの普及、発展を妨げるというわけである。西田は、運動部活動のあり方をめぐって、先の佐々木吉蔵と「健康と体力」誌上で対談した。そこでは、運動部活動を学校内で維持すべきと主張する佐々木に対して、西田は「できるだけ学校の外に出す」ことを主張した（佐々木・西田、1972、p.24）。維持か移行か、運動部活動のあり方をめぐって2つの意見が対立した。

　他方で、1950年代から追求されてきたスポーツの自由と自治をさらに徹底して求める議論があり、この議論が運動部活動の社会体育化を後押しした。

それによると、クラブとはそもそも私事的な集団であり、自由と自治がもっとも尊重されなければならなかった（海後、1970；高部、1975；中村、1979；城丸、1980）。しかし、学校教育のなかでおこなうかぎり、そうした自由と自治が制限される。そのため、さまざまな束縛から解放された自由のある社会体育が、スポーツをおこなう場所としてふさわしいとされた（松田、1971）。スポーツの自由と自治を徹底しようとする立場から見れば、文部省、学校、教師はスポーツを教育手段とする点でその価値を減じる仮想敵であった。日本陸上競技連盟の大島鎌吉（1967）は、対外試合を制限する文部省通達が、「スポーツの本質的性向で最も価値のあるところ」を「最小限に封じ込もうとしている」と批判し、今後は「拘束の垣根を思い切ってぶちこわし、生徒たちを競技団体の手に委ね、自由と開放の中で」育てるべきだと論じた。体育社会学者の竹之下休蔵（1966、1968、1970）は、スポーツが学校と教師の指導下にあるかぎり、その自由と自治が制限されるのであり、それらの価値を十全に発揮するためには運動部活動を社会体育化しなければならないと論じた。ただし、運動部活動がそのまま地域社会に移行すれば十分なのではなく、その質も変わらなければならなかった。すなわち、体育学者の前川峯雄（1967、1975）によれば、そのスポーツ集団が一切の所属や身分に関係なく、ただスポーツを愛好するという理由だけで構成されるスポーツクラブとして生まれ変わらなければならなかった。そうして初めて、教育のためのスポーツではなく、真に自由と自治を備えたスポーツのためのスポーツが実現される、と考えられたのである。こうした議論が、運動部活動の社会体育化を目指した政策と実践を後押しした。

5－4　1980年代──非行防止／生徒指導手段の是非と生涯スポーツ論の台頭

　1980年代の議論の特徴は、運動部活動を非行防止／生徒指導手段として扱うことの是非が論争され、その一方で、台頭しつつあった生涯スポーツ論との関連が論じられ始めた点にある。

　1970年代に模索された運動部活動の社会体育化は、結局のところ失敗に終わった。ただし、運動部活動を学校が引き受けることになった結果を肯定的に評価する議論もあった。たとえば、社会体育化が推進されていた熊本県では、社会体育化したクラブで指導が過熱し学業が疎かになるなど、指導者の教育的配慮のなさが問題視されていた。そのため、「やはり、子どもたち

の活動は先生がやるのがいい」と運動部活動を再評価する声も上がった（内尾、1979）。運動部活動には教育的効果がある、と見直されたわけである（全国教育研究所連盟編、1981）。

　そうした運動部活動の見直しが始まった1980年代は、同時に生徒の非行が大きな問題になった時代でもあった。教育社会学者の藤田英典（1991）が指摘しているように、学校教育の整備・拡充が極点に達した70年代半ばから、校内暴力事件が多発し、80年代の学校は生徒の非行問題への対処が迫られた。運動部活動の見直しと再評価は、この生徒の非行問題から、非行防止の手段として運動部活動が学校に必要だとする主張につながっていった（鈴木、1981a；田能村、1983；西沢、1983；緑川、1983）。たとえば、「学校体育」1981年8月号では、「非行防止と体育・スポーツ」という特集が組まれた。その総論として、教育心理学者の鈴木清（1981b）は、スポーツには、非行の発生源となるストレスを解消する予防的な面と、非行少年を更生させる治療的な面がある、と述べた。それに続いた実践報告では、中学校教師の登坂晴世（1981）が「非行ゼロの学校をめざして」として、部活動に参加させることが非行を防止するうえで効果的だったと報告し、教育委員会指導主事の茨田勇（1981）が「非行生徒を変えたもの」として、運動部活動に加入したことで更生した非行少年を報告した。運動部活動が実際に非行を防止する効果を有しているかは定かではないが、運動部活動を非行防止手段に位置づける議論は、この時期に急速に増えた。

　一つの事例を具体的に見てみよう。中学校教師でバレーボール部顧問の林正義（1980）は「部活動こそ非行化の歯止め」というタイトルで、中学3年の男子生徒Sを更生させようとしたときの様子を報告している。この教師によると、Sは、学力が低く、万引きやシンナーに興じる非行生徒だったという。ただし、Sはスポーツの能力は高かった。そこで、この教師は、Sを、自身が顧問を務めているバレーボール部に入部させた。この教師は、Sのその後の変化を次のように述べている。

　　（Sは）技術的にはかなり上手であったので練習でも部員についていけた。皆と同じぐらいやれるという自信からバレーボールが好きになってきた。練習試合でもときどきメンバーの中に入れると、いいプレーが出て来るようになったので、終りのミーティングで賞めてやると、はずか

しそうに、笑っていた。私は「これからはしぼるぞ」というと「ハイ」という答えがもどって来た。それからは、毎日クタクタになるまで練習をした。ときどき練習を休むということがあったので教室の前で待って、さぼらせない方法をとっているうちに、練習・練習試合にも出るという日課が続き、遊ぶ時間を与えなかった。(林、1980、p.43)

　この教師は、非行生徒のSがバレーボールを「好きになってきた」ことを活用しながら、「毎日クタクタになるまで練習」をさせ、結果的に「遊ぶ時間を与えなかった」という。いわば、生徒自身が好きで楽しむスポーツをきっかけにして、非行生徒を、たとえ強引にでも更生させようとしたわけである。しかし、その強引さは、教師にとって、生徒の意志や考えに合わない問題としては意識されない。なぜなら、そのスポーツは、生徒自身が好きで楽しんでいると考えられているからである。そうして、非行生徒はスポーツで更生できる、スポーツは非行防止に役立つ、「部活動こそ非行化の歯止め」、と考えられた。このように非行防止の手段として運動部活動を位置づけたことで、学校や教師は運動部活動へのかかわりをこれまで以上に大きくし、この時期に運動部活動の規模はかつてないほどに拡大していった。

　運動部活動の拡大とは、つまり、非行生徒をその生徒自身が好きなスポーツで更生させる、という実践が広がり、学校教育の隅々にまで及んでいったということである。その実践は、対象を非行生徒から一般生徒へ広げ、目標も非行の更生からより広範囲な生徒指導へと広げていった。こうした実践の広がりによって、運動部活動は生徒指導の手段という、現在に続く運動部活動の捉え方が確立していった。運動部活動は生徒指導の手段と捉えることで、学校と教師は、運動部活動に加入したくない生徒も加入させるようになり、スポーツをしたくない生徒にもスポーツをさせるようになる。運動部活動が大規模化していくなかで、学校と教師は、生徒自身の意思とは別に、教育的に必要な生徒指導のために、生徒に運動部活動の加入を推奨し、あるいは強制していくようになった。その結果、運動部活動は、強制的で管理主義的な性格を強めていった。

　しかし、非行防止／生徒指導の手段とするような、管理主義的な運動部活動のあり方には、強い批判が寄せられた。学校と教師は、生徒自身の意思や考えを無視して、生徒の自主性や自発性を抑圧している、と繰り返し批判さ

図2−8 「読売新聞」の運動部活動のあり方に関する特集記事
(出典:「読売新聞」1988年11月5日付、17ページ目を複写引用)

れた(三本松、1983a、1983b;近藤、1988;佐伯、1988)。「朝日新聞」は、「学校5日制を前向きに」という社説のなかで、運動部活動を管理主義の象徴として批判しながら、そうした運動部活動を有した学校を「強制収容所」と酷評した(1986年6月22日付)。さらに、運動部活動を直接扱った「「部活」の功罪を考える」という社説のなかでは、抑圧的な体罰やしごきの実態を批判した(1986年9月28日付)。また「読売新聞」では、「討論と追跡　部活」という特集が組まれ、「過労…楽しむゆとり忘れないで」「もっと自主性

第2章　戦後運動部活動の実態・政策・議論　133

育てる場に」と、過剰な活動時間と管理主義的な実態を批判した（1988年11月5日付、同年11月19日付、同年11月26日付、同年12月3日付：図2−8を参照）。

　こうした管理主義批判に関連して、運動部活動の大規模な拡大は、さまざまな問題を引き起こしていると批判された。たとえば、過剰な活動に伴って生徒のけがが絶えなくなった[32]、学業との両立を困難にさせている、顧問教師の負担が一層大きくなったと問題告発する議論が一気に膨れ上がってきた（学校体育研究同志会編、1984；今橋ほか、1987；きし・小島、1987）。

　以上のような、運動部活動を非行防止／生徒指導手段として扱うことの是非の論争は、いわば学校教育内での運動部活動の位置づけやあり方をめぐる論争であった。他方で、学校教育の外側から運動部活動の位置づけやあり方に影響を与える議論が台頭してきた。それが生涯スポーツ論であった。生涯スポーツ論とは、一生涯を通じてスポーツに親しむことに価値を置く理念であり、その実現を目指す運動である。生涯スポーツという言葉は、ユネスコが提唱した生涯教育論に端を発していて、1980年代に盛んに使用され、88年には文部省に生涯スポーツ課が設置された。その後も使用され続け、80年代から2000年代までのスポーツ振興のキーワードとなった。この生涯スポーツは、時間的には就学期間に限らず一生涯にまで拡張したものであり、空間的には学校体育と社会体育という区分を統合したものである[33]。つまり、生涯スポーツが盛んに叫ばれた80年代は、いつでも、どこでもスポーツができることが目指され始めた時代だといえる。これは、学校教育の枠を超えたスポーツ振興を目指す点で、50年代から地続きのスポーツの自由と自治を求めた議論の延長線上にあるといえる[34]。

　運動部活動のあり方も、この生涯スポーツとの関連で再考されなければならないとされた（高橋、1984；宇土、1988；千葉、1988；石黒、1988；永島、1988、1989；松本、1989）。では、生涯スポーツとの関連で再考するとは、具体的に何を考えればよいのか。その論点は、ひとまず、多くの生徒がスポーツに参加し続けられるかどうかに向けられた。生涯スポーツを振興するための重要な課題は、スポーツの継続であり、運動部活動は生徒が参加し続けられるように変わらなければならない（山口、1988）。そして最後まで生徒が運動部活動に参加し続けることによって、生涯スポーツに結び付くというわけである（小柳、1984）。とすれば、続いてさらに問われるべきなのは、多くの生徒が参加し続けられるために、運動部活動はどのように変わらなけ

ればならないかである。それが議論されるのが、1990年代以降である。

5−5　1990年代〜2000年代──「開かれた運動部活動」と多様化＝外部化の推進

　1990年代から2000年代までの議論の特徴は、生涯スポーツ論・子どもの権利保障・教師の負担・「生きる力」育成との関連から「開かれた運動部活動」が求められ、多様化＝外部化の推進が図られようとした点にある。

　1990年代以降、運動部活動は「自由で多様で開放的」になるべきであり（葉養編、1993、pp.185-194）、「閉鎖性からの脱却」が目指されるべきであり（中村、1995）、「閉鎖系から開放系へ」転換すべきだと主張された（黒須編、2007）。こうした開放性をキーワードとした運動部活動像は、『みんなでつくる運動部活動』（文部省、1999a）で、「開かれた運動部活動」と表現された。この表現は、いわゆる「開かれた学校」（浦野、2003）のコンセプトを運動部活動に転用したものである。「開かれた運動部活動」の内容を、同書は次のように論じた。

> 　運動部活動についても、学校内外に自らをできるだけ開かれたものとし、すべての生徒、保護者、そして地域の人々に、運動部活動についての考えや現状を率直に語るとともに、その意見を十分に聞く努力を払うことが望まれます。あわせて、運動部活動の指導に際し、地域の人々の教育力の活用を図ったり、家庭や地域社会の支援をいただくことに積極的であって欲しいと願います。（文部省、1999a、p.4）

　ここに見られるのは、運動部活動を地域社会に「開いた」後、生徒、保護者や地域住民の参加によって民主的にそれを再編しようとする、参加民主主義的な基調である。1995年の経済同友会による学校スリム化論以降、政策面では、文部省・学校・教師の介入を低減させようとする新自由主義的な流れがあったが、ちょうどそれを補完するように、議論面では、この開かれた運動部活動論に代表される参加民主主義的な流れがあった。ただし、この開かれた運動部活動論は、運動部活動の何をどのように開くのか、そして誰が何に参加するのかという点が不明瞭なまま、いくつかの文脈との関連で使用された。ここでは、互いに文脈を異にする、生涯スポーツ論・子どもの権利保障・教師の負担・「生きる力」育成という各議論との関連を順に見ていく。

まず1980年代に台頭してきた生涯スポーツ論は、多くの生徒が参加し続けられるために、運動部活動が生徒の多様なニーズに対応することを求めていった。運動部活動は、生徒一人ひとりの興味・関心に応じておこなわれるべきであり（岡崎、1991；落合、1997）、競技志向の部／楽しみ志向の部、単一種目の部／複数種目の部、勝利を目指す部／交流を目指す部など、多様な選択肢を用意すべきだという（大橋、1995；西、1995）。しかし、子どもの多様なニーズに合わせた形態や内容を用意するためには、学校や教師の力だけでは足りない。だから、地域社会を視野に入れるべきであり（田村、1998）、地域住民を指導者として活用するなどの「学社連携」を図り、地域社会にスポーツクラブをつくるなどの「学社融合」へ向かうべきだとされた（八代、2001）。さらに、スポーツの継続を突き詰めて、いつでも、どこでもスポーツができるためには、学校教育の枠を超える必要もあった。そのため、運動部活動を地域社会に移行することが求められ（多々納、1992；厨、1992；園山、1993；岡野、1999；佐々木、2000；新谷、2002）、運動部活動に代わる総合型地域スポーツクラブの育成が求められた（川村、1999；清水、2001；高橋ほか、2001）。これからは「部活とクラブの協働」が目指される「総合型地域スポーツクラブの時代」であると主張された（黒須編、2007）。このように生涯スポーツ論は、スポーツの継続という観点から、生徒の参加を求め、それを支えるために運動部活動のあり方自体を地域社会に開くことを求めていった。

　次に、1980年代の管理主義批判の延長線上として、子どもの権利保障を求める議論があった。89年11月に国連総会で「児童の権利に関する条約」（この児童は18歳未満の子どもを指し、日本では「子どもの権利条約」と通称される）が採択され、日本は94年に批准した。同条約は、子どもを保護対象ではなく権利主体として見なし、31条で休息・余暇・遊び・レクリエーションへ参加する権利を保障した。80年代末から90年代に、この子どもの権利を重視する立場から運動部活動のあり方を組み立て直そうとする議論が出てきた（今橋、1988；内海、1992；森川、1995、1996）。そこでは、体罰やしごきによって生徒の基本的人権が侵害されていることや、課外活動にもかかわらず子どもの参加が強制されることで保護者の教育権が侵害されていることなどが告発された。そのうえで、「子どもはスポーツの主人公」（森川・遠藤編、1989；森川、1994；内海、1995）といった表現で、子どもの権利を保障する運動部活動のあり方が目指された。では、具体的にどう運動部活動を変

えていくべきなのか。その一つの方向として、生徒と保護者の参加が求められた。すなわち、権利主体である生徒自身と、生徒の代理人であり当事者でもある保護者が運動部活動に参加することで、民主的な再構築を図ろうとしたのである（城丸・水内編、1991）。このように子どもの権利保障を求める議論は、生徒と保護者の参加を通して、運動部活動自体やそのあり方を決める権限を生徒と保護者に開くことを求めていった。

　また、教師の負担は引き続き問題とされた。高校教師の加賀高陽（2003）が、42人の中学校運動部活動顧問教師への聞き取りから、「やらされているボランティアである」「時間外手当がほしい」といった「先生たちのホンネ」を報告しているように、予てから問題となっていた教師の負担は、解消されることなく引き続いていた。特に学校週5日制が実施されると、現場から、勤務外となる土曜日の指導をどうすべきか（山口県立山口高等学校、1993）、顧問教師の不足で運動部活動が停滞してしまう（今関ほか、1999）、といった声も出てきた。新聞各紙は、負担過重で悩む顧問教師の姿や、顧問教師の不足で廃止になる部の現状を報道し（「読売新聞」2002年7月8日付、2006年9月23日付；「朝日新聞」2006年7月2日付）、その反面で外部指導員の導入や地域スポーツクラブとの連携のメリットや意義を強調した（「朝日新聞」1997年2月24日付、2001年10月8日付；「読売新聞」2001年3月19日付、2002年7月8日付、2006年9月13日付；「毎日新聞」2002年10月14日付）。このように教師の負担を問題とする議論は、活動を維持させようとする観点から、運動部活動を支える人材や母体を地域社会に開くことを求めていった。

　さらに、1996年の中央教育審議会答申「21世紀を展望した我が国の教育の在り方について」で言及された「生きる力」についてである。この「生きる力」は定義があいまいであるためさまざまな論争を巻き起こしたが、その内容の一つとして自治能力を含んでいた。そのため、自治の仕方を学ぶことができる運動部活動が、「生きる力」を育成する観点から再評価されたのである。ただし、「生きる力」育成を強調する論者には、運動部活動を学校に残すべきだとする者もいたが（水内、1997；落合、1998）、そうでない者もいた。たとえば、体育・スポーツ経営学者の柳沢和雄（1995、1996、1997、1998）は、運動部活動が「生きる力」育成に有効であることを認めたうえで、「生きる力」をより適切に育成するためには、生徒は狭い学校に留まるのではなく、生活世界を広げて地域社会とつながることが望ましいという。その

ため柳沢は、総合型地域スポーツクラブを高く評価し、それを拠点としながら、運動部活動を地域社会に移行していく方向性を指し示した。このように「生きる力」育成を強調する議論のなかには、運動部活動のあり方自体を地域社会に開くことを求める立場も含まれていた。

　以上のように、互いに文脈を異にする各議論は、参加民主主義的な開かれた運動部活動論と関連していた。それぞれの文脈の違いから、運動部活動の何をどう開き、誰が何に参加するのかという点で差異がありながらも、いずれの議論もそれぞれの論理を突き詰めようとした結果、運動部活動の多様化＝外部化を推進することになったのである。注意すべきなのは、この開かれた運動部活動論という参加民主主義的な議論が、学校スリム化論のような新自由主義的な政策と、補完関係にあったことである。すなわち、学校スリム化論は、学校や教師の担ってきた役割を地域社会に放任しようとするが、ちょうどそれを受け止める位置に、開かれた運動部活動論があった。そのため、参加民主主義的な議論の流れが、皮肉にも、新自由主義的な政策の流れと一致し、多様化＝外部化路線で、運動部活動を再編させる方向で合流することになったのである。

　最後に、もう1つ運動部活動の多様化＝外部化を推進した議論について触れておきたい。それは、競技力向上のために一貫指導が必要だと主張する議論である。東京オリンピックでの選手中心主義が反省されて以来、競技力向上の観点から運動部活動を論じる議論は少なくなっていたが、1990年代に、その観点から運動部活動を否定的に評価する議論が出てきた。たとえば、「21世紀の学校体育を描く」という「学校体育」誌上の座談会では、五輪メダリストの元シンクロナイズド・スイミング選手である本間三和子が次のように発言した。

　　部活動の弊害は、長期的に子どもを育てて二十歳ぐらいで花が咲くように、待って待って忍耐強く指導していくシステムがまったくなくて、その時期その時期で結果を出そうとすることです。一貫強化システムがまったくない点が競技力向上のうえでは、弊害になっていますね。（本間三和子の発言：近藤ほか、1999、p.27）

　本間は、「一貫強化システムがまったくない点」が運動部活動の弊害だと

いう。たしかに、学校段階ごとに分かれた運動部活動では一貫した指導ができない。そのため、競技力向上の観点からは、学校教育外に一貫した指導体制を確立し、運動部活動を地域社会に移行することが求められていった（山本、1990、1993；西、1996）。1990年代から2000年代にかけては、こうした競技力向上のための一貫指導を求める議論や、先の開かれた運動部活動論など、異なる文脈にある複数の議論群が、歩を揃えて、運動部活動の多様化＝外部化を推進することになるのである。

6　戦後運動部活動の拡大過程

6-1　実態・政策・議論の関係と時期区分

　本章では、運動部活動の戦後史を実態・政策・議論の変遷と関係に注目して記述してきた。それをまとめたものが、図2-9である。この図は、実態を基礎に置き、その実態を政策と議論から跡づけるように、政策と議論が実態に与えた影響に留意して作成した。その他に、政策や議論のまとまりや相互の影響関係、親和的／対抗的関係も考慮してある。本章のまとめとして、この図2-9に沿って、運動部活動の戦後史を、次の5つに時期区分することで総括する。

　①民主主義的確立期（1945～53年）：1945年の終戦直後、戦後教育改革という文脈で、スポーツと自治を奨励する政策と、民主主義的な人間形成の手段としてスポーツに高い価値を与える議論があった。それらを背景にして、50年代前半には、一定規模の生徒が運動部活動に加入していた。他方、指導者の側では、地域住民がいくらかかかわっていたが、文部省の統制が敷かれ、学校と教師のかかわりの必要性が議論されたことで、一部の教師が部分的に運動部活動にかかわりを強めていった。このように、学校教育活動として生徒が参加し教師が指導するという、現在に連なる運動部活動の基本型は、この時期の民主主義的な学校教育改革のなかで確立したといえる。

　②能力主義的展開期（1954～64年）：1954年の文部省通達「学徒の対外競技について」を画期として、64年の東京オリンピック開催に向けて、運動部活動の位置づけは、集団として自治的なまとまりを追求した民主主義的な場から、各個人の能力の発達を主眼とする能力主義的な場へと展開していっ

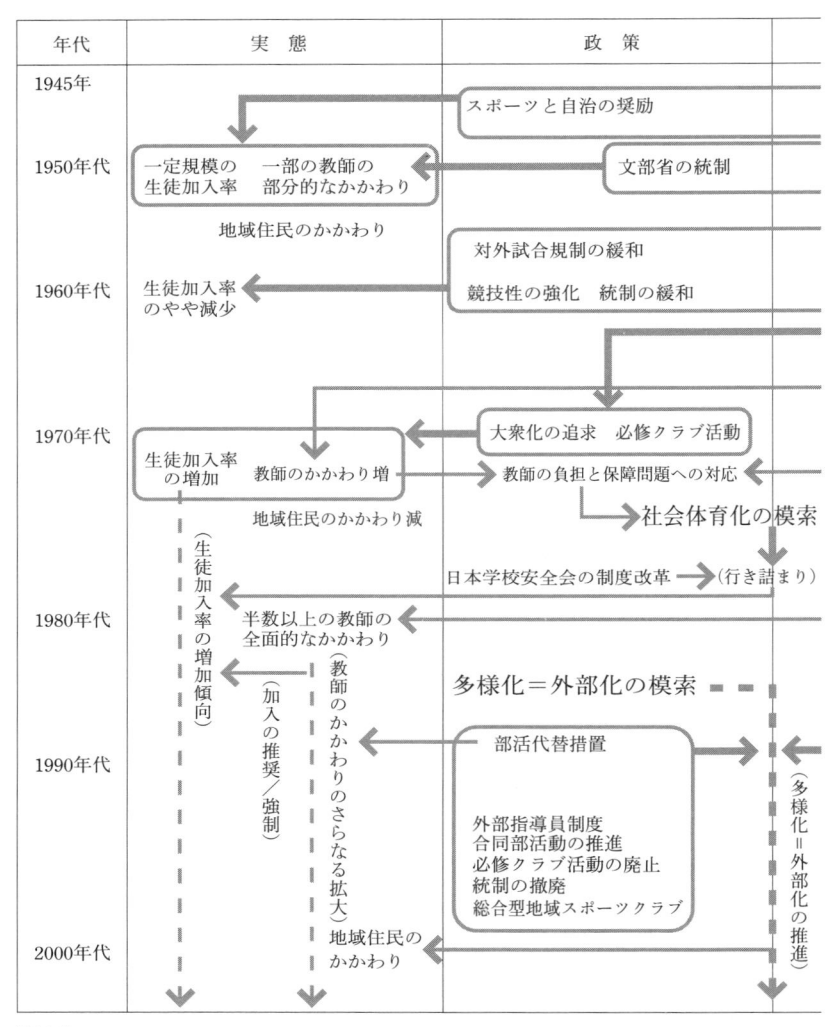

年代	実　態	政　策
1945年		スポーツと自治の奨励
1950年代	一定規模の　一部の教師の 生徒加入率　部分的なかかわり 地域住民のかかわり	文部省の統制
1960年代	生徒加入率 のやや減少	対外試合規制の緩和 競技性の強化　統制の緩和
1970年代	生徒加入率 の増加　教師のかかわり増 地域住民のかかわり減	大衆化の追求　必修クラブ活動 教師の負担と保障問題への対応 社会体育化の模索 日本学校安全会の制度改革 →（行き詰まり）
1980年代	半数以上の教師の 全面的なかかわり	多様化＝外部化の模索
1990年代	（生徒加入率の増加傾向）（加入の推奨／強制）（教師のかかわりのさらなる拡大）	部活代替措置 外部指導員制度 合同部活動の推進 必修クラブ活動の廃止 統制の撤廃 総合型地域スポーツクラブ	（多様化＝外部化の推進）
2000年代	地域住民の かかわり	

［凡例］
(1) まとまりのある項目を、実線で囲って項目群として示した。
(2) 項目から項目への影響関係を、実線の片矢印(項目群の場合は、太い実線の片矢印)で示し、適宜、補足説明を付けた。
(3) 項目と項目の対抗的な関係を、実線の両矢印で示し、「[対抗的]」と補足説明を付けた。
(4) 項目と項目の親和的な関係を、実線でつないで示し、「[親和的]」と補足説明を付けた。
(5) 項目のその後の推移を、破線の片矢印で示し、適宜、補足説明を付けた。

図2-9　戦後運動部活動の実態・政策・議論の変遷と関係

議論	背景
自由と自治を基本とするスポーツの価値 民主主義的な人間形成の手段 学校と教師のかかわりの必要性 ⇔［対抗的］ スポーツの自由と自治の追求 　　　　　　↑（必要性の再強調）　　　　　　↓（追求の再強調） ［対抗的］ 選手養成 能力の発達 ← 選手中心主義批判 　　　　　　［親和的］ 　　　　　　↓　　［対抗的］ 　　　学校と教師の主体性確立の必要性　←　スポーツの自由と自治の徹底 　　　　　　↕［対抗的］　　　　　　　　　　↕［対抗的］　　　　［親和的］ 　　　教師の負担と保障問題 　　　　　　　　　　　　　　　非行防止／生徒指導の手段 　　　　　　　　　　　　　　　　　　　↑［対抗的］ 　　　　　　管理主義批判 　　　　　　［親和的］ 　　　　　　　　　　　生涯スポーツ論 　　　　　子どもの権利保障 　　　　　　　　　　　［親和的］ 　　　教師の負担 ● 開かれた運動部活動 ● 「生きる力」育成 　　　　　　［親和的］　　　　　　［一部親和的］ 　　　　　　競技力向上のための一貫指導	終戦 戦後教育改革 東京オリンピック 教員の地位に関する勧告 生徒の非行問題 教育の自由化 子どもの権利条約 学校スリム化 地域社会との連携

第2章　戦後運動部活動の実態・政策・議論　141

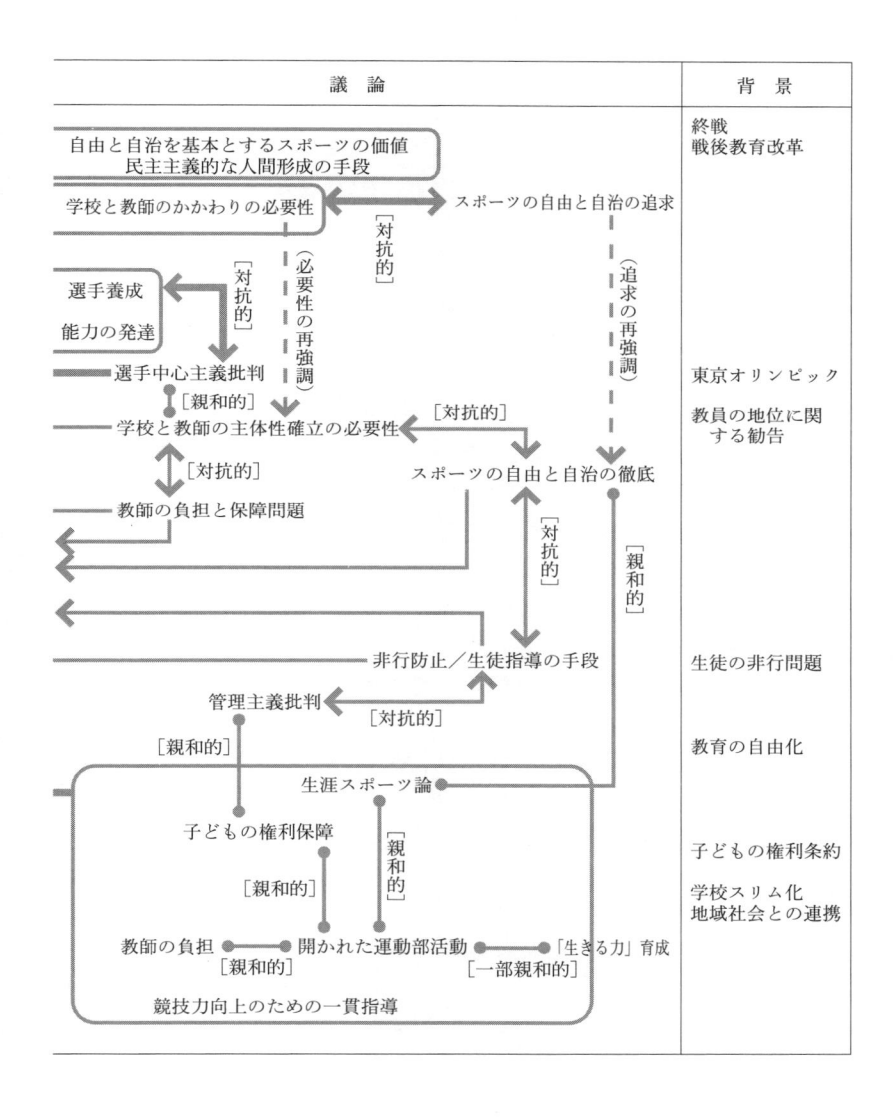

た。政策は競技性を高めて教育的観点からの統制を緩和し、議論もオリンピックに通じる選手養成を求めていった。こうした展開は、能力主義として、スポーツと教育の双方から価値づけられた。その結果、運動部活動は一部の選手を中心に活動する傾向を見せ、生徒加入率がやや減少した。

　③平等主義的拡張期（1965〜78年）：東京オリンピックが終わると、運動部活動の目指す目標と実際のあり方は、一部の選手だけでなく、すべての生徒に平等にスポーツ機会を与えるように転換した。すなわち、平等主義に基づいた運動部活動の拡張が始まった。選手中心主義を批判する議論と、必修クラブ活動の設置などの大衆化政策によって、生徒加入率は増加し、それに伴って教師のかかわりが増えた。加えて、終戦直後から叫ばれてきた学校と教師の主体性確立を求める議論が、教師のかかわりをさらに増大させ、一方で地域住民のかかわりは減少していった。こうして1970年代後半には、顧問教師が指導から引率まで引き受けるという、現在と同じ教師のかかわり方が一般化していった。その結果として生じた教師の負担と保障問題への対応として、社会体育化が模索され、それをスポーツの自由と自治の徹底を求める議論が後押しした。しかし、78年の日本学校安全会の制度改革を画期として、社会体育化の模索は行き詰まりを見せて終止符を打ち、運動部活動の拡張はその後も持続していった。

　④管理主義的拡張期（1979〜94年）：運動部活動の持続的な拡張は、平等主義を原動力とした第1期と、管理主義を原動力とした第2期に分けることができる。1980年代に学校は生徒の非行問題への対応を迫られた。それを背景に運動部活動は、非行防止の手段として利用され、さらに一般生徒の教育にとっても必要な生徒指導の手段として捉えられた。こうして再び学校教育と運動部活動を結び付ける議論が膨らんでいった。この議論は、日本学校安全会の制度改革とは別の実践レベルで、社会体育化を模索しながら学校を離れかけた運動部活動を再び学校に戻すように、教師の運動部活動へのかかわりを強めた。こうした管理主義的な運動部活動の位置づけによって、教師のかかわりは、一部の教師の部分的なかかわりではなく、半数以上の教師の全面的なかかわりへと変化していった。そして、そうした半数以上の教師の全面的なかかわりが、生徒自身の意思とは別に、生徒に運動部活動加入を推奨／強制し、運動部活動の規模はかつてないほどに拡張していった。

　⑤新自由主義的／参加民主主義的再編期（1995年以降）：大規模化した運

動部活動の再編の画期となったのは、1995年の経済同友会による学校スリム化論であったといえる。教育の自由化の背景を持つ政策は、すでに運動部活動を多様化させていた。そのうえで、この学校スリム化論を画期として、多様化政策は、統制を撤廃したうえで地域社会への移行や外部指導員の導入を目指すように、活動や指導者を外部化するという、新自由主義的な方向で進められた。この多様化＝外部化路線は、同時に、生涯スポーツ論・子どもの権利保障・教師の負担・「生きる力」育成と関連した参加民主主義的な開かれた運動部活動論、そして競技力向上のための一貫指導を求める議論によって推進されている。現在の運動部活動は、その大規模化したあり方を、新自由主義と参加民主主義が混交した、多様化＝外部化の方向で再編しようとする流れのなかに位置しているといえる。

以上の時期区分と図2－9の提示に集約される本章の知見は、先行研究に対して、次の4点で貢献している。すなわち1点目に、1970年代以降の動向を加えて、現在に連なる戦後史を記述したこと。2点目に、政策の変遷だけでなく、実態と議論の変遷を組み合わせて、戦後史を立体的に記述したこと。3点目に、その議論の扱い方に関して、包括性と相互関係性を補ったこと。そして4点目に、本章の1で言及した内海による価値遡及的な時期区分を、上記3点に留意しながら修正したことである。

6－2 戦後運動部活動の拡大過程と〈子どもの自主性〉

以上から、戦後運動部活動は、とりわけ民主主義的確立期（1945～53年）、平等主義的拡張期（1965～78年）、管理主義的拡張期（1979～94年）の3つの時代で、拡大してきたことがわかる。最後に本章の示唆として、各時代において、なぜ運動部活動が拡大したのか、言い換えると、なぜスポーツが学校教育に積極的に結び付けられたのかを、〈子どもの自主性〉の扱われ方に注目しながら考えてみたい。

第1に、民主主義的確立期では、民主主義を基調とする学校教育全体が〈子どもの自主性〉に高い価値を与え、その〈子どもの自主性〉を表出するスポーツが、民主主義的な教育を達成するために必要とされた。そのため、学校と教師は学校教育の一環としてスポーツに積極的にかかわることになる。この戦後改革の時代に、〈子どもの自主性〉を媒介としながら、スポーツと学校教育が結び付く日本特殊的な関係が構築される、その開始点があったと

いえる。しかし、学校と教師が学校教育活動として意図的・計画的にスポーツを編成しようとすれば、皮肉なことに、そのかかわりがスポーツを形式化・画一化させることになりかねず、その結果として、スポーツに見いだされていた〈子どもの自主性〉という教育的価値が壊されてしまうかもしれない。すなわち、学校と教師は、〈子どもの自主性〉のための運動部活動へのかかわりが〈子どもの自主性〉を壊してしまう、という逆説を抱え込まなければならない。このように、〈子どもの自主性〉を媒介としたスポーツと学校教育の結び付きは、緊張関係を内在化させることになる。

　第2に、平等主義的拡張期では、〈子どもの自主性〉という教育的価値が見いだされるスポーツを、すべての子どもに提供することが目指された。この平等主義的なスポーツ機会の提供は、当時の学校教育全体の平等主義化と連動していたと考えられる。高度経済成長を背景に1960年前後から、能力主義的な教育政策が実施され、学力や進学をめぐる生徒間の競争が激化していく（久冨、1993）。こうした能力主義的な教育政策は、実践レベルで、それが能力に基づいた「差別」だとして強い反対運動を受けることになる。そして能力による選別を「差別」と見なす教育観が60年代に確立し、それ以降、学校教育の「画一的平等化」をあらゆる面で推し進めていった（苅谷、1995）。このような学校教育の平等主義化の一部として、運動部活動も拡大していった。なぜなら、運動部活動を拡大させることは、〈子どもの自主性〉という教育的価値を持つスポーツを拡大させることであり、それはまさしく戦後に追求された民主主義的な教育をあらゆる子どもに平等に行き渡らせることを意味したからである。こうしてスポーツと学校教育の結び付きは、広がっていった。

　第3に、管理主義的拡張期では、〈子どもの自主性〉が表出されるスポーツを非行防止／生徒指導の手段としたことで、〈子どもの自主性〉という教育的価値が空洞化しそうになり、反省を余儀なくされた。1970年代後半から80年代にかけて頻発した校内暴力事件に対処するため、校則が強化されるなど学校教育の管理主義化が進んだ（新堀・加野、1987、pp.119-152）。このとき、多くの学校と教師は運動部活動を非行防止の手段として利用した。非行防止手段として運動部活動に注目が集まった理由は、教師の言葉に耳を傾けず、指導に手を焼く非行生徒であっても、好きなスポーツであれば自分から自主的に楽しもうとする、だからスポーツを通せば、非行生徒に指導の

手を届かせることができる、そのように考えられたからである。つまり、スポーツに表出される〈子どもの自主性〉が、それ自体にあった目的的な価値とは別に、手段化されたわけである。こうした背景のなかで、実態として運動部活動はさらに拡大し、学校と教師は、運動部活動を生徒指導の手段として捉えながら、それへ管理主義的に強く深くかかわるようになった。この事態は、一見すると、スポーツと学校教育の結び付きがより強固になったように見える。しかし、その結び付き方の内実は、それまでと異なる。それまではスポーツが、生徒自身が自由に楽しむものであり、〈子どもの自主性〉を表出するからこそ教育的価値があった。しかし、〈子どもの自主性〉を手段化してしまったいま、スポーツは子どもを管理し抑圧するのであり、そこに見いだされていた〈子どもの自主性〉は、事実上も理念上も、空洞化していってしまう。そうすれば、スポーツはもはや学校教育に結び付かないのであり、それどころか、運動部活動そしてスポーツは子どもを抑圧する教育問題にも転じてしまう。そうした危惧から、〈子どもの自主性〉を手段化する管理主義には、常に批判が向けられた。管理主義への批判は、反省的に、〈子どもの自主性〉それ自体の教育的価値を取り戻そうとするものだった。その点で、〈子どもの自主性〉という理念は、空洞化しそうになりながらも、完全に消え去りはしなかったといえる。

　以降、かつてないほどに大規模化した運動部活動の再編が、新自由主義と参加民主主義の重なりのなかで展開していく。この再編のプロセスは、一時は空洞化してしまいそうになったが、それでも消え去らなかった〈子どもの自主性〉という教育的価値を取り戻そうとするプロセスであり、教育問題にもなりうる運動部活動そしてスポーツを学校教育に結び付けることを反省的に再考するプロセスであるといえる。

注

（1）ただし、関（1997、pp.494-502）では、80年代についても部分的な記述があり、1987年臨時教育審議会答申以降の運動部活動政策は「能力主義」であったと論じられている。しかし、この記述の仕方には、内海（1998）と同様に価値遡及的な傾向がある点、そして観点が政策に集中している点で、本文中で述べた問題点を抱えている。

（2）ただし、中村編（1997-99）に収められた草深直臣の論文「体育の戦後

改革」では、次のような運動部活動に関する記述がある。すなわち、戦後の学校体育政策を方向づけた1946年の学校体育研究委員会答申「学校体育の刷新改善に関する事項」で、運動部活動が学校教育活動として位置づけられ、特定選手だけではなく一般生徒に試合の機会を与えるために校内試合を重視する議論があったと指摘されている。しかし、そうした議論とそれを下にした政策が、どのような歴史の流れのなかにあるのかを総括する作業は課題として残されている。

（3）各調査の手続きと対象は次のとおりである。1947年「運動競技チームのコーチの実態調査」については、その手続きと対象の詳細が出典資料に明示されておらず、史料批判の必要性が多く残されている。49年「教育者（除体育教員）の体育に関する関心の調査」については、13都道府県内の市内と市外の小学校・中学校・高等学校から教科と年齢を考慮して選定された、体育教師を除いた教員（それぞれ50人ずつ）が対象である。55年「対外競技・校内競技に関する調査」については、調査希望の県を募り地域性を考慮して選ばれた14都道府県内で、学校規模・地域・体育の状況・男女共学の有無・課程の別を考慮して選定された、中学校136校・高等学校134校（定時制含む）が対象である。64年「公立学校体育調査」については、公立の小学校1,290校・中学校815校・高等学校1,232校（定時制含む）が対象である。66年「教員勤務状況調査」については、地域類型と学校規模を考慮して選定された、公立学校（定時制高等学校含む）が対象である。77年「小・中・高等学校における特別活動等に関する実態調査」については、都道府県別に各学校の在学者数規模を考慮して選定された、公立の小学校500校・中学校500校・高等学校500校（定時制含まない）が対象である。87年「運動部活動状況調査」については、各都道府県・指定都市ごとに選定された、公立の中学校285校・高等学校280校（定時制含む）が対象である。96年「中学生・高校生のスポーツ活動に関する調査」については、都道府県ごとに学校規模と地域特性を考慮して選定された、中学校100校・高等学校100校（定時制含まない）が対象である。2001年「運動部活動の実態に関する調査」については、都道府県ごとに学校規模と地域特性を考慮して選定された、中学校100校・高等学校100校（定時制含まない）が対象である。2006年「教員勤務実態調査（教員個人調査）」については、中学校に関しては、教員数で重みづけした確率比例抽出で選定された、公立中学校1,080校が対象である。高等学校に関しては、地域・学校規模のバランスを考慮して確率比例抽出で選定された、公立高等学校360校（定時制含む）が対象である。

（4）答申が出されるまでの審議過程を検討することも重要だが、そのためには

議事録が必要である。1998年以降の議事録はウェブサイト上で公開されている。しかし、それ以前の議事録はそもそも作成さえされておらず、担当者のメモなども文部科学省内に保管されていない（筆者が2009年6月〜8月に実施した、文部科学省スポーツ・青少年局企画・体育課へのインタビュー結果より）。

（5）この他に、運動部活動を扱った図書として、甲斐健人（2000）『高校部活の文化社会学的研究』南窓社と、西島央編（2006）『部活動』学事出版、がある。ただし両者とも、運動部活動の価値や評価、規範的なあり方を論じたものではなく、客観的な調査データに基づいた社会科学的研究の成果物であるため、本章の分析対象からは除外した。

（6）各雑誌で蒐集した記事の執筆者や内容は共通点も多いが、各雑誌の特徴は次のとおりである。「新体育」は、戦前の「学徒体育」を前継誌とする、終戦後いち早く復刊した雑誌であり、終戦直後の運動部活動に関しての記事を蒐集できた。「学校体育」は、日本の先導的な体育研究者・実践者集団である東京高等師範学校体育教官室が立ち上げた雑誌であり、執筆者には研究者だけでなく現場の教育関係者も多く、多様な内容を含む記事を蒐集できた。「体育の科学」は、学会編集の一般向け学術雑誌で、執筆者には自然科学研究者も含まれていて、自然科学の立場から子どもの発育・発達と関係づけて運動部活動を捉えようとする記事が蒐集できた。「体育科教育」は、民間体育研究団体が編集する雑誌で、執筆者の多くは現場の教育関係者であり、運営や指導の実際やそれに伴う困難などに言及した記事を蒐集できた。「健康と体力」は文部省が編集する雑誌で、執筆者に行政関係者が多数いて、政策の内容や背景に言及した記事を蒐集できた。

（7）新聞記事の蒐集は、データベースで検索した後、縮刷版で目視確認して蒐集した。「朝日新聞」の場合、データベースシステム「聞蔵」を用いて「運動部」「クラブ」などのキーワードで検索し、縮刷版で、中学・高校の運動部活動に関する記事であることを確認し、分析対象として蒐集した。ただし、小学校と大学の運動部活動に関する記事と、各種大会や試合の結果だけを記した記事は、分析対象から除外した。

（8）このように、スポーツ文化を受容した明治期に、スポーツは地域社会ではなく学校でおこなわれることになったという歴史的偶然が、日本でスポーツと学校教育が結び付く契機であったといえる。しかし、そうした100年以上も前の歴史的偶然を過度に重視した経路依存的な捉え方によって、戦後から現在にまで続く大規模な運動部活動の現象を説明・理解することはできない。なぜなら、運動部活動を大規模化させたのは戦後以降の学校と教師のかかわ

りにあるからであり、それと同時に、大規模な運動部活動が教育問題として扱われ、運動部活動を縮小・廃止しようとする力学もあったからである。そのため本書では、戦後から現在にかけての運動部活動の分析に重点を置く。

(9)「男子中等学校」「実業学校」「女子中等学校」というカテゴリーは、典拠した文部大臣官房体育課 (1933) の記載に従ってそのまま使用したが、その使用に当たっては資料批判の必要性が残されている。「男子中等学校」と「女子中等学校」のカテゴリーは、学校教育制度上の名称ではないため、それが示す内実は不明瞭である。報告書内のわずかな言及と当時の学校教育制度、および他の資料などを照らし合わせると、「男子中等学校」は旧制中学校と師範学校を指し、「女子中等学校」は高等女学校（実科高女）を指しているように思われるが、判然としない。また「実業学校」は学校教育制度上の名称でもあるが、同調査の対象がそれと完全に一致するかどうかはわからない。

(10) 運動部活動への生徒加入率を知る別の方法として、第1章の4－2で扱った日本中学校体育連盟への加盟登録状況を資料とすることもできる。しかしそれらは、第1に、調査開始がここ最近であるため、戦後の推移をたどることができない。第2に、加盟登録される種目が全国大会の組織される部などに限定されているため、学校現場での加入状況とズレがある。そのため本章では、文部（科学）省が実施してきた各種実態調査を資料とした。

(11) 1977年の加入率は、文部省大臣官房調査統計課 (1979、p.4、p.226、p.300) を下に、運動部活動加入生徒数を全生徒数で除して算定した。

(12) これは、厳密にいうと、1955年調査での対外競技への引率付き添いの項目と比較できない。55年調査は顧問教師全体に対する引率する顧問教師の割合であり、77年調査は引率者全体に対する教員の割合であるからである。そのため、いまだ少数の教師が引率を一手に引き受けていた可能性があり、すべての顧問教師が引率を引き受けたと推測することは、いくらかの留保が必要である。しかし、各種体育雑誌では、指導や引率を引き受けることの悩みや苦情を寄せた現場の顧問教師、とりわけ専門性を持たない一般教師による記事が、70年代に急増した。こうした事実を勘案すると、多くの顧問教師が引率まで引き受ける状況が、この時代に一般化していったと考えられる。

(13) この他に、留保が必要だが、1966年調査と2006年中学調査も参考になる。66年調査では、「補習・クラブ活動」にあてる1人当たりの1週間での時間が中学で2時間26分、高校で2時間49分であり、中学ではその73.4％、高校ではその66.3％が体育的クラブの指導に費やす時間とされている。ここから算定すると、体育的クラブに費やす時間は、中学で約107分、高校で約

112分であったことになる。ただし、教育課程内の「クラブ活動」との関連が不明であり、それらが運動部活動に費やした時間であるとは単純に断定できない。06年中学調査では、正規勤務時間外に部活動に費やす時間量の平均値は、時期によってばらつきはあるが、全体としては平日が10～30分程度、休日が1時間から2時間程度と報告されている。ただし、ここでは文化部も含められていて、運動部活動だけに費やした時間はわからない。

(14) 体育・スポーツ施設現況調査の結果は、文部省体育局（1976―）『我が国の体育・スポーツ施設』で報告されている。

(15) ただし、こうした外部指導員の拡充には、地域や種目による違いがある。詳細は、中澤（2011）を参照。

(16) 合同部活動は、たしかに少子化対策として効果的な側面を持つが（「読売新聞」1998年10月26日付；「毎日新聞」1999年5月22日付、2002年10月14日付）、その一方で、活動を継続することの困難さや、大会に出場することの可否などの課題もある（「朝日新聞」2002年2月4日付；「毎日新聞」2002年4月1日付；「読売新聞」2006年9月15日付）。

(17) 戦後教育改革で課外活動のあり方にまで及んだ文部省の統制は、必ずしも連合国軍総司令部の意図によるものとはいえない。文部官僚の栗本義彦（1955、pp.4-5）は、当時を振り返って、「終戦直後、教育が米軍側の指導監督下にあって、新らしい学校体育カリキュラムを作成するとき、米国側の意見は学校体育は学校という空間的領域において行われる場合のみ学校長なり体育指導者の指導と責任があるもので、一たび校内を出れば学校教育の埒外であるという見解を固持して一歩も譲らなかったことがあった。日本側は学生生徒という立場においてそれがたとえ学校外で行われてもまた家庭で行われるものであっても、それはあくまで学校教育の延長であり、教育の生活実践の場であると主張したが、彼等にはそうした意見は認められなかった」と述懐していた。以上の述懐はカリキュラムを中心としたものだが、連合国軍総司令部が学校の責任範囲を狭く考えていたことがわかる。しかし、日本の学校関係者は学校の責任範囲を広く捉えていた。たとえば、中学校校長の山岡二郎（1954、p.20）は、アメリカと違い日本では、対外試合や各種競技会に関して、「休暇中であるといえども、生徒の生活指導を行わなければならない」と日本的な実情を吐露している。こうした日米の意見の相違が運動部活動の戦後改革にどう影響したかの考察は、今後の課題として残されている。

(18) 東京オリンピックに向けた日本のスポーツ全体の競技性の高まりは、1961年に制定されたスポーツ振興法によるところが大きい。ただし、同法第4条

第3項で、「学校における体育に関する事務を除く」と規定されていることから、法的に見れば、同法は運動部活動のあり方に直接的な影響を与えていない。しかし、実際は、同法が推進した東京オリンピック、国民体育大会、各種スポーツ行事などとの関連から、間接的な影響として、運動部活動はその競技性を高めていった。

(19) 日本体育協会（1965）『第18回オリンピック競技大会報告書』より集計。高校生選手は、［陸上］伊沢まき子（山形県高畠高校）・佐藤美保（岐阜県長良高校）・小川清子（岐阜県長良高校）・高橋美由紀（岡山県片山女子高校）、［水泳・飛込み・水球］中野悟（大阪府桜宮高校）・岩本和行（柳井商工高校）・門永吉典（柳井商工高校）・木原美智子（山陽女子高校）・浦上涼子（福岡県筑紫女学園高校）・早川一枝（静岡県吉原市商業高校）・菊谷多鶴子（奈良県五条高校）・森実芳子（福岡県筑紫女学園高校）・松田奈津子（奈良県五条高校）、［カヌー］岡本敬子（大阪府東第二高校）の14人である。なお、オリンピック日本代表選手団の学生選手の数や割合の推移に関しては、中澤（2010）を参照。

(20) 運動部活動に関する戦後の裁判判例を網羅的に分析した神谷（2007）によると、それらの裁判の論点には、「超過勤務手当請求」「損害賠償」「業務上過失致死」などがあったが、このうち、顧問教師の責任範囲にかかわる「損害賠償」や「業務上過失致死」の判例については、教師の立ち会い義務を認める内容のものから、それを否定する内容のものまで、多様であるという。

(21) 必修クラブ活動設置以来、特に運動部活動との関連をめぐってさまざまな問題が生じた。河野・宇留田編（1975）によると、表2－8に示したような問題事例が報告されている。

(22) 逆に、運動部活動を社会体育化しなかった例としては、たとえば、東京都の羽村第一中学校の実践がある。同校では、必修クラブ活動と課外の部活動を併存し、部活動も全員参加とした（長沼編、1972）。

(23) 日本学校安全会は、組織改革を経ながら、2003年から、日本スポーツ振興センターに名称変更している。

(24) 日本学校安全会の補償は、改正前に、廃失見舞金第一級が400万円、死亡見舞金が300万円であった。これに対し、熊本県の事故補償制度は、廃失見舞金第一級が1,000万円、死亡見舞金が1,000万円であった。この段階では、日本学校安全会よりも熊本県のほうが、手厚い補償を用意していた。その後、1978年に日本学校安全会は、廃失見舞金第一級を400万円から1,500万円に、死亡見舞金を300万円から1,200万円に改正した（杉浦、1978b；内尾、1979）。これにより、熊本県よりも日本学校安全会のほうが、手厚い補償を

表2-8 必修クラブ活動設置に伴う問題点

事例	問題点	ページ数
課外クラブは社会教育に移行すべきだと主張	課外クラブは社会教育へ移行すべきなのか	10-11
クラブ活動と部活動を混同	クラブ活動と部活動はどう違うのか	34-35
大規模校で一斉クラブ活動が停滞	大規模校における一斉クラブ活動は無理ではないのか	76-77
技術指導ができない運動クラブの担当教師	技術指導のできない教師の役割はなにか	78-79
クラブ活動の指導を卒業生に委任	教員以外の者がクラブ活動を指導してもよいか	80-81
希望しても入れないクラブの人数制限	希望しても入れなかった児童・生徒の指導をどうするか	130-131
全員参加で意欲減退のクラブ活動	クラブ活動に全員を参加させる意義はなにか	132-133
一斉クラブ活動には施設・設備が不足	クラブ活動の実施日を分けてもよいか、学年別クラブにしてもよいか	134-135
技術訓練に偏ったクラブ活動	クラブ活動で子どもの個性や社会性を伸ばすにはどのような指導が必要か	160-162

(出典：河野・宇留田編〔1975〕から引用。ページ数は同書からの引用個所)

用意することになった。
(25) 1990年度から92年度の3カ年にわたって指定された運動部活動研究推進校（中学校33校、高等学校30校）の学校名・研究主題一覧を本章末の表2-9に示す。研究主題から、多様な運動部活動のあり方が政策的に推進されていたことがわかる。
(26) 必修クラブ活動の廃止については、学校スリム化に連動する点や、児童・生徒の興味・関心の多様化に対応できる点などで、肯定的に評価する議論もあった（山口編、2001）。政策と議論が、歩を揃えて多様化＝外部化を推進したことの一つの証左といえる。
(27)「読売新聞」(2006年9月14日付)は、東京都教育委員会の制度変更を「教師の負担　報いる動き」と肯定的な評価を加えて報じている。しかし、運動部活動への従事が公務となれば、一層の負担が教師にかかる可能性もある。
(28) このように学習指導要領の総則で部活動が位置づけられた経緯について、神谷（2009）は、2001年から08年までの中央教育審議会の議論から分析している。それによると、「①部活動は学習指導要領に記されていない活動であるのに、教師がボランティアでかかわらざるをえない状況を改善する。②

「総則」に位置づけて体力づくりと道徳教育を学校教育全体でおこなわせる。③特別活動に部活動を位置づける議論が深まらなかったため「総則」に位置づけられた」という3つの理由があるという。

(29)『部活動と生徒指導』(吉田、2009)、『部活は"生き方指導"である』(染谷編、2009a)、『部活で生徒と絆をつくる』(染谷編、2009b)などでは、新学習指導要領のこうした改訂を踏まえて、部活動を通じて生徒指導を図るための実践的な方法と手続きが著者たちの教師経験をもとに述べられている。その実践的価値は定かではないが、こうした本が出版されること自体が、部活動の政策的位置づけの変化が実践現場に与えるインパクトの大きさを示しているといえるだろう。

(30) ただし西田泰介は、5－1でも触れたように、文部省体育課長時代の1954年に発表した「学徒のスポーツの取扱いについて」では、学校や教師が主体的かつ積極的に運動部活動にかかわるべきだと主張していた。それに鑑みると、西田が、立場の変化に応じて、運動部活動を維持すべきという主張から移行すべきという主張へと自説を曲げたかのようにも見える。しかし、54年の論稿で西田は、「学徒スポーツの取扱いの根本原則は、より多数のものに、より多くの利益を享受させることにある」として、「学徒対外試合の通牒は、或る時期が来れば廃止するのが当然であると私は常に考えている」と述べていた（西田、1954、pp.8-9.)。つまり、西田が70年代に運動部活動の社会体育化を唱えた理由は、50年代の時代状況とは違って、学校に留まるよりも社会体育化したほうがスポーツの機会を増やすことができる、という判断があったからだと推察される。その意味で西田の信念は、スポーツの機会を増やすべきという思いで首尾一貫しており、その実現方法の提案が時代によって異なっていたとも考えられる。

(31) 体罰についてはこの他に、朝日新聞編集委員の中条一雄（1980）が「新体育」に寄せた記事で、運動部活動での指導者による生徒への「愛のムチ」は暴力であるとして、これを否定している。

(32) こうした運動部活動の拡大は1990年代に入っても続き、生徒のけがを生み出す過剰な活動を咎めようとする議論は収まらなかった（内海、1996 ; 武藤・太田編、1999）。

(33) スポーツの大衆化が目指された1972年の保体審答申では、「生涯体育」というキーワードが挙げられた。この生涯体育という言葉も、就学期間に限らず一生涯を対象としながら学校体育と社会体育を統合した言葉であり、生涯スポーツの指す意味内容とほぼ同義である。しかし、生涯体育という言葉は、行政用語としても実践用語としても、この答申以外ではほとんど使用されな

かった。80年代以降の生涯スポーツ論は、この生涯体育という言葉の意味内容を引き継ぎながら、それを体育からスポーツに言い換えることで、学校教育に限定されないより自由なスポーツの振興を志向した理念と運動であるといえる。

(34) こうした学校教育を仮想敵としながら、スポーツの自由と自治を求める議論は、2000年代にも見られる。たとえばスポーツ評論家の玉木正之(2000)は、「スポーツは、学校(教育の場)で行われるべきか?」と題する記事のなかで、自主的・自発的なスポーツの意義を学校が妨げてきたと批判し、スポーツは地域社会でおこなわれるべきだと述べている。

表2-9 運動部活動研究推進校の学校名・研究主題一覧

学校名	研究主題
[中学校]	
青森県立佐井村立佐井中学校	意欲的な生徒を育成する部活動の在り方 ～部活動が主体的に行われるにはどのような配慮が必要か～
岩手県立花巻市立矢沢中学校	生き生きと主体的に活動する生徒を育成するための部活動はどうあるべきか
宮城県多賀城市立第二中学校	部活動の効果的な運営のあり方 ～競技志向と楽しみ志向の調和のとれた活動を通して～
秋田県秋田市立秋田西中学校	目的をもち、自ら意欲的に取り組む運動部活動
山形県余目町立余目中学校	生徒一人ひとりを生かした意欲的な部活動をめざして
福島県鏡石町立鏡石中学校	一人一人の生徒が意欲的に活動する運動部活動の指導はどうあればよいか
茨城県東村立東中学校	ひとりひとりを生かした運動部活動をどのように進めたらよいか
群馬県桐生市立昭和中学校	望ましい運動部活動の在り方 ～生徒の自主的・主体的な活動を通して～
埼玉県北川辺町立北川辺中学校	競技志向者及び楽しみ志向者が共存(共生)する運動部活動の在り方 ～生徒一人一人が意欲をもって取り組む運動部活動～
千葉県柏市立中原中学校	調和のとれたたのしく充実した運動部活動のあり方を求めて
東京都渋谷区立松濤中学校	生徒が主体的に取り組む心と体の健康づくり ～クラブ・部活動を通して～
富山県城端町立城端中学校	生き生きと活動する生徒の育成 ～スポーツに楽しみ、ともに鍛え合う活動の推進～
石川県小松市立松陽中学校	家庭・地域との連携による運動部活動の在り方
福井県朝日町立朝日東中学校	自ら意欲的に取り組む部活動をめざして
山梨県須玉町立須玉中学校	自らを高める運動部活動の在り方
長野県喬木村立喬木中学校	生徒一人一人が喜びを持って参加する部活動の在り方はどのようにしたらよいか～望ましい体育経営を求めて～
愛知県常滑市立常滑中学校	望ましい運動部活動の運営のあり方 ～個を大切にした運動部活動の実践をとおして～
滋賀県甲西町立日枝中学校	生徒一人ひとりが意欲的に取り組むクラブ・部活動のあり方
京都府福知山市立桃映中学校	生徒が意欲を持って取り組む運動部活動のあり方
大阪府大阪市立新北野中学校	生き生きとした生徒を育てる魅力ある運動部活動をめざして

兵庫県尼崎市立花中学校	個を生かし、集団を高める運動部のあり方 ～生徒の興味・関心を踏まえて～
和歌山県和歌山市立加太中学校	小規模校における生徒減・運動部離れの中での、運動部の運営の在り方
鳥取県気高町立気高中学校	生徒の多様な欲求に対応する運動部活動のあり方
岡山県岡山市立中山中学校	生徒が生き生きと活動できる部活動をめざして
広島県神辺町立神辺西中学校	自主性を育て、競技力の向上を目指した部活動
山口県防府市立華陽中学校	生徒が生き生きと活動する部活動の推進
徳島県羽ノ浦町立羽浦中学校	人間力を高める運動部活動の育成
愛媛県伊方町立伊方中学校	意欲的・主体的に取り組む部活動の在り方
高知県大月町立弘見中学校	部活動を通して、スポーツの楽しみをつかみとる生徒の育成
熊本県松島町立阿村中学校	自主性・主体性を育てる部活動の指導
大分県臼杵市立西中学校	生涯スポーツを志向し、一人ひとりが積極的に取り組める魅力ある部活動のあり方
宮崎県国富町立本庄中学校	中学校における望ましい運動部活動のあり方 ～自らスポーツの楽しみを求める生徒の育成を目指して～
沖縄県沖縄市立安慶田中学校	望ましい部活動を求めて～自主的な部活動～
[高等学校]	
北海道美幌高等学校	充実した人生を生きることに役立つ部活動のあり方を求めて
岩手県立不来方高等学校	新設校における部活動の基礎体制づくり ～競技力の向上を目指した運営の在り方～
秋田県立西目高等学校	学校生活を充実させ、活力ある学校づくりを目指す運動部の在り方について
山形県立高畠高等学校	自律の心を育て、競技力の向上を目指す部活動の指導
福島県立矢吹高等学校	生涯スポーツを目指した運動部活動の在り方
栃木県立壬生高等学校	運動部活動の活性化をはかる方策について
東京都立田無高等学校	体力と競技力の向上を重視した部活動運営の在り方について
神奈川県立平安高等学校	生涯スポーツを目的とした部活動の充実と生徒の育成をめざして
新潟県立燕高等学校	競技力向上に役立つ施設、用具の工夫と安全教育
石川県立津幡高等学校	地域・家庭・他校などとの連携による運営の在り方
岐阜県立岐阜三田高等学校	生徒が主体的に運動に取り組むための運動部活動の運営について

静岡県立沼津東高等学校	進学校における運動部活動の在り方 〜本校の教育目標の実現に向けて〜
愛知県立三好高等学校	競技力の向上を目指した運営の在り方
三重県立津東高等学校	運動部活動の活性化をめざして 〜剣道部の競技力向上を通して〜
京都府立商業高等学校	運動部の競技力と活性化を目指した運営の在り方
兵庫県立加古川東高等学校	生涯スポーツを目指した部活動
奈良県立大淀高等学校	本校における部活動の現状を探る
奈良県立奈良工業高等学校	学校教育に於ける望ましい部活動の在り方
鳥取県立米子高等学校	自主的・意欲的な取り組みを通して、競技力の向上を目指す部活動のあり方
島根県立大社高等学校	全人教育の一環としての運動部活動のあり方 〜生徒一人ひとりの自己実現を目指して〜
岡山県立井原高等学校	生涯スポーツを目指した望ましい運動部活動のあり方を求めて
広島県立祇園北高等学校	競技力の向上を目指した運営の在り方
香川県立高瀬高等学校	活性化を目指した運動部活動の取り組みと運営について
福岡県立黒木高等学校	これからの部活動のあり方を求めて 〜地域社会とのかかわりの中で〜
佐賀県立佐賀農業高等学校	運動部活動への加入を推進し学校活性化をめざして
長崎県立平戸高等学校	競技志向者とクラブ的志向者がいきいきと活動する運営の在り方
熊本県立多良木高等学校	地域と一体となり活気ある運動部を目指して
宮崎県立高鍋高等学校	普通科高校における望ましい運動部活動の在り方及び生涯スポーツ活動の推進に関する研究
鹿児島県立武岡台高等学校	生涯スポーツを目指した運動部活動の望ましい在り方を求めて
沖縄県立豊見城南高等学校	競技力の向上を目指した運営の在り方 〜長距離走を通して〜

(出典:「スポーツと健康」第25巻第3号、1993年、pp.23-26から引用)

第3章　戦後運動部活動と日本教職員組合

1　運動部活動はなぜ縮小しなかったのか

1−1　日本教職員組合への注目

　前章では、戦後運動部活動の全体史として、その拡大過程を記述した。それを受けて、本章では、個別史としての運動部活動にかかわる教師たちの戦後史を、日本教職員組合の見解という切り口から記述する。前章と対比させれば、本章が描こうとするのは、戦後の運動部活動が拡大してきた歴史的背景についてではなく、運動部活動が縮小しなかった歴史的背景、言い換えると、負担を被りながらも教師が運動部活動を手放さなかった歴史的背景である。

　日本の教師は、学校教育とは無関係に思われるスポーツをどのように意味づけてきたのか、そして、なぜ消極的ながらも運動部活動を支え続けてきたのか。この問いに先行研究は答えられない。前章で指摘したように、先行研究は、もっぱら政策面に注意が向けられ、その実際の担い手である教師集団に十分な注意を払ってこなかったからである。繰り返し述べているとおり、運動部活動は教育課程外の活動であることから、文部省を中心とした政策それ自体が実態に与えた影響は間接的なものにすぎなかった。むしろ運動部活動のありようは、現場の教師たちの考え方や取り組み方に強く左右された。そのため、運動部活動の戦後史を描くためには、政策という外部の輪郭を描くだけでなく、その内部にあった教師集団の意識のありようを看過できない。

　そこで本章では、運動部活動のあり方に対する教師集団の意識を考察するため、日本教職員組合の見解に注目する。日本教職員組合（以下、日教組と略記）は、1947年に結成された日本最大の教職員組合であり、日本の戦後学校教育に多大な影響力を及ぼしてきた。とりわけ、運動部活動については、

その教育的意義や指導・運営の仕方、それにかかわる教師の負担に関して活発に議論し、実際のあり方に大きな影響を与えてきた。この日教組が示してきた運動部活動に対する見解は、運動部活動の戦後史を記述するうえで、重要な分析対象であるといえる。

こうした日教組と運動部活動の関係を検討した唯一の先行研究として、体育学者の正木健雄による素描的な1975年の論文がある。正木（1975b）が明らかにした成果をまとめると、まず、日教組による全国レベルの初の見解は、70年に発表された「教職員の労働時間と賃金のあり方」のなかにあるという。そこでは、教師にとって負担となっている運動部活動は、教師の本務には含まれない社会体育の領域に属する活動であり、今後は社会体育化すべきであることが示された。しかし、その後に展開した都道府県レベルの運動を背景にして、74年に日教組内の教育制度検討委員会が作成した「日本の教育改革を求めて」では、先の見解とは異なり、運動部活動を積極的に保障しようとする見解が示されたという。このように日教組の見解にズレがあったことを明らかにした点は、正木論文の重要な成果である。ただし、こうした見解のズレが生じた理由や、それがもたらした帰結について、正木の考察は及んでいない。この点は正木論文の限界である。

本章は、この正木の研究成果を引き継ぎながら、運動部活動のあり方に対して日教組がどのような見解を示してきたかを考察する。具体的には、1970年の「教職員の労働時間と賃金のあり方」と74年の「日本の教育改革を求めて」以降、日教組の全国レベルの見解はどのような変遷をたどってきたのか〔課題A〕、当初の見解とは異なる、運動部活動の積極的保障という見解の背景には、都道府県レベルで、どのような運動があったのか〔課題B〕、運動部活動の社会体育化／積極的保障という見解のズレは、どのような帰結をもたらしたのか〔課題C〕、という3つの課題に対して、教育研究全国集会での日教組関連資料を用いて検討する。

1−2　教師集団における日本教職員組合の位置

課題に取り組む前に、本章の対象とする日教組が教師集団でどのような位置にあるのかを押さえておく。図3−1に示したのは、文部（科学）省が実施してきた『教職員の組織する職員団体に関する実態調査』の結果をもとにした、日本教職員組合加入率の推移である。調査が開始された1958年には、

日教組加入率は86.3%だった。その後は減少を続けて、67年に57.2%と6割を下回る。それからは、横ばい状態が続いた後に微減し、85年に49.5%と初めて5割を下回る。そして全日本教職員組合と分裂したことによって、89年の46.7%から90年には35.7%まで大幅に落ち込む。それから現在に至るまでも漸減を続け、2009年には27.1%まで低下している。

以上から、教師集団における日教組の位置は、時代とともに大きく変わってきたことがわかる。すなわち、加入率が8割を超えていた1950年代は教師集団の全体を包括するほどだったが、そうした日教組の包括性は時代を経るごとに低下しつつあり、特に分裂後の90年代以降は、加入率が3割前後となり、もはや教師集団を包括してはいない。

こうした推移を踏まえて、本章では、1980年代後半までに限ると、おおよそ過半数の教職員が加入していたことから、日教組は教師集団を代表する位置にあったと考える。すぐ後で詳しく述べるが、本章では分析時期を60年代から80年代後半までを中心としている。この分析時期の範囲では、日教組に一定の代表性があったと見なすことにする。[(1)]

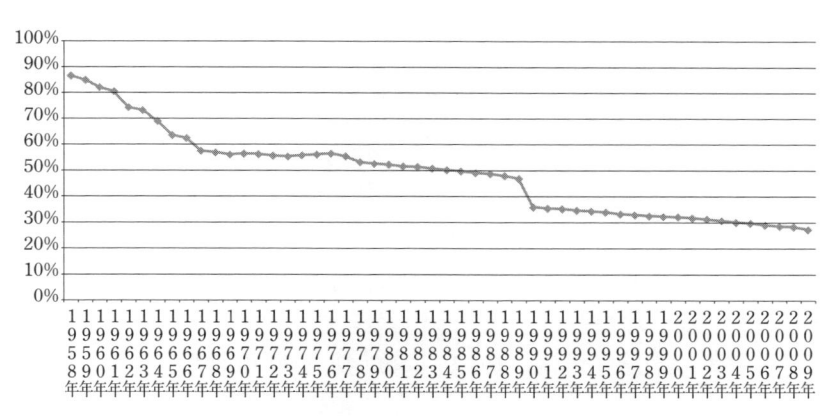

図3−1　日本教職員組合加入率の推移
(出典：文部〔科学〕省『教職員の組織する職員団体に関する実態調査』の結果をもとに、筆者作成)

2 日本教職員組合の分析方法

2-1 分析の枠組み・レベル・時期

　はじめに分析枠組みについて、本章では、日教組を労働組合の側面と教育研究団体の側面の両側面から検討する。なぜなら、日教組はこれら両側面を併せ持った組織であるからであり、運動部活動の議論も、それぞれの側面から互いに違った特徴を持っておこなわれたと考えられるからである。このように日教組の両側面に注目する点は、本章の方法論的特徴であるといえる。

　日教組は、これまで政治と教育を考える諸研究で重要な対象として取り上げられてきた。そこでの日教組の取り上げ方は、いわゆる55年体制での政治領域での保守と革新の対立に関連づけながら、教育領域での文部省・教育委員会と対立する組織として日教組を位置づけるものである（Thurston, 1973 ; デューク、1976 ; Aspinall, 2001）。ただし注意すべきなのは、日教組が文部省・教育委員会と対立する論点は、労働組合の側面と教育研究団体の側面で異なることである。日教組は、一方で労働組合として、労働者としての教師の権利・生活・福祉を守るために運動を展開し、労働条件をめぐって文部省・教育委員会と対立してきた。もう一方で日教組は、教育研究団体として、教育の機会均等や生徒の自主性の尊重・育成、教師による教育活動の自主編成を基調とした「民主教育」を追求し、教育のあり方をめぐって文部省・教育委員会と対立してきた。本章では、こうした労働組合／教育研究団体という日教組の両側面に注意を払い、それぞれの側面からおこなわれた運動部活動の議論を検討する[(2)]。

　次に分析レベルについて、本章では、全国レベルの動向だけでなく、都道府県レベルの動向も検討する。日教組は、全国レベルで統括された組織ではあるが、必ずしも一枚岩の組織ではない。日教組の最小単位は「分会」と呼ばれる各学校の組織であり、それらが各地域で「支部」と呼ばれる集団を組織し、さらにその上位では各都道府県で都道府県教職員組合を組織している。そしてそれらの組織が独自に、多様な研修会や実践検討会をおこなってきた。日教組の運動は、こうした全国／都道府県／地域／学校という階層のなかで、それぞれが相対的に独立しながら、全体としてのまとまりを形成してきたと

いえる。本章では、こうした日教組の階層性に注意を払いながら、全国レベルと都道府県レベルの双方の動向を検討する。

そして分析時期について、本章では、日教組結成時から現在に至る動向を概観しながらも、とりわけ1960年代から80年代後半までを中心とする。分析の開始時期を60年代とする理由は、この時期から日教組内で運動部活動の議論が盛んにおこなわれ始めたからである。議論の詳細は後述するが、当時の社会背景として、64年の東京オリンピック開催、66年のユネスコ「教員の地位に関する勧告」、69・70年の中学・高校学習指導要領改訂による「必修クラブ活動」設置などがあった。これらの社会背景と関連しながら、60年代以降に、日教組では運動部活動のあり方について活発に議論され、特に運動部活動の社会体育化／積極的保障という対抗的な見解がぶつかり合った。分析の終了時期を80年代後半とする理由は、89年に全日本教職員組合との分裂に至ったことで、日教組の組織のあり方および運動の内容や方向が変わり、全教職員に対する組織率も大きく減少したからである。以上から、本章では、60年代から80年代後半までを分析時期とする。

2－2　教育研究全国集会資料の重要性

本章で使用する資料は、主として、教育研究全国集会で報告された各都道府県の報告書と、その全体報告書である「日本の教育」の関連する記述であり、補足的に、日教組の機関誌である「教育評論」の関連記事と、日教組編纂の組合史や各種報告書も蒐集し、適宜参照した。

教育研究全国集会（以下、全国教研と略記）は、日教組が1951年から今日まで年1回開催している、教育現場の実践や問題を発表・討議する全国集会である。全国教研の発表者は、基本的に、各学校や各地域での発表・討議を経た後に、各都道府県の代表として選ばれた者であり、その発表内容がまとめられた各都道府県報告書は、それぞれの都道府県での実践や問題を代表したものと見なすことができる。筆者は、1951年から2009年までの全国教研で、運動部活動について議論された各都道府県報告書167本を蒐集した。その一覧を本章末の表3－4に示す。なお、全国教研は、テーマごとに設立された分科会で構成されているが、本章で扱う運動部活動については、専門の分科会はなく、「保健・体育」「生活指導と学校行事・クラブ活動」「職場の民主化」「教育課程」など多様な分科会で議論されている。そのため蒐集作

業は、「日本の教育」に掲載された題目などの目録を手がかりに、関連しうる分科会の報告書のすべてを目視確認して遂行するように努めた。本章では、都道府県レベルの動向を検討するために、これを中心として用いることとし、引用の際には「ID番号」として引用先を表記する。

次に、「日本の教育」は、都道府県報告書の内容とそれらを下に交わされた議論についてまとめられた全国教研全体の報告書である。1951年の第1回大会については、別途、「教育評論」1952年臨時増刊号としてまとめられており、第2回大会が「日本の教育」第2集としてまとめられ、それ以降順次刊行されている。この「日本の教育」は、いわゆる議事録ではなく、全国教研の終了後に、分科会に参加した講師の判断でまとめられた資料であり、内容や議事が恣意的に選択されている可能性は否定できない。それを踏まえたうえで、筆者は、「日本の教育」の第2集から第59集および「教育評論」1952年臨時増刊号で、運動部活動について議論された記事を、関連しうる分科会の報告書のすべてを目視確認して遂行するように努めながら、蒐集した。蒐集された記事は、大きく分けて、独立したカテゴリーが設けられず、別のテーマとの関連から部分的に議論されているものと、「部活動」「クラブ活動」といったキーワードを含んだ独立したカテゴリーが設けられて、ある程度のまとまりをもって議論されているものがあった。本章では、全国レベルと都道府県レベルの動向を検討するため、後者のカテゴリー設定がおこなわれていた44の記事を資料として用いる。その一覧を本章末の表3－5に示す。引用の際には、「NO番号」として引用先を表記する。

こうした運動部活動に関連する日教組資料の網羅的蒐集は、本章の資料的価値を高めていることも強調しておきたい。このように網羅的に蒐集したことによって、日教組の議論の変遷を量的に検討することも可能になる。その一つの試みとして、表3－1に、各年代での運動部活動に関する日教組全国教研都道府県報告書（1951－2009）の数を整理した。各年代の合計数の他に、発表部会ごとの動向も確認できるように、「生活指導系部会（自治活動・学校行事・クラブ活動など含む）」「保健体育部会」「その他の部会（職場の民主化・地域連携・教育課程など含む）」に分けて、発表部会別の数も示した。ただし、1950年代は、いまだ部会が明確に設立されていなかったため、発表部会別の数は示していない。

これを見ると、合計数は、1950年代の4から60年代の21へと増加し、70

表3-1　各年代の運動部活動に関する日教組全国教研都道府県報告書（1951-2009）の数

	1950年代	1960年代	1970年代	1980年代	1990年代	2000年代
生活指導系部会（自治活動・学校行事・クラブ活動など含む）	—	4	55	13	5	2
保健体育部会	—	17	20	2	5	2
その他の部会（職場の民主化・地域連携・教育課程など含む）	—	0	5	8	15	10
合計	4	21	80	23	25	14

（注）表3-4をもとに筆者作成

年代には80と最大になる。その後は、80年代に23と減少し、90年代に25とわずかに増加したが、2000年代には14と減少している。全体として見れば、70年代にもっとも盛んに議論されたことがわかる。発表部会ごとの数を見ると、60年代には保健体育部会での議論がほとんどだったことに対して、70年代には生活指導系部会での発表が大勢を占める。その後、80年代から2000年代にかけては、生活指導系部会と保健体育部会の数が減り、その他の部会での議論の割合が相対的に増加している。こうした発表部会別の動向を踏まえると、もっとも盛んに議論された70年代の論点は、運動部活動と生活指導の関連だったことがわかる。以上のような全体動向を踏まえたうえでその議論内容を分析するが、その前に資料批判について検討しておく。

2-3　教育研究全国集会資料の扱い方

　資料の批判と扱い方について、全国教研の各種資料を用いた先行研究（苅谷、1994；相澤、2004、2005a、2005b、2006）も参考として言及しておく。全国教研の資料の強みは、教師たちの意識の変化を長期間にわたってたどることができる点、そして、日本の教師の姿を一定程度代表している点にある（苅谷、1994、p.240；相澤、2006、p.68）。しかし、その弱みとして、議事録が存在しないことから教研集会での議論の詳細をたどることができない。そのため、それぞれの個別記述内容が日教組内でどう受け止められたのかを、検討することが難しい。これは、本章の課題B・Cに取り組むときに、実際には日教組内の大多数が反対したかもしれない特異な記述を、日教組の代表的な見解や運動と誤読してしまう危険性があることを示唆している。つまり、

時期や地域によってばらつきがある記述から、どのように日教組内で共有された見解や運動を抽出するかという、データの信頼性確保が問題となる。

この問題に関して、教育社会学者の相澤真一（2005a、p.191）は、各都道府県報告書の内容を下に講師がまとめた「日本の教育」の記述をもって、「教研集会において、参加者が概ね了承した、あるいは多くの賛同を得た事項の記録」と見なす手続きを採用している。ただし、この手続きは、相澤が論じた外国語分科会のように専門の分科会があるテーマであれば十分に妥当だが、運動部活動のように専門の分科会がない場合には、必ずしも十分ではない。「日本の教育」での総括的な記述は、各分科会に分散し、それぞれの記事の量も多くはないからである。そのため、「日本の教育」の記述の扱い方、そして各都道府県報告書それ自体の扱い方が問題となってくる。

そこで本章では、データの信頼性を確保するため、次の手続きを取った。まず、「日本の教育」については、上述したとおり、独立したカテゴリーを設けて記述された内容だけを日教組の代表的な見解や運動として扱った。次に、各都道府県報告書については、複数の各都道府県報告書が同一の内容を記述している場合に限り、データとして最低限の信頼性を確保できたと判断し、それを日教組内のある集団によって共有された見解や運動として扱った。つまり、一度しか報告されなかった内容は日教組内で共有された見解や運動と見なさず、繰り返し報告されたものだけを共有された見解や運動と見なした。これらの手続きによって、特異な記述内容を代表的なものと誤読してしまう危険性をいくらか排除しながら、日教組内の多様な見解や運動を抽出することができる。ただし、これらの手続きは、各見解や各運動が日教組内でどれくらい共有されたかを測定し、どれが支配的な見解や運動であったかを特定するものではない。この限界を考慮したうえで、本章では、どのような見解や運動が共有されたかという、見解や運動のパターンを提示し、それらの相互関係を記述する。

3　日本教職員組合は運動部活動をどう見たか

3-1　課題A――全国レベルの見解はどのような変遷をたどってきたのか

1970年の「教職員の労働時間と賃金のあり方」と74年の「日本の教育改

革を求めて」以降の日教組の全国レベルの見解が示された資料として、ここでは6つ挙げる。1つ目は、76年に日教組内の中央教育課程検討委員会が作成した「教育課程改革試案」である。そのなかで、自治的諸活動の一つとして部活動について触れられ、教師はそれを民主的・自治的組織に発展させなければならず、学校はそのための条件整備に努めなければならないと記されている。これは、運動部活動を積極的に保障しようとする見解といえる。

2つ目は、1983年に日教組内の第二次教育制度検討委員会が作成した「現代日本の教育改革」である。そのなかで、部活動は生徒の自主性を育てる意義を持っており、生徒の希望に応じた自主的選択の場として重要であると記されている。これも、運動部活動を積極的に保障しようとする見解といえる。

3つ目は、88年に日教組権利確立対策委員会がまとめた「部活動についての基本的な考え方」である。このなかで、部活動にかかわる教員の問題点として、無定量な指導時間からくる本務への障害などを指摘し、部活動は、「本来は社会教育の領域に属するものである」と記されている。ここでは、学校が計画する教育活動として職務に含まれる部分がある、と認める記載も見られるが、それも勤務時間内に限るという留保が付けられ、さらに顧問に就くかどうかに当たっては、「教員の希望と自発性」を尊重しなければならず、「教員の健康や福祉」に配慮しなければならない、と指摘された。そのうえで、「将来的には社会教育に移管することを目標として運動を進めるべきである」と記されている（日本教職員組合権利確立対策委員会編、1989、pp.55-70）。先の2つと異なり、ここでは、運動部活動を社会体育化しようとする見解が示されている。これ以降は、同様の見解が続く。

4つ目は、日教組教育課程改革委員会がまとめた1994年の『子どもにゆとりと真の学力を』と96年の『共に学び、共に生きる教育をめざして』である。日教組教育課程改革委員会は、学校5日制実施に向けた学校教育のあり方を検討するために設置され、隔週5日制への緊急提案として『子どもにゆとりと真の学力を』をまとめ、完全5日制への改革提言として『共に学び、共に生きる教育をめざして』をまとめた。運動部活動のあり方に関しては、両者に共通して、地域社会のクラブに移行していくことを求めている（日本教職員組合教育課程改革委員会、1994、p.20、1996、pp.33-36）。

5つ目は、1999年に日教組内の21世紀カリキュラム委員会がまとめた『地球市民を育てる』である。これは完全学校5日制に対応したカリキュラムづ

くりを検討した報告書であり、そこで「部活動の相対化」として、「21世紀には、地域のクラブチームでの活動を主流とし、学校は、学校本来の仕事と役割へ戻っていかなければならない」と指摘された（21世紀カリキュラム委員会編、1999、p.18）。

6つ目は、2001年に日教組のシンクタンクである国民教育文化総合研究所内に設置された教育総研・部活動問題研究委員会がまとめた『21世紀の生涯文化・スポーツのあり方を求めて』である。国民教育文化総合研究所は、日教組からの委託を受ける形で教育総研・部活動問題研究委員会を立ち上げ、「部活動の地域社会への移行」という副題が添えられたこの報告書をまとめた。ここでは、教師の負担という問題を指摘しながら、さらに地域社会でスポーツ文化を発展させるためにも、運動部活動を総合型地域スポーツクラブへ移行することを提唱している。

以上を小括すれば、運動部活動の社会体育化という当初の見解に対抗して、積極的保障という見解が1970年代に現れ、それは80年代前半まで続いていた。しかし、積極的保障の見解は、80年代後半以降は後景に退き、再び運動部活動の社会体育化という見解が前面に出てきた。つまり、日教組の運動部活動に対する見解は、70年初頭を画期として社会体育化から積極的保障へと移り、80年代中頃を画期として再び社会体育化へと戻っている。こうした見解の変遷の背景にあった運動を、続いて分析する。

3－2　課題B
――積極的保障という見解の背景に、都道府県レベルのどんな運動があったのか

運動部活動を積極的に保障しようとする見解の背景には、1964年の東京オリンピック開催と関連した、選手中心主義を否定しようとする運動と、69年・70年の学習指導要領改訂と関連した、必修クラブ活動を否定しようとする運動があった。順に説明する。

第2章で詳述したように、1959年に東京オリンピック開催が正式決定し、それに巻き込まれるように、60年代に運動部活動は競技性を高めていった。59年の保健体育審議会答申「スポーツ技術の水準向上について」や60年の同答申「オリンピック東京大会の開催を契機として国民とくに青少年の健康、体力をいっそう増強するために必要な施策について」では、運動部活動を通じた技術向上や体力向上が求められた。さらに、61年の文部省通達「学徒

の対外運動競技について」や61年の保健体育審議会答申「学徒の対外運動競技の基準について」では、それまで教育上の観点から制限されていた中学生の宿泊を伴う遠征や中学校水泳競技の全国大会が認められた。こうした社会背景のなかで、運動部活動は、競技性を高め、一部の生徒を一流選手として養成する場へと変質していった。

　こうした運動部活動の競技性の高まりは、一部の生徒自身が望むものでもあったが、日教組はそれを問題視した。北海道高等学校教職員組合「高校生のスポーツに対する考え方について――勝利至上主義とその背景についての一考察」(1967年、ID17) は、生徒たちが、「「参加することに意義がある」など甘っちょろいもはなはだしい」「アマチュアスポーツは参加したなら絶対に勝たなければならないと思う」「やるからには勝たなければならない」と考えていることを紹介したうえで、次のように論じている。

　　スポーツにおける「勝利至上主義」が生徒間にこれほど浸透しているということは非常に重大なことではないかということである。スポーツは"やることによって楽しむ"という本質的な面があるが、勝つことは"当然である"と考えている者は、現在クラブ活動を行っている者が多いと思われることと、日常スポーツに親しむ機会を持たない者が批判的であると思われることである。(略)この点に関して改善を加えていかなくては、スポーツ本来の意味がだんだん薄れていって、一般大衆の中に浸透していく方向とは逆に、一般大衆の参加できないという体制になっていく危険性をもっているのではなかろうか。(ID17、p.6)

　このように勝利を過度に求めようとする一部の生徒の考え方は、他の一般大衆の参加を阻害する点で、問題視された。そして滋賀県高等学校教職員組合「体育クラブの活動をいかに指導すべきか――その失敗の反省に立って」(1969年、ID25) では、女子バレーボール部の生徒たちが「勝ちたい、勝ちたいと思った」「本当に勝ちたいのです」と勝利を求めすぎる様子を紹介しながら、次のように論じている。

　　勝つこと以外は考えられないという選手。勝つためには暴力をも肯定する選手。顧問の価値を勝敗の結果で判断しょう(ママ)とする選手。彼女達を

第3章　戦後運動部活動と日本教職員組合　167

つくり出したのは、私自身なのである。だとすれば、私は彼女達を批判する前に、私自身の指導そのものに、批判の方向を向けなければならない。(ID25、p.9)

　勝利を求めすぎる生徒を指導し、変えていく責任は、教師自身にあると考えられた。このように日教組は、運動部活動が競技性を高め、選手養成の場に変質していく動向を「選手中心主義」として厳しく批判し、それを否定する運動を繰り広げた（ID8・10・39・54・89；NO4・6・7・8）。選手中心主義への批判点をあらためて整理すると、まず競技熱が高まり、活動時間や大会参加が増えたことで、教師の負担が重くなったことがあった（ID8・10・18・20・23；NO1・3・4・6・7・18）。続いて、勝利を求めて厳しくなり、生徒が自由にスポーツを楽しめないとして、生徒の自主性を損なう点が問題視された（ID4・24・25・89；NO1・3）。また、学校教育がオリンピックに振り回される状態は、教育活動の自主編成を妨げる点も批判された（ID10・24・37；NO1・8）。そして何よりも強く批判されたのが、機会の不均等という問題だった（ID2・4・9・10・11・17・20・23・24・89；NO1・4・11・13）。「選手中心主義・結果主義に走る余り、一般生徒に対する考慮がうすれ」ていて、「特定の強い選手だけが施設、用具を独占する傾向」は、能力の違いによる「差別」だと厳しく批判された（ID10）。

　たとえば、大阪教職員組合「体育　体育クラブ活動の問題点と今後の方向」（1969年、ID24）は、「スポーツの教育支配――その政治的介入」と題して、次のように論じている。

　　東京オリンピックを契機に一段と支配的になってきたスポーツ界の勝者優先――金メダル優先主義――の思考方法は、一方で国の政策としての体力づくり、愛国心の養成などとからんで、体協傘下の各種目別団体を刺激し、選手強化＝発言権強化の公式に従って、中体連・高体連を通じての組織強化に異常な意欲となって表面化してきた。（略）いまや中体連・高体連は、体協の下請け組織と化し、主催する競技会は、参加生徒の心身の発達段階を無視して、オリンピックのための正式種目・ルールを中心に運営されつつある。それについていくため、学校クラブ活動は、一層の無理を生徒に要求し、ついていけない生徒は、「根性」のな

い落伍者として、容赦なく切り捨てられていく。(ID24、p.10)

　東京オリンピックに振り回された結果、運動部活動は競技性を高め、「一層の無理を生徒に要求し、ついていけない生徒は、「根性」のない落伍者として、容赦なく切り捨てられていく」という。選手中心主義は、生徒の自主性を損ない、教育活動の自主編成を妨げ、そして機会の不均等を引き起こすとして、強く批判された。
　こうした問題を解決し、「スポーツに親しもうとする者、或いは下手ながらできるだけ練習をしてみようとする者にも同じようにその場を与えてやらなければならない」(ID10)。だから、「全員参加をめざす必修性クラブの振興をはかる必要がある」(ID11)と主張された。
　その後、機会の不均等という問題は、政策として、1969年・70年の学習指導要領改訂で、授業として全生徒を対象に実施する「必修クラブ活動」が特別活動内に設置されたことで、解決されたかのように見えた。しかし、日教組は、この必修クラブ活動を激しく批判し、それを否定しようとした。批判の論点には、これまで以上に増大した教師の負担の問題（ID26・46・51・53・62・82・85・92・93・98;NO22）、そして施設・用具の不足や評価の難しさといった技術的な問題もあったが(ID26・46・51・53・56・64・72・85・93・102・128; NO13・18・24・25)、特に大きかったのは、必修クラブ活動が、日教組の理想とする民主教育の実現を阻害するという点だった。
　詳しく述べると、まず、生徒の自主性を損なうという観点から、必修クラブ活動は批判された(ID36・39・42・43・51・53・54・55・61・66・70・72・77・78・82・84・87・91・95・96・98 ; NO13・15・17・19・21・24)。「自発性、自主性をたてまえとするクラブ活動は、全員加入の強制と相容れない」(ID53)というわけである。そして、教師による教育活動の自主編成を妨げるという観点からも、批判された（ID42・43・66・70・78・79・87 ; NO19・20・25）。日教組は、予てから教育活動の自主編成を進めようとしてきたが、もっとも自主的であらなければならないはずのクラブ活動でさえ国家統制が及んできたことに危機感を覚え、「教科課程の編成権は学校現場にある」という立場から、「必修クラブ反対闘争」を展開した（ID78）。必修クラブ反対闘争は、「教育の管理支配体制の強化」への闘争として位置づけられ広まっていった（ID79）。なかには、闘争が激化した地域も少なくなかった。いくつか具体的に見てみよう。

大阪教職員組合「中教審路線と対決する職場づくり――職場の民主化と必修クラブ反対闘争」（1974年、ID78）では、組合員との対立から管理職が辞職を余儀なくされることになった学校があったことを、組合の立場から、次のように報告している。

　　　﹅﹅﹅﹅﹅まる一年間にわたる「必修クラブ反対闘争」が起こる。カリキュラム委員会及び必修クラブ検討委員会は「置かない」と結論づけたが、教頭が抵抗。職員会議で検討したが、あらゆる観点から徹底的に批判され、圧倒的多数（賛成ゼロ）で置かないと決まる。それでもなお校長は教務に圧力をかけたり、二度にわたって提案したりしては否決され、ついに退職する。新校長もおどしたりすかしたりで再三実施を強要するが、団結の力ではね返す。6月、ついに市教委の課長以下3人を呼んで討論集会を開くが、矛盾や問題性がいっそう明らかとなる。夏休み前、困り切った管理職は秘かに書類を書きかえて提出。我々はこれを認めず、従来通り自主編成の道を進めている。（ID78、p.3：傍点は原文ママ）

　九州地方も闘争が激化した地域の一つだった。熊本では、必修でありながら実施しない学校が急速に増加していった（ID86）。そして鹿児島や福岡では、必修クラブ実施の職務命令が出たことで問題が一層大きくなった。鹿児島県高等学校教職員組合「1　職場の民主化確立のたたかい　2　職場管理支配体制とのたたかい（1）支部教研闘争（2）『必修クラブ』阻止闘争」（1974年、ID79）では、「「必修クラブ」をめぐる県教委との争点」として、自分たちの見解を、表3－2のようにまとめている。また福岡県高等学校教職員組合「必須クラブ反対闘争における父母との連携」（1975年、ID87）では、地域住民や生徒の保護者に、図3－2に示した「地域・父母のみなさんへ！　命令と強制の全員必修クラブ反対を訴えます！」というビラを配布して活動を展開した。

　このように日教組は、生徒の自主性を損ない教育活動の自主編成を妨げるものとして必修クラブ活動に反対し、激しい闘争運動を展開した。日教組は、「必修クラブを形だけでも導入せず、自主編成をめざす決意である。そして、そのような行動こそが教育権、学習権の確立＝職場の民主化を実現するものである」（ID66：傍点は原文ママ）と考え、「一定のわく内にはめこまれたク

表3-2　鹿児島県高等学校教職員組合がまとめた「「必修クラブ」をめぐる県教委との争点」

県教委（文部省）	われわれの主張
1．指導要領によって、昭和48年度から実施する。	1．指導要領に法的拘束力はなく、教育課程の編成は、各学校が主体的に決定するものである。
2．原則として毎週1単位時間を行う。	2．時間を特設すべきではない。
3．生徒は必ずいずれかのクラブに所属することになる。生徒の希望を尊重するが、受け入れ能力（クラブの種類の決定は学校）によっては調整期間をおいて調整する。それでもなじまない生徒は、「無所属クラブ」のようなものをおいて、クラブ活動への参加の態度を育てる。	3．強制すべきではない。全員が参加できるような条件整備をしつつ、生徒の自主的民主的活動を指導する中で、クラブの発展を期する。
4．これまでの部活動と違うのであって、生徒会活動と直接結びつくものではなく、授業と同じものとなり、教師が管理する。選択必修教科と同じようなものと考えたらよい。	4．あくまで生徒の自主的活動としてすすめるべきである。これまでのクラブと殊更区別する必要はなく、生徒会活動の一つとして、生徒の自主的民主的活動を指導する中で、クラブの発展を保障する。組織・運営・予算など、生徒が主体となる活動である。
5．クラブ担当教師は、その趣味・関心・技術と直接かかわりがないものを担当してもらうこともある。むずかしく考えないで、生徒と直接接触するだけでよい。	5．顧問は、「希望と承認」を原則として民主的に決定すべき。
6．授業と同じようなものだから、進級・卒業の要素になる。	6．進級・卒業は、各教科書（ママ）と教科外の活動を、学校が総合的に判断して認定するものである。

（出典：鹿児島県高等学校教職員組合「1　職場の民主化確立のたたかい　2　職場管理支配体制とのたたかい　(1)支部教研闘争　(2)「必修クラブ」阻止闘争」〔1974年、ID79、p.71-72〕から引用。表上段の「県教委（文部省）」は、鹿児島県高等学校教職員組合が解釈する、鹿児島県教育委員会と文部省の見解を意味する。同じく「われわれの主張」は、鹿児島県高等学校教職員組合の見解を意味する）

ラブの有り方を強く排斥するよう努力するとともに、独自の立場でクラブを受けとめ、生徒のために「よりよい」自主編成を急がねばならない」（ID43）と運動を進めた。必修クラブ活動を阻止できるかどうかが、自主編成運動を達成できるかどうかのメルクマールとなった。

　こうした必修クラブ活動の否定運動の流れのなかで、強制ではなく生徒が自ら参加し、教育課程外でありながら教師がかかわる、従来の運動部活動が再評価された（ID55・70；NO29）。「「必修」クラブを止め、現行クラブを発展させる立場」（ID70）が強く表明された。実際に、必修クラブ活動を運動

第3章　戦後運動部活動と日本教職員組合　　171

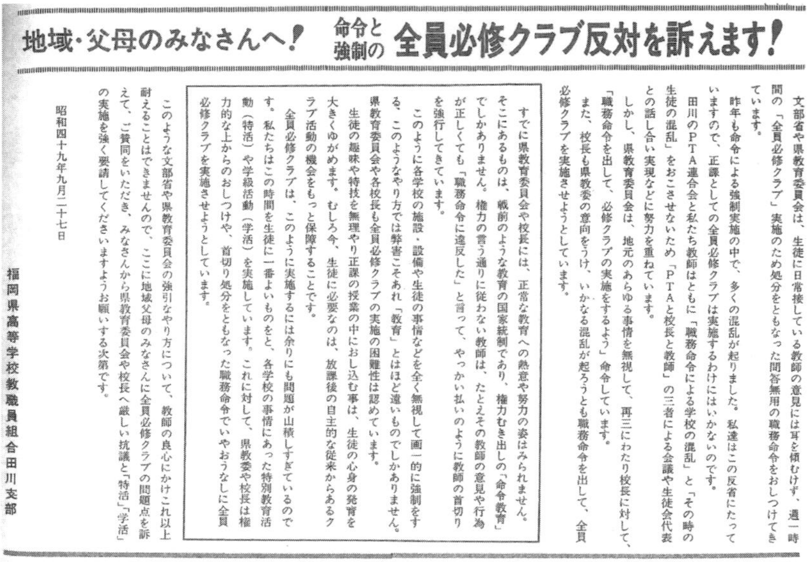

地域・父母のみなさんへ！　命令と強制の　全員必修クラブ反対を訴えます！

文部省や県教育委員会は、生徒に日常接している教師の意見には耳を傾むけず、週一時間の「全員必修クラブ」実施のため処分をともなった問答無用の職務命令をおしつけてきています。

昨年も命令による強制実施の中で、多くの混乱が起りました。私達はこの反省にたっていますので、正課としての全員必修クラブは実施するわけにはいかないのです。

田川のPTA連合会と私たち教師はともに「職務命令による学校の混乱」と「その時の生徒の混乱」をおこさせないため「PTAと校長と教師」の三者による会議や生徒会代表との話し合い実現などに努力を重ねています。

しかし、県教育委員会は、地元のあらゆる事情を無視して、再三にわたり校長に対して、「職務命令を出して、必修クラブの実施をするよう」命令しています。

また、校長も県教委の意向をうけ、いかなる混乱が起ろうとも職務命令を出して、全員必修クラブを実施させようとしています。

すでに県教育委員会や校長には、正常な教育への熱意や努力の姿はみられません。そこにあるものは、戦前のような教育の国家統制であり、権力むき出しの「命令教育」でしかありません。権力の言う通りに従わない教師は、たとえその教師の意見や行為が正しくても「職務命令に違反した」と言って、やっかい払いのように教師の首切りを強行してきています。

このように各学校の施設・設備や生徒の事情などを全く無視して画一的に強制をする、このようなやり方では弊害こそあれ「教育」とはほど遠いものでしかありません。県教育委員会や各校長も全員必修クラブの実施の困難性は認めています。

生徒の趣味や特技を無理やり正課の授業の中におし込む事は、生徒の心身の発育を大きくゆがめます。むしろ今、生徒に必要なのは、放課後の自主的な従来からあるクラブ活動の機会をもっと保障することです。

全員必修クラブは、このように実施するには余りにも問題が山積しすぎているのです。私たちはこの時間を生徒に一番よいものをと、各学校の事情にあった特別教育活動（特活）や学級活動（学活）を実施しています。これに対して、県教委や校長は権力的な上からのおしつけや、首切り処分をともなった職務命令でいやおうなしに全員必修クラブを実施させようとしています。

このような文部省や県教育委員会の強引なやり方について、教師の良心にかけこれ以上耐えることはできませんので、ここに地域父母のみなさんに全員必修クラブの問題点を訴えて、ご賛同をいただき、みなさんから県教育委員会や校長へ厳しい抗議と「特活」「学活」の実施を強く要請してくださいますようお願いする次第です。

昭和四十九年九月二十七日

福岡県高等学校教職員組合田川支部

図3－2　福岡県高等学校教職員組合が、地域住民や生徒の保護者に配布したビラ
（出典：福岡県高等学校教職員組合「必須クラブ反対闘争における父母との連携」〔1975年、ID87〕に添付された資料6を複写引用）

部活動に吸収させる形で両者を「一本化」し、必修クラブ活動を実施しない、あるいは「内容的に骨ぬき」にしながら、運動部活動を充実させようとする実践が広まっていった（ID73・74・76・79・83・86・90・91・92・93・95・96・98・99・100・101・102・103・104・105・108・114；NO22・28・33）。ただし、「一本化」という形式が解決策であるのではなく、その中身が重要だった（NO26・30）。つまり、「一本化」によって必修クラブ活動に代わる運動部活動は、選手中心主義の教訓から一部の生徒が参加するものではなく、「全生徒の参加による自主的、自治的活動でなければならない」（ID91）とされた。この全員参加という理想は、必修クラブ活動で達成されていたように見えた。しかし、日教組にとって、「全員がクラブ活動に参加することと、授業の形態で押しつけてきている全員のクラブ制度とは全く別もの」（ID42）だった。あくまで、「生徒自らが意欲的に参加することによって、その結果が全員参加になる」（ID43）ことが求められたのである。

3-3 課題C
――社会体育化／積極的保障という見解のズレは、どんな帰結をもたらしたのか

　こうした選手中心主義の否定運動と、必修クラブ活動の否定運動の経緯から、運動部活動を積極的に保障しようとする見解が立ち上がってきたが、それと同時並行的に、運動部活動が教師の肉体的・心理的・経済的負担になっているという問題は指摘され続けていた（ID2・6・7・8・10・18・21・22・23・26・34・35・40・53・57・67・68・101・112・116；NO27）。つまり、必修クラブ活動を運動部活動と一本化したとしても、「「課外活動」の分野をどうするかという大問題は依然として残る」（ID92）のであり、「「一本化」は部分解決であって、全面解決ではなかった」（ID93）のである。

　そうした状況のなかで、1966年にユネスコ特別政府間会議で採択された「教員の地位に関する勧告」で課外活動の負担について触れられたことを背景に、日教組は、70年に「教職員の労働時間と賃金の在り方」を示し、運動部活動への従事に対して手当の支給を求めた。文部省と人事院は、71年「教育職員調整額」、72年「教員特殊業務手当」を制度化し、運動部活動の指導や対外試合の引率など、業務範囲の不明瞭な教員の特殊な勤務状況に対する手当をいくらか充実させた。しかし、それも十分とはいえなかった。日教組にとって運動部活動に伴う教師の負担は問題であり続け、その解決策のため、運動部活動の社会体育化を目指す機運が続いたのである（ID27・30・34・37・38・40・49・52・57・85）。

　しかし、日教組内には、運動部活動の社会体育化に批判的な向きもあった。その理由は、社会体育の整備が進まないという技術的な問題（ID41・44・45・50）とは別に、必修クラブ活動の否定運動と同様に、日教組の理想とする民主教育の実現を阻害するからというものだった。社会体育では、参加するための金銭的な負担などから、スポーツ機会が「一部の子どもたちのもの」になることが懸念され、機会均等の観点から批判された（ID29・44）。また、運動部活動を社会体育化してしまえば、「クラブをもっとやらせろ」という生徒からの要求に応えられないため（ID28・29）、自主性を尊重すれば、「自然に課外活動へと発展せざるを得まい」（ID100）として、生徒の自主性の観点からも批判された。

　加えて、さらに強く批判されたのが、教育活動の自主編成の観点からであ

った。日教組の見立てによれば、運動部活動の移行先として想定されている社会体育という領域は、日教組の目指す民主教育の正反対にある政府体制側の非民主的な空間だった。当時、学校外の地域社会では、政府の後押しを受けた日本体育協会が東京オリンピック開催に合わせてスポーツ少年団を組織したり、警察が柔剣道指導をしたり、自衛隊が屋外でスポーツ指導を展開したりしていた。日教組は、それらに「むき出しの反動性」（ID32）を見いだし、その動向を「戦犯右翼の関係するスポーツ団体の教育支配」（ID101）と見立てて、強く警戒した。そのため、日教組にとって、運動部活動の社会体育化は、そうした非民主的な空間に生徒を送り込むことを意味し、問題となったのである（ID47・54・63・71・80・91・103；NO8・23・32）。

具体例をいくつか紹介すると、北海道高等学校教職員組合「教科外体育を保障するもの」（1968年、ID19）、山口県教職員組合「子どもたちの生活実態と健康について　軍国主義教育にたち向かう今からのクラブ活動を考える」（1971年、ID33）、新潟県高等学校教職員組合「高校クラブ活動をめぐる諸問題――必修クラブ活動の問題点を中心に」（1972年、ID39）では、それぞれ次のように論じている。

> 教科外体育の軍国主義化は（略）無批判で無警戒な人間思想と体のバラバラな連続性の失われた人間をつくる。こうした非民主的な教科外体育は画一化された"人づくり"になり、やがては国体、オリンピックの美名にかくれた憲法改悪軍国主義化へと進むことを確認しなければならない。これらを「教育」という基盤に立って、充分に検討し基本的にふまえた中で我々が対決していかなければならない。このことによって生徒の自主的民主的姿勢が養われるのではないか。これらの数多くの問題を近き将来労働者として送り出す生徒のためにも、我々教師は逃避する事なく問題を解決していくことが生徒に教科外体育を保障する大事なことであることが確認された。（ID19、p.2）

> 超勤拒否の動きは、クラブ活動から、社会体育への転換をうながし、スポーツ少年団への動きを活発にしていくのである。このことは何を意味するかということは、自衛隊の協力のもとにキャンプをし、キャンプに参加した子供をして「自衛隊のおじさんは、親切でやさしいよ。」と

言わせたり、また、はっきりと縦の関係で中央につながるサッカーチームの編成をうながし、サッカーでなければ、スポーツではないというようなファッショ的な考えをうえつけようとしたりすることから、もはや、軍国主義教育を露骨に示してきたことを明白に教えているのである。この事実をみれば、いまの権力側の意図が、はっきりうかがえるのである。我々の当然の権利を主張し、超勤を拒否する運動を広げていこうとすれば、クラブ活動を強引に、社会体育、スポーツ少年団へと肩がわりさせ、露骨に軍国主義の毒を流し込んでくるのである。権力側は、教師の権利闘争の中から落ち込んでいったクラブ活動を逆に利用しようとしているのである。これが、クラブ活動の現状であるが、これらを考える時、この権力側のあくどいやり方は、単にクラブ活動のみならず、全ての教育活動の中にまで手をのばしてきていると言ってよかろう。（ID33、p.16）

　社会教育移行論は、クラブ活動の主導権を移すことで、教師に責任だけを負わせて、教師集団が確認してゆくべき教育権を奪うことになる。（略）社会体育なるものが制度化されたとしても、それが地域的な一部のボス的人物に牛耳られる可能性は十分ある。また官制として、その中で反動的教育がなされる危険性がないとはいえない。そうなればわれわれ教師が口出しできない存在となるから、教育的な責任を放棄した形になってしまう。以上のように簡単に社会教育移行論を支持するのは考えるべきであろう。ゆっくりと時間をかけて検討してゆくべき問題である。やはりクラブ活動は学校教育の中で行われてこそ意味があると思われる。（ID39、p.21）

日教組にとって、社会体育は権力側が用意する「軍国主義の毒」であり、社会体育化とは「憲法改悪軍国主義化へと進むこと」であった。すなわち、日教組の見立てでは、学校外の社会は改革すべき非民主的な空間であり、そうした社会を改革する拠点が民主的な学校であり、その担い手が民主的な教師であった。こうした見立てからすると、社会体育化に賛成することは、教師にとって「教育的な責任を放棄した形」となってしまう。だから、「クラブ活動は学校教育の中で行われてこそ意味がある」と、あくまで学校を拠点

に教師の手によって運動部活動を編成しなければならないと考えられた。そのため、日教組は、運動部活動の社会体育化に躊躇せざるをえなくなった（ID29・39・42・54・63・71・80・91；NO8・14・15・20・33）。こうした帰結として、日教組は、消極的でありながら、運動部活動を維持し続けることになったのである。

まとめに入る前に、1980年代後半以降の動向を概観しておく。社会体育化に踏み切れないまま、消極的ながら運動部活動を抱え続けたことで、日教組にとって、教師の負担という問題は解消されずに指摘され続けた（ID125・126・129・130・145・151・152・156・159・163；NO39）。さらに、70年代から日教組が求めていた学校5日制が92年から段階的に開始されたことに関連して、運動部活動が教師のゆとりを奪う要因として問題視された（ID136・137・147・148）。そうした機運から、90年代以降、運動部活動の指導や運営に関する地域社会との連携（ID145・150・160；NO42・43・44）、運動部活動自体の社会体育化（ID135・136・140・141・142・152・154・155・158・162・164；NO42・43・44）が急速に模索された。注目すべきことに、これら90年代以降の運動では、社会体育の領域を非民主的だとする見立てや、そのために生じた社会体育化への躊躇は、ほとんど見られなくなる。たしかに、地域社会との連携を進めるうえで外部指導員の勝利主義的な考えや保護者の期待が運動部活動を過熱させうるという懸念が指摘されたり（NO42・43・44）、社会体育化を進めるうえで生徒がスポーツに触れる機会が損なわれうるという懸念が指摘されたりした（ID132・145・150）。しかし、そうした懸念も、連携のあり方を民主化して社会体育を一層充実すれば解決されるはずだとして、地域社会との連携や社会体育化の模索はさらに進められた。こうした動向の理由と背景の考察は今後の課題としたいが、89年の日教組分裂によって運動の内容と方向が変わった可能性や、地域住民や保護者との連携が参加民主主義的な意味合いから肯定された可能性などが考えられるだろう。

4　戦後運動部活動と教師

4－1　日本教職員組合の見解の構図

以上の課題A～Cの解題を踏まえて、本章のまとめとして、1960年代か

ら80年代後半までの日教組の運動部活動に対する見解の構図を表3－3に示した。この表は、選手中心主義・必修クラブ活動・社会体育化に対する日教組の見解について、労働組合の側面での負担軽減の観点からの評価と、教育研究団体の側面での機会均等・生徒の自主性・自主編成の観点からの評価を整理したものである。この表に沿って本章の考察をまとめる。

　日教組は、選手中心主義に対して、負担軽減、生徒の自主性、自主編成、そしてとりわけ機会均等の観点から否定した。これは機会均等を目指す運動につながったが、それを政策的に達成した必修クラブ活動に対しては、負担軽減、そして特に生徒の自主性と自主編成の観点から否定した。その結果、教師の負担は問題であり続けたが、それを抜本的に解決しうる社会体育化に対しては、生徒の自主性、機会均等、そして特に自主編成の観点から大きく問題視され、結果的に躊躇した。

　こうした日教組の見解を導いた要因として、2つ指摘したい。1つは、自主編成と負担軽減の間に生じる「教師の営みは教育か、それとも労働か」という葛藤である。日教組は、1952年に決定した「教師の倫理綱領」以来、教師を聖職者としてではなく「教育労働者」として再定義した。ただし、この「教育労働者」の具体的あり方をさらに突き詰めれば、教師の営みが教育なのか労働なのかという葛藤に突き当たらざるをえない。教育として自主編成に乗り出せば労働として負担が重くなり、労働として負担軽減を目指せば自主編成が成し遂げられない。日教組は、労働組合と教育研究団体の間で、この葛藤を抱えざるをえなかったと考えられる。とりわけ、運動部活動の場合、そもそも教育かどうか判然としないスポーツであり、さらに労働かどうかも判然としない課外活動であることから、この葛藤は一層深刻なものだったといえる。

　もう1つは、機会均等と生徒の自主性の間に生じる「全生徒が自主的に参加するには、どうすればよいか」という難問である。日教組は、いわゆる能力主義批判との関連で教育の機会均等を推進し、同時に、強制教育に反対しながら生徒の自主性を尊重しようとしてきた。この動向は運動部活動にも及び、日教組は、運動能力の差に応じた運動部活動のあり方を批判しながらスポーツの機会均等を推進し、同時に、課外活動である運動部活動への参加には生徒の自主性を最大限に尊重しようとした。ただし、機会均等を目指すための強制は生徒の自主性を損なわせ、生徒の自主性に任せれば機会の不均等

が起きる。日教組は、教育研究団体として民主教育を追求するなかで、この難問に向き合わざるをえなかったと考えられる。

このように日教組は、「教育か労働か」という葛藤を抱えながら、「全生徒が自主的に」という難問に向き合わざるをえなかった。そのために、選手中心主義を否定し、必修クラブ活動を否定し、社会体育化に躊躇し、その帰結として、運動部活動を消極的に維持し続けることになったのである。そのため、教師の負担は解消されず、1990年代以降は、再び社会体育化という見解と運動に回帰した。しかし、日教組分裂によって、その影響力が大きく低減したこともあり、日教組が運動部活動の社会体育化を進めることはできなかったといえる。

表3-3　1960年代から80年代後半までの日教組の運動部活動に対する見解の構図

	教育研究団体の側面			労働組合の側面	運動部活動への見解
	機会均等	生徒の自主性	自主編成	負担軽減	
選手中心主義	××	×	×	×	選手中心主義の否定
必修クラブ活動	○	××	××	×	必修クラブ活動の否定
社会体育化	×	×	××	○○	社会体育化の躊躇
	「全生徒が自主的に」の難問		「教育か労働か」の葛藤		→ 消極的維持の帰結

（注）各観点から見た評価について、肯定を「○」、否定を「×」で示した。また、強く肯定する場合には「○○」、強く否定する場合には「××」と示した。

4-2　戦後運動部活動への教師のかかわりと〈子どもの自主性〉

最後に、戦後運動部活動への教師のかかわりを、〈子どもの自主性〉の扱われ方の観点から考察する。論点を先に明示すれば、ここで問いたいのは、〈子どもの自主性〉のために教師がかかわることで〈子どもの自主性〉が壊されるという逆説に、教師自身がどのように向き合っていたのか、という点である。

〈子どもの自主性〉を媒介としたスポーツと学校教育の結び付きは、緊張関係を内在化させている。前章の6-2で言及したように、戦後運動部活動の拡大過程は、〈子どもの自主性〉という教育的価値によって、スポーツと

学校教育が結び付けられ、その結び付きが広がる過程であった。しかし、学校教育活動として意図的・計画的にスポーツを編成すれば、皮肉なことに、そのかかわりがスポーツを形式化・画一化させ、スポーツに見いだされていた〈子どもの自主性〉という教育的価値が壊されてしまうかもしれない。そのため、運動部活動にかかわる教師は、〈子どもの自主性〉のためのかかわりが〈子どもの自主性〉を壊す、という逆説を抱え込まなければならない。

　こうした逆説に、教師はどのように向き合っていたのか。本章が明らかにしたように、戦後の教師たちは、民主教育を追求するなかで、運動部活動を消極的に維持し続けてきた。その点で、教師は、〈子どもの自主性〉を中核に置いた学校教育のあり方を目指したのであり、〈子どもの自主性〉を大切にするからこそ、負担を被りながらも運動部活動へのかかわりを維持してきたといえる。さて、ここで注意したいのは、運動部活動の消極的維持という日教組の見解が、運動部活動自体への強い肯定的な意味づけというよりも、「選手中心主義の否定」「必修クラブ活動の否定」「社会体育化の躊躇」という、国家体制側の諸動向への対抗として整えられてきた点である。具体的に述べ直すと、「選手中心主義の否定」は、東京オリンピック開催と関連した能力主義的な動向に対して、それが生徒への平等なスポーツ機会を奪うという認識から発せられた対抗であった。「必修クラブ活動の否定」は、必修クラブ活動を設置した政策動向に対して、それが生徒の自由を奪う国家統制であるという認識から発せられた対抗であった。そして「社会体育化の躊躇」は、非民主的で政府体制的な地域社会の動向に対して、それが子どもを非民主的な人間に変えてしまうという認識から発せられた対抗であった。つまり、戦後の教師たちの運動部活動へのかかわりは、〈子どもの自主性〉を壊す国家体制側の不当な干渉に対抗して、〈子どもの自主性〉を守り抜こうとするものだった。

　このように戦後の教師たちは、国家体制側の不当な干渉から〈子どもの自主性〉を守るために、運動部活動にかかわった。ここでは、国家体制という強烈な対抗軸が存在するために、〈子どもの自主性〉のためのかかわりが〈子どもの自主性〉を壊すという逆説に、教師が頭を悩ませることはない。なぜなら、教師のかかわりが〈子どもの自主性〉を壊してしまうかもしれないと逡巡する以前に、教師がかかわらなければ、国家体制によって〈子どもの自主性〉が壊されてしまうからである。そのため、教師は〈子どもの自主

性〉のために、運動部活動にかかわり、スポーツを学校教育に結び付ける。その結果として、〈子どもの自主性〉を媒介としたスポーツと学校教育の結び付きは、緊張関係を内在化したまま、保持され続けることになると考えられる。

　ただし、付言すれば、前章で時期区分した新自由主義的／参加民主主義的再編期（1995年以降）には、教育の自由化を背景に運動部活動の多様化＝外部化が進み、国家体制という強烈な対抗軸が弱体化し消失していく。そうして、学校と教師の運動部活動へのかかわりは、国家体制側の不当な干渉から〈子どもの自主性〉を守るためという大義名分を失ってしまう。このとき、学校と教師は、〈子どもの自主性〉のためのかかわりが〈子どもの自主性〉を壊すという逆説を、あらためて抱え込むことになる。では、この逆説にどう向き合うのか。運動部活動の現在性をめぐる論点の一つが、ここにあるだろう。

注

（1）ただし、教科別に見た場合、体育教師の日教組加入率が低かった可能性があることには注意が必要である。「教職員の組織する職員団体に関する実態調査」で教科別の日教組加入率に集計されているわけではなく、統計的な根拠は確認できていないが、蒐集した日教組関連資料のなかには、体育教師の加入率が低いという記述を含む資料が少なくなかった。さらに体育教師を、組合活動への理解を示さない集団として批判的に記述する資料もあった。仮に、体育教師の日教組加入率が低かったとすれば、運動部活動へ熱心にかかわっていたはずの体育教師の意識や行動が、日教組の見解や運動から排除されていたかもしれず、日教組関連資料の解釈に注意が必要である。一例を挙げると、日教組の共有した運動として本文中で挙げた選手中心主義への批判が、体育教師にどれほど当てはまるかは疑問の余地がある。なぜなら、体育教師が読者層の中心であり、執筆者になる場合もあった雑誌「新体育」「学校体育」「体育科教育」「体育の科学」「健康と体力」などでは、選手中心主義を肯定する議論も確認できたからである（第2章の5）。こうした例は、日教組の見解や運動が教員全体のそれらと必ずしも一致せずに、偏りがある可能性を示唆している。
（2）ただし、日教組の労働組合の側面と教育研究団体の側面の両方をより詳細に検討するためには、さらなる資料蒐集も必要だろう。本章が主に用いた全

国教研資料には、日教組の教育研究団体としての側面が強く出ていると思われ、日教組の労働組合としての側面を深く検討するためには不十分かもしれない。それを補うためには、たとえば日教組執行部の労働運動方針が議論された、日教組定期大会の資料などを用いたさらなる分析が、課題として残されている。こうした本章の限界を筆者が自覚できたのは、神谷拓氏からいただいた批判的コメントによるところが大きい（2012年7月の神谷氏とのパーソナル・コミュニケーション）。

（3）ただし、そうした組織的な変化を踏まえて、運動部活動に対する見解と運動がどのように変わったのかを考察することは必要であり、今後の課題としたい。

（4）資料蒐集は日本教育会館教育図書館でおこなった。同図書館は、ごく一部の欠損を除いて、全国教研の各都道府県報告書を所蔵している。

（5）ただし、それらのカテゴリーの設定は、章として大きくまとめられていたものから、節や項として小さくまとめられているものまで多様であったため、その扱いに留意が必要である。

（6）1970年以前以後を含めて、本文中で言及した資料以外に、いくらかのまとまりを持った関連資料として、67年の日本教職員組合編『体育白書』、70年の「教育評論」第251号の特集「クラブ活動を考えるために」、72年の「教育評論」第277号の特集「教研活動の成果を職場・地域に〈クラブ活動〉」、73年の「教育評論」第290号の特集「クラブ活動必修化」、73年の日本教職員組合編『私たちの教育課程研究 保健体育』、90年の「教育評論」第513号の特集「部活動を楽しく」などがある。しかしこれらは、さまざまな論点や問題が個別に指摘されるにとどまっていたり、一部の組合員にだけ共有された見解にすぎない可能性があるため、本章では、日教組の全国レベルの見解を示した資料とは見なさなかった。

（7）「教育評論」第334・335号に掲載された「教育課程改革試案」のⅡ．（Ⅱ）．3．（2）を参照。なお、そこでは「クラブ活動」という表現で記されている。しかしこれは、教育課程内に設置された必修クラブ活動とは違う、自治的な文化・スポーツ活動を指した表現であるため、本章では運動部活動に関する記述と見なした。

（8）「教育評論」第435・436号に掲載された「現代日本の教育改革」のⅢ．一．2．（二）．（3）、Ⅲ．一．3．（三）．（1）．①、Ⅲ．（一）．3．（三）．（2）．④を参照。

表3-4 運動部活動について議論した日教組全国教研（1951-2009）の都道府県報告書一覧

ID	年	次	分科会	分科会名
1	1955	4	第3部会第3分科会	保健体育の指導をどのようにすすめるか
2	1956	5	第1目標第2分科会	民主的な人間関係を理解させ、その態度を確立させるための特別教育活動、生活指導はどのように進めるか
3	1956	5	第1目標第2分科会	民主的な人間関係を理解させ、その態度を確立させるための特別教育活動、生活指導はどのように進めるか
4	1956	5	第3目標第2分科会	健康な青少年を育てるための教育活動はどのように進めるか
5	1960	9	第10分科会	生活指導
6	1960	9	第10分科会	生活指導
7	1962	11	第9分科会	保健体育
8	1963	12	第9分科会	保健・体育
9	1963	12	第9分科会	保健・体育
10	1963	12	第9分科会	保健・体育
11	1963	12	第9分科会	保健・体育
12	1963	12	第9分科会	保健・体育
13	1964	13	第10分科会	保健体育
14	1965	14	第10分科会	保健体育
15	1966	15	第10分科会	保健体育
16	1966	15	第11分科会	生活指導
17	1967	16	第10分科会	保健体育
18	1967	16	第10分科会	保健体育
19	1968	17	第10分科会	保健体育
20	1968	17	第10分科会	保健体育
21	1968	17	第10分科会	保健体育
22	1968	17	第10分科会	保健体育
23	1969	18	第10分科会	保健体育
24	1969	18	第10分科会	保健体育

発表組織	発表タイトル
長崎県教職員組合	運動部員の健康管理を基底として眺めた一般体育の諸問題
宮城県教職員組合	狭隘校舎におけるクラブの活動
佐賀県教職員組合	民主的な人間関係を理解させ、その態度を確立させるための特別教育活動、生活指導はどのように進めるか
和歌山県教職員組合	体育クラブ指導上の問題点とクラブ生徒実態の研究
茨城県教職員組合	本質的な生徒会活動クラブ活動をめざす
広島県高等学校教職員組合	クラブ活動の実態と問題点
岩手県教職員組合	体育クラブ活動の実態と問題点をめぐって ―教科外体育の推進をめざして―
山形県教育労働組合連合会	体育クラブ活動の諸問題
茨城県教職員組合	体育クラブ活動の正しい運営のあり方
新潟県高等学校教職員組合	クラブ指導の基本態度
山口県教職員組合	クラブ活動の合理的な運営と指導
宮崎県教職員組合	課外体育をどう考えどうすすめるか
山形県教育労働組合連合会	クラブ体育と教科体育の結合
兵庫県教職員組合	中学校クラブ活動の実態とその課題
宮崎県立妻高等学校（表注2）	クラブ活動の正しい育成はどうあるべきか
広島県高等学校教職員組合	クラブ活動・生徒会活動の問題点
北海道高等学校教職員組合	高校生のスポーツに対する考え方について ―勝利至上主義とその背景についての一考察―
山形県教育労働組合連合会	体育のクラブ活動を子どものものにするために
北海道高等学校教職員組合	教科外体育を保障するもの
山形県教育労働組合連合会	中学校におけるクラブ活動の諸問題と中体連行事
長野県高等学校教職員組合	クラブ活動における生徒の保健管理・指導 （運動クラブを中心として）
鹿児島県教職員組合	1．学校体育とスポーツの関係はどうあるべきか 2．生活の場に即した子どもの保健的態度を効果的に養成するにはどうしたらよいか
佐賀県教職員組合	中学校のクラブ活動の諸問題
大阪教職員組合	体育　体育クラブ活動の問題点と今後の方向

25	1969	18	第11分科会	生活指導
26	1970	19	第10分科会	保健・体育
27	1970	19	第10分科会	保健・体育
28	1971	20	第1分科会	子ども・生徒の集団的・自治的活動と学校行事・クラブ活動
29	1971	20	第1分科会	子ども・生徒の集団的・自治的活動と学校行事・クラブ活動
30	1971	20	第1分科会	子ども・生徒の集団的・自治的活動と学校行事・クラブ活動
31	1971	20	第1分科会	子ども・生徒の集団的・自治的活動と学校行事・クラブ活動
32	1971	20	第14分科会	保健・体育
33	1971	20	第14分科会	保健・体育
34	1971	20	第14分科会	保健・体育
35	1971	20	第14分科会	保健・体育
36	1971	20	第14分科会	保健・体育
37	1972	21	第1分科会	生活指導と学校行事・クラブ活動
38	1972	21	第1分科会	生活指導と学校行事・クラブ活動
39	1972	21	第1分科会	生活指導と学校行事・クラブ活動
40	1972	21	第1分科会	生活指導と学校行事・クラブ活動
41	1972	21	第1分科会	生活指導と学校行事・クラブ活動
42	1972	21	第1分科会	生活指導と学校行事・クラブ活動
43	1972	21	第1分科会	生活指導と学校行事・クラブ活動
44	1972	21	第1分科会	生活指導と学校行事・クラブ活動
45	1972	21	第1分科会	生活指導と学校行事・クラブ活動
46	1972	21	第1分科会	生活指導と学校行事・クラブ活動
47	1973	22	第10分科会	保健・体育
48	1973	22	第10分科会	保健・体育

滋賀県高等学校教職員組合	体育クラブの活動をいかに指導すべきか ―その失敗の反省に立って―
石川県教職員組合	体育分科会　全員参加のクラブ活動の問題点 ＝主として体育クラブを中心として＝
大分県教職員組合	体育教師のあり方について―望ましいクラブ活動―
北海道教職員組合	全校集団づくりの実践から　クラブをもつとやらせろ
栃木県教職員組合	子ども生徒の集団的自治活動と学校行事・クラブ活動 ―A．自治集団としての生徒会づくりに取り組んで― ―B．クラブ活動〔課外活動〕の雑務排除のたたかい―
新潟県教職員組合	クラブ活動についての考察
石川県教職員組合	相撲クラブの取組み―クラブ活動の問題点―
埼玉県教職員組合	体育クラブについて
山口県教職員組合	子どもたちの生活実態と健康について　軍国主義にたち向かう今からのクラブ活動を考える
長崎県教職員組合	正課外体育の現状と問題点
熊本県教職員組合	保健体育―クラブ指導上の諸問題―
富山県高等学校教職員組合	新指導要領・クラブ全員加入制の問題点 ―教育の反動化に抗して―
秋田県教職員組合	自主的民主的な学校行事・クラブ活動をめざすたたかい
千葉県教職員組合	生徒の集団的自治活動　学校行事　クラブ活動
新潟県高等学校教職員組合	高校クラブ活動をめぐる諸問題 ―必修クラブ活動の問題点を中心に―
新潟県教職員組合	中学校のクラブ活動における問題点とその解決のための考察
石川県教職員組合	山村小規模校における自主的創造的クラブ育成を目ざして
大阪教職員組合	生活指導・学校行事・クラブ活動 小学校における学級文化活動と管理体制に挑む学級集団づくり（中学校におけるクラブ活動）
長崎県教職員組合	教育課程内クラブ実施上の問題点
熊本県教職員組合	保健体育　社会体育クラブ移行時における問題点
熊本県高等学校教職員組合	社会体育移行への経過と問題点
沖縄県教職員組合	必修クラブ活動をめぐる諸問題 ―大規模校をめぐる諸問題―
山口県教職員組合	軍国主義教育にたちむかうクラブ活動の創造と実践
福岡県高等学校教職員組合	クラブ活動の在り方―高校生活とクラブ活動の意識調査―

49	1973	22	第10分科会	保健・体育
50	1973	22	第10分科会	保健・体育
51	1973	22	第10分科会	保健・体育
52	1973	22	第10分科会	保健・体育
53	1973	22	第11分科会	生活指導と学校行事・クラブ活動
54	1973	22	第11分科会	生活指導と学校行事・クラブ活動
55	1973	22	第11分科会	生活指導と学校行事・クラブ活動
56	1973	22	第11分科会	生活指導と学校行事・クラブ活動
57	1973	22	第11分科会	生活指導と学校行事・クラブ活動
58	1973	22	第11分科会	生活指導と学校行事・クラブ活動
59	1973	22	第11分科会	生活指導と学校行事・クラブ活動
60	1973	22	第11分科会	生活指導と学校行事・クラブ活動
61	1973	22	第11分科会	生活指導と学校行事・クラブ活動
62	1973	22	第11分科会	生活指導と学校行事・クラブ活動
63	1973	22	第11分科会	生活指導と学校行事・クラブ活動
64	1973	22	第11分科会	生活指導と学校行事・クラブ活動
65	1973	22	第11分科会	生活指導と学校行事・クラブ活動
66	1973	22	第19分科会	職場の民主化
67	1974	23	第10分科会	保健・体育
68	1974	23	第10分科会	保健・体育
69	1974	23	第10分科会	保健・体育
70	1974	23	第11分科会	生活指導と学校行事・クラブ活動
71	1974	23	第11分科会	生活指導と学校行事・クラブ活動
72	1974	23	第11分科会	生活指導と学校行事・クラブ活動
73	1974	23	第11分科会	生活指導と学校行事・クラブ活動
74	1974	23	第11分科会	生活指導と学校行事・クラブ活動

大分県教職員組合	部活動の現状と社会体育
熊本県教職員組合	体育教育　中体連のあり方について （水俣市中体連の大会運営についての実践報告）
宮崎県高等学校教職員組合	必修クラブ活動を実施するにあたって
鹿児島県教職員組合	クラブ活動について他
秋田県高等学校教職員組合	クラブ活動の諸問題
秋田県教職員組合	自主的民主的な学校行事、クラブ活動をめざすたたかい ―特に必修クラブの実践と問題点を中心に―
岩手県高等学校教職員組合	"従来のクラブ"か"必修クラブ"か
山形県教職員組合	必修クラブ活動の実態とそれをめぐる問題点
東京都教職員組合連合	「47年度クラブ活動」の討議をどのようにすすめたか ―民主的な討議をすすめるとは― ―立川五中の課外クラブとその問題点―
神奈川県教職員組合	クラブ活動をめぐる問題
新潟県教職員組合	小学校におけるクラブ活動の問題点とこれからのありかた （表注1）
石川県高等学校教職員組合	「超勤」からの解放を！　クラブ引率を中心として
鳥取県教職員組合	生活指導と学校行事、クラブ活動
佐賀県高等学校教職員組合	必修クラブについて
長崎県教職員組合	中体連にまつわる諸問題
長崎県教職員組合	クラブ活動をめぐって
滋賀県公立高等学校教職員組合	クラブ活動における民主化運動の実践
富山県高等学校教職員組合	教育権と職場の民主化 ―必修クラブをめぐる滑川高校教師集団のたたかい―
和歌山県教職員組合	クラブ活動に関する諸問題 ―へき地に於ける対外試合について―
長崎県高等学校教職員組合	佐世保地区における高校の部活動の現状と問題点
鹿児島県教職員組合	保健・体育教育　課外クラブ活動について他（表注1）
北海道高等学校教職員組合	現行クラブの自主的・民主的発展をめざして ―「必修クラブ」の新設にどう対処し闘ったか
秋田県教職員組合	クラブ活動の民主的な発展をめざすたたかい ―課外クラブの社会教育移行の問題点を中心に―
岩手県高等学校教職員組合	必修クラブ活動実施上の問題点は何であったか
山形県高等学校教職員組合	クラブ活動と部活動をめぐる問題 ―本校における必修クラブと部活動の一本化について―
千葉県高等学校教職員組合	生徒会活動実践記録　クラブ活動他

75	1974	23	第11分科会	生活指導と学校行事・クラブ活動
76	1974	23	第11分科会	生活指導と学校行事・クラブ活動
77	1974	23	第11分科会	生活指導と学校行事・クラブ活動
78	1974	23	第19分科会	職場の民主化
79	1974	23	第19分科会	職場の民主化
80	1975	24	第10分科会	保健・体育
81	1975	24	第10分科会	保健・体育
82	1975	24	第11分科会	生活指導と学校行事・クラブ活動
83	1975	24	第11分科会	生活指導と学校行事・クラブ活動
84	1975	24	第11分科会	生活指導と学校行事・クラブ活動
85	1975	24	第11分科会	生活指導と学校行事・クラブ活動
86	1975	24	第11分科会	生活指導と学校行事・クラブ活動
87	1975	24	第20分科会	PTAの民主化と地域住民との提携
88	1976	25	第10分科会	保健・体育
89	1976	25	第11分科会	生活指導と学校行事・クラブ活動
90	1976	25	第11分科会	生活指導と学校行事・クラブ活動
91	1976	25	第11分科会	生活指導と学校行事・クラブ活動
92	1976	25	第11分科会	生活指導と学校行事・クラブ活動
93	1976	25	第11分科会	生活指導と学校行事・クラブ活動
94	1976	25	第11分科会	生活指導と学校行事・クラブ活動
95	1976	25	第11分科会	生活指導と学校行事・クラブ活動
96	1976	25	第11分科会	生活指導と学校行事・クラブ活動
97	1977	26	第10分科会	保健・体育
98	1977	26	第11分科会	生活指導と学校行事・クラブ活動
99	1977	26	第11分科会	生活指導と学校行事・クラブ活動
100	1977	26	第11分科会	生活指導と学校行事・クラブ活動
101	1977	26	第11分科会	生活指導と学校行事・クラブ活動
102	1977	26	第25分科会	教育課程
103	1978	27	第11分科会	生活指導と学校行事・クラブ活動

神奈川県教職員組合	クラブ活動をめぐる問題
三重県教職員組合	学校におけるクラブ活動はどうあるべきか ―クラブ活動一元化と問題点―
岡山県高等学校教職員組合	必修クラブにどうとりくむか
大阪教職員組合	中教審路線と対決する職場づくり ―職場の民主化と必修クラブ反対闘争―
鹿児島県高等学校教職員組合	1　職場の民主化確立のたたかい 2　職場管理支配体制とのたたかい（1）支部教研闘争 （2）「必修クラブ」阻止闘争
宮崎県教職員組合	国体を考える中で　学校体育と社会体育（スポーツ少年団を中心に）の問題
山口県高等学校教員組合	クラブ活動を発展させるにはどうすればよいか
秋田県教職員組合	必修クラブの現状と問題点　望ましいクラブ活動のあり方
岩手県教職員組合	本校のクラブ活動（必修クラブ否定までの歩み）
山形県高等学校教職員組合	必修クラブの廃止をめざして（中間報告）
神奈川県教職員組合	クラブ活動をめぐる問題
熊本県高等学校教職員組合	必修クラブ阻止に関する現場の取り組み
福岡県高等学校教職員組合	必須クラブ反対闘争における父母との提携
愛媛県教員組合	部活動（体育）は生徒に何をもたらしたか
秋田県教職員組合	クラブ活動をめぐる諸問題
岩手県高等学校教職員組合	生徒会活動と一本化した必修クラブ
岩手県教職員組合	クラブ活動の民主化をどう進めてきたか
山形県教職員組合	クラブ・部の一本化へのとりくみ
山形県高等学校教職員組合	本校の必修クラブの諸問題
茨城県高等学校教職員組合	「野球応援団」解体にふみきった生徒会活動 ―高校スポーツのあり方をめぐる問題―
埼玉県高等学校教職員組合	クラブ活動について
静岡県高等学校教職員組合	必修クラブと部活動について
埼玉県高等学校教職員組合	クラブ活動を考える―運動部を中心として―
岩手県教職員組合	クラブ問題に対して支部をどうとりくんだか
山形県高等学校教職員組合	部活動の活発化を図る為の実践
山形県教職員組合	クラブ活動のあり方を考える――一本化の実践を通して―
三重県教職員組合	生活指導と学校行事・クラブ活動
埼玉県高等学校教職員組合	必修クラブと部活動のとりくみ
岩手県教職員組合	クラブ集団づくりをめざして

104	1979	28	第11分科会	生活指導と学校行事・クラブ活動
105	1979	28	第11分科会	生活指導と学校行事・クラブ活動
106	1980	29	第11分科会	生活指導と学校行事・クラブ活動
107	1980	29	第11分科会	生活指導と学校行事・クラブ活動
108	1980	29	第11分科会	生活指導と学校行事・クラブ活動
109	1981	30	第11分科会	生活指導と学校行事・クラブ活動
110	1981	30	第11分科会	生活指導と学校行事・クラブ活動
111	1982	31	第11分科会	生活指導と学校行事・クラブ活動
112	1982	31	第11分科会	生活指導と学校行事・クラブ活動
113	1983	32	第11分科会	生活指導と学校行事・クラブ活動
114	1983	32	第11分科会	生活指導と学校行事・クラブ活動
115	1984	33	第21分科会	民主的な学校づくりとPTAの民主化、地域住民との提携
116	1984	33	第26分科会	教育課程・教科書問題
117	1985	34	第26分科会	教育課程・教科書問題
118	1986	35	第11分科会	生活指導と学校行事・クラブ活動
119	1986	35	第11分科会	生活指導と学校行事・クラブ活動
120	1986	35	第21分科会	民主的な学校づくりとPTAの民主化、地域住民との提携
121	1987	36	第10分科会	保健・体育
122	1988	37	第10分科会	保健・体育
123	1988	37	第11分科会	生活指導と学校行事・クラブ活動
124	1988	37	第11分科会	生活指導と学校行事・クラブ活動
125	1988	37	第22分科会	教育条件整備の運動
126	1988	37	第26分科会	教育課程・教科書問題
127	1989	38	第26分科会	教育課程・教科書問題

岩手県教職員組合	クラブ活動の充実をめざして ―真のクラブ集団活動のあり方を求めて―
三重県教職員組合	自己を高めるクラブ活動―長岡中学校全校クラブ制―
秋田県教職員組合	教育の正常化をもとめて課外クラブのみなおしを （表注1）
岩手県教職員組合	少人数学校におけるクラブ活動のあり方 ―小集団活動を基盤として二期制クラブ活動について―
三重県教職員組合	望ましいクラブ活動を求めて ―二見中学校の実践をとおして―
埼玉県教職員組合	みんなで築こう我らのバスケット部 ―部活動の自主的・民主的運営をめざして―
神奈川県教職員組合	神奈川における生活指導―学校行事とクラブ活動―
神奈川県教職員組合	神奈川における生活指導―学校行事とクラブ活動―
三重県教職員組合	すべての生徒にクラブ活動を ―仲間の良さがわかりあえる集団づくり―
秋田県教職員組合	課外クラブ活動の現状と打開の手だて
三重県教職員組合	真の集団づくりをめざすクラブ活動
宮城県教職員組合	父母と教師の触れあいを求めて ―「学級通信」と「部活動報」を通して―
長野県教職員組合	中学校課外クラブ（部）活動の現状と問題点
熊本県教職員組合	小学校部活動問題―社会体育から部活動へ―
神奈川県教職員組合	生活指導―学校行事とクラブ活動―
長野県教職員組合	生活指導と学校行事クラブ活動 (2)　子どもの健康実態から部活動を考える
島根県教職員組合	望ましい部活動のあり方をめぐって
大阪教職員組合	「体罰と運動部のあり方に関する調査」報告
埼玉県高等学校教職員組合	運動部活動のあり方を求めて
東京都教職員組合連合	「一人一人が主人公」のクラブを目指して！ ―「暴力」と「シゴキ」では強くならない―
大阪教職員組合	生徒が主人公のクラブづくり
秋田県教職員組合	学校事務職員と課外クラブ活動とのかかわりについて
大分県教職員組合	望ましい部活動のあり方を求めて ―「週一回部活動を休む日」の取り組みから―
熊本県教職員組合	部活動の改善を目指して ―子どもたちにとりかえす、小さな行動―（表注1）

128	1989	38	第26分科会	教育課程・教科書問題
129	1990	39	第11分科会	自治的諸活動と生活指導
130	1990	39	第21分科会	民主的な学校づくりとPTAの民主化、地域住民との提携
131	1991	40	第11分科会	自治的諸活動と生活指導
132	1991	40	第11分科会	自治的諸活動と生活指導
133	1992	41	第9分科会	保健・体育
134	1992	41	第11分科会	自治的諸活動と生活指導
135	1992	41	第23分科会	教育条件整備の運動
136	1993	42	第25分科会	学校5日制・教育課程
137	1993	42	第25分科会	学校5日制・教育課程
138	1994	43	第9分科会	保健・体育
139	1994	43	第24分科会	地域における教育改革
140	1994	43	第25分科会	学校5日制・教育課程
141	1994	43	第25分科会	学校5日制・教育課程
142	1995	44	第9分科会	保健・体育
143	1995	44	第25分科会	学校5日制・教育課程
144	1997	46	第9分科会	保健・体育
145	1997	46	第9分科会	保健・体育
146	1997	46	第11分科会	自治的諸活動と生活指導
147	1997	46	第22分科会	民主的学校づくりとPTA
148	1997	46	第25分科会	学校5日制・教育課程

富山県高等学校教職員組合	必修クラブの現在と未来 ―現在の必修クラブがかかえる問題点とそのあるべき方向―
神奈川県教職員組合	生活指導と学校行事・クラブ活動 ―学校行事とクラブ活動―
岡山県教職員組合	職場の多忙化の原因を明確にし、どう原因をとりのぞき、職場の民主化をどう進め、組合を強化するか
秋田県教職員組合	組合青年部としての部活・スポ少に対する一取り組み（表注1）
岩手県教職員組合	部活動改善の経過
福島県教職員組合	第50回国民体育大会「ふくしま国体」小体連・中体連の諸問題
秋田県教職員組合	部活・スポ少の父母への意識調査から（表注1）
福井県教職員組合	学校五日制の導入を前にして、学校をどう変えるべきか ―中学校部活動がかかえる問題点の解消のために―
岩手県教職員組合・教育課程特別研究委員会	教育改革としての学校五日制
山口教職員組合	学校五日制を考える
福島県教職員組合	学校での運動中のけがについての実態調査 ―部活の勝利至上主義によりひきおこしているスポーツ障害―
静岡県教職員組合	地域の社会体育を育てるためのわたしたち教職員の支援 ―少年団活動を活性化させるための学校・家庭・地域の役割―（表注1）
千葉県教職員組合	完全学校5日制に対応した部活動を考える
広島県教職員組合	福山市立中央中学校の五日制のとりくみ
福島県教職員組合	部活動の社会体育移行を目指して 地域スポーツとのタイアップによる部活の新設の実践 社会体育移行の問題点および具体的プロセスの一私案
新潟県教職員組合	部活動からスポーツ少年団への移行 ―中条小分会の取り組みから―（表注1）
福島県教職員組合	『部活動』問題とその改善（表注1）
神奈川県高等学校教職員組合	運動部活動の改革に向けて
秋田県教職員組合	秋田県の抱える課外活動問題 ～角館町の取り組みから～（表注1）
静岡県教職員組合	学校5日制を見通したゆとりある職場づくり ―磐周地区の課外活動（部活動）のあり方を考える―
埼玉高等学校教職員組合	学校5日制と運動部活動をめぐる諸問題

149	1997	46	第25分科会	学校5日制・教育課程
150	1997	46	第25分科会	学校5日制・教育課程
151	1998	47	第22分科会	民主的学校づくりとPTA
152	1998	47	第23分科会	教育条件整備の運動
153	1999	48	第22分科会	民主的学校づくりとPTA
154	2000	49	第25分科会	学校5日制・教育課程
155	2001	50	第21分科会	教育課程（カリキュラム）づくりと評価
156	2001	50	第22分科会	地域における教育改革とPTA
157	2002	51	第21分科会	教育課程（カリキュラム）づくりと評価
158	2002	51	第21分科会	教育課程（カリキュラム）づくりと評価
159	2003	52	第9分科会	保健・体育
160	2003	52	第11分科会	自治的諸活動と生活指導
161	2004	53	第11分科会	自治的諸活動と生活指導
162	2004	53	第22分科会	地域における教育改革とPTA
163	2005	54	第9分科会	保健・体育
164	2005	54	第22分科会	地域における教育改革とPTA
165	2007	56	第22分科会	地域における教育改革とPTA
166	2008	57	第22分科会	地域における教育改革とPTA
167	2009	58	第22分科会	地域における教育改革とPTA

（表注1）議論の中心が小学校であるため、本文での引用は控えた。
（表注2）発表組織が学校であり、都道府県組織の代表として選ばれているかが不明であるため、留意が必要である。

千葉県教職員組合	子どもと教職員にとって、ゆとりある学校をめざして ―教科外体育のあり方に関する保護者・児童・教師の意識調査を通して―（表注1）
神奈川県高等学校教職員組合	運動部活動の将来像（校内スポーツクラブ構想）
山梨県教職員組合	職場の民主化をどう進めたか ―「部活動」「行事の精選」の実態調査を通して―
石川県教職員組合	部活動問題
山形県高等学校教職員組合	部活動の望ましいあり方について
新潟県教職員組合	長岡の人材教育と当校の課外活動の実態をふり返って 〜課外活動の方向は？〜
新潟県教職員組合	今後の部活動を考えて〜ドイツ留学の経験〜
山梨県教職員組合	職場の民主化をどう進めたか ―職場の多忙化を部活動から考える―
新潟県教職員組合	課外活動　校外移行への試み（表注1）
大阪府教職員組合	中学校の部活動改革プラン 〜新しい中学校像の構築と部活動からの勇気ある撤退〜
広島県教職員組合	中学校運動部指導の問題点と対策
高知教職員組合	部活動をとおして学んだこと 〜地域の指導者・保護者とともに〜
埼玉高等学校教職員組合	運動部活動に関する調査 ―顧問の先生方の指導の実態について―
新潟県教職員組合	地域のクラブと小中の部活動について
長野県教職員組合	中学校運動部活動の課題と今後の方向 ―「長野モデル」検討委員会への意見反映として―
岡山県教職員組合	学校部活動と社会体育の連携・融合 ―蒜山中学校の部活動の将来像―
新潟県教職員組合	地域の特性を生かした社会体育的活動について　ある地域での準備から運営までの記録（表注1）
新潟県教職員組合	地域住民の連携・部活問題 〜総合型な学習の時間から課外活動まで地域の力で育っていく子どもたちとともに〜（表注1）
鹿児島県高等学校教職員組合	部活動の大会出場における保護者負担経費の地域格差の解消に向けて

表3-5　運動部活動の議論の「日本の教育」(1951-2009)における項目一覧

NO	年	次	分科会	分科会名	カテゴリー名
1	1957	6	第9分科会	保健体育	クラブ活動と対外試合
2	1958	7	第10分科会	生活指導	生徒会・クラブ活動の指導
3	1961	10	第9分科会	保健体育	対外試合の問題
4	1963	12	第9分科会	保健体育	クラブ活動
5	1964	13	第10分科会	保健体育	クラブ活動をめぐって
6	1965	14	第10分科会	保健体育	体育クラブ
7	1967	16	第10分科会	保健体育	クラブ活動
8	1968	17	第10分科会	保健体育	クラブ活動
9	1969	18	第10分科会	保健体育	国体・クラブ・行事
10	1969	18	第11分科会	生活指導	クラブ・サークル活動
11	1970	19	第10分科会	保健体育	新らしいクラブ活動への胎動
12	1971	20	第1分科会	子ども・生徒の集団的・自治的活動と学校行事・クラブ活動	生徒総会およびクラブ活動
13	1971	20	第1分科会	子ども・生徒の集団的・自治的活動と学校行事・クラブ活動	クラブ・サークルをめぐって
14	1971	20	第14分科会	保健・体育	クラブ活動をどう考えるか
15	1972	21	第1分科会	生活指導と学校行事・クラブ活動	クラブ必修化の是非
16	1972	21	第1分科会	生活指導と学校行事・クラブ活動	課外クラブの社会教育移行
17	1972	21	第1分科会	生活指導と学校行事・クラブ活動	クラブの問題
18	1972	21	第14分科会	保健・体育	クラブ活動
19	1973	22	第10分科会	保健・体育	クラブ活動全員必修をめぐって
20	1973	22	第11分科会	生活指導と学校行事・クラブ活動	クラブ活動問題をめぐって
21	1973	22	第11分科会	生活指導と学校行事・クラブ活動	クラブ活動
22	1973	22	第11分科会	生活指導と学校行事・クラブ活動	クラブ・サークル問題と地域高校生集会
23	1974	23	第10分科会	保健・体育	部活動
24	1974	23	第10分科会	保健・体育	必修クラブ
25	1974	23	第11分科会	生活指導と学校行事・クラブ活動	いわゆる「必修クラブ」の問題点

26	1974	23	第11分科会	生活指導と学校行事・クラブ活動	いわゆる「クラブ一本化」をめぐって
27	1974	23	第11分科会	生活指導と学校行事・クラブ活動	クラブの指導をめぐって
28	1975	24	第11分科会	生活指導と学校行事・クラブ活動	クラブ活動をめぐって
29	1975	24	第11分科会	生活指導と学校行事・クラブ活動	クラブ活動
30	1976	25	第11分科会	生活指導と学校行事・クラブ活動	学校行事とクラブ活動
31	1977	26	第11分科会	生活指導と学校行事・クラブ活動	行事・クラブ・部活動小分科会の討議の結果（表注1）
32	1979	28	第10分科会	保健・体育	対外競技・クラブ活動、地域と体育
33	1979	28	第11分科会	生活指導と学校行事・クラブ活動	文化活動・クラブ活動の指導
34	1980	29	第11分科会	生活指導と学校行事・クラブ活動	行事・文化活動とクラブ活動の指導
35	1981	30	第10分科会	保健・体育	体育行事、部活動、到達目標と評価
36	1981	30	第11分科会	生活指導と学校行事・クラブ活動	クラブの指導、地域における活動
37	1982	31	第11分科会	生活指導と学校行事・クラブ活動	クラブ活動について
38	1986	35	第11分科会	生活指導と学校行事・クラブ活動	部活動の問題
39	1988	37	第11分科会	生活指導と学校行事・クラブ活動	部活動をめぐって
40	1995	44	第25分科会	学校5日制・教育課程	新しい学校行事の創造とあらたな部活動の展開（表注1）
41	1996	45	第25分科会	学校5日制・教育課程	新しい学校行事の創造とあらたな部活動の展開（表注1）
42	1997	46	第9分科会	保健・体育	部活動を考える
43	1997	46	第25分科会	学校5日制・教育課程	家庭、地域の教育力とのかかわりで、部活動、学校行事をどう見直すか
44	1998	47	第25分科会	学校5日制・教育課程	部活動と家庭・地域

（表注1）議論の中心が小学校であるため、本文での引用は控えた。

第Ⅱ部
運動部活動の現在

第4章　戦後から現在へ

1　運動部活動の現在性

1−1　戦後の分析を踏まえて

　第4章から第8章までで、現在の運動部活動の維持過程を解明することを目指す。そのための準備として、本章では、戦後の分析から現在の分析に移るために、あらためて枠組みとデータについて述べる。

　はじめに、運動部活動の現在性、つまりその時代的な文脈を押さえて、分析枠組みを考えるための導入としたい。前章までの戦後史の分析を踏まえると、現在の運動部活動は、以下の5点の特徴を持っている。

　第1に、実態・政策・議論の関係にズレがある。現在の運動部活動の実態は、戦後を通してみると、かつてないほど大規模になっている。こうした実態に対して、政策は、大規模な運動部活動を積極的に支えようとするのではなく、むしろ外部化させようとしている。さらに議論のあり方も、学校内で運動部活動が大規模に成立している状況を肯定的に評価するのではなく、その外部化を推進させようとしている。しかし、再び実態を見れば、地域住民のかかわりは増え、地域社会との関係は強まっているものの、運動部活動それ自体は学校内に留まり続けている。つまり、政策と議論が一致して外部化を模索しているのに反して、実態としては学校内に留まり、維持され続けていて、政策・議論と実態にはズレがある。

　それに関連して、第2に、1995年以降の新自由主義的／参加民主主義的再編期の流れに位置している。現在は、学校スリム化論が象徴する新自由主義的な流れと、開かれた運動部活動論が象徴とする参加民主主義的な流れが、混交した時代である。それは、少なくとも政策と議論において、大規模化した運動部活動を多様化＝外部化の方向で再編しようとする流れである。実態

としてそのまま外部化しているわけではないとしても、現在の運動部活動のあり方は、こうした新自由主義的／参加民主主義的な流れのなかで、理解されなければならない。

第3に、保護者の存在と影響を無視できなくなっている。これは、昨今の学校教育改革全般で当てはまることだが、とりわけ現在の運動部活動のあり方を考えるうえで、保護者の存在は無視できない。実際、外部指導員などの形式で保護者の関与は増えているし、開かれた運動部活動をめぐる議論の中心に位置づいているのが保護者である。保護者の考え方やかかわり方が、運動部活動のあり方に与える影響は大きい。

他方で第4に、教師にとって運動部活動が教育問題であり続けている。戦後の教師たちは、負担である運動部活動を、結局のところ排除しきれず、消極的に維持し続けざるをえなかった。そのため、教師の負担は解消されることはなく、現在に至るまで、運動部活動は教師にとって教育問題であり続けている。運動部活動にかかわる教師について考えるうえで、その負担や困難は看過できない。

第5に、現在の保護者と教師たちは、自らの人生経験と照らし合わせながら、運動部活動の存在を自明視し、当然視ししている。運動部活動が拡大してきた戦後を生きたいまの大人たち、とりわけ、運動部活動が大衆化した1970年代やそれ以降に中学生・高校生だったいまの30代および40代の大人たちは、運動部活動を自明で当然の存在として受け止めている。そうした世代的特徴を持った大人たちが、現在、保護者となり教師となっている。

1－2　現在の運動部活動の成立と学校と教師のかかわり

以上の5つの現在性を踏まえながら、運動部活動の維持過程を解明するために、何を分析すべきか。それを考えるために、学校と教師のかかわり方が運動部活動の成立にどう関係しているかを、現在の状況に焦点を絞って検討しておく。

今日、一般的に運動部活動が成立するためには、運営面と指導面の役割を担当する人材が必要とされている（部活動基本問題検討委員会、2005、p.11；東京都教育委員会、2007、pp.5-6)。運営面の役割とは、部員の健康管理や日々の事務処理に加えて、とりわけ引率や事故保障を担う役割である。この運営面を担う人材が、いわゆる顧問である。日本中学校体育連盟が引率・監

督者を出場校の校長・教員に限定した規定を掲げているように、原則として、公式大会に出場するためには教員が引率しなければならない。事故保障についても、日本スポーツ振興センター法で、運動部活動中の事故が、それが学校管理下の活動であるという解釈から、保障対象になってきた。運動部活動を成立させるためには、これら引率や事故保障という運営面を担当する人材が最低限必要となる。そして、この運営面の役割を担う顧問は、法的な制約から学外関係者には任せられず、教師だけが担当できるとされている[3]。

　続いて指導面の役割とは、活動内容に関する専門的知識や技術指導力を備えて、日々の活動を実際に遂行する役割である。この指導面の役割は、仮に教師が担当できなくとも、学外関係者に委ねることが可能であり、保護者や近隣地域の専門的指導者が外部指導員としてそれを担当することができる。そのとき、教師は運営面の役割だけを担うことになり、その立場は「管理顧問」と呼ばれたりもする。

　こうした運営面と指導面の役割を担当する人材が確保できるかどうかが、運動部活動の成立を左右する。それらの人材の有無と運動部活動の成立の関係を、図4－1に示した。まず、運営面と指導面の役割を教師が担当した場合、運動部活動は成立する。これはもっとも一般的なパターンといえる。しかし、教師が運営面の役割を担当しても指導面の役割を担当できない場合、指導面の役割を担う人材を学外関係者から確保しなければならない。それを学外関係者が担当できれば、運動部活動はそのまま成立するだろう。あるいは、教師と学外関係者の都合の調整から、活動が縮小されながら成立するだろう。しかし、教師が運営面の役割を担当しても、誰も指導面の役割を担当できなければ、活動が縮小されたりするだけでなく、活動自体が成立しないかもしれない。一方で、運営面の役割を教師が担当できない場合、そもそも運動部活動は成立しない。

　この図4－1に示したとおり、運動部活動が成立するためには、運営面を担当する教師と指導面を担当する教師／学外関係者が必要である。逆にいうと、学校がそれらの人材を確保・配置したり、教師がそれを担当したりすることで運動部活動は成立している。つまり、現在の運動部活動の維持過程を解明するためには、運営面と指導面の人材の確保・配置・担当がどのようにして達成されているかを明らかにしなければならない。

　ここで注意する必要があるのは、学校が人材を確保・配置するかどうかと、

教師が自ら担当するかどうかを、ひとまず分けて考えなければならない点である。学校がある教師を顧問に就かせようとしても、その教師は進んでそれに従うとはかぎらない。また、学校が何らかの働きかけをおこなわなくても、自ら望んで顧問に就く教師もいる。つまり、組織としての学校のかかわりと個人としての教師のかかわりの間には、分析レベルの違いがある。

以上から、大雑把にいえば、第Ⅱ部の枠組みは、組織レベルと個人レベルのそれぞれで、次のように設定される。すなわち組織レベルでは、運営面・指導面を担当する教師／学外関係者を確保・配置する学校のかかわり方を明らかにすること、個人レベルでは、運営面・指導面の担当する教師のかかわり方を明らかにすることである。以下では、それぞれをより詳細に検討する。

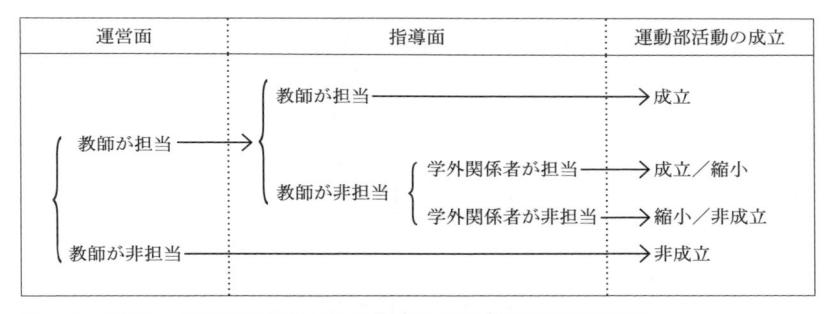

運営面	指導面	運動部活動の成立
教師が担当	教師が担当	成立
	教師が非担当　学外関係者が担当	成立／縮小
	学外関係者が非担当	縮小／非成立
教師が非担当		非成立

図4−1　運営面・指導面を担当する人材の有無と運動部活動の成立の関係

2　組織レベルでの学校‐保護者関係

2−1　学校のかかわり方に与える保護者の影響

では、組織レベルで、運営面・指導面を担当する教師／学外関係者を確保・配置する学校のかかわり方をどう分析すべきか。ここでは、保護者の存在と影響に注目する。なぜなら、運動部活動を成立させる原動力は、第一次的に学校と教師のかかわり方にあったとしても、その学校と教師のかかわり方自体が、保護者の存在と影響に大きく左右されるからである[4]。論を先取れば、事実上、そうした保護者の存在と影響から、学校は自主的・自律的にリーダーシップを発揮して運動部活動にかかわることができていない。この点

第4章　戦後から現在へ　　203

を、運動部活動を含めた昨今の学校教育改革の議論と先行研究を検討しながら述べる。

　たしかに、運動部活動は課外活動であり、運営面や指導面を担当する人材をどのように確保するかは、学校の裁量に任せられている。そのうえで、昨今の学校教育改革で、学校は、そうした裁量を発揮して自主的・自律的に運動部活動を処遇することが期待されている。1998年の中央教育審議会答申「今後の地方教育行政の在り方について」などが示すとおり、近年の学校は、自主的・自律的に創意工夫を重ねて特色ある学校づくりを進めることが望まれていて、とりわけ運動部活動は、この特色ある学校づくりという観点から重要視されている。具体的には学校は、学校の規模や設備などの特徴に合わせて、部活動の位置づけや方針を明確に決定して、運動部活動を処遇することが期待されている（部活動基本問題検討委員会、2005、pp.16-17）。こうした政策的な期待を踏まえると、実態として運動部活動が成立しているのは、まさに学校の自主的・自律的な意思や行為の結果であるように思えてくる。

　しかし、今日、顧問不足などの理由から、学校が単独で、自主的・自律的に運動部活動を成立させることは容易ではない。そのため学校は、運動部活動を成立させるために保護者を活用することが期待されている（経済同友会、1995；部活動基本問題検討委員会、2005）。運営面の役割は教師が担当せざるをえないが、その教師を手助けしてもらうため、あるいは指導面の役割を担当してもらうために、保護者を活用しようというわけである。こうした事情から、運動部活動が成立するかどうかは、保護者のかかわり方に大きく影響されている。

　そして先駆的な運動部活動の事例を分析した先行研究によれば、保護者や地域住民を活用するためには学校のリーダーシップが必要だという（大竹・上田、2001；夏秋、2003；高村・高橋、2006）。たとえば愛知県半田市の成岩中学校が取り組んだ「成岩スポーツクラブ」を分析した教育社会学者の夏秋英房（2003、pp.20-21）によれば、保護者や地域住民を巻き込んだクラブが設立された背景には校長のリーダーシップや学校のイニシアチブがあったという。たしかに、運動部活動の裁量権が各学校にあることから、学校は自主的・自律的な意志や行為に基づいて運動部活動を処遇できるように思われる。またその裁量次第で学校は、リーダーシップを発揮して保護者を活用し運動部活動を成立させることができ、それによって特色ある学校づくりが実現で

きるようにも思われる。

　しかし、以上のような期待と見立ては、保護者のかかわり方の主体的な側面を視野に入れていない。これまでの議論は、保護者を、運動部活動を成立させる手段と位置づけ、学校が一方的に活用する存在として捉えてきた。同様に先行研究も保護者を学校の活用手段と捉え、それらを活用するための学校のリーダーシップを強調してきた。しかし当然のことながら、リーダーシップを発揮して保護者を活用できる学校ばかりではない。その理由は、そもそも保護者が学校に一方的に活用される存在とは違うからではないか。たとえば、中学生・高校生のスポーツ活動に関する調査研究協力者会議（1997）は、運動部の保護者と顧問教師に対しておこなった質問紙調査の結果を報告している。それによると、多くの保護者は部活動が「必要である」と答え、保護者会を組織して運営に積極的に参加している一方で、「保護者の期待の加熱」に悩む顧問教師もいるという。この結果は、保護者が部活動に自ら主体的にかかわるということ、そのために学校と保護者の間には、互いに影響を与え合う何らかの関係が生じうることを示唆している。

　すなわち、学校が自主的・自律的に運動部活動を成立させることができるかどうか、そのためにリーダーシップを発揮して保護者を活用できるかどうかを考えるためには、主体としての保護者がどのようにかかわり学校がそれにどのように対応するのかが問われなければならない。以上から、組織レベルでの運動部活動の維持過程を明らかにするために、とりわけ保護者のかかわりの主体的な側面に焦点を当てながら、学校－保護者関係に注目する。

2－2　保護者の二面性――「消費者」と「協働者」

　では、その主体としての保護者は、どのように特徴づけられる存在なのか。ここでは保護者を、新自由主義的な流れにおける「消費者」の側面と、参加民主主義的な流れにおける「協働者」の側面を併せ持った存在だと捉える。この捉え方は、現在の運動部活動が新自由主義的／参加民主主義的な再編期のなかに位置していることを踏まえながら、その流れを体現し媒介する存在として保護者を捉えようとする見方である。詳しく説明するために、以下では、運動部活動に限らず広く学校－保護者関係を論じた研究を検討する。

　今日の保護者の台頭は、一方で新自由主義を体現しているといえる。たとえば、経済学の立場から学校教育改革への提言をおこなった経済企画庁経済

研究所（1998、pp.44-45）は、保護者を「消費者」と見立て、公立学校が「消費者のニーズ」に対応する必要性を主張している。こうした主張に典型的に現れているように、いまや、「学校という制度はその受益者によって、チェックされ、作りかえられてゆくべき存在」（広田、2004、p.42）となったといえる。学校選択制が典型例だが、政策的にも「部活動を理由とする中学校選択」が認められ、保護者のニーズに合った部活動の実施状況は、学校の存続を左右しかねなくなった（神谷、2010）。また学校選択制が制度として敷かれていなくても、実際、運動部活動の存続を強く要求する保護者や、教師が運動部活動の運営面や指導面の役割を担当することを期待する保護者は多い（中学生・高校生のスポーツ活動に関する調査研究協力者会議、1997）。学校側からすれば、そうした保護者の選択やニーズなどの「消費動向」を強く意識しながら、教育内容や運動部活動のあり方を整えるように促されることになる。ここでの保護者は、新自由主義的な流れにおける消費者として特徴づけられる存在だといえる。

　他方で、保護者は参加民主主義的な流れにおける「協働者」としても特徴づけられる。保護者の「学校参加」や「支援ボランティア」は教師だけでは実施困難な学校教育活動を成り立たせうるとして、その重要性が指摘され、また実際に多くの場面で実施されつつある（安井、2003；黒羽、2003；坂井、2005）。ただしそれは、学校に一方的に活用される手段としてのかかわりではなく、対等な立場での協働としてのかかわりである（今橋、1998；葉養編、1999；浦野、2003）。運動部活動の場合でいえば、開かれた運動部活動論でも保護者の参加を通して、運動部活動自体やそのあり方を決める権限を保護者に開くことを求めていたし、実際、外部指導員として指導面の役割を引き受ける保護者も少なくない（中学生・高校生のスポーツ活動に関する調査研究協力者会議、1997）。参加民主主義的な基調のなかで、保護者は、学校と協働して教育内容や運動部活動のあり方をつくりあげていく存在でもあるといえる。

　ただし、注意すべきなのは、保護者が消費者としてかかわるかどうかと、協働者としてかかわるかどうかは、ひとまず独立して考えられるという点、そして、にもかかわらず両者が相互補完的に一致する場合があるという点である。前者の、それぞれが独立しているという点は、新自由主義的な流れのなかで消費者の立場でかかわる保護者がいれば、参加民主主義的な流れのな

かで協働者の立場でかかわる保護者もいる、という意味である。この点はすぐに理解できる。後者の、それらが一致する場合があるという点は、消費者としてのかかわり方と協働者としてのかかわり方が必ずしも矛盾しないという意味である。教育社会学者の広田照之（2004、pp.64-69）が指摘するとおり、新自由主義的な市場化論と参加民主主義的な学校参加論は、どちらも保護者の思いや考えを基軸にして学校教育を変えようとする点で、排他的ではなく、整合的でありうる。仮に保護者が消費者として教育内容を選択・享受しようとしても、現状に満足しなければ、協働者として教育内容の生成・修正に参加するかもしれない。また、協働者として参加した後に、あらためて消費者として選択・享受するかもしれない。両者の立場とかかわり方は、少なくとも可能性として、相互補完的でありうる。そのため保護者のかかわり方を分析する際には、消費者の側面と協働者の側面の関係とつながりに留意する必要がある。

　以上から、組織レベルでの分析課題を、次の２つに設定する。１つ目は、どのような保護者のかかわり方が運動部活動を成立させるのかに関して、保護者のかかわり方の違いを、新自由主義的な流れにおける消費者としてのかかわり／参加民主主義的な流れにおける協働者としてのかかわりの観点からパターン化し、各パターンでの学校の対応の仕方と、運動部活動の成立の仕方を比較する、横断的分析である（第5章）。２つ目は、運動部活動の成立に向けて保護者はなぜ、どのようにかかわるのかに関して、新自由主義的な流れにおける消費者としてのかかわりと参加民主主義的な流れにおける協働者としてのかかわりのつながりに注目して追跡する、縦断的分析である（第6章）。

3　個人レベルにおける教師のかかわり

　続いて個人レベルで、運営面・指導面を担当する教師のかかわり方を、どう分析すべきか。日本の教師は、なぜ運動部活動にかかわり続けるのか。当然ながら、運動部活動に積極的にかかわり続けようとする教師がいれば、できればかかわりたくないと考える消極的な教師もいる。ただし、前者の積極的な教師は当然だが、後者の消極的な教師も、実態として、顧問を引き受け、

運動部活動へのかかわりを継続している。一見すると教師の職務ではないようにも思われる運動部活動に、なぜ日本の教師は、これほどまでにかかわり続けるのか。

この問いに関連して、一部の先行研究〔研究群Ⅰ〕は、質問紙調査をもとに、日本の教師が運動部活動に教育的効果を実感し、その実感が運動部活動にかかわる動機づけになってきたことを明らかにしてきた（西垣、1983；徳永・山下、2000；横田、2004；西島ほか、2008）。ここでいう教育的効果とは、公正心・責任感・秩序ある態度の育成（西垣、1983、pp.115-116）、人格形成や生徒指導（徳永・山下、2000、pp.94-95）などである。これら研究群Ⅰの成果を踏まえると、日本の教師はなぜ運動部活動にかかわり続けるのか、という問いに対して、教師がそこに教育的効果を実感するからだ、とひとまず答えることができるだろう。

このような顧問教師のイメージは、理解しやすい。中学生・高校生のスポーツ活動に関する調査研究協力者会議（1997）の全国調査によると、中学校教員の62.1%が運動部活動の顧問を務めていて、その顧問のうち、43.0%が週に6日以上指導し、88.4%が指導に「やりがいを感じる」という。この顧問教師たちが目指そうとする指導目標を見てみよう。表4－1に示したのは、運動部活動の顧問教師が目指す「指導するに当たっての目標」の項目一覧である。表中の%は、その項目を目標としていると答えた顧問教師の割合を示している。これを見ると、多くの顧問教師が「協調性や社会性を身につけさせる」や「精神力や責任感を育てる」といった教育的効果を得ようと

表4－1　運動部活動の顧問教師の指導目標

	中学校	高校
協調性や社会性を身につけさせる	44.0%	42.0%
将来にわたってスポーツに親しむ態度を育てる	36.8%	31.7%
精神力や責任感を育てる	31.9%	30.5%
競技力を向上し大会で少しでも良い成績をおさめる	20.7%	33.2%
明るく楽しんで仲間と活動させる	25.6%	20.2%
体を鍛え将来活力ある生活ができるようにする	24.4%	20.6%

（出典：中学生・高校生のスポーツ活動に関する調査研究協力者会議〔1997、p.104〕から引用。表中の%は、その項目を目標としていると答えた顧問教師の割合）

考えていることがわかる。そして、そうした運動部活動の顧問教師の90%以上が、「運動部活動は運動部の生徒の現在の生活に役立っている」と答えていて（中学は97.7%、高校は96.6%）、「中学校や高等学校において運動部活動を設けることは必要である」と答えている（中学は94.0%、高校は93.4%）。これらを踏まえると、研究群Ⅰがいうように、教師は教育的効果を実感するから運動部活動にかかわる、と答えることができるような気がしてくる。

　しかし、この答え方では不十分である。なぜなら、実際には多くの教師が、指導上の困難に直面しているからである。この事実も、やはり先の全国調査の結果に現れている。表4－2に示したのは、運動部活動の顧問教師に「指導していて特に悩んでいることは何か」と尋ねた回答結果である。表中の%は、その項目に悩んでいると答えた顧問教師の割合を示している。これを見ると、指導上の悩みが「特にない」と答えた顧問教師は、中学校でわずか2.1%であり、高校でも2.4%にすぎない。多くは「校務が忙しくて思うように指導できない」と感じたり（中学は58.2%、高校は55.1%）、「自分の専門的指導力の不足」に悩んだり（中学は40.0%、高校は35.3%）、「競技志向の生徒と楽しみ志向の生徒の共存」に悩んだりしている（中学は10.3%、高校は9.3%）。このような指導上の困難により、運動部活動に消極的な教師も少なくないのである。

表4－2　運動部活動の顧問教師の悩み

	中学校	高校
校務が忙しくて思うように指導できない	58.2%	55.1%
自分の専門的指導力の不足	40.0%	35.3%
施設・設備等の不足	28.1%	26.2%
自分の研究や自由な時間等の妨げになっている	26.2%	20.4%
部員同士の人間関係	12.5%	6.1%
競技志向の生徒と楽しみ志向の生徒の共存	10.3%	9.3%
特にない	2.1%	2.4%

（出典：中学生・高校生のスポーツ活動に関する調査研究協力者会議〔1997、pp.116-117〕から引用。表中の%は、その項目に悩んでいると答えた顧問教師の割合。中学校の調査結果のうち、10%以上の顧問教師が悩んでいた上位6項目および「特にない」を示した。高校の調査結果は、中学で示した項目と同じものを示したため、高校の上位6項目を正確に示しているわけではない）

こうした消極的な顧問教師の存在に注目して、研究群Ⅰとは対照的に、その消極性の要因を解明しようとする先行研究〔研究群Ⅱ〕も蓄積されてきた。とりわけその蓄積が進んだのは、1970年代以降の北米である。たとえばアメリカでは、教師とは別に雇われるスポーツの専門的コーチが運動部活動の指導を担う場合が多い[6]。そのため、コーチの役割に含まれるはずの運動部活動にかかわる少数のアメリカの教師は、負担や困難を抱えてきた。研究群Ⅱは、こうした顧問教師が抱える困難を問題化し、それを生み出す要因を「教師役割」と「コーチ役割」の役割間葛藤に求めてきた（Locke and Massengale, 1978 ; Sage, 1987, 1989 ; Figone, 1994 ; Chelladurai and Kuga, 1996）。具体的な困難として、生徒間の技術や動機の多様性への対応、ゼローサム的な競争の扱い（Chelladurai and Kuga, 1996, pp.472-474）、他の業務との時間配分（Sage, 1987, pp.219-220）などが指摘されていて、それらが教師／コーチの役割の葛藤によって生み出されるという。この研究動向と同様に日本でも、顧問教師の消極性の要因が、そうした教師／コーチ役割の葛藤に求められ、その葛藤を生む源泉として、教育とスポーツに重なる運動部活動自体の構造も問題化されてきた（前川、1979 ; 久保、1998 ; 小谷・中込、2003、2008 ; 中村、2009）。このように研究群Ⅱは、運動部活動の構造や顧問教師の役割間葛藤から生じる指導上の困難が顧問教師の消極性の要因になることを明らかにしてきた。

　しかし、研究群Ⅰと研究群Ⅱを合わせて検討すると、先行研究には、運動部活動への顧問教師のかかわりを理解するうえで、2つの限界がある。1点目として、研究群ⅠとⅡのつながりが明らかでない。先行研究は顧問教師の二面性――教育的効果の実感による積極性と指導上の困難による消極性――を明らかにした。だがこの二面性を個別に論じてきていて、そのつながりを論じていない。そのため、とりわけ運動部活動に積極的な教師が、なぜ指導上の困難によって消極的にならないのかを理解できない。それを理解するためには、積極的にかかわろうとする過程で生じうる指導上の困難に、教師がどう向き合っているかを分析する必要がある。仮に顧問教師が教育的効果を実感しても、困難に直面すれば消極的にならざるをえないだろうし、その困難を乗り越えることで初めて積極的になれるだろう。困難への向き合い方は、顧問教師の積極性と消極性の分岐点にあるといえる。

　2点目として、教師が顧問を引き受け、かかわりを継続するように水路づ

ける文脈が明らかでない。この論点は、厳密にいうと、個人レベルと組織レベルの間にあるが、特に消極的な顧問教師のかかわりを考えるうえで重要である。上述した1点目と関連させれば、困難に直面し、それを乗り越えられなかった教師は、運動部活動に消極的にかかわらざるをえない。しかし、なぜ消極的ながらもかかわりを保ち続け、運動部活動から完全に離脱しない／できないのか。そこには、消極的な教師を引き留める、何らかの文脈があるのではないか。消極的な顧問教師は、個人的な思いとして運動部活動からの離脱を望んだとしても、人間関係や職場環境の文脈の影響によって、運動部活動にかかわり続けていると考えられる。

　以上から、個人レベルでの分析課題を、次の2つに設定する。1つ目は、教師がなぜ積極的に運動部活動にかかわり続けるのかに関して、積極的な顧問教師を対象とした、指導上の困難への向き合い方の分析である（第7章）。2つ目は、教師がなぜ運動部活動から完全に離脱しない／できないのかに関して、消極的な顧問教師を対象とした、そのかかわりを継続させる文脈の分析である（第8章）。

4　ヒガシ中学校のフィールドワーク

4-1　データ収集方法

　第Ⅱ部の各章で使用するデータは、2002年4月から08年3月まで継続的に実施した、関東圏の公立ヒガシ中学校（仮称）のフィールドワークで収集した。ヒガシ中のフィールドワークは、観察調査、インタビュー調査、資料収集調査、質問紙調査を組み合わせて実施した。データ収集全般に関していうと、観察調査は、月2、3回の頻度で学校全体および各運動部活動のありようと顧問教師の運動部活動へのかかわり方に関しておこなった。インタビュー調査は、顧問教師を対象に運動部活動の捉え方と困難への向き合い方に関しておこない、生徒を対象に学校生活全般の様子と運動部活動への取り組み方に関しておこなった。

　第5・6章で扱う学校のかかわりと保護者の影響に関連するデータ収集に関していうと、観察調査のなかで、各部活動の保護者のかかわりを観察し、その内容を把握した。各部活動の様子については、平日放課後の活動を中心

としながら土日の対外試合活動も観察し、保護者会の会議などがおこなわれた場合はそれも観察するように努めた。またヒガシ中で年度始めにおこなわれていた保護者向けの「部活動説明会」を観察し、保護者全体に対する学校の対応も確認した。それらの過程で校長、教頭、教諭、生徒、保護者、外部指導員に、部活動へのかかわりについてインタビュー調査をおこなった。インタビューは、基本的に不定期かつインフォーマルにおこなった。ただし、学校全体の部活動に対する取り決めやそれへの対応の様子を随時確認するため、校長に対しては、年度中に複数回、各1時間ほどフォーマルなインタビューをおこなった。さらに、具体的に分析対象としたいくつかの部活動を担当する顧問教師についても、各部活動の実態および教師の意識や行動を確認するため、フォーマルなインタビューを複数回、各1時間ほどおこなった。こうした観察調査とインタビュー調査に加えて、関連する文書資料を適宜収集した。そこで収集した各年度の学校要覧から、ヒガシ中の教職員構成や部活動体制の変遷を整理し、その詳細について校長、教頭、教諭へのインタビューから事実確認をおこなった。

　第7・8章で扱う教師のかかわり、とりわけ、第7章で注目したラグビー部顧問教師のかかわりに関連するデータ収集に関していうと、そのラグビー部の中心となる学年が代わって新チームが始動した2005年10月から、3年生が卒業した07年3月まで集中的に調査した。観察調査は、放課後の活動や大会も含めて週1回ほどの頻度でおこない、ラグビー部顧問教師へのインタビュー調査は十数回にわたり重点的におこなった。また、その顧問教師が活動予定や試合結果の総括を伝えるため生徒に不定期に配布していた「ラグビー通信」を資料として収集した。さらに、顧問教師には生徒の競技力や生活態度に関する評価を尋ねた質問紙調査を06年2月と7月に自記式でおこなった。合わせて、定期試験結果による学年内の位置を尋ねて生徒の学業成績を把握した[9]。

　観察調査結果は調査日ごとにフィールドノーツに記録し、インタビュー調査結果はフィールドノーツに記録した他、フォーマルインタビューに関しては許可を得たうえでテープ録音した。第Ⅱ部で用いるデータは、そのフィールドノーツからの引用を基本としている。

4－2　公立ヒガシ中学校の概要とその位置づけ

ヒガシ中学校は、関東圏の都市部に所在する中規模の公立中学校である。フィールドワークを実施した2002年度から07年度までの状況を概括すれば、学級数は3学年合わせて12～14、生徒総数は500名前後だった。その地域に学校選択制は敷かれておらず、近隣の4つの公立小学校を卒業した子どもが入学していた。ヒガシ中を卒業した後の進路先は、ほとんどが高校進学であった。02年度でいうと、卒業生184名のうち、国公立高校へ92名、私立高校などへ88名が進学していた。ヒガシ中は落ち着いた校風で荒れた様子もなく、運動会や文化祭などの学校行事が盛んであった。

　部活動は、運動系と文化系を合わせて13～19部の種類が設置されていて、生徒の部活動加入率は90％を超えていた。ヒガシ中では、顧問に就くのは教諭だけとなっていて、養護教諭、講師、事務職員、嘱託員などには任されていない。単純に計算すれば、全教諭のうち、90％前後の教諭は、何らかの部活動の顧問に就いていた。たとえば2002年度は、教諭23名のうち20名が顧問を担当していた。担当していない3名の内訳は、海外日本人学校へ派遣中の1名、大学院へ長期研修中の1名、育児休暇中の1名であり、特別な理由がある場合を除いて、ヒガシ中ではほぼすべての教諭が部活動の顧問を務めていた。つまり、顧問に就く教員の割合は、単純計算では90％前後だったが、事実上は100％であったといえる。

　それでは、このヒガシ中は、全国的あるいは地域的に見て、どのような位置にあるのか。まず、全国の公立中学校の平均と比較したヒガシ中の特徴を、学級数・生徒数・部活動数・部活動加入率・顧問に就く教員の割合の観点から確認しよう。比較結果を、表4－3にまとめた。これを見ると、ヒガシ中は、学級数が全国平均の11.0学級に比べて12～14学級と多く、生徒数も全国平均の346.2名に比べて500名前後と多い。ヒガシ中の部活動については、部活動数が全国平均の12.1部に比べて13～19部と多く、部活動加入率が全国平均の88.5％に比べて90％以上と高く、顧問に就く教員の割合も全国平均の74.9％に比べて90％前後と高いことがわかる。

　続いて、地域の公立中学校と比較したヒガシ中の特徴を、学級数・生徒数・部活動数・部活動加入率・部活動の活動状況・部活動の指導状況・部活動加入の義務づけ状況の観点から確認しよう。筆者は、ヒガシ中学校と同じ地域にある公立中学校を対象に質問紙調査をおこなった。そこで得られたデータをもとに比較した結果を、表4－4にまとめた。各中学校の状況ととも

表4-3　全国の公立中学校の平均と比較したヒガシ中学校の特徴

	学級数	生徒数	部活動数	部活動加入率	顧問に就く教員の割合
全国の平均	11.0学級	346.2名	12.1部	88.5%	74.9%
ヒガシ中学校	12～14学級	500名前後	13～19部	90%以上	90%前後

（注）全国の公立中学校の平均については、学級数と生徒数を「学校基本調査」（2002年）をもとに算定、部活動数と顧問に就く教員の割合を中澤ほか（2009）から引用、部活動加入率を西島ほか（2002）から引用した。ヒガシ中学校については、フィールドワークを実施した2002年度から07年度までの状況を概括した。

に、地域にある全11校の平均も示した。

　これを見ると、ヒガシ中は、学級数が13学級（地域平均は8.4学級）、生徒数が475名（地域平均は275.7名）、部活動数が18部（地域平均は12.9部）、部活動加入率が95.0%（地域平均は81.2%）と、それぞれが地域のなかで最大値を示している。部活動の活動状況については、どれくらい盛んに活動しているかを4件法（とても／やや／あまり／まったく）で尋ねた。結果は、他校のすべてが「やや盛ん」と答えるなかで、唯一ヒガシ中は「とても盛ん」と答えた。部活動の指導状況については、どれくらい力を入れているかを4件法（かなり／ある程度／少し／まったく）で尋ねた。結果は、他校が「ある程度力を入れている」「少し力を入れている」と答えるなかで、唯一ヒガシ中は「とても力を入れている」と答えた。部活動加入の義務づけ状況については、学校として生徒の部活動加入を義務づけているかどうかを、「全員に加入を義務づけている」（以下、「全員義務」と表記）、「加入を義務づけてはいないが、積極的に加入をすすめている」（以下、「積極的にすすめている」と表記）、「とくに加入はすすめてはおらず、加入は生徒に任せている」（以下、「生徒に任せている」と表記）、「その他」の選択肢を用意して尋ねた。結果は、「全員義務」の学校はなく、「積極的にすすめている」か「生徒に任せている」のいずれかであり、ヒガシ中は「積極的にすすめている」であった。

　以上を踏まえると、ヒガシ中の特徴とその位置づけは次の3点にまとめられる。第1に、学校規模が大きく、それに関連して、部活動数が多い。これは、ヒガシ中が設置する部活動の規模が全国的にも地域的にも大きいことを示している。第2に、部活動加入率が高く、活動状況も盛んである。これは、ヒガシ中の部活動が、ただ学校規模に対応して設置規模が大きいだけでなく、

表4-4　地域の公立中学校と比較したヒガシ中学校の特徴

	学級数	生徒数	部活動数	部活動加入率	部活動の活動状況	部活動の指導状況	部活動加入の義務付け状況
地域の平均	8.4学級	275.7名	12.9部	81.2%			
A中学校	8学級	278名	7部	63.2%	やや盛ん	ある程度力を入れている	積極的にすすめている
B中学校	11学級	396名	14部	無回答	やや盛ん	ある程度力を入れている	生徒に任せている
C中学校	9学級	262名	8部	54.9%	やや盛ん	ある程度力を入れている	生徒に任せている
D中学校	10学級	335名	13部	95.0%	やや盛ん	ある程度力を入れている	積極的にすすめている
E中学校	7学級	207名	11部	91.5%	やや盛ん	ある程度力を入れている	生徒に任せている
F中学校	7学級	226名	14部	90.0%	やや盛ん	ある程度力を入れている	積極的にすすめている
G中学校	9学級	289名	11部	75.1%	やや盛ん	ある程度力を入れている	生徒に任せている
H中学校	6学級	191名	11部	85.0%	やや盛ん	ある程度力を入れている	積極的にすすめている
I中学校	6学級	215名	12部	73.4%	やや盛ん	ある程度力を入れている	生徒に任せている
J中学校	6学級	159名	12部	88.8%	やや盛ん	少し力を入れている	生徒に任せている
ヒガシ中学校	13学級	475名	18部	95.0%	とても盛ん	かなり力を入れている	積極的にすすめている

（注）2003年10月から11月にかけて実施した、地域の公立中学校を対象とした質問紙調査の結果をもとに筆者作成。

その中身の活動自体も活発であることを示している。第3に、顧問に就く教員の割合が高く、部活動の指導状況が熱心であり、生徒の部活動加入にも積極的である。これは、ヒガシ中とその教師たちが、部活動全体に強くかかわり、それを積極的に支えていることを示している。つまり、ヒガシ中では、学校と教師の強いかかわりによって、部活動が大規模かつ活発に成立していた。本書では、このヒガシ中で、運動部活動がどのように成立しているのか、その成立に向けて学校と教師はどのようにかかわっているのかを記述することによって、現在の運動部活動の維持過程を分析する。

ただし、ヒガシ中は、部活動が比較的大規模かつ活発に成立している点で、一般的な中学校とやや様子が異なる。そこで、分析の妥当性と一般性を確保するため、次の3つに留意した。1つ目は、ヒガシ中の置かれた文脈と状況を、可能なかぎり詳細に記述したことである。ヒガシ中で生じた現象が個別特異的なものだったとしても、それを生じさせた個別特異的な文脈や状況を十分に記述することで、運動部活動を成立させる仕組みを説明・理解することができる。2つ目は、ヒガシ中の内部での、部活動による成立状況の違い、教師によるかかわり方の違いに注目し、各部活動の比較および各教師の比較から、それぞれの違いを生じさせる原因・理由を分析したことである。このようにヒガシ中内部の複数のケースを比較することによって、ヒガシ中全体の個別特異性とは別に、運動部活動を成立させる仕組みを説明・理解することができる。3つ目は、部活動が大規模かつ活発に成立しているというヒガシ中の特徴によって、むしろ運動部活動を成立させる仕組みが明瞭に現れると考えられることである。一般的な中学校よりも部活動が大規模かつ活発に成立しているヒガシ中では、一般的な中学校よりも学校と教師が強くかかわっているのであり、その強いかかわりが、なぜ、どのように生じているのかを分析することで、運動部活動を成立させる仕組みをより明瞭に説明・理解することができる[12]。

4−3　フィールドワークの経緯

　分析を始める前に、フィールドワークの経緯を、筆者が本書の問題関心に至った過程も示しながら述べておく。これまでの記述と重複する部分もあるが、現場の感覚とそれを取り巻く状況を整理し、それを筆者がどう受け止めたかを述べる。

　筆者が、ヒガシ中のフィールドワークを開始したのは、2002年4月である。当時は、教育課程内の授業としておこなわれていた、特別活動におけるクラブ活動を廃止した中学校学習指導要領が完全実施となった時期である。それまでは、多くの学校で、部活動参加をもってクラブ活動の履修を認める部活代替措置が取られていた。この部活代替措置によって、部活動は、課外活動でありながら、事実上教育課程と密接に結び付いていて、そのため、運動部活動の基盤は比較的安定していたといえる。しかし、学習指導要領改訂に伴い部活代替措置が崩れたことで、運動部活動のあり方そのものが大きく変わ

ることが予想された。たとえば、これまで幾度となく指摘されてきた教師の負担の問題に鑑みると、学校と教師が率先して運動部活動を地域社会に移行することも予想された。そうした予想を確かめようとする意図から、筆者はフィールドワークを開始した。

　ヒガシ中が所在する地域の教育委員会は、学習指導要領が改訂された2002年度に「今後の中学校部活動のあり方について」という資料を作成した。その資料では、「教員への負担が大きくなりすぎ、教員の疲労が重なって本務への支障が心配される」と、教育課程外の部活動が、教師の負担を介して教育上の問題となっていることが指摘された。同じく02年度に、この地域の公立中学校校長会は、部活代替措置が崩れた後の実際的な対応について協議し、「これからの中学校における運動部活動のあり方」をまとめた。そこでは、「部活動の指導が教師の本務ではない」という認識のうえで、教師の「過重負担」が問題として挙げられた。このように教育委員会も校長会も運動部活動に従事する教師の負担を問題視していたが、その問題解決に向けて何か特別な措置を取ったわけではなかった。そのため教育課程外の運動部活動の取扱いは、あくまでそれぞれの学校とそれぞれの教師に任されていた。また、自治体や教育委員会が外部指導員の派遣システムを整えていたわけでもなく、その導入は各学校の裁量に委ねられていた。では、こうした状況に取り囲まれるなかで、ヒガシ中とその教師は、運動部活動にどのようにかかわっていたのか。

　上述したように、ヒガシ中では、部活動が比較的多く設置され、生徒加入率も高く、そして、ほぼすべての教諭が顧問となり、部活動の指導や運営にかかわっていた。だがヒガシ中では、学習指導要領改訂に伴って部活代替措置が崩れたことを背景に、部活動への従事が教師の職務かどうかが、以前より一層あいまいになっていた。ヒガシ中校長（男性、50代）は、次のように語った。

　　部活動っていうのが、学校現場に任されすぎているんですよ。教育に必要といいながら、行政はどうしようとしてるのかわからないし。部活動するかということも明確にされていないし。学校に任されても、お金の負担もありますし、教員の配置もありますし。［校長：2004年3月23日］

部活動をどうするかについて、事実上、自治体や教育委員会の関与はなかった。そのためヒガシ中は、部活動を成立させるための財政上の問題や顧問配置の問題を被っていた。このように、部活動の裁量が現場に任せられる状況で、ヒガシ中は部活動の位置づけを決めようと、「部活動に関する職員会議」を2004年2月から3月にわたって数回開催した。そこでは、まず部活動が「学校において計画する教育活動であり、積極的に活動するように配慮し、好ましい人間関係を育てる等、教育的な場である」（会議配布資料から引用）ことが確認された。しかし他方で、会議では部活動に対する意見を求めたアンケートが全教師を対象に実施され、そのなかで、「授業と学年学級経営と部活、そんなに体は持たないし、やれる能力はない」（会議配付資料から引用）と、授業や学級経営と部活動の運営・指導を両立させることは困難であるという声も表明された。これらを踏まえて、校長は、部活動を次のように位置づけた。

　　本校というか、まぁ私としては…無理することはないよっていうことは基本においてます…（教師に）何でもかんでも部活を持って、やってほしいというのではなくて。持っていただいたとしても無理のないようにね…無理のない範囲でやっていく。［校長：2004年8月9日］

　校長は、部活動を存続させるにあたって、「無理することはない」「無理のない範囲で」というあいまいな妥協案を決定し、これがヒガシ中での部活動の位置づけとなった。このように、強く推奨していくわけではなく、かといって縮小・解体するでもない、あいまいな妥協案にならざるをえなかった事情について、校長は次のように語っていた。

　　やっぱりね、教員にはボランティアでやってもらっているわけですから。教員も…自分で指導したいっていう、そういう人ばかりならいいんですけどね…難しいところがある。それに保護者のほうも、自分がやってた時代の部活動の思い出っていうのがあって。だから部活動をやるべきだっていうのがあってね。それに今度（学習指導要領が）変わって…しなくてもよくなったってこともまだ保護者たちには浸透していなくて。

部活動はあるべきだ、教員は指導をするべきだっていうね。そういう板ばさみですよ学校は。狭間に立たされてます。[校長：2004年3月23日]

　校長は、一方で運動部活動が教師の「ボランティア」に委ねられているにもかかわらず、他方で保護者から強い要求が寄せられ、学校が両者の「板ばさみ」にあると語った。これらが、運動部活動を強く推奨することができず、縮小・解体することもできなかった事情であった。これらの事情は、筆者の問題関心の焦点であり第Ⅱ部の枠組みにも密接に関連している。順に詳しく述べる。

　まず、保護者の存在と影響についてである。ヒガシ中学校の地域には、公立中学校に通う子どもを持つすべての保護者から組織される中学校PTA連合会があった。同連合会が2002年3月に全保護者4,289人に対して学校教育に関する質問紙調査をおこない、そこで「中学生にとって部活動のような活動は必要だと思いますか」と尋ねたところ、回収された2,877人中、88.4%にあたる2,542人から肯定する結果が得られた。保護者は、運動部活動に強い期待を寄せていた。[13] その期待を背景に、ヒガシ中では、運動部活動のあり方をめぐって、保護者が実際に関与することもあった。[14] こうした保護者の存在と影響によって、ヒガシ中は、運動部活動を容易に縮小・解体できなかった。こうした事情が、筆者が当初予想していたような、運動部活動の地域社会への移行を妨げていたといえる。ただし、保護者の運動部活動へのかかわり方は多様であった。ヒガシ中のPTA会長であるササキ・ミツオ氏（男性、42歳：仮名）によれば、運動部活動についてPTAで話し合うことはないという。PTA会長のササキ・ミツオ氏は、運動部活動への保護者のかかわりを「それぞれの部で、保護者が頑張ってるってところ」[ササキ・ミツオ氏：2006年4月29日]と説明する。つまり、PTAが全体の部活動にかかわることはなく、保護者のかかわり方は、各部活動でばらつきが大きかった。たとえば、保護者が保護者会をつくり組織的にかかわる運動部活動もあれば、保護者が試合の応援にもまったく顔を出さない運動部活動もあった。こうした保護者のかかわり方の内容や程度の違いに対して、学校はどう対応するのか。そして、そうした学校‐保護者関係は、運動部活動の成立にどう影響するのか。筆者の問題関心の一つは、こうした学校‐保護者関係に照準し

ていった。それを第5・6章で分析する。

次に、教師が抱える負担や困難である。ヒガシ中の顧問教師の多くは、運動部活動にかかわることの負担や困難に向き合っていた。年度末に職員会議の場でおこなわれていた、顧問教師を対象とした部活動に関するアンケートでは、「休みがほとんどない」「すごく大変」などの声が上げられ、顧問教師の負担や困難が毎年のように問題となっていた。そのため、ヒガシ中は運動部活動を強く推奨することができなかった。こうしたなかで、ヒガシ中では職員会議で部活動の位置づけがあらためて話し合われた。そこで、全校的にも教師の負担と困難が問題化され、なかには、その解消のために運動部活動を地域社会に移行すべきだと主張する教師もいた。こうした教師の主張は、筆者が当初抱いていた予想と合致するものであり、運動部活動を教育問題と見なしている。

しかし、そうしたなかで、運動部活動を地域社会に移行すべきだと主張する教師を強く批判し、学校教育活動として学校に残すべきだと主張する教師がいた。この主張は、筆者の当初の予想とは違い、運動部活動を「教育問題」ではなく、学校教育活動と見なしている。両者の見方は正反対であり、ヒガシ中の職員会議で両者の意見がすり合うことはなかった。なぜこうしたすれ違いが生じるのか。さらに付け加えると、運動部活動を学校に残すべきだと主張する教師は、日頃から運動部活動に非常に熱心にかかわっていた。いわば、より一層大きな負担を被っているはずでありながら、教育のために学校に残すべきだ、と主張しているわけである。なぜなのか。また、運動部活動を地域社会に移行すべきだと主張する教師も、結局は完全に離脱することなく、消極的ながら運動部活動にかかわり続けていた。なぜか。筆者のもう1つの問題関心は、こうした負担と困難を抱えながらも、運動部活動にかかわり続ける顧問教師たちに照準していった。それを第7・8章で分析する。

4－4　主なインフォーマントの一覧

第Ⅱ部で取り上げる主なインフォーマントの一覧を、表4－5に示した。ヒガシ中の教員14名、生徒52名、保護者16名、外部指導員3名の、合計85名である。名前はすべて仮名とした。夫婦で登場する保護者は、同姓表記とした。各インフォーマントのプロフィールの詳細は、適宜本文中で言及する。

表4-5　主なインフォーマントの一覧

	氏名	備考	本文中での言及箇所
教員	校長		第4・5・6・7・8章
	教頭		第5章
	タキザワ教諭	サッカー部顧問	第6・7・8章
	オカダ教諭	ラグビー部顧問	第5・6・7・8章
	フジモト教諭	サッカー部顧問	第7・8章
	サイトウ教諭	卓球部顧問	第7・8章
	ドイ教諭	ラグビー部顧問	第5・7・8章
	ナカタ教諭	ラグビー部顧問	第7・8章
	ノダ教諭	卓球部顧問	第5・7・8章
	ヤマシタ教諭	女子バレーボール部顧問	第5・7・8章
	イズミダ教諭	バスケットボール部顧問	第5・7・8章
	フクハラ教諭	男子バレーボール部顧問	第7・8章
	コクブ教諭	吹奏楽部顧問	第7・8章
	アイカワ教諭	サッカー部顧問	第7・8章
生徒	カオリ	女子バレーボール部部員	第5章
	タケル	卓球部部員	第5章
	ミキ	女子テニス部部員	第5章
	メグミ	女子テニス部部員	第5章
	トオル	サッカー部部員	第6章
	マナブ	ラグビー部部員	第7章
	タケシ	ラグビー部部員	第7章
	ケンタ	ラグビー部部員	第7章
	カズキ	ラグビー部部員	第7章
	リョウヘイ	ラグビー部部員	第7章
	ダイスケ	ラグビー部部員	第7章
	ノボル	ラグビー部部員	第7章
	ヒトシ	ラグビー部部員	第7章
	タカシ	ラグビー部部員	第7章
	サトル	ラグビー部部員	第7章
	コウジ	ラグビー部部員	第7章
	カツユキ	ラグビー部部員	第7章
	マモル	ラグビー部部員	第7章
	トモノブ	ラグビー部部員	第7章
	ユウタ	ラグビー部部員	第7章
	タイチ	ラグビー部部員	第7章
	テツオ	ラグビー部部員	第7章
	ケンジ	ラグビー部部員	第7章
	カズヒト	ラグビー部部員	第7章
	ヨシオ	ラグビー部部員	第7章
	ヒロカズ	ラグビー部部員	第7章
	シュウイチ	ラグビー部部員	第7章

	ナオト	ラグビー部部員	第7章
	ミチオ	ラグビー部部員	第7章
	リュウタ	ラグビー部部員	第7章
	ソウタ	ラグビー部部員	第7章
	ヤスヒロ	ラグビー部部員	第7章
	フミオ	ラグビー部部員	第7章
	タツヒコ	ラグビー部部員	第7章
	マサトシ	ラグビー部部員	第7章
	ハジメ	ラグビー部部員	第7章
	トシオ	ラグビー部部員	第7章
	ユキノブ	ラグビー部部員	第7章
	ノブオ	ラグビー部部員	第7章
	サトシ	ラグビー部部員	第7章
	タカヒト	ラグビー部部員	第7章
	カケル	ラグビー部部員	第7章
	マサヒロ	ラグビー部部員	第7章
	ケイイチ	ラグビー部部員	第7章
	マサキ	ラグビー部部員	第7章
	タクヤ	ラグビー部部員	第7章
	フミヒコ	ラグビー部部員	第7章
	ノリオ	ラグビー部部員	第7章
	コウイチ	ラグビー部部員	第7章
	ユキオ	ラグビー部部員	第7章
	シンジ	ラグビー部部員	第7章
	ナオキ	ラグビー部部員	第7章
保護者	ササキ・ミツオ氏	PTA会長・卓球部保護者	第4・5章
	マエダ・エイジ氏	ラグビー部保護者	第5章
	マエダ・アイコ氏	ラグビー部保護者	第5章
	ヤノ氏	ラグビー部保護者	第5章
	トミタ氏	ラグビー部保護者	第5章
	カワノ氏	女子バレーボール部保護者	第5章
	スズキ氏	女子バレーボール部保護者	第5章
	モチダ氏	女子バレーボール部保護者	第5章
	イノウエ氏	女子バレーボール部保護者	第5章
	ワダ氏	女子バレーボール部保護者	第5章
	ササキ・エミ氏	卓球部保護者	第5章
	ウエダ氏	サッカー部保護者	第6章
	スミタ氏	サッカー部保護者	第6章
	トドロキ氏	サッカー部保護者	第6章
	カワカミ氏	サッカー部保護者	第6章
	ハシモト氏	サッカー部保護者	第6章
外部指導員	シオダ氏	ラグビー部外部指導員	第5章
	キダ氏	卓球部外部指導員	第5章
	サノ氏	サッカー部外部指導員	第6章

注

（1）学校と保護者の関係が戦後から現在に至るまでどう移り変わってきたのかについて、家族－学校の関係史を描いた広田照幸（2001、pp.244-271）を参照して、補足しておきたい。広田によると、戦後から高度経済成長期にかけては、家族が学校に従属する学校優位の時代であった。しかし、家族が自律化し親の教育関心が高まった1970年代半以降、家族－学校の力関係が逆転し、家族優位の時代が展開する。そして「いまや学校は家族の個別で多様なニーズに応えるサービス機関になってしまった」という（広田、2001、p.270）。
（2）現在の維持過程を分析する際にも、学校と教師のかかわり方を中心に検討するが、分析対象から、生徒の存在をまったく除外したわけではない。フィールドワークに基づいた各章の分析では、生徒の運動部活動へのかかわり方も記述していく。ただし、筆者がおこなったそうした分析結果からも、生徒の意思が運動部活動を成立させていたわけではないことがわかる。つまり、生徒に加入・継続の意思があっても、学校や教師によって廃止された運動部活動が観察され、生徒に加入・継続の意思がなくても、学校や教師によって存続された運動部活動も観察された（第5章の3）。
（3）より正確にいえば、運営面を担う顧問は、教師のなかでも教諭だけに任されてきた。顧問は、学校教育法第28条6項「教諭は、児童の教育をつかさどる」（同項は中学校にも適用）という規定に含まれるという解釈から、講師や事務職員ではなく、教諭が務めることが慣例とされている（部活動振興専門委員会、2006、p.2）。
（4）体育・スポーツ社会学領域の先行研究では、これまでにもユーススポーツに対する保護者のかかわりの強さが国際的に指摘されてきた（McPherson et al., 1989, pp.85-86.；Coakley, 2003, pp.129-131）。日本についても、「日本の親は、スポーツを通した子どもの精神的・社会的規律の発達を過度に強調する」（Yamaguchi, 1996, p.73）と言及されてきた。
（5）教育政策学を専門とする中田康彦（2010、pp.24-25）は、昨今の「開かれた学校づくり」での保護者の位置づけについて、「開かれた学校づくり」を外部評価型と教育実践型に分類しながら、それぞれにおいて、保護者を学校外部に「消費者」や「納税者」として位置づける流れと、学校内部に「主権者」として位置づける流れの2つがあると指摘している。この中田の議論は、本書で論じた運動部活動での保護者の2つの側面、すなわち新自由主義的な流れにおける消費者と、参加民主主義的な流れにおける協働者の側面に、対

応したものと考えられる。
（６）ただし、第1章の3でも触れたが、一般的にアメリカでは、学校の運動部活動よりも地域のスポーツクラブが盛んであり、そもそも日本のように教師が運動部活動にかかわるとはかぎらない（Weiss and Hayashi, 1996）。なぜなら、アメリカの教師は、運動部活動を教師の役割に含まれる学校教育活動ではなく、コーチの役割に含まれるスポーツであると捉える傾向にあるからである。そのため学校に運動部活動が存在する場合も、本文中で述べたとおり、教師とは別に雇われるスポーツの専門的コーチが指導を担う場合が多い。こうしたアメリカの状況と比較すれば、日本の運動部活動とそれにかかわる教師の姿が特徴的であることがわかる。
（７）第Ⅱ部で用いるフィールドワークのデータは、西島央（首都大学東京）を代表とする研究会・「部活研」による文部科学省科学研究費の交付を受けた調査研究において、筆者が、その「部活研」メンバーの一員として、収集したものである。本書でのデータ使用許可を、代表の西島から得た。「部活研」メンバーは、西島の他に、藤田武志（日本女子大学）、矢野博之（大妻女子大学）、山下薫子（東京芸術大学）、羽田野慶子（福井大学）、荒川英央（元日本橋学館大学）、宮本幸子（ベネッセコーポレーション）、熊谷信司（東京大学大学院博士課程）である。

　フィールドワークの遂行にあたっては、フィールドの紹介、フィールド先でのラポール形成、フィールドノーツの作成方法などの多方面で、西島先生と矢野先生を中心とする「部活研」メンバーから適宜アドバイスを得た。調査研究の機会を与えてくださった、西島先生をはじめ「部活研」メンバーに、記して謝意を示したい。

　そして何よりも、ヒガシ中学校の教職員・生徒・保護者・関係者のみなさまに、温かいご支援をいただきました。みなさまからのご支援がなければ、本研究を遂行できませんでした。厚く感謝を申し上げます。また、匿名性を保つために名前を挙げることができないのが非常に残念ですが、校長先生とオカダ教諭から受けたご支援には、いくら感謝してもしきれません。どうもありがとうございました。
（８）本書で直接使用することはなかったが、フィールドの周辺状況を知るために、以下の調査もおこなった。学校と近隣地域に関連する情報収集として、学校説明会の様子、PTA活動、地域住民との教育懇談会などの観察調査、それら参加者へのインタビュー調査、資料収集調査をおこなった。地域全体の教育行政に関連する情報収集として、地方議会議員と教育委員会事務局担当者へのインタビュー調査、資料収集調査をおこなった。地域全体のスポー

ツ事情に関連する情報収集として、地域スポーツ指導者へのインタビュー調査をおこなった。
（9）ただし、1年生の学業成績については、入学から時間が経っておらず、試験ごとの成績の変動も激しかったため、正確に把握することはできなかった。
（10）全国の公立中学校の平均については、学級数・生徒数を「学校基本調査」（2002年）をもとに算定した。部活動数・部活動加入率・顧問に就く教員の割合については、公的な統計資料がないため、西島央たちが実施した部活動に関する調査結果を参照した。部活動数・顧問に就く教員の割合を、全国8都県の公立中学校とその教員を対象とした質問紙調査結果が報告された中澤ほか（2009）から引用した。部活動加入率を、全国7都県の中学生を対象とした質問紙調査結果が報告された西島ほか（2002）から引用した。ただし、西島ほか（2002）は私立中学校も対象に含まれていたため、それを除いて、公立中学校だけの部活動加入率を算定した。これらをもとに、全国の公立中学校とヒガシ中学校の比較をおこなった。
（11）筆者は、この地域にある14の公立中学校（ヒガシ中を含む）を対象に、各校の部活動の状況を把握するための質問紙調査を、2003年10月から11月にかけて実施した。この地域では、地域中学校体育連盟の会議が定期的におこなわれていて、その会議に出席している各学校代表の部活動指導担当教員に回答を依頼した。有効回答票を、ヒガシ中を含めた11の公立中学校から回収できた。この質問紙調査によって得られた03年度での11校の状況をもとに、地域の公立中学校とヒガシ中学校の比較をおこなった。
（12）ただし、こうした留意はしたものの、やはり地域差に関する分析が不十分であることは自覚されなければならない。第1章の注（9）でも述べたとおり、学校－保護者関係については、地域差が大きい可能性を否定できない。本フィールドは関東圏の都市部の中学校であり、子どもの教育に熱心で、エネルギーを注ぐ保護者が多かった。こうした地域と、子どもの教育にそれほど熱心でなく、エネルギーを注ぐ保護者が少ない地域の中学校では、事情が異なるのかもしれない。それぞれの地域の事情を丁寧に分析しながら、各地域の相違点／共通点を洗い出す作業が残されている。
（13）このように運動部活動に強い期待を抱く保護者が多い理由の一つには、保護者の世代的特徴があるように思われる。本章の1で述べたとおり、現在の保護者が中学生・高校生だった時代に、運動部活動は大衆化していった。そのため、運動部活動の存在やそこでの経験を、当然視しているのかもしれない。ただし、それを明らかにするには世代間比較などが必要であり、その分析はできていない。示唆するにとどめる。

（14）ヒガシ中全体での保護者のかかわり方としては、ヒガシ中で敷かれていた学校評議員制のなかで、PTA会長が保護者代表としてそのメンバーに入っていた。が、それはあくまで意見を述べる一メンバーという立場であり、ヒガシ中の学校経営の決定権を握っていたわけではなかった。一般の保護者がヒガシ中に足を運ぶ機会は、後述する部活動の他に、担任との面談や授業参観、運動会、文化祭などの学校行事、それにPTA活動であった。PTA活動は、運営委員会が月に1度開催されていて、その内容は、学校に足りない備品をPTA予算で購入するなど、学校経営を助けようとする色が濃かったといえる。そうしたなかで、もっとも直接的で強いかかわりを持っていたのが、運動部活動場面であった。

（15）代表的には、第6・7・8章で言及するサッカー部顧問のタキザワ教諭であった。

（16）代表的には、第5・6・7・8章で言及するラグビー部顧問のオカダ教諭であった。

第5章　運動部活動の存廃と学校 – 保護者関係

1　学校 – 保護者関係は、運動部活動の存廃にどう影響するか

　本章では、どのような保護者のかかわり方が運動部活動を成立させるのかに関して、保護者のかかわり方の違いを、新自由主義的な流れにおける消費者としてのかかわり／参加民主主義的な流れにおける協働者としてのかかわりという観点からパターン化し、各パターンでの学校の対応の仕方と、それを通じた運動部活動の成立の仕方を比較する。

　そのためには、まず、ある保護者のかかわり方が新自由主義的な流れにおける消費者としてのかかわりなのか、参加民主主義的な流れにおける協働者としてのかかわりなのかを、行為の次元で分類する必要がある。行為の次元で分類する理由は、一人の保護者が、時と場合に応じて、消費者としてかかわったり、協働者としてかかわったりするかもしれないからである。そのため、それぞれの保護者を分類するのではなく、保護者が取るそれぞれの行為を分類する必要がある。

　では、どのような行為が、どちらの立場のかかわりと判断できるか。可能性があるすべての行為の種類を列挙しそれぞれを分類することは難しいため、本章では、代表的な行為として、〈要望〉と〈支援〉に着目する。

　〈要望〉とは、「学校の教育活動への直接的な要求と間接的な期待」を指した概念である。保護者は、子どもに受けさせたい教育内容を要求したり、望ましい学校教育のあり方を期待したりすることがある。そうした保護者の要求や期待は、学校の教育活動の内容や方針に、直接的／間接的に影響を与えると考えられる。学校教育活動一般だけでなく、運動部活動に対する保護者の要求や期待も大きい。中学生・高校生のスポーツ活動に関する調査研究協力者会議（1997）の全国調査によれば、保護者の90％以上が運動部活動は生

徒の生活に「役立っている」と答え、95％以上が運動部活動は「必要」と答えている。保護者は運動部活動に期待し、その存続を要求していて、学校はそれを無視できない状況にある。こうした学校教育活動や運動部活動のあり方をめぐる影響関係は、いわば保護者の需要と学校の供給の市場的な対応関係を形成しているといえる。そこで、この〈要望〉を新自由主義的な流れにおける消費者としての保護者のかかわり方の代表と見なす。

　次に〈支援〉とは、「学校の教育活動の補助とそれへの参加」を指した概念である。保護者は、学校が単独で教育活動を遂行できない場合、それを補助したり、より積極的に参加したりすることがある。運動部活動でも、運営面や指導面の役割を補助したり参加したりする保護者は少なくない（中学生・高校生のスポーツ活動に関する調査研究協力者会議、1997）。実際に保護者が、中学校にナイター設備を設置して運動部活動の存続を援助する事例も報告されている（水上、2004）。そうした保護者の補助や参加は、学校教育活動や運動部活動の実施過程に加わることを意味していて、教育実施者である学校との関係を従来と違ったものにする。そこでの保護者と学校の関係は、いわば教育実施者として一体となった、あるいは対等となった協働関係であるといえる。そこで、この〈支援〉を参加民主主義的な流れにおける協働者としての保護者のかかわり方の代表と見なす。

　以上から、これら〈要望〉と〈支援〉の概念を用いて、分析課題を明確化する。〈要望〉と〈支援〉は観察可能な行為の次元で設定された概念であるため、データに照らしてその有無を判断できる。この〈要望〉と〈支援〉の有無の組み合わせを考えると、保護者のかかわり方の違いを、表5－1に示したA～Dの4パターンに分けることができる。パターンAは〈要望〉と〈支援〉の両方がある場合、パターンBは〈要望〉はあるが〈支援〉がない場合、パターンCは〈要望〉はないが〈支援〉がある場合、パターンDは〈要望〉と〈支援〉の両方がない場合である。

　本章の課題は、この4パターンの比較を枠組みとしながら、各パターンでの学校－保護者関係を記述し、それぞれが運動部活動の成立にどのように結び付くかを明らかにすることである。なお、実際の学校では、運動部活動の成立は、文化部も含めたその他の部活動全体のあり方と不可分に関連している場合がある。そのため本章の分析では、運動部活動の成立を中心としながらも、文化部も含めた部活動全体についても議論の対象とする。

表5-1　保護者のかかわり方のパターン

パターン	A	B	C	D
新自由主義的な流れにおける消費者としてのかかわり　＝〈要望〉	あり	あり	なし	なし
参加民主主義的な流れにおける協働者としてのかかわり＝〈支援〉	あり	なし	あり	なし

2　存続する部活動と廃止される部活動

2-1　年度替わりの顧問教師の異動への注目

　本章では、運動部活動の存続や廃止が問題となる場面として、年度替わりの顧問教師の異動に注目する。運動部活動が存続するためには、特に運営面を担うために、教師が顧問に就任することが必要である。しかし教師は常に他校に異動する可能性がある。公立学校の場合、教師の異動は、地方公務員法17条に定められるとおり、「職員の職に欠員を生じた場合」におこなわれる。そのねらいは、学校間の格差是正や教職員の職能的発達促進である（伊津野、1989）。『学校教員統計調査報告書』によれば、2003年度での中学校の「転入」者は、4万527名であり、これは中学校教師全体の17.3%にあたる。決して少なくない数の教師が毎年度異動することは、学級担任の配置や校務分掌の割当、授業時数の分配など、学校の組織体制を整えるうえで問題を生じさせる（竹谷、2001）。

　さらに運動部活動の場合、他の活動以上に、教師の異動は学校を悩ませる。なぜなら、公立中学校では、人事異動は教科の欠員補充が最優先の事項であり、運動部活動のそれは副次的な事項だからである。そのため、ある運動部活動の顧問教師が異動したとき、かわりに赴任する教師がその運動部活動を運営・指導できるかは保障されない。そのため顧問教師の異動は、運動部活動が存続するかどうかに直接関係する決定的な出来事になる。つまり、顧問教師が異動するかもしれない年度替わりは、運動部活動を存続させるか廃止させるかが決められる時期である。

2-2　分析対象の抽出

　表5-2に示したのは、ヒガシ中学校での、2001年度から07年度にかけ

表5-2　年度替わりの顧問教師の異動と部活動の存廃

	2001-2002年度	2002-2003年度	2003-2004年度	2004-2005年度	2005-2006年度	2006-2007年度	パターン
バスケットボール	○	○	○	○	○	○	
ラグビー	○	○	○	○	○	□	A
野球	○	○	○	○	○	□	
男子バレーボール	○	○	○	○	○	●	
女子バレーボール	○	○	○	□	□	○	A
ワンダーフォーゲル	○	○	○	○	□	○	
水泳	○	○	○	○	■	—	D
女子軟式テニス	○	○	○	■	—	—	B
卓球	○	○	□	□	□	□	B
剣道	○	○	○	□	□	□	
マラソン	○	■	—	—	—	—	D
バドミントン	□	○	○	○	○	○	
サッカー	□	○	○	○	○	○	A
硬式テニス	—	△	■	—	—	—	
文芸	○	○	○	○	□	●	
絵画	○	○	○	○	○	○	
園芸	○	○	○	○	●	—	D
百人一首	○	□	○	■	—	—	D
JRC	○	●	○	○	○	○	D
吹奏楽	□	○	□	○	□	○	
料理	■	—	—	—	△	○	
コンピュータ	■	—	—	—	—	—	
自然科学	—	—	△	●	—	—	
図書ボランティア	—	—	—	△	○	○	

（注）○（残留・存続）、□（異動・存続）、●（残留・廃止）、■（異動・廃止）、△（創部）、—（なし）。データが十分に集まり、分析対象とするケースを囲み線で表記した。ただし、サッカー部は、次章で扱う。

ての顧問教師の異動（残留／異動）と部活動の存廃（存続／廃止）の関係である。[1]

　創部（△）を除いた107ケースのうち、残留・存続のケース（○）は73、

異動・存続のケース（□）は22、残留・廃止のケース（●）は5、異動・廃止のケース（■）は7であった。7年間で顧問教師の異動がなかったのは、バスケットボール部だけだった。顧問教師が異動した29ケース中、およそ4分の1にあたる7ケースが廃止されている。また顧問教師が残留したにもかかわらず、廃止されたケースが5つあった。顧問教師の異動に関連して、存続する運動部活動があれば、廃止する運動部活動もあることがわかる。こうした違いを生み出す背景に、どのような保護者のかかわりがあったのか。

　続いて各ケースでの保護者のかかわりに関するデータを収集し、それが収集できたケースを枠組みに沿ってA～Dのパターンに割り振り、分析対象を抽出した。〈要望〉と〈支援〉の両方があるパターンAはラグビー部と女子バレーボール部とサッカー部、〈要望〉があり〈支援〉がないパターンBは卓球部と女子軟式テニス部、〈要望〉がなく〈支援〉があるパターンCは「部活動支援」（後述）、〈要望〉と〈支援〉の両方がないパターンDは水泳部、マラソン部、園芸部、百人一首部、JRC部である。このうち、2年間の追跡調査を実施したサッカー部については、次章で別に論じることにして、それ以外を本章の分析対象とする。

3　保護者の〈要望〉と〈支援〉の有無から見た比較

3-1　パターンA——保護者の〈要望〉と〈支援〉の両方があった部活動

3-1-1　ラグビー部のケース

　ヒガシ中学校ラグビー部は、高校・大学時代にラグビーを経験し、高い指導能力を有したオカダ教諭（男性、30代、保健体育科）を顧問とし、2001年度には部員38名を抱え、都道府県大会で上位入賞するレベルで活動していた。ヒガシ中の部活動のなかで、このラグビー部の保護者が、日頃の活動や試合をもっとも熱心に応援していた。公式大会が遠方でおこなわれるときには、30名を超える父母が貸し切りの大型バスに乗って駆けつけることもあった。ラグビー部の保護者は、ラグビー部の存続を強く期待していた。

　そのラグビー部では2002年4月29日に、オカダ教諭と保護者17名で会議が開かれ、ラグビー部を後援するクラブが設立された。クラブの目的は、オカダ教諭の異動後もラグビー部を存続させることであり、具体的には後継す

る顧問教師に対して、運営面と指導面の補助をすることだった。会議の中心にいた保護者は表5－3の4名だった。01年度卒の部員の父親であるマエダ・エイジ氏がクラブの会長となり、後援クラブの責任者となった。その下でラグビー部への運営面の補助として、マエダ・エイジ氏の妻であるマエダ・アイコ氏がラグビー部とクラブの会計を担当した。そして02年度に3年生となった部員の父親であるヤノ氏が実務全般を担った。指導面の補助としては、大学・社会人時代にラグビーを経験していた1999年度卒の部員の父親であるトミタ氏が指導に参加することが決定した。

表5－3　ラグビー部保護者のプロフィール（2002年度時点）

	性	歳	職業	ラグビー部とクラブとの関係	自身の部活動経験
マエダ・エイジ氏	男	49	私立中学校・高校教師	2001年度卒部員の父親 クラブの会長	剣道部
マエダ・アイコ氏	女	47	社会教育施設職員	2001年度卒部員の母親 クラブの会計	ダンス部
ヤノ氏	男	43	サービス業会社員	3年生部員の父親 クラブの実務全般	剣道部
トミタ氏	男	49	保険会社社員	1999年度卒部員の父親 指導の補佐	卓球部

さらにクラブは、有志の保護者を会員として会費を集め、それを元手として独自に外部指導員を雇用することを決めた。クラブ会長のマエダ・エイジ氏は次のように語った。

　　もともと指導体制をどう確立するかって話だった…でもお金がかかるからクラブで支援しようっていう話です。［マエダ・エイジ氏：2007年8月26日］

こうしたクラブの取り組みによって、2007年度には、現役とOBの保護者を含めて100世帯以上が会員となり、部費を含めたクラブ収入は年間50万円に達していた。それを資金として、ラグビーの専門指導者であるシオダ氏（男性、25歳）が雇用された。氏は大学時代に日本トップクラスのラグビー選手だった人物であり、現在はプロのラグビー指導者として生計を立ててい

た。そうした人物から指導面の補助を得ることができたのは、会計や実務といった運営面での充実した保護者の補助があったからだといえる。

　ラグビー部のたどった経緯に戻ると、2002年度にクラブ化がスタートしてから4年後の06年度、顧問のオカダ教諭はまだヒガシ中に残っていたが、加えて新規採用で着任したドイ教諭（男性、30代、理科）がラグビー部の副顧問に就任した。ドイ教諭は、ラグビーの指導はもちろん、ラグビーをすることもまったく初めての未経験者だった。しかし、顧問のオカダ教諭は、自身が他校に異動してしまうタイミングが差し迫っていたこともあって、ドイ教諭にラグビー部を引き継いでもらおうと積極的に勧誘し、副顧問に据えた。教師が顧問に就いて運営面を担うことが、ラグビー部を存続させるために必要だからであった。一方、ドイ教諭にしても、保護者から運営面と指導面の補助があったことから、拒否することなく副顧問就任を引き受けた。

　そして、2006年度いっぱいでオカダ教諭は他校に異動し、07年度からはドイ教諭が顧問となることで、ラグビー部は存続された。ドイ教諭は、専門的指導を満足におこなうことができなかったが、クラブによる組織的な指導面の手助けを請うことができた。外部指導員のシオダ氏が平日の活動を指導し、保護者のトミタ氏が無償で土日の活動の指導をおこなった。保護者が、〈要望〉するだけでなく、運営面と指導面の〈支援〉もおこなったことで、ラグビー部は存続できたといえる。

3-1-2　女子バレーボール部のケース

　ヒガシ中では2004年度末に、女子バレーボール部（部員10名）と後述する女子軟式テニス部（部員9名）の顧問がそれぞれ異動した(2)。しかし後を引き継ぐことのできる教師はいなかった。そのため05年度から新規採用でヒガシ中に赴任したヤマシタ教諭（女性、30代、数学科）がどちらの顧問に就くかに両部の存廃は委ねられた。ヤマシタ教諭はテニスの経験者であり、指導意欲もあった。また彼女は非常勤講師として勤めていた以前の中学校ではテニス部の顧問に就いていた。こうした特徴からは、ヤマシタ教諭が女子軟式テニス部の顧問にふさわしく思われる。しかしヒガシ中は女子バレーボール部を薦め、結局、彼女はその顧問に就いた。

　ヤマシタ教諭との直接交渉は、前述のラグビー部顧問であり、校務分掌でヒガシ中の部活動全体を統括する「部活動指導」の立場にあったオカダ教

論が、校長から委任されておこなっていた。両部の選択に関して、女子バレーボール部を女子軟式テニス部よりも優先した理由を、オカダ教諭は保護者の「協力」と「バックアップ」の違いだと次のように説明した。

　軟式テニスが保護者と協力してる体制って見たことないし。女子バレーはそれが協力してたり…そういう体制、保護者のバックアップもあるし。女子の部活2つ潰すわけにいかないし。じゃあヤマシタ先生バレーボールお願いしますって。［オカダ教諭：2005年6月1日］

たしかに女子バレーボール部の保護者の「協力」は充実していた。表5－4に示した5名の女性を中心に女子バレーボール部の保護者は、保護者会を組織し部費の徴収・管理や備品の購入など、運営面の補助を積極的におこなっていた。

表5-4　女子バレーボール部保護者のプロフィール（2005年度時点）

	性	歳	職業	女子バレーボール部との関係	自身の部活動経験
カワノ氏	女	43	専業主婦	3年生部員（部長）の母親	バレーボール
スズキ氏	女	42	専業主婦	3年生部員の母親 保護者会代表兼会計職	バドミントン
モチダ氏	女	50	専業主婦	3年生部員の母親	ソフトボール 陸上
イノウエ氏	女	41	パート	OG部員の母親 外部指導員 元保護者会代表	バレーボール
ワダ氏	女	46	専業主婦	1年生部員の母親 外部指導員	バレーボール

保護者は、女子バレーボール部の存続を強く要求していた。娘が部長を務めるカワノ氏（女性、43歳）と保護者会代表のスズキ氏（女性、42歳）は、ヒガシ中に足を運んで、校長に女子バレーボール部の存続を訴えた。

　ぜひとも何とかしてくださいって。絶対お願いしますって。［カワノ氏：2006年3月13日］

これからどうなるんですかぁ。バレー部の顧問になってくれる方、どなたかいませんかって。［スズキ氏：2006年4月21日］

　こうした保護者の訴えはヒガシ中に届き、ヤマシタ教諭は顧問に就任した。しかしヤマシタ教諭はバレーボールの指導経験がなく、また校務に加えて新人研修があるなど多忙であった。そこで保護者は、運営面の補助に加えて指導面の補助にも積極的に乗り出した。カワノ氏とスズキ氏は、現部員や卒業生の保護者のなかからバレーボール経験者を募り、結果的に卒業生の保護者イノウエ氏（女性、41歳）と現部員の保護者ワダ氏（女性、46歳）が外部指導員として参加した。イノウエ氏とワダ氏は、中高時代にバレーボール部に所属し、現在も同地域のママさんバレーボールクラブで活動を続けていた。女子バレーボール部は、〈要望〉を持った保護者自身が、運営と指導の両面で〈支援〉することで存続できたといえる。
　付け加えると、こうした保護者の強い〈要望〉と熱心な〈支援〉とは対照的に、女子バレーボール部の部員が、部の存続を強く希望していたわけでは必ずしもなかった。女子バレーボール部の部長であるカオリは、日頃から部の活動が「きつかったし、厳しかった」と感じていたため、前顧問の異動をきっかけにして「辞めようかと思っていた」と語った。そして、カオリを含めて、女子バレーボール部の部員たちが存続を希望したことはなく、「親たちがお願いして、言ったりして」［カオリ：2005年10月17日］存続されたのだという。実際、部員たちがバレーボール部の活動にすこぶる熱心だったわけではなく、せっかく廃止の危機を乗り切った2005年度にも、退部する部員が複数いた。つまり、女子バレーボール部は、生徒に加入・継続の意思がなかったが、学校や教師そして保護者によって存続された事例だといえる。

3-2　パターンB──保護者の〈要望〉があり〈支援〉がなかった部活動

3-2-1　卓球部のケース

　2003年度末、卓球部（部員26名）の顧問教師が異動した。それによって卓球部の存続が危ぶまれ、新たな顧問が必要になった。だが、指導面はもちろん、運営面を担う余裕がある教師はいなかった。そこで校長は、04年度からヒガシ中に着任したノダ教諭（女性、30代、理科）に、顧問就任を打診した。ノダ教諭は、卓球の経験がないことから消極的だったが、外部指導員

が付いて指導面を担当することを条件に顧問就任を引き受けた。続いて、校長は指導面を担当する外部指導員の確保に奔走した。そして04年3月末に、前顧問教師の紹介から卓球指導の専門家であるキダ氏（男性、50歳）が確保された。キダ氏は、地域の体育協会評議員や卓球連盟理事を務め、青少年の卓球指導やその普及に長年携わってきた人物だった。

　卓球部は、このような指導体制上の変化に加えて、活動規模が縮小した。活動日数が、2003年度までの週7日から、04年度からは週1日に減少したのである。というのも、外部指導員のキダ氏が、地域の体育協会や卓球連盟での職務のため、ヒガシ中に来られるのは1日しかなかったからであり、さらに、ノダ教諭も校務との兼ね合いから活動日数を増やすことを拒んだからだった。

　こうした卓球部の変化に対して、不満を抱いたのが、部長を務めていた3年生部員タケルの両親であるササキ・ミツオ氏とササキ・エミ氏であった。父親のササキ・ミツオ氏は、第4章でも言及した、ヒガシ中のPTA会長であった。ササキ夫妻のプロフィールを表5-5に示す。卓球部の保護者は、保護者会として組織的な補助をおこなっていたわけではなかったが、対外試合の応援には幾人かが参加していた。そうした保護者の中心にいたのが、部長タケルの両親であり、特に母親のササキ・エミ氏であった。

表5-5　卓球部保護者のプロフィール（2004年度時点）

	性	歳	職業	卓球部との関係	自身の部活動経験
ササキ・ミツオ氏	男	41	自動車修理業	3年生部員（部長）の父親　PTA会長	卓球部
ササキ・エミ氏	女	41	パート	3年生部員（部長）の母親　卓球部保護者の中心	軟式テニス部

　年度が明けた2004年4月上旬、校長は、ササキ・エミ氏を学校に呼び、顧問教師が異動したことと、それに伴って活動規模を縮小したことを告げた。校長の話を聞いたササキ・エミ氏は、当時を振り返って次のように語った。

　　すっごい不安でしたよ…校長先生からは、（前顧問が）異動したっていう話があったんです…つぶしてほしくないんで…つぶさないでくださ

いって頼んだんです。［ササキ・エミ氏：2006年4月23日］

　ササキ・エミ氏は保護者を代表して卓球部の存続を学校に強く要求した。結果的にそれは学校に聞き入れられた。しかし他方で、ササキ夫妻たち保護者は、活動規模の縮小に不満であり、校長に活動日数の維持を求めた。これに対し校長は、次のように語った。

　　（保護者から）日にちを延長できないのと、そういう話もありました。（しかし）ノダ先生やなんかの方では、それは無理と。［校長：2004年8月9日］

　保護者は、こうしたノダ教諭の消極的な姿勢に批判的であり、活動規模の維持という要求は簡単にはおさまらなかった。そこで校長は、教師は「サービス」で部活動を受け持っていることを保護者に強調した。さらに、納得できないのならば「地域でやっていただくしかない」と、卓球部を廃止する選択肢をササキ・エミ氏に伝えもしたという。それでもあきらめきれないササキ・エミ氏に対して、校長は、活動規模を維持するために「保護者の責任」で指導してはどうかと提案した。校長の提案について、ササキ・エミ氏は次のように語った。

　　（活動日数が）週7が週1回にされちゃいましたので。ノダ先生がいやがって…（活動日数維持は）指導者がいないと成り立たないって…私にお願いされたんですよ。でも中学生を教えるのは無理なんで。［ササキ・エミ氏：2006年4月23日］

　ササキ・エミ氏は卓球指導の経験はなく、校長の提案を断らざるをえなかった。こうして卓球部は、存続されはしたが、活動規模は縮小された。卓球部は、運営面を担う教師が顧問に就いたことで、保護者の〈要望〉どおりに廃止は免れたが、指導面の〈支援〉が十分でなかったことで活動規模が縮小されてしまった。校長は、こうした卓球部の保護者とのやりとりを通じて、「信頼関係を築くこと」に苦慮したと語った。

3−2−2　女子軟式テニス部のケース

　前述したように2004年度末に女子軟式テニス部の顧問が異動した。しかし、唯一顧問就任が可能だったヤマシタ教諭は女子バレーボール部の顧問に就いたことで、女子軟式テニス部は廃止された。部活動指導担当のオカダ教諭によれば、女子軟式テニス部の保護者が応援に来ることはほとんどないという。筆者のフィールドワーク期間中にも、女子軟式テニス部の保護者が活動に顔を見せることは一度もなかった。たとえば、部長を務めた3年生部員ミキの両親は共働きであり、女子軟式テニス部の活動だけでなくPTAや授業参観にも顔を見せることはほとんどなかった。家庭の事情から、女子軟式テニス部の運営や指導を補助することができなかったのである。

　そのため筆者はその保護者に接近できなかったが、部員へのインタビューによれば、保護者は女子軟式テニス部の存続を期待していたという。先ほどの部長ミキの母親は、2005年度始めに担任に「残念です。部活頑張ってたのに、なくなって残念です」と記した文書を提出していた。また実現することはなかったが、父親も「校長室に乗り込」んで存続願いを「言いに行く」気持ちがあったという［ミキ：2006年3月16日］。さらに校長もそうした保護者の思いを把握していて、にもかかわらず女子軟式テニス部を廃止したことで、保護者との間で「しこりが残った」と語った。女子軟式テニス部は保護者に〈要望〉があったが、運営面や指導面の〈支援〉がなかったことから廃止された。結果、保護者との関係に支障をきたしていた。

　加えて指摘しておきたいことは、女子軟式テニス部の部員のなかには、部活動の存続を強く希望していた生徒もいた。部長を務めた3年生部員ミキは、部の廃止を振り返って次のように語った。

　　　はぁぁ？って感じ。だって卒業したら教えに来たりしたいなぁって思ってたし…ムカつきましたよ…大人って何なんだろう…この学校オワッテルし。バレー部恨んでますよ。ヤマシタ先生いっちゃったから…ふざけんな。［ミキ：2005年10月11日］

　インタビュー中、ミキは、感情を荒げて机を両手で叩きながら、ヒガシ中を「オワッテル」と酷評した。ミキは女子軟式テニス部の存続を強く希望していたのである。ミキの他に、残された2年生部員のメグミも、「え、残り

の一年はどうなるの?…やだやだやだ」「せっかくやってたのに。誰でもいいから顧問やってほしかった」［メグミ：2005年10月11日］と、筆者に語った。彼女たちは、そうした不満や批判を、ヤマシタ教諭に直接伝えたという。しかしヤマシタ教諭も「ひたすらゴメンねぇって。理由はあまり言わず、ごめんねぇって」［ヤマシタ教諭：2005年10月20日］とただ謝るにとどまり、結局、廃止の決定が覆ることはなかった。つまり、女子軟式テニス部は、生徒に加入・継続の意思があったが、学校や教師そして保護者によって廃止された事例だといえる。

3-3　パターンC──保護者の〈要望〉がなく〈支援〉があった「部活動支援」

　ヒガシ中は、教師に代わって保護者が部活動を運営する「部活動支援」と呼ばれる取り組みをおこなっていた。以前は職員会議がある日など教師が部活動に出られない場合、安全管理上の理由から部活動を中止させるか、いったん生徒を帰宅させ会議終了後に再び登校させて活動を始めていた。しかし、それには生徒からはもちろん保護者からも不満の声があった。そこでヒガシ中は、教師が活動に出られない場合、有志の保護者を募り、校庭・体育館・校内に配置して部活動の運営を一時的に委任しようとした。これが「部活動支援」である。

「部活動支援」に参加する保護者の関心は多様であった。当然、わが子が所属する部活動の存続を求めて参加する保護者もいたが、それだけではない。むしろ校長によれば、参加者の多くは部活動そのものではなく「学校に対して協力したい」と思う保護者であり、学校への協力がたまたま部活動の場面に現れたにすぎないという。そしてこのように学校全体に協力的な保護者の他にも、たとえば、「支援するというよりは、子どもたちからエネルギーをもらっています」と個人的な効用を求めていた保護者や、ただ単に時間を持て余したことから参加していた保護者、そして知り合いの保護者との会話を主な目的としていた保護者などもいた。こうした多様な関心を持った保護者をヒガシ中は調整していた。月に1度以上のペースで、参加可能な日時を尋ねたプリントが担任から生徒を通して保護者に配布されていた（図5-1を参照）。その回答用紙を担任が集計し、教頭が配置の割り振りをおこなっていた。ヒガシ中の保護者すべてが部活動の存続に強い関心を持っていたわけではなかったが、学校側の積極的な関与と調整によって、「部活動支援」は

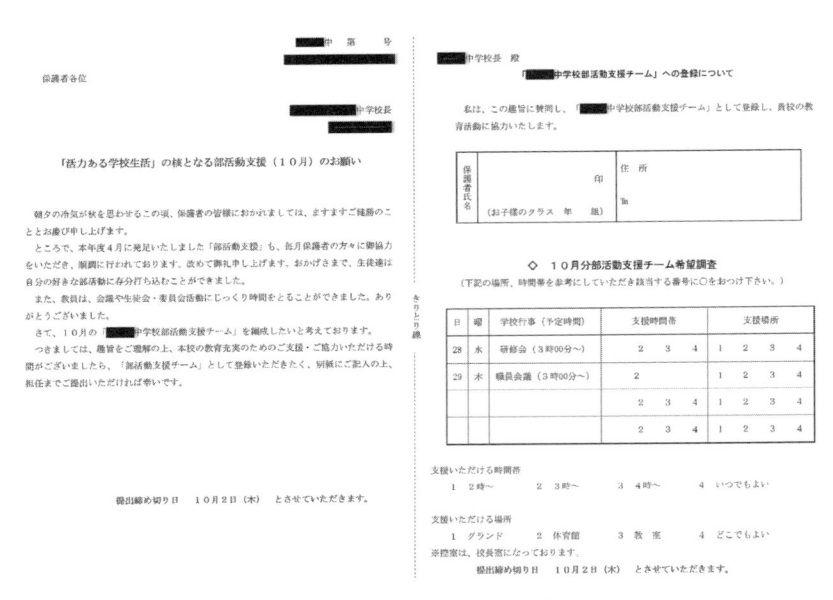

図5-1　ヒガシ中が保護者に対して配った「部活動支援」のプリント

おこなわれていた。

　以上から、「部活動支援」は、部活動そのものではないが、保護者の〈要望〉がなく〈支援〉があったケースだといえる。ヒガシ中は、部活動を存続させるため、〈要望〉がない保護者から運営面の〈支援〉を巧みに引き出していたのである。

3-4　パターンD——保護者の〈要望〉と〈支援〉の両方がなかった部活動

　ヒガシ中では、顧問教師の異動に伴い廃止された部活動が少なくなかった。たとえばマラソン部は2002年度から03年度にかけて、百人一首部は04年度から05年度にかけて、それぞれ顧問教師が異動したことで廃止された。水泳部の場合、04年度が顧問教師のヒガシ中勤務7年目にあたり、その異動が濃厚だった。そのため水泳部は04年度に新入部員の受け付けをやめて活動規模を縮小し、05年度から06年度に実際に顧問教師が異動したことで廃止された。また顧問教師が残留しても、学校内の顧問配置替えに伴って廃止される部活動もあった。ボランティア活動を主としたJRC部（Junior Red

Cross：青少年赤十字）は、顧問教師が残留していたが02年度から03年度にかけて廃止された。JRC部の顧問教師は03年度にいくつかの部活動の副顧問に就いたが、事実上の負担は軽微であり、それはいわば将来起りうる顧問不足に備えたストックであった。そしてJRC部の元顧問教師は、04年度に顧問教師が異動し存続が危ぶまれた剣道部の顧問に就いた。園芸部も、顧問教師は残留していたが05年度から06年度にかけて廃止された。園芸部の顧問教師は、06年度に創部された料理部の顧問にスライドした。

　これらの廃止された部活動は、活動が活発というわけではなかったが、少なからぬ生徒が加入していた。にもかかわらず廃止された理由は、他の部活動との間での顧問配置の問題であった。限りある教師をどの部活動に配分するかという問題は常にヒガシ中を悩ませ、その問題への対処からいくつかの部活動は廃止されていた。では、なぜ、ここで挙げた部活動が廃止の対象となったのか。部活動指導担当のオカダ教諭は、それらに共通する特徴として、保護者の〈要望〉と〈支援〉の両方が「ない」ことを挙げた。同様に校長も次のように語った。

　　　存続の希望もなかった（から）…まったく問題なかったです…ニーズにマッチした部は残すけれども、そうでなかったら必然的に切らざるをえない。切っていっても特に支障なければ（切らないと）回転がうまくいかないです。［校長：2005年9月13日］

　ヒガシ中は、保護者の〈要望〉と〈支援〉がない部活動を積極的に廃止することで、顧問配置の問題を解決していたのである。

3-5　保護者全体に対するヒガシ中の対応

　ヒガシ中は、部活動のあり方を保護者に説明する目的で、毎年度4月下旬に全保護者を対象として「部活動説明会」を開催していた。そのなかで校長は、毎年度のように、部活動の存続に向けて学校と教師がどれほど努力をしているかを、次のように強調していた。

　　　ニーズに対応した部活動運営をしたい…部活動の存続と保護を第一に考えていきたいと思っています…専門でない部を担当してくれる顧問も

います。私は、その顧問たちには本当に感謝している。ですから、みなさまもそのあたりの事情をご承知していただき、温かく見守っていただきたいと思います。［校長、2003年4月26日］

　　学校側の考え方は、部の存続を第一に考えました。子どもや保護者のニーズに応えるためにも部活動を存続させることをまず考えました…教員の異動というものがありまして、そのような厳しい状況のなか…部が成立したということを保護者のみなさまにもおわかりいただきたい。［校長：2004年4月29日］

　　公立中で部活動の存続は大変難しくなっています…そういう意味の存続と思っていただきたい…（教員は）子どもたちのために顧問を引き受けてくださいました…ゴールデンウイークですが、その間にも大会などの引率を引き受けてくださることになりました。その点をどうぞお含みおきください。［校長：2005年4月29日］

　校長は保護者に、部活動の存続への努力を強調していた。しかしたとえ努力しても、将来的に部活動が廃止されるかもしれないことから、次のようにも語りかけていた。

　　今後は、どうなるかはわからないのですが、一年、一年、一年ということで全力で取り組ませていただきます。［校長：2004年4月29日］

　　入部届けの際には、生徒には、まずは1年だよと言っています。できれば、その部が存続できれば3年間ということであります。［校長：2005年4月29日］

　このように校長は、部活動を存続できるかはわからない、と前もって表明していた。その意図は、保護者が部活動の存続に関して過剰な〈要望〉を投げかけることを牽制しようとする点にあったといえる。そのうえで、校長や生徒指導主任のイズミダ教諭（男性、40代、保健体育科）が前述した「部活動支援」への参加者を募っていた。

「部活動支援」というものがございます。職員会議中など顧問がいないときに、事故、けがなどが起きても困ります。そういうときに、時間がおありの保護者がいらっしゃいましたら、ぜひよろしくお願いいたします。［校長：2004年4月29日］

　「部活動支援」へのご参加、ご協力をお願いします。プリントでお知らせしていると思いますが、水曜に職員会議が入ることがあります。そのときに、保護者に部活動を見ていただいて、生徒が「再登校」[(3)]をしないですむということです。［イズミダ教諭：2005年4月29日］

　ヒガシ中は、保護者全体に対して、部活動の存続に向けて惜しみない努力を注いでいること、しかしそれでも廃止される可能性があることを伝えたうえで、部活動を存続させるための〈支援〉を保護者全体に求めていたのである。
　以上のようにヒガシ中は、〈要望〉と〈支援〉を注ぐ保護者との複雑な関係のなかで、部活動をどう処遇するかに迫られていた。こうした保護者との関係は、ヒガシ中の側から見れば、学校や教師の自主性・自律性を妨げる障壁であるかのようにも映る。しかし、ヒガシ中は、たしかに保護者との関係のあり方に苦慮しながらも、それでも保護者との関係を断ち切ろうとはしなかった。なぜなら、ヒガシ中にとって、保護者との関係が「子どものため」に重要だったからである。校長は、次のように語った。

　　部活動をどうするかっていうことに、保護者に言われて仕方なくとか、保護者に振り回されてうんぬんとか…そうじゃなくて子どもなんです。子どものために何ができるかってことで。子どもが主なんです…子どものために、そのために保護者と協力したりということです。［校長：2004年12月14日］

　　われわれとしては、子どものためにっていうことでやってるんです。子ども、すべては子どもなんです。部活動は子どものために必要と思うからやってるんで、保護者に丸め込まれたりっていうのとは違うんです

よ。［校長：2005年3月28日］

　校長は、「保護者に言われて仕方なく」部活動を維持しているわけではなく、「保護者に丸め込まれたり」しているわけではないと熱弁した。保護者との関係を結ぶことは、あくまで「子どものため」なのであり、「子どものため」に「保護者と協力」しているのだという。すなわち、ヒガシ中にとって、保護者の〈要望〉に応え、保護者から〈支援〉を受けることは、「子どものため」に必要であり大切なことだと意味づけられていた。そのため、保護者との関係が断ち切られることはなかったのである。

4　運動部活動と学校 – 保護者関係

4−1　保護者の〈要望〉と〈支援〉が運動部活動の成立に与える影響

　以上から、前章の2で論じた政策的期待とは裏腹に、学校は、自主的・自律的に運動部活動を処遇できるわけではなく、またリーダーシップを発揮して保護者を一方的に活用できるわけでもないことがわかる。その理由は、保護者が主体的にかかわるからであり、学校と保護者の間に互いに影響を与え合う関係が生じるからである。以下で、保護者の〈要望〉と〈支援〉が運動部活動の成立に与える影響について考察する。

　まず、保護者の〈要望〉は運動部活動を存続するように学校を方向づけていた。パターンA・Bでは保護者の〈要望〉があり、学校は運動部活動を存続させるように促されていた（3−1、3−2）。しかしパターンDではそれがなく、学校は部活動を積極的に廃止させることもあった（3−4）。運動部活動の存廃は、学校の自主的・自律的な意思だけで決められておらず、保護者の〈要望〉によって背後から方向づけられていたのである。続いて、保護者の〈支援〉は運動部活動を存続させていた。パターンA・Cでは保護者の運営面や指導面での〈支援〉があり、それを活用して学校は運動部活動を存続できた（3−1、3−3）。しかしパターンB・Dではそれがなく、学校は運動部活動を維持できなかった（3−2、3−4）。たとえ〈要望〉があったとしても、指導面の〈支援〉が十分でなければ活動規模が縮小されることもあり（3−2−1）、加えて運営面の〈支援〉も十分でなければ廃止されることもあ

った（3-2-2）。これは保護者の〈支援〉が運動部活動を存続させる資源となることを示している。このような運営面や指導面の〈支援〉は、顧問教師が異動し運動部活動の存続が危ぶまれる前に計画的に調達される場合もあれば（3-1-1）、事後的に慌しく調達される場合もある（3-1-2）。

しかし保護者は、前述した政策で期待されていたように、学校の求めに一方的に応じて〈支援〉するわけではない。パターンAのように自ら〈支援〉しようとする保護者もいれば（3-1）、パターンBのように各家庭の事情から〈支援〉できない保護者もいる（3-2）。そのため、学校がリーダーシップを発揮しなくても保護者が〈支援〉することがある反面で、学校がリーダーシップを発揮しても保護者が〈支援〉するとはかぎらない。つまり保護者は主体的な存在であり、そのありようは多様である。保護者は、学校の意思や行為とはある程度独立して、〈要望〉と〈支援〉の側面で運動部活動を存続するように学校を変化させようとする。こうした保護者の主体的なかかわりが、学校の自主性・自律性を抑制するのである。

しかし、学校は保護者によって自主性・自律性を抑制されながらも、他方で、それに完全に従属するわけではないし、そうできるわけでもない。なぜなら、たとえば保護者の〈要望〉は運動部活動を存続するように学校を方向づけていたが、そのすべてに応えることは不可能だからである。実際、保護者の〈要望〉があり〈支援〉がないパターンBで学校は運動部活動を存続できず、保護者との関係に支障をきたしていた（3-2）。そうした保護者との関係悪化を避けるために学校は、2つの戦略を用いていた。

1つは、過剰な〈要望〉の制限である。学校は「部活動説明会」を開き、部活動の存続への努力を強調し将来的な廃止の可能性を保護者に伝えていた（3-5）。それは、保護者の過剰な〈要望〉を制限するかかわりであり、そうすることで学校は自らが従うべき〈要望〉自体を変えようとしていた。

もう1つは、〈要望〉に応えるための資源の追加調達である。パターンCでは学校が、多様な関心を抱いた保護者の〈支援〉を、部活動の存続という方向に調整し活用していた（3-3）。なかでも〈要望〉がない保護者の〈支援〉は、学校がそれを活用する対象を選択できる点で、学校にとって都合のよい資源となる。さらにパターンDでは学校が、保護者の〈要望〉と〈支援〉がない部活動を積極的に廃止し、その顧問教師を、保護者の〈要望〉と〈支援〉がある他の部活動にスライドさせたり、将来に備えてストックして

いた（3-4）。学校はこうした組織的な顧問配置によって、運動部活動を存続するための資源を確保していた。いわば、個々の部活動を廃止しながら全体としての部活動を存続させていたのである。

　これら2つの戦略、とりわけ「部活動支援」や「部活動説明会」などは学校の自主的・自律的な保護者へのかかわりに見える。しかしそれらは、保護者の〈要望〉によって運動部活動を存続させるように方向づけられた文脈のうえでのかかわりである。その意味で、これらの戦略は完全に学校の自主的・自律的なかかわりとはいえない。そこにあるのは、保護者に抑制された範囲内での、「限定的な自主性・自律性」にすぎない。

4-2　運動部活動の新自由主義的／参加民主主義的な再編

　以上のように、保護者の〈要望〉と〈支援〉は、運動部活動を成立させるように影響を与えている。これを踏まえ、やや抽象度を上げて、現在の新自由主義的／参加民主主義的な流れのなかで、運動部活動がどのように再編されているかを考えたい。

　現在は、学校スリム化論が象徴する新自由主義的な流れと、開かれた運動部活動論が象徴する参加民主主義的な流れが、混交した時代に位置している。それは、少なくとも政策と議論において、運動部活動を外部化させる流れであった。しかし、実態は正反対に、運動部活動は学校内に留め置かれている。このズレを理解する鍵は、新自由主義的／参加民主主義的な流れを体現し媒介する、保護者のかかわり方にあると考えられる。保護者は、一方で新自由主義的な流れにおける消費者として運動部活動の存続を〈要望〉し、もう一方で、参加民主主義的な流れにおける協働者としてそれに向けて〈支援〉する。そして、本章で分析したように、〈要望〉と〈支援〉の両方があるパターンAで、比較的スムーズに運動部活動が存続していた。〈要望〉と〈支援〉という保護者の二面的なかかわりがあるからこそ、学校は運動部活動を成立させ続けるのである。

　それでは、こうした再編プロセスで、〈子どもの自主性〉はどう扱われているのか。第2章の6-2で議論したように、現在に続く再編プロセスは、教育的価値として追求されてきた〈子どもの自主性〉を空洞化させうる管理主義を反省し、〈子どもの自主性〉のあり方と、それを媒介としたスポーツと学校教育の結び付きを再考するプロセスでもある。そして、参加民主主義

的な議論が提示したその再考の仕方が、〈子どもの自主性〉の回復を目指した子どもと保護者の参加であったといえる。ここで重要なのは、〈子どもの自主性〉という教育的価値を回復するための参加者として、子ども自身だけでなく、子どもの代理人であり当事者でもある保護者が台頭してきたことである。つまり、学校と教師の管理主義に対して、子どもと保護者が一体となって対抗しようとするわけである。

しかし、実態を見れば、子どもと保護者が一体になるとはかぎらない。生徒の意思があっても保護者によって運動部活動が存続できなかったり（3－2－2）、生徒の意思はなくても保護者によって運動部活動が存続したりするなど（3－1－2）、運動部活動の存廃を左右するのは、「子ども自身の真の自主性」ではなく、保護者のかかわりである。

ただし、そのうえで重要視したいのは次の2点である。1つは、その保護者が、保護者自身の意味づけ方では、「子どものため」に運動部活動にかかわっていることである。保護者は、子どもがスポーツをできないことに問題を感じて、運動部活動にかかわっている。もう1つは、そうした保護者のかかわりを、学校と教師は、やはり「子どものため」に消極的ながら受け止めていることである。学校にとって、たしかに保護者との関係は自主性・自律性を妨げる障壁となる。しかし、それでも保護者との関係を断ち切らない理由は、保護者のかかわりを受け止めることが「子どものため」になると考えられているからだった。

しかし、ここで学校と保護者の間でやりとりされている「子どものため」とは何なのか。その中身は〈子どもの自主性〉と一致するのか。本章では、それを十分に明らかにできていない。次章では、こうした問いも念頭に置きながら、運動部活動の成立に向けて保護者がなぜ、どのようにかかわるのかを、一つの事例を追跡調査することでさらに分析しよう。

注

（1）わかりやすくするため部活動の存廃を、存続／廃止の2項で整理したが、本章の3で詳述するように、同じ存続のなかにも維持／縮小という違いがあった。

（2）2004年度から05年度にかけては、卓球部、剣道部、サッカー部、百人一首部の顧問教師も異動している。ただし、それらはここで争点となったヤマ

シタ教諭の配置と無関係であったことから、その記述は割愛した。
（３）「再登校」とは、放課後に生徒がいったん帰宅し、再び登校することを意味した言葉である。会議中は顧問教師が不在のため部活動を実施できない。そのためヒガシ中では、本章の３－３でも触れたように、会議がある場合、生徒は会議終了後に再び登校し、それから部活動が開始されていた。

第6章　運動部活動改革と学校－保護者関係

1　運動部活動改革はどう進行していくか

　前章では、保護者の二面的なかかわり、つまり新自由主義的な流れにおける消費者としての〈要望〉と、参加民主主義的な流れにおける協働者としての〈支援〉が、運動部活動の成立に大きな影響を与えることが明らかになった。それを踏まえて、本章では、運動部活動の成立に向けて保護者がなぜ、どのようにかかわるのかを分析する。
　分析対象とするのは、〈要望〉と〈支援〉の両方があるパターンAに当てはまる、ヒガシ中学校のサッカー部である。このサッカー部をめぐっては、顧問教師の異動を契機に存廃が問題となり、外部指導員の導入や社会体育化の模索を経ながらも、結局はそのまま維持された。このように、外部指導員導入や社会体育化などの従来の運動部活動のあり方と違った形式に向けた取り組みは、「運動部活動改革」と呼ばれる。運動部活動改革は、運動部活動を存続させるか廃止させるか、そして存続させる場合にはどのようにして存続していくかが、議論され、実践され、修正されていく一連のプロセスである。そのため、年度替わりの顧問教師の異動と同様に、運動部活動が成立する仕組みや背景を考えるうえで重要な分析対象となる。
　以下では、この運動部活動改革を扱った先行研究を検討し、本章の課題を明確化する。とりわけ、運動部活動の地域社会への移行を論じた先行研究を批判的に検討したい。[1]
　体育・スポーツ経営学者の大竹弘和と社会教育学者の上田幸夫は、「部活動から地域スポーツへの段階的移行」として、「現状の学校部活動で活動している生徒への支援強化」から、「部活動と地域および民間スポーツクラブとが共存する段階」を経て、「総合型地域スポーツクラブへの完全な移行」

に至る過程を試論している（大竹・上田、2001、p.276）。彼らはそこで、総合型地域スポーツクラブへの移行を成功させた事例として愛知県半田市の「成岩スポーツクラブ」と東京都杉並区の「向陽スポーツクラブ」を挙げ、その成功を「学校関係者が社会体育の重要性を認め、地域社会へ積極的なアプローチを行った」結果として特徴づけている（大竹・上田、2001、p.273）。さらに、体育・スポーツ社会学者である高橋豪仁たちは、奈良県の「ソレステレージャ奈良2002」を事例に、中学校サッカー部が地域スポーツクラブとして運営されるようになる過程を分析した。それによれば、「学校運動部から地域スポーツクラブへの移行の成功要因」は、「顧問がクラブ設立の中心的な役割を果たし」たことや、「学校運営の責任者である校長が協力的であった」ことに求められるという（高村・高橋、2006、p.172）。これらの研究は運動部活動が地域社会に移行した事例を「成功例」と見立て、「成功」に至る過程を記述することを主眼としている。そこに共通するのは、運動部活動の地域社会への移行を「学校の地域へのアプローチ」や「学校のイニシアチブ」といった学校の自主性・自律性の結果として記述する枠組みである。

しかし、前章で明らかにしたように、運動部活動が存続するかどうかは学校の自主性・自律性だけによって決められない。それは、学校－保護者関係のなかで決められる。これを踏まえると、運動部活動改革の内容と方向性がどのように決められるかを明らかにするためには、保護者のかかわりに注目しなければならないことがわかる。先行研究の問題点は、この保護者のかかわりの影響に十分な注意を払わなかったところにある。それを乗り越えるためには、保護者が、なぜ、どのようにかかわるのかを明らかにする必要がある。

以上から本章では、ヒガシ中サッカー部で2年間にわたって進行した運動部活動改革の一連のプロセスを、〈要望〉と〈支援〉という保護者のかかわり方の影響に注目しながら分析する。具体的に取り組む分析課題は、次の2つである。1つ目は、保護者の意識を記述することである。その意図は、なぜ保護者が運動部活動改革にかかわるのかを明らかにするためであり、〈要望〉と〈支援〉の源泉となる保護者の意識を考察する。それを踏まえて2つ目は、保護者のかかわりと学校の対応を記述することである。その意図は、どのように運動部活動改革が進行していくのかを明らかにするためであり、保護者の〈要望〉と〈支援〉が運動部活動の継続的な成立に与える影響を考

察する。

2 運動部活動改革の追跡調査

2−1 地域社会に移行するか、学校に留まるか

　本章が扱うヒガシ中学校サッカー部は、外部指導員の導入や社会体育化を模索した一連の運動部活動改革の結果、地域社会に移行されず学校に留まり続けた事例である。こうした事例は、運動部活動が地域社会に移行した事例を「成功例」と見立てる先行研究の立場からは「失敗例」として映るかもしれない。

　しかし、それではなぜ本事例では運動部活動が学校に留まり続けたのか。本事例に限らず、多くの運動部活動は地域社会に移行されず学校に留まったままである。またすでにいくつか報告されているように、運動部活動の役割を代替できるはずの総合型地域スポーツクラブが近隣地域に存在する場合でも、運動部活動が学校に留まり続けるケースもある。たとえば、体育・スポーツ社会学者の大橋美勝ほか（2003、p.31）によれば、富山県の「ふくの総合型地域スポーツクラブ」は、近隣の運動部活動とほとんど連携関係がないという。また、その大橋とともに全国規模で事例収集し「学校の総合型づくりへのかかわり方」を分析した富倉まゆ子（2004、p.85）も、総じていえば「学校側から発信していった事例は、まず皆無といってよい」とまとめている。

　運動部活動の地域社会への移行を学校の自主性・自律性の結果として記述してきた先行研究の立場は、なぜ運動部活動が学校に留まるかを、「学校の地域へのアプローチ」や「学校のイニシアチブ」が欠如しているからと単純に記述し、それらの事例を「失敗例」として切り捨てるかもしれない。そうした扱いは、原因と責任を学校にとどめ素朴な学校批判を生み出すだけで、学校に留まる背景を考察することには結び付かないのではないか。そうした扱いを避けるためにも筆者は、運動部活動が地域社会に移行されるかどうかは学校の自主性・自律性に左右されることを認めると同時に、その自主性・自律性が発揮できるかどうかは学校が置かれた文脈に依存していると考える立場に立つ。そうした文脈は「成功例」を扱うだけでは見過ごされてしまい

かねないだろう。本章では、「失敗例」とされる事例を扱うことで、それが置かれた文脈——保護者の〈要望〉と〈支援〉——への注意を喚起したいと考えている。

2−2　ヒガシ中学校サッカー部の特徴

　分析に先立って、フィールドワークをおこなったヒガシ中学校サッカー部の特徴を記しておく。2002年度当時、サッカー部は、部員39名、顧問タキザワ教諭（男性、20代、数学科）、外部指導員サノ氏（男性、46歳）で組織されていた。顧問を務めるタキザワ教諭は教師生活1年目であり、サッカーの経験はなかった。そのため指導面の役割は担わず、運営面の事務的な作業だけをこなしていた。こうした立場はヒガシ中で「管理顧問」と呼ばれていた。そして指導面の役割はすべて外部指導員のサノ氏が担っていた。サノ氏は日本サッカー協会公認の指導資格（準指導員、後にC級）を持ち、この地域に住む小学生対象のサッカークラブで監督を務めていた。

　本章で扱う運動部活動改革の過程では、多くの保護者がその内容や方向性についてヒガシ中に要求を届けたり、さまざまな補助活動もおこなっていた。その中心にいたのは、表6−1にプロフィールを整理した5名の女性保護者だった。彼女たちは、「部活がなくなるのはダメ」と語るように〈要望〉を

表6−1　サッカー部保護者のプロフィール

	性	歳	職業	サッカー部との関係	自身の部活動経験
ウエダ氏	女	42	専業主婦	2002年度：3年生部員の母親　保護者会代表	ブラスバンド　箏曲
スミタ氏	女	49	ガス会社（パート）	2002年度：3年生部員の母親　2003年度：1年生部員の母親	家庭科　英会話
トドロキ氏	女	46	専業主婦	2002年度：2年生部員の母親　保護者会学年代表　2003年度：3年生部員の母親　保護者会代表	合唱　バドミントン
カワカミ氏	女	45	カウンセラー（パート）	2002年度：2年生部員の母親　2003年度：3年生・1年生部員の母親　保護者会副代表	ブラスバンド　写真　ハンドボール
ハシモト氏	女	41	専業主婦	2003年度：1年生保護者会代表	バスケットボール

（注）「歳」は、2002年度時点の年齢である。

持っていた。同時に、サッカー部を補助するための保護者会を設立するように〈支援〉もおこなった。〈要望〉と〈支援〉の両方があったこの5名に、とりわけ本章は注目する。(2)

3　ヒガシ中学校サッカー部の改革

3-1　保護者の運動部活動への意識

3-1-1　運動部活動を肯定する「理由」

　保護者は、なぜ運動部活動の成立や維持を望むのか。〈要望〉と〈支援〉の源泉になる運動部活動への肯定的な意識が、どのようなものなのかを、ヒガシ中サッカー部保護者へのインタビュー調査結果から分析する。

　サッカー部に〈要望〉と〈支援〉を注いだ保護者たちは、口を揃えて、「子どものたちのためにっていうことが前提だから。苦にはならない」［トドロキ氏：2005年5月4日］と語った。では、彼女たちが口にする「子どもたちのため」とは何なのか、運動部活動の何が「子どもたちのため」になるのか。筆者がそれを具体的に細かく尋ねてみると、まず、保護者たちは、運動部活動を通して得られるいろいろな好結果を挙げてきた。たとえば、「人間関係」「友人関係」「上下関係」「先生とのつながり」「成長できるところ」「コミュニケーション」「時間の使い方」「からだを動かす（こと）」「勝つ喜び」などである。これらは、運動部活動そのもののすばらしさというよりも、(3)運動部活動を手段として得られる好ましい諸結果である。すなわち、運動部活動を肯定する理由として保護者が第1に挙げたのは、それがもたらす好結果であった。

　ではそうした運動部活動は、地域社会ではなく学校でおこなわれなければならないのだろうか。それに対して保護者は、第2に地理的・経済的な利点を挙げた。保護者は地域・民間スポーツクラブと対比させて、運動部活動の特長を次のように語った。

　　（地域・民間スポーツクラブは）遠くに行かなきゃいけないですから…保護者は、学校の部活でやるのがいちばんと思っている。［トドロキ氏：2003年6月8日］

（地域・民間スポーツクラブは）お金もかかるし、遠いじゃないですか。経済的な面もあるし。［ハシモト氏：2005年4月16日］

　保護者は運動部活動の特長として、放課後に学校でそのままおこなえる地理的な利点、そして廉価に活動できる経済的な利点を挙げた。それでは、社会体育が充実し近場で廉価におこなえる活動場所が学校外に用意されれば、保護者はそちらを志向するのか。しかし保護者はそれを否定した。

　　地域クラブって…犠牲にしなきゃいけないものもある…時間とか、学校よりも優先になっちゃうって聞きますし。部活だとテスト1週間前は休みになったりしますけど、地域だといろんな地域から来てるからそんなことないじゃない。［カワカミ氏：2005年4月17日］

　保護者は、運動部活動を肯定する理由の第3として学校教育との整合性を挙げた。保護者はスポーツだけでなく教育も大切だと語り、運動部活動がそれを両立させるという。このように保護者は運動部活動を肯定する理由として、運動部活動がもたらす好結果、地理的・経済的な利点、そして学校教育との整合性の3つを挙げた。簡単にいうと、運動部活動をしていれば良いことがあるし、近くで安く参加できるし、学校生活とも両立しやすい、だから地域・民間スポーツクラブではなくて、やっぱり運動部活動がいい、というわけである。
　しかし保護者が運動部活動を肯定する理由は、ここで挙げられた以上の3つがすべてではない。というよりむしろ、運動部活動を肯定する保護者の意識は保護者自身にとっても漠然としたものであり、その「理由」がいくつかに明確に整理されているわけではない。さらにいえば、前述した一連の保護者の語りでは、そのような漠然とした意識を手っ取り早く表現するために、運動部活動がもたらす好結果、地理的・経済的な利点、学校教育との整合性が、たまたま「理由」として選ばれたにすぎないともいえる。なぜなら保護者が挙げたそれぞれの「理由」は、観察された彼女たちの行動と整合しなかったりするなど、あいまいで非合理的な側面を持っていたからである。順に説明しよう。

まず運動部活動がもたらす好結果に関しては、それが実証されないまま認められていた。本事例の保護者は、たとえば生徒がサッカーを通じて友人を得た、というような肯定的な事実だけを都合よく取り出してそうした「理由」を補強していたにすぎない。実際は、サッカー部内で練習のあり方をめぐって生徒同士の人間関係がこじれることもあったが、保護者はそうした否定的な事実をその「理由」を反証するものと考えることはなかった。

　続いて地理的・経済的な利点に関しても、たとえば廉価におこなえる経済的な利点を明確な「理由」とすることはできない。そう考えられるのは、経済的に不利な条件になっても保護者は運動部活動を肯定し続けたからである。後で見るようにサッカー部は外部指導員を招くことを決定し、その謝金に当てる費用を保護者から追加徴収することになった。そのため昨年度は年間3,000円だった部費が、月額1,800円（年間2万1,600円）と7倍以上に引き上げられた。これによってサッカー部は、必ずしも廉価に活動をおこなえる場所ではなくなった。しかし、それにもかかわらず保護者はサッカー部の存続を要求し、生徒たちを積極的にサッカー部に加入させ続けた。保護者が挙げた「理由」と実際の行動は整合していなかった。

　最後に学校教育との整合性という「理由」は、運動部活動と地域・民間スポーツクラブの合理的な比較から導かれたわけではなかった。中学生年代の地域・民間スポーツクラブの情報を正確に知る保護者は少なく、本事例で子どもをそこに通わせた経験がある保護者はほとんどいなかった。運動部活動の利点として学校教育との整合性を挙げていた先のカワカミ氏も、その情報を噂程度に他者から伝え聞いたにすぎず、その実態を把握していたわけではなかった。保護者が比較のよりどころとしている地域・民間スポーツクラブ像は、経験に基づくものではなく、信念として構築された側面が強い。

　以上のように保護者が挙げた「理由」はあいまいで非合理的な側面を持っていた。それは、明確で合理的な思考というよりも、あいまいで非合理的な信念として特徴づけられる。

3-1-2　運動部活動そのものの価値

　しかし、まだ疑問は残る。なぜ、そうしたあいまいで非合理的な信念にもかかわらず、保護者は運動部活動を肯定し続けるのだろうか。その信念は、一方で都合がよい事実によって強化されていたが、他方で都合の悪い事実に

よって弱化されるとはかぎらなかった。なぜなのか。もしかすると、スポーツがもたらす好結果、地理的・経済的な利点、学校教育との整合性という3つの「理由」以外にも、保護者が運動部活動を肯定する理由があるのではないか。上記の「理由」とは別の角度から、もう少し保護者の語りに耳を傾けてみよう。

> 親としてはね、勝ち進んで！っていうよりずっと好きでいていてほしい、けがなくいてほしいっていう思いがありますから。…子どもたちはいまを一生懸命頑張っていますからねえ。…やっぱり、子どもにいっぱい試合をさせてあげたいですからね。公式戦のほかにもたくさん。［トドロキ氏：2003年6月8日］

> 部活って子どもが中学校で頑張りたいっていういちばんなんですよね。ホント、卒業文集とか見ても部活のことしかみんな書いてないですよ。だから部活がなくなるのはダメだと思うんですよね。…勉強しなくてもね、部活があればね。言い訳じゃあないんですけど、部活を一生懸命やっているのをみると、ついね（子どもを）許せちゃうっていうか。［ウエダ氏：2003年6月14日］

> 学校にもいろんな居場所があっていいと思うんですよ。居場所。部活は好きで行くものだから。部活だけ行きたいって（子どもが）言うなら私はそれでもいいって思うんですよ。それは甘いって言う先生もいますけど。…自分の好きなこと、興味あることですから。［カワカミ氏：2005年4月17日］

このように保護者は、運動部活動そのものに価値を見いだしてもいる。保護者にとって、運動部活動は、子どもが「好きで行くもの」であり、「自分の好きなこと、興味あること」として捉えられている。だから保護者によれば、子どもは運動部活動を「頑張りたい」と思っていて、「一生懸命やっている」のであり、「だから部活がなくなるのはダメ」なのである。そして保護者は、運動部活動で「いまを一生懸命頑張ってい」る子どもを見て、「ずっと好きでいてほしい」と願い、運動部活動を「させてあげたい」と思う。

このように保護者は、運動部活動そのものにも価値を見いだし、運動部活動を肯定している。

注意したいのは、こうした運動部活動の肯定の仕方は、上述した「理由」とは違う点である。上述の「理由」では、保護者は、運動部活動やスポーツを、「人間関係」や「勝つ喜び」を得るといった別の目的の手段として肯定していた。しかし、ここでは、運動部活動そのものを、子ども自身が自由に楽しむ場所として、価値づけている。つまり保護者は、運動部活動を手段として肯定すると同時に、それ自体を目的としても肯定している。だから、上記の「理由」に従って、仮に運動部活動が手段として好結果をもたらさなかったりした場合も、運動部活動を肯定する意識は崩されなかったと考えられる。こうした意識に支えられて、保護者は運動部活動に〈要望〉と〈支援〉を注ぎ、運動部活動改革にかかわる。

3−2　保護者のかかわりと学校の対応

3−2−1　ヒガシ中学校サッカー部の運動部活動改革

では、そうした保護者のかかわりと学校の対応のやりとりのなかで、運動部活動改革はどのように進行していくのか。ヒガシ中サッカー部で2年間にわたって進行した運動部活動改革の一連のプロセスを見てみよう。

2002年2月、それまでサッカー部の運営面と指導面の役割を引き受けていた前顧問の異動が確定した。しかし、ヒガシ中にはサッカー部の顧問を引き継ぐことができる教師はおらず、その存続が危ぶまれた。当時の様子を、部活動指導担当のオカダ教諭は、次のように語った。

> 校長としてもサッカー部がない中学校ってのはね、地域からの苦情もくるだろうし…サッカー部を存続させるように動いていくしかないって考えた。［オカダ教諭：2003年11月7日］

ヒガシ中は、「地域からの苦情」を恐れていた。特にそこで恐れられていたのは保護者からの苦情であった。保護者の苦情を意識したヒガシ中は、廃止の選択肢を想定することなく、サッカー部を存続させる方策を模索していた。まず指導面の役割を担う人材を確保するために、ヒガシ中は小学生対象のサッカークラブで監督を務めるサノ氏に外部指導員を委嘱した。サノ氏は、

自身が監督を務めるサッカークラブの出身者がヒガシ中サッカー部に数多くいることもあり、以前から部に顔を出すこともしばしばあった。また当のサノ氏自身がヒガシ中の卒業生であり、ヒガシ中の同窓会役員も務めてもいた。このようにサッカー部やヒガシ中と以前からつながりがあったサノ氏は、外部指導員への就任を快諾した。

続いて、顧問を務める教師を探すことが急務となった。指導面はサノ氏に任せられるので、教師は運営面だけを担う「管理顧問」でよい。しかし、ヒガシ中教員の多くはすでに何らかの部を受け持っていたりするなど、現教員からサッカー部の管理顧問を探すことはできなかった。そこでヒガシ中は、2002年度からの着任が確定していた新任タキザワ教諭にサッカー部の管理顧問を要請した。タキザワ教諭は次のように語った。

> 校長先生からサッカー（部の管理顧問）をしてくれないかと言われて…いきなり言われたので、たしか初日だったと思います…いきなり断るのもなんだなと思って引き受けました。［タキザワ教諭：2003年3月4日］

着任するや否や「いきなり」その旨を請われたタキザワ教諭は、不満を抱えながらも管理顧問を引き受けた。部活動を引き受けることが職務かどうかはあいまいだが、引き受けざるをえないほどに学校側の圧力が強かったとタキザワ教諭は語った。ヒガシ中は、サッカー部の存続を期待する保護者を意識することで、半ば強制的にタキザワ教諭に顧問就任を要請していた。

表6-2　サッカー部保護者会の組織

	担当	役割
代表	3年生部員の保護者	学校側との連絡調整　保護者会の責任者
副代表	3年生部員の保護者	学校側との連絡調整　救急医療品の管理
会計	3年生部員の保護者	部費の回収・管理
会計監査	3年生部員の保護者	会計監査
学年係	各学年部員の保護者	連絡網を用いて各学年の部員と保護者への連絡
その他	その他部員の保護者	試合時の応援　飲水準備　傷病人の応急対応

（注）保護者会の各担当は、毎年度いずれも部員の母親が務めていた。

しかしここで管理顧問の負担をどうするかという問題が生じた。この問題は半ば強制的に管理顧問を任せられたタキザワ教諭の不満から生じたものだった。そこでヒガシ中は部員の保護者に働きかけ「サッカー部保護者会」を設立し、保護者をその運営に参加させた。サッカー部保護者会の組織を表6－2に示す。
　このような体制を組織する保護者は運動部活動をどう捉えていたのか。2002年度保護者会代表ウエダ氏は、当時を振り返って「(保護者会は)環境づくりだけしている。それを努力してやっていこうっていう感じです。」[ウエダ氏：2003年6月14日]と語った。ウエダ氏によると、保護者会は「縁の下の力持ちという存在」であり、「親が前面に出すぎないように心がけている」という。ウエダ氏の後を引き継ぎ、03年度保護者会代表を務めたトドロキ氏も、次のように答えた。

　　筆　　者：どのように部のお手伝いをしているんですか？
　　トドロキ氏：いまは、全部子どもたちがしているんですよ。水とかユニフォームとか自分たちでさせてるんです。
　　筆　　者：そうなんですか。
　　トドロキ氏：ええ、でも今日はユニフォームを忘れちゃったみたいで、サノ監督にガツンと怒られてね。
　　筆　　者：保護者の方々が部活のお手伝いを始めたのはずっと昔からなんですか？
　　トドロキ氏：いえ、サノさんになってから。あの去年［＝2002年度］の保護者会からですよ。以前の先生のときは、全部先生がしてくれていたんですよ。準備も会計もすべて。その頃は子どもたちも試合の荷物運びとか自分たちでしていてね。で、保護者会ができて保護者が参加するようになって。いろいろ手伝いが始まったんです。サノさんも車があるし、荷物とか乗っけていいぞ、っていうふうに言ってたりして。でもやっぱり、できることは子どもたちにやらせようっていうことになって。過保護にしちゃいけないし。甘やかさないように。［2003年6月8日のインタビュー］

　保護者たちは、サッカー部の存続に向けて労を惜しまず支援していた。た

だし、それは何から何まで保護者が面倒をみるという意味ではなかった。保護者たちは、あくまでサッカー部の主役は子ども自身だという思いから、「できることは子どもたちにやらせよう」としていた。⁽⁴⁾

　このようにサッカー部は、運営面の役割を管理顧問タキザワ教諭が担当し、指導面の役割を外部指導員サノ氏が担当し、保護者の協力を受けながら、2002年度の活動を始動した。ところがその後半年ほど経つと新たな問題が生じた。タキザワ教諭がサッカー部からの離脱を求めるようになったのである。タキザワ教諭は、02年の秋頃からサッカー部に携わることに対する次のような愚痴を、筆者に頻繁にこぼすようになった。

　　土日の引率などで忙しくて、ここ1ヵ月ぐらい休みなしです。［タキザワ教諭：2002年11月7日］
　　土日が試合で潰れたりするの勘弁してほしいんですよね。［タキザワ教諭：2003年2月13日］
　　部活でやりがい、ないですね。…できるならやりたくない。［タキザワ教諭：2003年3月4日］

　タキザワ教諭は、当初から抱いていた不満に加えて管理顧問という立場や仕事内容に「やりがい」を見いだせず、サッカー部へのコミットメントを低下させていった。だが部活動を存続させるには教師が必要であり、タキザワ教諭が離脱するとサッカー部は廃止されてしまう。実際、タキザワ教諭が土日の活動に従事することを拒んだことでサッカー部が対外試合をおこなえない時期もあった。こうした状況を保護者は厳しく批判した。保護者会代表ウエダ氏は、筆者に対してタキザワ教諭を呼び捨てにしながら、「タキザワしっかりしろってね。タキザワ先生にもね、言ったんですよ。タキザワ先生に、頑張ってって言ったんです」［ウエダ氏：2003年6月14日］と批判を口にした。

　保護者の批判を受けたタキザワ教諭は、個人的心情を抑え込み不満を抱えながらも管理顧問をしばらくの間継続していた。しかしタキザワ教諭の不満はさらに増大し続け、より一層部から離脱する傾向が強まっていった。そして2003年春になると学校勤務がない土日については顧問抜きでの活動を請うようになった。そこで03年3月末から4月上旬にかけて、タキザワ教諭、

外部指導員サノ氏、そして03年度保護者会の代表トドロキ氏、副代表カワカミ氏、1年生代表ハシモト氏たちで話し合いが持たれ、土日に関しては顧問抜きで活動するという暫定的な「地域クラブ化」案が合意されることになった。地域クラブ化という選択について、トドロキ氏とカワカミ氏は次のように語った。

 トドロキ氏：もう、地域クラブ化するしかないって。
 カワカミ氏：でも、地域クラブ化って言ってもあくまでヒガシ中の部活なんで。それを土日はできないから地域クラブで補充しようっていう。2本立てですよね。
 トドロキ氏：そうそう中学の部活がメイン。メインで。
        ［2005年5月4日のグループインタビュー］

 代表トドロキ氏と副代表カワカミ氏を中心とした保護者は、活動を補うために地域クラブ化を選択した。とはいえその目的が部活動の「補充」であることから、チームは学校の部活動として地域の中学校体育連盟に加盟したままだった。彼女たちがいう地域クラブ化とは、休日の指導、運営や非公式の対外試合活動を保護者の責任でおこなうことを目指したものであり、学校から完全に切り離そうとしたわけではなかった。この案は2003年4月16日の職員会議でタキザワ教諭から校長やオカダ教諭に伝えられたが、学校側は事故補償の問題を危惧し、この案に躊躇した。これまで部活動は学校管理下の活動として扱われ、その事故補償は日本体育・学校健康センターの保険[5]（以下、学校保険と表記）によっておこなわれていた。だが地域クラブ化するということは部活動が学校管理下の活動ではなくなり、その適用範囲を外れることを意味し、事故補償の問題を浮上させることになった。そこでこの問題は、スポーツ安全協会の保険（以下、地域クラブ保険と表記）によって回避されようとした。この地域クラブ保険は、従来までの学校保険に比べて金銭負担額は増すが、学校管理下を離れた活動の事故補償もおこなっている。03年4月26日のサッカー部保護者会では外部指導員サノ氏も交えてその旨が検討され、全部員が追加費用を払って地域クラブ保険に加入することが決定した。こうして土日限定ながらタキザワ教諭抜きでの地域クラブ化が始動することになった。

だが生徒の骨折事故をきっかけにして事態は急激に変化することになった。2003年6月末に3年生部員のトオルが活動中に左手を骨折し、手術がおこなわれた。それはタキザワ教諭が不在の土日の出来事であった。治療費は30万円以上にのぼり、地域クラブ保険で賄える範囲を超えてしまった。そこで学校保険が特別に適用され、ことは解決されるに至った。(6)そしてこの事故で地域クラブ保険の限界が明示されることになり、ヒガシ中は地域クラブ化を見直し、再び部活動に回帰させようとした。だがタキザワ教諭は土日の活動への従事を拒み続けたため、校長は他の教師を代理の顧問としてそのつど手配する措置をとった。タキザワ教諭の代わりに、部活動指導担当のオカダ教諭たち一部の熱心な教師が引率などの顧問役割を担ったのである。地域クラブ化の方針を転換したようにも見えるこうした学校側の対応に、外部指導員サノ氏は戸惑いを感じた。外部指導員サノ氏は、進み始めていた地域クラブ化を今後どうするのかについて校長に文書で尋ね回答を求めた。しかしヒガシ中で公式な話し合いがおこなわれることはなく、ついに回答は得られなかった。他方で保護者は、そもそもの地域クラブ化が部活動を「補充」するためであり、事故が起きる前から「学校の部活でやるのがいちばん」と考えていたこともあり、サッカー部が存続されれば問題を感じなかった。こうして地域クラブ化は事実上頓挫した。元通りのサッカー部へと回帰することになったのである。

　以上の運動部活動改革過程を、取り上げられた問題とそれに結び付けられた解決策、そしてその結果下された決定との関係を模式的に整理したのが図6－1である（問題を《 》、解決策を【 】、決定を囲み線で表記）。

　これらの過程を振り返ってヒガシ中校長は、保護者のかかわりについて次のように語った。

　　　いまは、子どものニーズもそうなんですけど、保護者のニーズもすごいんですよ…そういうのがあるから存続するしかないですよ…（部活動を）切っちゃうっていうのは（できない）。［校長：2004年3月23日］

　校長が述べるように、部活動を存続することに対する保護者の要求や期待は大きかった。ヒガシ中は、運動部活動改革の方向性や内容を決定するとき、そうした保護者の要求や期待を強く意識せざるをえなかったのである。(7)

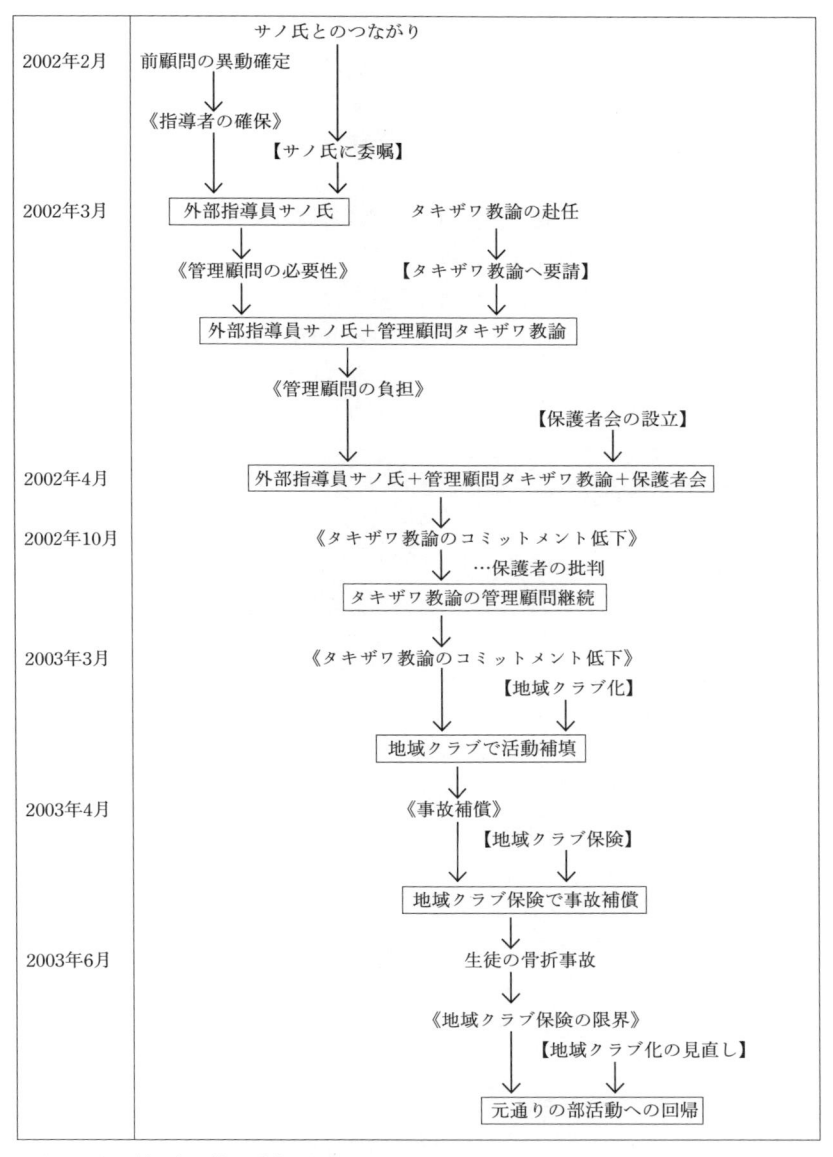

```
2002年2月    前顧問の異動確定      サノ氏とのつながり
                      ↓
                 《指導者の確保》
                      ↓
                 【サノ氏に委嘱】
                      ↓
2002年3月         外部指導員サノ氏        タキザワ教諭の赴任
                      ↓                        ↓
                 《管理顧問の必要性》    【タキザワ教諭へ要請】
                      ↓
              外部指導員サノ氏＋管理顧問タキザワ教諭
                      ↓
                 《管理顧問の負担》
                                         【保護者会の設立】
                      ↓                        ↓
2002年4月     外部指導員サノ氏＋管理顧問タキザワ教諭＋保護者会
                      ↓
2002年10月        《タキザワ教諭のコミットメント低下》
                      ↓          …保護者の批判
                 タキザワ教諭の管理顧問継続
                      ↓
2003年3月         《タキザワ教諭のコミットメント低下》
                                         【地域クラブ化】
                      ↓                        ↓
                 地域クラブで活動補填
                      ↓
2003年4月            《事故補償》
                                         【地域クラブ保険】
                      ↓                        ↓
                 地域クラブ保険で事故補償
                      ↓
2003年6月           生徒の骨折事故
                      ↓
                 《地域クラブ保険の限界》
                                         【地域クラブ化の見直し】
                      ↓                        ↓
                   元通りの部活動への回帰
```

(注) 問題を《 》、解決策を【 】、決定を囲み線で表記

図6-1　ヒガシ中学校サッカー部の運動部活動改革の過程

3−2−2　保護者のかかわりと学校の対応

　これまでの記述を踏まえて、サッカー部を存続させるように運動部活動改革を進行させていった保護者のかかわりと学校の対応を、保護者の〈要望〉と〈支援〉の影響に注目しながら以下の5点において考察する。

　①《指導者の確保》の問題化に関してである。本事例では、発端として前顧問の異動によって《指導者の確保》の問題が生じたとされていた。この問題が自明視されるのは、サッカー部を存続させるという前提があるからである。ヒガシ中は、サッカー部を廃止することで寄せられる地域の苦情、なかでも保護者の苦情を恐れていた。そうした意識によって、つまり〈要望〉を持った保護者が寄せるかもしれない批判をヒガシ中が意識することで、サッカー部存続の前提は与えられたと考えられる。

　②《指導者の確保》および《管理顧問の必要性》という問題のヒガシ中にとっての重要性に関してである。これらの問題はサッカー部を廃止させることにつながる。そこでヒガシ中は、《指導者の確保》を【サノ氏に委嘱】することで解決しようとした。しかし注意すべきなのは、前顧問の異動が確定し《指導者の確保》という問題が生じる以前から、ヒガシ中とサノ氏のつながりはあったということである。その意味でヒガシ中はいままでにも、【サノ氏に委嘱】という解決策を何か別の問題に結び付けることもできた。たとえば、競技力向上のためや、生徒のニーズに合わせた専門的指導をおこなうためといった別の理由から、いままでにもサノ氏を招くことは可能だったわけである。実現されることはなかったそうした可能性を考慮すれば、今回の《指導者の確保》という問題がヒガシ中にとっていかに重要であったかがわかる。同様に、【タキザワ教諭へ要請】が解決策に結び付けられた《管理顧問の必要性》という問題もヒガシ中にとって重要であった。そう考えられるのは、タキザワ教諭自身が不満を抱えながらも、また部活動が職務かどうかはあいまいでありながらも、ヒガシ中は半ば強制的に管理顧問の就任を【タキザワ教諭へ要請】していたからである。これらの問題がヒガシ中にとってこのように重要となった理由は、前述したように、〈要望〉を持った保護者から生じうるかもしれない批判を過剰に意識していたためだと考えられる。

　③【保護者会の設立】および【地域クラブ化】という解決策の成立条件に関してである。《管理顧問の負担》という問題に対しては【保護者会の設

立》が、そして《タキザワ教諭のコミットメント低下》という問題に対しては【地域クラブ化】がそれぞれ解決策として結び付けられた。注目したいのは、これらの解決策を成立させた保護者の〈支援〉である。〈要望〉を持った保護者自身が、保護者会や地域クラブといった組織を主体的につくろうとし、サッカー部の存続を〈支援〉した。

　④《タキザワ教諭のコミットメント低下》に対する保護者の批判に関してである。保護者はサッカー部の存続を強く〈要望〉していたが、保護者自身がどれほど〈支援〉を重ねたとしても、運営面の担当は教師にしか担えず、タキザワ教諭が離脱すればサッカー部は廃止され、保護者の〈要望〉は満たされない。そのために、保護者はタキザワ教諭を批判した。今回は、その保護者の批判によって一時的にではあったがタキザワ教諭はサッカー部に留まり続けた。

　⑤《地域クラブ保険の限界》と【地域クラブ化の見直し】の結び付きに関してである。活動中に生じた生徒の骨折事故の処理をめぐって、ヒガシ中と保護者は《地域クラブ保険の限界》という問題を認識した。ここで看過してはならないのは、それが【地域クラブ化の見直し】という解決策に直線的に結び付けられ、元通りの部活動に回帰させる決定がおこなわれたことである。というのも事故のリスクは活動をおこなううえで常に付きまとうものであり、ある意味で避けられない。だとすれば《地域クラブ保険の限界》という問題があったとしても、それを補う別の解決策を模索し地域クラブ化を更に推進する余地があったはずである。しかしヒガシ中は、外部指導員サノ氏から地域クラブ化の進退について尋ねられても特に議論を重ねることなく、わざわざ代理の顧問を立てることで元通りの部活動に回帰させ、地域クラブ化は頓挫された。なぜなのか。その理由として、〈要望〉を持った保護者の存在を指摘できる。保護者は、「学校の部活でやるのがいちばん」と語っていたように、部活動回帰の流れに反対せず、むしろそれを〈要望〉していた。一方でヒガシ中は、校長が語ったように、「保護者のニーズ」のために部活動を「存続するしかない」と考えていた。このように、部活動に回帰する過程を〈要望〉していた保護者を強く意識することで、ヒガシ中は【地域クラブ化の見直し】を決定したと考えられる。

4　運動部活動改革の進行と学校−保護者関係

4−1　保護者の〈要望〉と〈支援〉の源泉とその影響

　本章の分析を通して得られた知見を整理しておく。まず、保護者の運動部活動への肯定的な意識についてである。保護者は、「子どものため」に、運動部活動を肯定していた。なぜなら、運動部活動やスポーツが、「人間関係」や「勝つ喜び」を得るといった別の目的の手段として役立つと考えられたからだった。ただし、その肯定の仕方は、合理的な思考というより、あいまいで非合理的な信念として特徴づけられる側面があった。にもかかわらず、運動部活動への肯定的な意識が崩れなかったわけは、保護者はもう一方で、運動部活動そのものを、子ども自身が自由に楽しむ場所として、価値づけていたからである。保護者の運動部活動への意識は、手段として肯定しながら、目的としても肯定するという、二重の体系をなしている。こうした意識が源泉となって、保護者は「子どものため」に、運動部活動に〈要望〉と〈支援〉を注ぎ、運動部活動改革にかかわる。

　そして、そうした保護者の〈要望〉と〈支援〉が学校の対応を引き出しながら、運動部活動改革は運動部活動を存続させるように進行していった。保護者は、①・②では、〈要望〉によって運動部活動改革を運動部活動の存続へと方向づけ、③では、その実現に向けて運営面を補助する活動を〈支援〉したことで実際に存続し、さらに④では、批判として現れた〈要望〉によって存続が維持され、最後に⑤では、〈要望〉に沿う形で一連の改革は運動部活動への回帰として決着した。

　ここで注目したいのは、こうした保護者の影響のなかで、①・②・⑤における〈要望〉の影響が、保護者が学校の目の前に直接対峙していないにもかかわらず、生まれた点である。①では、〈要望〉を持った保護者から苦情が寄せられる可能性を危惧して、学校は運動部活動の存続を決定した。②では、同じく〈要望〉を持った保護者の批判を事前に回避しようと、学校は運動部活動を存続するために外部指導員や管理顧問を確保した。⑤では、保護者の〈要望〉を予見してそれに沿うように、学校は地域クラブ化を頓挫させて運動部活動を存続した。これらは、③・④で、保護者が学校の目の前に直接対

峙することで生まれた影響とは異なる、いわば保護者の潜在的な影響だといえる。この潜在的な影響は、〈支援〉ではなく、〈要望〉によって生み出されている。〈支援〉は目に見える顕在的な行動や結果であるから、その影響はそこで顕在した範囲に限られる。しかし、〈要望〉は目に見えない間接的な期待を含むことから、学校がそれを強く意識することによって、その影響は、顕在的な範囲を超えて潜在的な範囲にまで広がりうる。そこでは、運動部活動の成立に影響を与える保護者の影響力が、目に見える水準以上に増幅されているのである。

　こうした影響力の増幅は、保護者に対する学校の意識が過剰であったために生じたと考えられる。では、学校はなぜ保護者を過剰に意識するのか。理由の1つとして、今日の学校と保護者の一般的関係が背景にあると考えられる。繰り返し述べているとおり、新自由主義的な流れの文脈で、いまや、保護者は消費者として位置づけられ、学校は消費者である保護者の〈要望〉によって監視され、作り替えられる存在となった。学校の意識が過剰になるのは、こうした保護者優位の保護者と学校の一般的関係によると考えられる。

　しかしそれだけでなく、他に考えられる理由としては、運動部活動への保護者のかかわりが「子どものため」という意識に基づいていたことであり、その意識にはあいまいで非合理的な信念として特徴づけられる側面があったことである。保護者のかかわりが「子どものため」であれば、学校はそれを受け止めざるをえない。しかし当然のことながら、学校が運動部活動への保護者の〈要望〉にいつも応えられるわけではない。それに応えることが難しい場合、学校は保護者を説得し、理解を求めなければならない。しかし、保護者自身にとってさえうまく説明できない信念から生じる〈要望〉を理性的な対話によって退け、保護者から合意を得ることは、学校にとって困難をきわめる作業となる。そのあいまいさと非合理性のために、保護者のかかわりは学校側からすれば非常に制御しづらいものとなってしまう。そのために、学校は保護者を過剰に意識することになると考えられる。

　本章が記述したのは、自主性・自律性を発揮して運動部活動を地域社会に移行しようとする学校ではなく、自主性・自律性を発揮できずに運動部活動を存続させていく学校であった。運動部活動改革の方向性や内容を決定する学校は、保護者のかかわりが多大な影響力を持つ文脈のうえに置かれている。そうした学校－保護者関係の文脈が、学校を能動的な主体ではなく受動的

な客体へと変換しうる。そうした文脈があったからこそ、本事例では、運動部活動改革が運動部活動を存続させるように進行していったのである。[(8)]

4-2　学校‐保護者関係と〈子どもの自主性〉

　では、本章の分析を踏まえて、運動部活動の新自由主義的／参加民主主義的な再編プロセスで、〈子どもの自主性〉がどう扱われているかを考えてみよう。保護者は「子どものため」に運動部活動にかかわり、学校と教師は、そうした保護者のかかわりを「子どものため」に受け止めていた。こうした学校と保護者の間でやりとりされる「子どものため」とは何か。

　その中身には、戦後に追求された〈子どもの自主性〉の理念が含まれている。保護者は、運動部活動そのものを、子ども自身が自由に楽しむ場所として、価値づけている。だから、子どもが好きなスポーツをしたくてもできないことに問題を感じて、子どもが自由にスポーツを楽しむことを願って、運動部活動にかかわっている。すなわち、事実の次元で、「子ども自身の真の自主性」が忠実に反映されるかどうかとは別に、意味づけの次元で、保護者は、〈子どもの自主性〉を体現するために運動部活動にかかわっている。そのために、学校は保護者のかかわりを消極的ながらも受け止めざるをえない。学校にとって、〈子どもの自主性〉を体現するための保護者のかかわりを受け止めて、保護者と共にかかわることが、間接的あるいは代替的に〈子どもの自主性〉を尊重することでもあったのである。

　これらの点で、現在の運動部活動を維持する原動力の一つには、戦後の拡大過程と同様に、〈子どもの自主性〉という理念がある。空洞化しそうになった〈子どもの自主性〉を回復するため、管理主義への反省から、新自由主義的／参加民主主義的な流れのなかで学校の過剰なかかわりが相対的に弱まっていく反面で、保護者のかかわりが強まっていき、その保護者に後押しされて学校のかかわりは続いていく。〈子どもの自主性〉をめぐるそうした学校‐保護者関係のなかで、現在、運動部活動そしてスポーツが学校教育に結び付けられると考えられる。

　ただし、見逃してはならないことは、学校と保護者の間でやりとりされている「子どものため」の中身のすべてが、〈子どもの自主性〉の理念というわけではないことである。保護者は、運動部活動が「人間関係」や「勝つ喜び」を得る手段として「子どものため」になる、とも意味づけていた。つま

り保護者は、目的としても手段としても、運動部活動が「子どものため」になると意味づけている。そうした二重の意味づけが混ざり合うなかで、学校－保護者関係の文脈がつくられ、そのうえで「子どものため」に運動部活動が維持されている。だから、この保護者の二重の意味づけ方、そして学校と保護者の間でやりとりされる「子どものため」の中身には、目的的な価値を持つ〈子どもの自主性〉が手段化されうる可能性が潜んでいる。そのため、運動部活動の新自由主義的／参加民主主義的な再編プロセスは、保護者の台頭によって〈子どもの自主性〉という理念が回復された、というような単純なプロセスではない。そうではなく、〈子どもの自主性〉をめぐる緊張関係が、学校と教師に加えて保護者も関与するなかで、より一層複雑化していくプロセスなのである。

注

（1）運動部活動改革の研究には、理念的なものとして、あるべき姿としての「生徒主体への道」を模索した内海（1998）や、そこに「アソシエーション」としての可能性を探った中西（2004）があり、他に実証的なものとしては、地域スポーツクラブとの関係から論じた事例研究がいくつかある（大竹・上田、2001；夏秋、2003；高村・高橋、2006）。ここでは、後者の実証的な事例研究を中心に検討する。

（2）この5人の保護者たちは、表6－1にまとめた以外にも次の特徴を持っていた。まず、大会や日頃の練習も数多く見学に訪れるなど活動への参加頻度が高かった。そして、保護者会組織の中心にいただけでなく春と秋の保護者会総会にも必ず参加していた。さらに、本文中で見る学校とのさまざまなやりとりをおこなっていたことから、学校側は彼女たちがサッカー部保護者の「代表」だと認識していた。以上の特徴はこの女性保護者5人が平均的・一般的な保護者であることを意味しない。しかし運動部活動改革を左右する保護者の影響を明らかにするためには、保護者全体のなかで運動部活動へのかかわりがもっとも強かったといえる彼女たちの意識や行動を取り上げることが妥当だと判断し、本章では彼女たちのかかわりに注目した。

（3）サッカー部以外の、前章で分析したラグビー部・女子バレーボール部・卓球部などにかかわっていた保護者も含めれば、運動部活動を通して得られる好結果として他にも「人間形成」「しつけ」「礼儀」「言葉遣い」「自己犠牲」「思いやり」「我慢」「精神力」「チームプレイ」などが挙げられていた。

（4）たとえば、2003年度保護者会代表を務めたトドロキ氏は、子どもは「自主性を持たなきゃダメ」と語り、理想の子ども像として「自分で決められる子になってほしい」と語っていた。

（5）日本体育・学校健康センターは、2003年から、日本スポーツ振興センターに名称変更している。

（6）当時の学校保険と地域クラブ保険の違いを整理しておく。学校保険は、学校設置者が保護者の同意を得て加入する保険制度であり、ほぼすべての学校が加入している。中学生の場合、加入に際して年額840円を保護者と学校設置者が約半額ずつ負担することになり、学校管理下の活動すべてに適用される。傷害補償額は、死亡（2,500万円）と障害（3,370万円〜73万円）に関しては定められてはいるが、負傷や疾病に関しては医療保険並の療養に要する費用の額の4割が原則的に支給されることになっている。国民健康保険などがあるため実質的に当事者が負担する割合は3割となるから、学校保険によって当事者の負担額は事実上ゼロになる。さらに、支給される4割から負担する3割を引いた1割が手元に残る計算になるが、これは療養に伴って要する費用や見舞金として給付される。一方で、地域クラブ保険は、地域社会でおこなわれるスポーツ活動や社会教育活動を扱う範囲としており、任意加入の保険制度である。中学生以下の子どもの場合、加入に際して年額500円を支払い、傷害補償額は死亡時2,000万円、後遺障害（最高）3,000万円、入院（一日につき）4,000円、通院（一日につき）1,500円と定められている。よって、後遺障害と認定されない骨折などのけがに関しては、入院・通院の日数に準じた定額しか支給されない。そのため、手術を伴うなど治療費が高額になる場合、加入者は多額の負担が強いられる。

（7）こうした校長の意識は、ヒガシ中だけでなくその地域全体で確認できるものだった。第4章の4-3で少し触れたが、2002年度、地域の公立中学校校長会は、クラブ活動が廃止され部活代替措置が崩れた学習指導要領下での部活動運営を協議し、「これからの中学校における運動部活動のあり方」をまとめた。これは、校長たちの間で共有された現状の認識や課題を整理した文書であった。そのなかで、「このような変化〔特別活動のクラブ活動の廃止：引用者注〕にもかかわらず（略）生徒・保護者の部活動に対する要望は全く変化していません。ここに、私たちは学校現場の苦渋を有しています」と、生徒と合わせて保護者からの「部活動に対する要望」への対応に苦慮している様子が記されていた。

（8）補足として、運動部活動改革を扱った先行研究に対する示唆を述べておこう。本事例の運動部活動は、成岩スポーツクラブや向陽スポーツクラブのよ

うに地域社会に移行されることはなく学校に残り続けた。この事例を分析することで明らかになったのは、学校が自主性・自律性を発揮できるかどうかが保護者との関係のあり方に依存しているということである。ならばわれわれに必要なのは、本事例を「成功」に至らなかった「失敗」として片付けることではなく、この保護者との関係を議論に組み入れることだといえる。すなわち、成岩スポーツクラブや向陽スポーツクラブで運動部活動が地域社会に移行されたのは単に学校が自主性・自律性を発揮したからではなく、そうした自主性・自律性が発揮できるようなポジティブな保護者との関係が文脈として存在していたからだ、と理解すべきではないか。この問いかけが、本章の示唆する先行研究への問題提起である。

第7章　運動部活動に積極的な顧問教師

1　なぜ教師は運動部活動に積極的にかかわり続けるのか

　本章では、教師がなぜ積極的に運動部活動にかかわり続けるのかに関して、積極的な顧問教師を対象として、指導上の困難への向き合い方を分析する。
　はじめに、これまでの議論と重複もあるが、本章の背景と課題を述べる。教師は、なぜ運動部活動に積極的にかかわり続けるのか。この問いに、一部の先行研究〔研究群Ⅰ〕を踏まえると、教師がそこに教育的効果を実感するからだ、とひとまず答えることができる（西垣、1983；徳永・山下、2000；横田、2004；西島ほか、2008）。しかし、この答え方では不十分である。なぜなら、他の先行研究〔研究群Ⅱ〕が明らかにしてきたように、顧問教師は、教師／コーチ役割の役割間葛藤から生じる指導上の困難によって、運動部活動に消極的になるからである（Locke and Massengale, 1978；Sage, 1987, 1989；Figone, 1994；Chelladurai and Kuga, 1996；前川、1979；久保、1998；小谷・中込、2003、2008；中村、2009）。
　こうした先行研究の状況を踏まえて、本章では、研究群ⅠとⅡの間隙を埋めることで、運動部活動に積極的な教師のかかわりの理解を深めることを目指す。運動部活動に積極的な教師は、なぜ指導上の困難によって消極的にならないのか。それを理解するためには、積極的にかかわろうとする過程で生じうる指導上の困難に、教師がどう向き合っているかを分析する必要がある。
　では、その向き合い方をどのように分析すべきか。それを考えるうえで、先行研究の方法論的な問題として、顧問教師自身の意味づけ方が十分に明らかにされていないことが挙げられる。研究群Ⅰは実証的アプローチによる質問紙調査に基づいた教育的効果の把握から、研究群Ⅱは役割理論に基づいた教師／コーチ役割の関係から、顧問教師のかかわりを考察してきたが、そこ

では顧問教師の意味づけ方に十分な注意が払われていない。だが、何に教育的効果を実感するか、また教師／コーチ役割がどんな関係にあり、その関係が生むとされる困難に顧問教師がどう向き合うかは、顧問教師自身にとっての意味や価値によって異なるはずである。すなわち、顧問教師のかかわりが積極的になるか消極的になるかを理解するためには、顧問教師自身の意味づけ方を看過できない。そのため、顧問教師のかかわりをより理解するためには、困難への向き合い方を、顧問教師自身の意味づけ方から再考する必要がある。

以上から、本章の課題は、なぜ教師が運動部活動に積極的にかかわり続けるのかを、指導上の困難に対する意味づけ方の分析を通して明らかにすることである。

2 教師本人の意味づけ方への注目

2-1 解釈的アプローチ

本章の分析枠組みを設定するため、まず基本的な方法論としての解釈的アプローチについて概説し、次に運動部活動指導上の困難の種類を整理して分析課題を具体化する。

本章の方法論的特徴は、解釈的アプローチから顧問教師のかかわりを理解しようとする点にある。解釈的アプローチは、マックス・ウェーバーの理解社会学として樹立されて以来、社会学や文化人類学の領域を中心に発展してきた、自然科学にはない社会科学固有の方法論である。以下では、この解釈的アプローチの特徴について、ウェーバー（1968、1972）の他、大塚（1966、1977）、山村（1985）、Hollis（2002）などの議論を参考としながら述べておく。

解釈的アプローチは、実証的アプローチでは説明できない対象について理解するための方法論として発展してきた。実証的アプローチは、客観的で普遍的な事実があることを前提として、そうした事実が生み出される因果関係や一般的法則を説明しようとする方法論である。そこでは、対象が「物」として扱われ、そうした「物」のありようは外部状況によって決定されると考えられている。こうした実証的アプローチは、自然科学の伝統的な方法論であり、社会科学でも、自然科学同様の客観性を担保するために採用されてき

た。

　しかし、他方で、社会科学の対象とする人間を、ただ「物」として扱うことはできないし、それは外部状況から一方的に決定されるわけでもない。なぜなら、人間は、その人間を取り囲む外部状況によって一方的に決定されるような受動的な存在ではなく、主体的意思を持った能動的な存在だからである。人間は、それぞれの主体的意思によって、外部状況を主観的に意味づけていて、人間の行為は、そうした主体的意思と主観的な意味づけによって選ばれる。そのため、同じ事実や外部状況であっても人によって意味づけ方が違う場合があるし、同じ外部状況に置かれても人によって選ぶ行為が違う場合もある。こう考えると、ある人間がある行為を選ぶのはなぜかを十分に理解するためには、その人間の内側にある主体的意思や主観的な意味づけのありように迫り、その人間が何を目的とし、何に価値を見いだしているかを理解する必要があることがわかる。それを達成するための方法論が、解釈的アプローチである。ここでは、実証的アプローチが原因と結果の結び付きを説明するのと同じ構図で、目的と行為の結び付きを理解しようとするわけである。

　本章にとって、解釈的アプローチは有効な方法論になると考えられる。なぜなら、教師が運動部活動をどう捉えているのか、その指導上の困難をどう感じているのか、そして運動部活動にどうかかわろうとするのかは、運動部活動に対する教師本人の主体的意思と意味づけ方に注目することで、はじめて理解できるからである。

　こうした解釈的アプローチを用いた研究は、体育学の領域で十分に蓄積されてきたとはいえないが、教育社会学領域では一定の蓄積がある。たとえば、解釈的アプローチを用いた代表的な教師研究であるWoods（1979）は、非進学校の教師を対象としたフィールドワークをおこなった。その教師は、しばしば授業中に冗談を言うという。こうした教師の行為は、実証的アプローチを用いて教師を授業内容の教授を役割とする「物」として扱うならば、うまく説明できない。あるいは、冗談を言うことが単に教師役割からの逸脱行為として見なされ、教師がなぜ冗談を言うかを理解できない。これに対してWoodsは、解釈的アプローチを用いて、冗談に対する教師自身の意味づけ方に注目した。そうすることで、教師の目的が授業内容の教授ではなく生徒との葛藤回避にあること、そして冗談を言うことが教師自身のその目的に適

した行為であることが理解できるのである。この研究をはじめ、解釈的アプローチを用いた教育社会学的な教師研究は、とりわけクラスルームを対象としておこなわれてきた（Woods, 1979, 1983；Denscombe, 1985；稲垣, 1989；清水, 1998）。これらを踏まえながら、本章ではその対象範囲を運動部活動に広げ、体育学領域への援用を試みる。

2-2　教師が直面する指導上の困難

　では顧問教師は、運動部活動を指導するうえで、どのような困難に直面するのか。研究群Ⅱを再度検討しながら困難の種類を整理する。前述の北米の研究は、困難の例として、生徒間の技術や動機の多様性への対応、ゼロサム的な競争の扱い、他の業務との時間配分を挙げていた。これらをもとにして、それらが日本的文脈にどう適合するかを日本の先行研究を踏まえて再検討し、運動部活動を指導する際、顧問教師が困難を抱えうる場面を3つ──（イ）多様性への対処・（ロ）選手の選考・（ハ）時間の配分──に整理することにしたい[1]。

　（イ）多様性への対処。多くの生徒が運動部活動に参加すれば、教師は、多様な競技力と志向の生徒たちを相手にしなければならない。競技力が多様であれば、取り組むべき技術的な課題も多様になり、技術指導が難しい。また厳しい練習を望む競技志向の強い生徒と、遊びとしてただ楽しむことを望む競技志向の弱い生徒を同時に扱うことは難しい。そこには、（イ-1）多様性を許容するかどうかという困難がある。さらに、もし多様性を許容して多くの生徒を参加させるならば、生徒間に、競技力の高さや競技志向の強さによったインフォーマルな上下関係が生じ、しごき、ケンカ、嫌がらせといった生徒同士のトラブルが起きるかもしれない（稲田、1988）。そうしたときには、（イ-2）起こりうる生徒同士のトラブルにどのように対処するかが困難となる。

　（ロ）選手の選考。勝利のためには競技力の高い生徒を選手に選考すべきだろう。だが、日本では能力による「差別」が好まれない平等観がある（苅谷、1995）。そうした平等観から見れば、競技力の高さにかかわらず、多くの生徒を試合に出場させるべきかもしれない（海老原、2003）。そこには、（ロ-1）選考基準を競技力にするかどうかという困難がある。実際には、競技力が優れていても生活態度の悪い選手を選ばない教師もいる（奥村、2000）。

その場合には、(ロ-2) 勝利を放棄してよいのかという困難がある。
　(ハ) 時間の配分。教師は、担任業務や授業準備、生徒指導などの職務を抱えている。限りある時間を運動部活動に配分すれば、それらの職務が疎かになってしまう。そこには、(ハ-1) 運動部活動のために他の職務を疎かにするかどうかという困難がある。もし疎かにしないならば、(ハ-2) 運動部活動に時間を配分できなくてよいのかという困難がある。
　本章は、これら (イ)(ロ)(ハ) の困難に対する顧問教師の意味づけ方を、解釈的アプローチを用いて分析する。

3　積極的な顧問教師と消極的な顧問教師

3-1　運動部活動に積極的／消極的な顧問教師の分類

　本章が中心的な分析対象とする、運動部活動に積極的な教師をフィールドから抽出する。ヒガシ中では、負担の大きさや受け止め方の違いから、顧問教師の運動部活動へのかかわり方は多様であった。まずこの顧問教師たちを運動部活動に積極的な教師群と消極的な教師群に分類する。表7-1に示したのは、一定期間調査し、十分なデータを収集できた12名の顧問教師のプロフィールである。部の様子と顧問教師の特徴の多様性を検討できるように、文化部も含めて取り上げた。
　この12名の顧問教師を、次の手順で積極的な群と消極的な群に分類した。分類は、部活動への参加の仕方での強／弱という行動面の観点と、それに伴う負担感の大／小という意識面の観点を組み合わせておこなった。
　まず参加の仕方は、観察調査で得られたデータから、放課後や休日の活動に顔を出す程度と指導への関与の大きさから把握した。活動に顔を出す程度は、各部の活動頻度において「半分以上」「半分未満」「ほとんどなし」の3段階で把握を試みた。指導への関与の大きさは、外部指導員との関係にも考慮しながら、顔を出した際にどれくらい直接指導するかを、「ほぼすべてに関与」「ある程度は関与」「ほとんどなし」の3段階で把握を試みた。ここから、顔を出す程度と指導の関与のいずれかが「ほとんどなし」を参加の仕方が「弱」と判断し、それ以外を「強」と判断した。次に負担感は、顧問教師本人へのインタビュー調査で得られたデータから把握した。インタビュー調

表7-1 顧問教師のプロフィール

顧問	年代	性	教科	校務分掌	部活動	活動頻度	指導種目の経験	調査期間
タキザワ教諭	20代	男	数学	教務	サッカー	週4日	無	2002-2003年度
オカダ教諭	30代	男	保健体育	生活指導	ラグビー	週5日	有	2002-2006年度
フジモト教諭	30代	男	数学	進路指導	サッカー	週4日	有	2004年度
サイトウ教諭	30代	男	理科	進路指導	卓球	週3日	有	2005-2007年度
ドイ教諭	30代	男	理科	教務	ラグビー	週5日	無	2006-2007年度
ナカタ教諭	30代	男	保健体育	生活指導	ラグビー	週5日	有	2007年度
ノダ教諭	30代	女	理科	生活指導	卓球	週1日	無	2004年度
ヤマシタ教諭	30代	女	数学	教務	女子バレーボール	週4日	無	2005-2007年度
イズミダ教諭	40代	男	保健体育	生活指導主任	バスケットボール	週6日	有	2002-2007年度
フクハラ教諭	40代	男	技術	教務主任	男子バレーボール	週4日	有	2005-2007年度
コクブ教諭	40代	女	音楽	生活指導・学年主任	吹奏楽	週6日	有	2002-2007年度
アイカワ教諭	50代	男	数学	教務	サッカー	週5日	無	2005-2007年度

査はそれぞれ複数回おこない、発言内容が一貫しているかに留意し、データの信頼性を検証した。そのうえで、部活動を否定的に評価していた場合は負担感が「大」と判断し、それ以外を「小」と判断した。

以上の結果を、表7-2にまとめた。さらに、その結果を二軸四象限の図として、指導種目の経験の有無も考慮して示したのが、図7-1である。この図で、参加の仕方が強いにもかかわらず負担感が小さい、オカダ教諭・イズミダ教諭の2名を積極的な教師群、それ以外の10名を消極的な教師群として分類した。

表7-2 顧問教師の参加の仕方と負担感に関するデータ

顧問	参加の仕方			負担感	
	顔を出す程度	指導の関与			
タキザワ教諭	ほとんどなし	ほとんどなし （外部指導員に委任）	→弱	「部活でやりがい，ない…やりたくない」	→大
オカダ教諭	半分以上	ほぼ全てに関与	→強	「部を残していきたい」	→小
フジモト教諭	半分未満	ある程度は関与 （外部指導員と連携）	→強	「子どもが小っちゃいから…大変」	→大
サイトウ教諭	半分未満	ある程度は関与 （外部指導員と連携）	→強	「いっぱいいっぱいですよ」	→大
ドイ教諭	半分以上	ある程度は関与	→強	「学校内で部への理解や協力が得づらい」	→大
ナカタ教諭	半分未満	ほとんどなし	→弱	「あんまり行ってないから（負担はない）」	→小
ノダ教諭	ほとんどなし	ほとんどなし	→弱	「部をずっと持つつもりはない」	→大
ヤマシタ教諭	ほとんどなし	ほとんどなし	→弱	「（顧問を続けるかは）悩んでますね」	→大
イズミダ教諭	半分未満	ある程度は関与 （外部指導員と連携）	→強	「（学校に）部活を残したい…部活を指導したい」	→小
フクハラ教諭	ほとんどなし	ほとんどなし	→弱	「なかなか見れないですから（負担はない）」	→小
コクブ教諭	半分以上	ほぼ全てに関与	→強	「個人的には（活動を）減らしたい」	→大
アイカワ教諭	ほとんどなし	ほとんどなし （外部指導員に委任）	→弱	「私は何もしてませんから（負担はない）」	→小

（注）参加の仕方に関しては観察調査結果を記載した。負担感に関しては顧問教師本人へのインタビュー調査結果を記載した。

3-2 運動部活動に消極的な顧問教師と指導上の困難

　運動部活動に消極的な顧問教師が、先ほど整理した困難をどう感じていたかを検討する。この作業の意味は、先行研究の指摘するいくつかの困難が本章のフィールドでも見られることを確認すること、そして、後で分析する運動部活動に積極的な顧問教師の意味づけ方と比較対照することである。
　まず、（イ）多様性への対処に困難を感じる教師がいた。サッカー部顧問

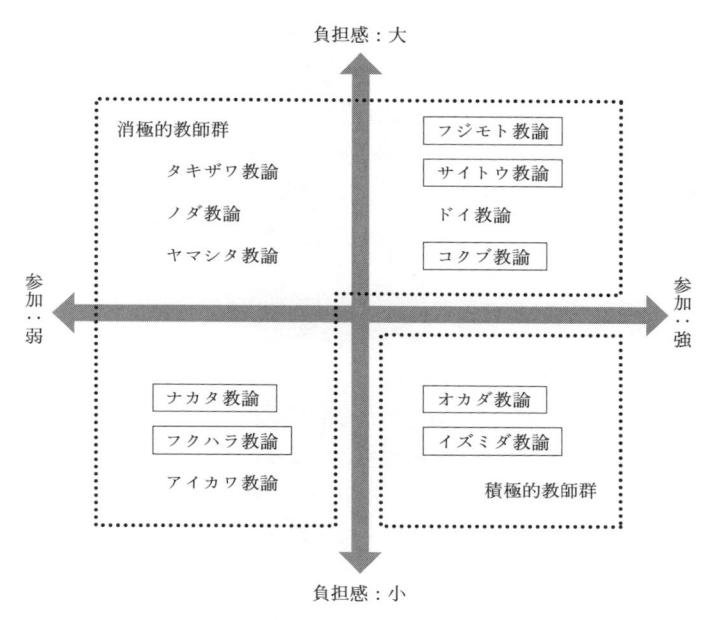

```
                        負担感：大
                           ↑
  ┌──────────────────────┬──────────────────────┐
  │ 消極的教師群          │  ┌──────────┐        │
  │                      │  │ フジモト教諭 │        │
  │   タキザワ教諭         │  ├──────────┤        │
  │                      │  │ サイトウ教諭 │        │
  │   ノダ教諭            │     ドイ教諭          │
  │                      │  ┌──────────┐        │
  │   ヤマシタ教諭         │  │ コクブ教諭  │        │
  │                      │  └──────────┘        │
参加  └──────────────────────┼──────────────────────┘  参加
：弱 ←──────────────────────┼──────────────────────→  ：強
  ┌──────────────────────┬──────────────────────┐
  │  ┌──────────┐        │  ┌──────────┐        │
  │  │ ナカタ教諭 │        │  │ オカダ教諭 │        │
  │  ├──────────┤        │  ├──────────┤        │
  │  │ フクハラ教諭 │       │  │ イズミダ教諭 │       │
  │  └──────────┘        │  └──────────┘        │
  │    アイカワ教諭        │                      │
  │                      │       積極的教師群     │
  └──────────────────────┴──────────────────────┘
                           ↓
                        負担感：小
```

図7-1　顧問教師の参加と負担感
(注)　指導種目の経験が「有」る顧問を、囲み線で表記した。

のタキザワ教諭は、「部には、ただ楽しいサッカーをしたい子と厳しい練習をして勝つサッカーをしたい子がいる」と語り、両者の調整に苦慮していた。タキザワ教諭は、生徒指導上の問題を起こす生徒の扱いにも困難を感じ、「問題児には（部を）辞めてほしい」とも語った。また、卓球部顧問のノダ教諭は、参加意欲の低い生徒の扱いに困難を感じていた。ノダ教諭は、「挨拶、服装を正す、時間を守る、言葉遣い」といった生徒指導を徹底するため、卓球部に生徒の意欲的な参加を求めていた。しかし、意欲的に参加する生徒ばかりではなく、無断で欠席するような参加意欲の低い生徒への生徒指導が行き届かず、ノダ教諭は指導上の困難を感じていた。

　次に、（ロ）選手の選考に困難を感じる教師もいた。卓球部顧問のサイトウ教諭は、運動部活動を生徒指導の場として捉えていた。生徒には、「お遊びクラブじゃダメだ」と、時間や礼儀を守ることを求めていた。ただし一方では、「大会に出る以上は勝ってほしい」と語るように、勝利を放棄していたわけではなかった。そのため競技力は高いが、練習に遅刻・欠席するなど、

「だらしないところがある」生徒を試合に出すかどうかで困難を感じていた。

最後に、(ハ) 時間の配分に困難を感じる教師は多かった。サッカー部顧問のフジモト教諭は、0歳児を含む3児の父であり、共働きの妻と子育てに忙しく、負担を相当に感じていた。女子バレーボール部顧問のヤマシタ教諭は、教職1年目であり、研修や出張で忙しく、負担を感じていた。また、ラグビー部顧問のナカタ教諭と男子バレーボール部顧問のフクハラ教諭は、参加の仕方が弱いため負担感は小さかったが、そもそも参加できなかった理由は多忙のためだった。ナカタ教諭は特別支援学校から異動したばかりで授業準備に追われていて、フクハラ教諭は教務主任の職務に忙しく、運動部活動に時間を配分することができなかったからである。

以上のように運動部活動に消極的な顧問教師は、(イ)(ロ)(ハ) の指導上の困難を感じていた。では、積極的教師群に分類された顧問教師は、そうした困難をどう意味づけていたのか。以下では、ヒガシ中でもっとも運動部活動に積極的だったラグビー部顧問のオカダ教諭を取り上げて、分析をおこなう。

4　運動部活動に積極的な顧問教師による困難の意味づけ方

4－1　運動部活動の捉え方

具体的な困難の意味づけ方を分析する前に、本章で取り上げるオカダ教諭とラグビー部の基本的情報を記述しながら、オカダ教諭が運動部活動自体をどう捉えていたかを確認しておく。オカダ教諭に焦点を絞り集中的に調査した2006年度当時、ラグビー部は、火・木・金の放課後と土・日に活動していて、部員数は男子47名であった。ラグビー部生徒のプロフィールを表7－3に示した。顧問のオカダ教諭は、高校・大学時代にラグビーの経験があり、日本ラグビーフットボール協会と日本体育協会公認の指導者資格を持ち、地域の中学校体育連盟ラグビー部会の役職にも就いていた。ラグビーコーチとして高い専門性を有していたといえる。実際の指導に関しては、基本的にオカダ教諭が、日々の技術指導から、公式戦や練習試合での選手の選考までおこなっていた。

表7-3 ラグビー部生徒のプロフィール（2006年度）

氏名	学年	競技力	生活態度	学業成績	レギュラー
マナブ	3	高い	良い	上位	○
タケシ	3	高い	良い	上位	○
ケンタ	3	高い	普通	中位	○
カズキ	3	高い	普通	中位	○
リョウヘイ	3	高い	やや悪い	中位	○
ダイスケ	3	高い	悪い	下位	○
ノボル	3	やや高い	普通	中位	○
ヒトシ	3	普通	良い	上位	
タカシ	3	普通	良い	上位～中位	
サトル	3	普通	良い	中位	○
コウジ	3	普通	良い	中位	
カツユキ	3	普通	普通	中位	○
マモル	3	普通	普通	中位	
トモノブ	3	普通	普通	中位～下位	○
ユウタ	3	普通	普通	中位～下位	
タイチ	3	普通	悪い	下位	○
テツオ	3	やや低い	良い	上位～中位	○
ケンジ	3	やや低い	良い	中位	
カズヒト	3	やや低い	悪い	下位	
ヨシオ	3	やや低い	悪い	下位	
ヒロカズ	3	低い	普通	上位～中位	
シュウイチ	3	低い	普通	中位～下位	
ナオト	3	低い	普通	下位	
ミチオ	3	低い	悪い	下位	
リュウタ	2	やや高い	悪い	中位～下位	
ソウタ	2	普通	やや良い	上位～中位	
ヤスヒロ	2	普通	普通	中位	
フミオ	2	普通	普通	中位	
タツヒコ	2	やや低い	普通	中位	
マサトシ	2	やや低い	悪い	下位	
ハジメ	2	低い	普通	下位	

トシオ	2	低い	悪い	下位	
ユキノブ	2	低い	悪い	下位	
ノブオ	2	低い	悪い	下位	
サトシ	1	普通	普通		
タカヒト	1	低い	普通		
カケル	1	低い	普通		
マサヒロ	1	低い	普通		
ケイイチ	1	低い	普通		
マサキ	1	低い	普通		
タクヤ	1	低い	普通		
フミヒコ	1	低い	普通		
ノリオ	1	低い	普通		
コウイチ	1	低い	悪い		
ユキオ	1	低い	悪い		
シンジ	1	低い	悪い		
ナオキ	1	低い	悪い		

（注）競技力と生活態度は、オカダ教諭による評価を記載した。学業成績は、定期試験結果をもとにした学年内評価を記載した。ただし1年生については、入学から時間が経っておらず、試験ごとの成績の変動も激しく、正確に把握できなかったため記載していない。

　オカダ教諭は、運動部活動を「教育的な活動をする場」と捉えていた。彼は「公式戦は勝つことを目標」にする一方で、「教育的効果」を得ることも目標にしていた。オカダ教諭がいう教育的効果とは、「当たり前のことを当たり前にする」ように生徒が成長することだった。具体的には、「挨拶をする」「時間や校則を守る」といった社会規範を身につけることや、「チームのため、他人のために尽くす」「困っている人を助ける」といった他者への奉仕ができることだった。オカダ教諭は、そうした「当たり前のこと」を、誰かに強制されるからするのではなく、自分自身で自然と「当たり前にする」ように生徒を成長させることを、目標としていた。オカダ教諭によれば、そうした教育目標に向けて生徒を指導するために、運動部活動が役に立つという。

　　（生徒は）好きなことをしたくて集まっているので指導もしやすいし、

生徒にも受け入れられやすい…教員の立場からしたら指導が入りやすい。［オカダ教諭：2007年1月20日］

　オカダ教諭によれば、運動部活動に参加する生徒は、「好きなことをしたくて集まっている」という。たしかに運動部活動は、生徒が自主的に「好きなこと」をするために参加する、数少ない学校場面の一つである。こうした、いわば「遊び」の側面は、生徒がたとえ望まなくとも参加しなければならない教科教育と異なる運動部活動の特徴である。オカダ教諭は、こうした「遊び」に引き付けられて生徒が自主的に参加してくることが、運動部活動での「教育」に結び付くと考えていた。

　　きっかけは遊びでいいと思うんですよ。入ってきて面白そうだから、それを最終的に、教育に結び付けちゃえばいいわけで。遊びのつもりでタグラグビーやって楽しかったら、入ってきて。でもそれだけじゃダメなんだっていうことを学んでいって…最初は遊びで入ってきても、最終的には子どもたちが変わってく。［オカダ教諭：2007年1月20日］

　オカダ教諭は、「遊び」をきっかけにして「教育」に結び付けていくという。オカダ教諭は、こうした「遊び」に引き付けられる生徒の自主性を活用することで、運動部活動が「生徒指導上のしつけの部分につながってくる」と考えていた。ただし、その生徒の自主性は単なる「遊び」にとどまっていては駄目だという。オカダ教諭は、生徒に対して、自分で自分を律する姿勢を求めていた。

　　まず自分がちゃんとしろよって…これもねラグビーの特性だと思うんですけど、自分たちで何とかしなくちゃいけないっていう。コートに出すまでが俺の仕事だって、そういうことはいつも言ってるから。［オカダ教諭：2006年3月14日］

　オカダ教諭は、ラグビーという種目特性にも触れながら、生徒たちは最終的に、「自分たちで何とかしなくちゃいけない」と考えていた。彼にとって運動部活動は、生徒の自主性を活用しながら生徒指導を可能にし、その生徒

指導を通して生徒を成長させる、そうした教育的効果を感じる場所だったわけである。
　一方でオカダ教諭は、生徒指導によって結果的に競技力が向上するとも考えていた。

　　普段の生活をきちんとしていないと、チームっていうのは強くならないし…生活面がいちばん。要は、見られていないときにやるっていうのが、できてる証じゃないですか。…見られていないときでも、自分のものとして振る舞えれば、もっと言うなら、学校じゃなくて家庭のなかで、完全に見られていない状態のところで発揮されたときは、たぶん、強ぇぇだろうなって気が（する）。だから教育的なところが、すごく大きい。［オカダ教諭：2007年1月20日］

オカダ教諭によれば、競技力を向上させる姿勢は、たとえ誰かに「見られていないとき」でも「普段の生活をきちんと」できるようになってはじめて得られるという。彼は、生徒指導によって、生徒が社会規範などの「当たり前のこと」を身につけて、誰かに強制されるのではなく自分自身で自然と「当たり前にする」ようになれば、競技力も上がると考えていた。オカダ教諭は、生徒指導の延長線上に勝利を位置づけていた。そしてその勝利は、翻って再び生徒指導へと結び付けられていた。

　　最後に結果が出たことで、ああ、ちゃんとやっててよかったなって思えるし、最高の薬になるんですよ。こつこつ頑張れば何とかなるって思えるし、自信になるし。学校生活でもこつこつ頑張るのが大切なんだって思えますから。［オカダ教諭：2007年3月25日］

オカダ教諭にとって生徒指導の結果である勝利は、「頑張れば何とかなる」ことを生徒に教えるための「最高の薬」でもあった。勝利したときに彼は、「頑張る」ことの大切さを生徒に教授することで、勝利したことを新たな生徒指導へと結び付けていた。つまりオカダ教諭は、生徒指導によって競技力が向上し、その結果勝利が得られ、さらにその勝利が新たな生徒指導に役立つと考えていた。このオカダ教諭の考え方は循環的である。そこでは、

勝利と生徒指導が互いに補完し合いながら教育的効果を生み出すと考えられていた。

では、実際の指導場面で困難に直面したとき、こうしたオカダ教諭の運動部活動の捉え方が、崩れることはなかったのか。以下で、(イ)(ロ)(ハ)の困難に対するオカダ教諭の意味づけ方を分析する。

4-2 (イ)多様性への対処場面での困難への意味づけ方

4-2-1 (イ-1)多様性を許容するかどうか

先ほどの表7-3に示したオカダ教諭の評価からわかるように、生徒の競技力はばらつきがあった。勝利だけを求めれば、競技力の高い生徒に限定したほうがよいはずである。しかし、オカダ教諭は競技力の低い生徒を排除しなかった。

> 教育っていうことでやっている以上、ほっぽるのは楽だけど、そいつのためにもならないし学校のためにもならない。そこはないんだよ。だから何とか抱え込んで叩き上げて、前より少しよくなったっていう状態にやっていきたい。[オカダ教諭:2006年1月20日]

オカダ教諭は、「教育」として、生徒本人や学校のために多様な生徒を抱え込むことが大切だと考え、生徒指導を通じて、生徒が「前より少しよく」なることを目指していた。ただし、オカダ教諭は、生徒指導に役立つ勝利も大切にしていて、勝利を得るために競技力を上げる必要があった。そこで技術指導を円滑に進めるためにオカダ教諭は、日頃の練習を競技力の「高い」グループと「低い」グループに分けておこなっていた。ラグビー部の優れた大会成績は、競技力の高い一部の生徒によるといえる。彼らは、試合だけでなく日頃の練習でも中心的存在だったことから、生徒間の上下関係で優位な位置にいた。対照的に、競技力の低い生徒は劣位に位置していた。特にそのなかで、性格的にもおとなしい何人かの生徒は、ラグビーが「へた」であることから「ばかにされたり」、「嫌がらせ」を受けることがあった。多様性を許容することで生じてしまったこのような生徒同士のトラブルにオカダ教諭はどう対処していたのか。

4−2−2 （イ−2）起こりうる生徒同士のトラブルにどのように対処するか

　生徒指導を重視するオカダ教諭は、当然のことながら、生徒同士のトラブルをなくそうと努めていた。彼は、嫌がらせをおこなう生徒を威圧的に注意した。たとえば、競技力が低く性格もおとなしい1年生のタカヒトは、しばしば嫌がらせを受けたりもした。そしてオカダ教諭が、練習中、そのタカヒトを「ばかにした」1年生のコウイチを、個人的に、恫喝も交えて厳しく注意する様子が、次のように観察された。

　　オカダ教諭が、1年生11名を集めて語りかけた。「それじゃあ、ポジション別で練習するから。フォワードやりたいやつ？　手挙げて」。11名中5名が手を挙げて、オカダ教諭が指示した場所［＝オカダ教諭の左側］に移動しようとした。すると、そのうちの一人であり、いち早く移動をすませたコウイチが、後から移動してきたタカヒトに「お前、足おせーんだから来んなよ」と言った。これを聞いたオカダ教諭は、胸の前で両腕を組み、左斜め前のコウイチを睨みつけて言った。「なんだとテメェ。ふざけんなよ。なんだよそれ。なんだお前はミスしねぇのかよ。［周りの1年生を見回して］おい、みんな、こいつがミスしたらめちゃめちゃ言ってやれよ。もうラグビー部来たくなくなるぐらいメチャメチャ言ってやれ。いいかぁ仲間を売るようなまねするなよ。仲間だろ。［再びコウイチを睨みつけて］仲間いなかったらラグビーできねぇんだぞ。わかってんのかよぉ、お前。許さねぇぞ。いいのかよ。［再び周りを見回して］他にもいんだろ。ばかにしたりしてんの…お前ら、ホント変えてかなくちゃダメだよ。（タカヒトが）へただからっつってなんだよ」［2006年6月6日のフィールドノーツからの引用］

　厳しい注意を受けたコウイチ本人は、「正直、かなり怖かった」と語り、「もう怒られないように」するため、今後は「（タカヒトと）仲をよくしていきたい」という。こうしたコウイチの変化を見て、オカダ教諭は威圧的な注意が生徒指導に有効だと感じていた。ここで注目したいのは、オカダ教諭が威圧的に注意する対象を選択していた点である。

　　個人を対象にキツイこと言うときは気を使うね。ほんとにヤバイヤツ

には言わない。だらだらやってて、ほんとにラグビーに食いついてきてないのには、言わないね。食いついてきてるヤツだけだね、言うのは。
［オカダ教諭：2006年7月25日］

オカダ教諭は、威圧的に注意する対象を、「ラグビーに食いついて」いる競技志向の強い生徒に限定していた。なぜなら、競技志向の弱い生徒はラグビー部を辞めてしまうからだという。先のコウイチは、小学1年生の頃から、近隣地域のラグビースクールに通っていて、競技志向が強かった。さらにコウイチ本人が「部活やめちゃったら学校つまらない」と語るように、コウイチにとって、ラグビー部は学校生活を送るうえで欠かせない居場所だった。オカダ教諭は、こうした特徴があるからこそ、コウイチには威圧的な注意が有効だと判断していた。オカダ教諭にとって、生徒指導をおこなううえで、生徒の競技志向の強さを見抜くことが大切だったのである。

しかし、そうした威圧的な注意によって、必ずしも生徒同士のトラブルがなくなるわけではない。タカヒトの他に、3年生のナオトもまた、しばしば嫌がらせを受けることがあった。ナオトは、体重が100キロを超えるいわゆる肥満児であり、競技力が低く足も遅かった。ナオトの外見的な特徴や足の遅さをからかった、他の生徒による嫌がらせは多かった。オカダ教諭も、ナオトへの「嫌がらせ」を把握していて、それを見つけるたびに注意した。その注意で、3年生のマモルなどは、ナオトへの「嫌がらせ」をやめ、逆に彼を「フォロー」するようになったという。だがそれでも他の生徒の多くは嫌がらせをやめたわけではなく、オカダ教諭の注意が絶えることはなかった。

ナオトが退部すれば、少なくともラグビー部内で嫌がらせを受けることはなくなっただろう。しかしオカダ教諭は、ナオト自身そしてチームにとっても、彼を「辞めさせていいことはない」と考え、ラグビー部を継続させた。結局、残念ながらナオトへの嫌がらせが完全に止むことはないまま、彼は引退時までラグビー部に参加し続けた。そしてオカダ教諭は、嫌がらせがなくならなかったことは好ましくなかったとしながらも、「最後までナオトがやれたっていうのは大きかった」と感じていた。なぜなら、ナオトが嫌がらせを受けたときにそれを逐一注意することこそが「教育だから」だという。

いろんなヤツがいることでトラブルが起きるのは当たり前だろうって

思うし、いろんなヤツがいるから、道徳的なことができるチャンスかな、話ができるチャンス。［オカダ教諭：2007年3月25日］

オカダ教諭は、嫌がらせなどの「トラブル」を、「道徳的なことができるチャンス」として捉えていたのである。

4-3 (ロ)選手の選考場面での困難への意味づけ方

4-3-1 (ロ-1)選考基準を競技力にするかどうか

中学生ラグビーは12人制である。表7-3に示したように、競技力が「高い」6名全員はレギュラー選手だった。次いで競技力が「やや高い」2名のうち、2年生のリュウタは部内でエース級の実力を持った3年生のタケシとポジションが同じだったためレギュラー選手でなかったが、もうひとりはレギュラー選手だった。残りの5名のうち4名は競技力が「普通」のなかから選考されていた。だが、競技力が「普通」の生徒を差し置いて、競技力の「やや低い」3年生のテツオがレギュラー選手に選ばれていた。テツオは、学業成績が学年内で上位から中位であり、また生徒会役員を経験していたことで、生活態度がオカダ教諭に「良い」と評価されていたからだった。ただしオカダ教諭がレギュラー選手12名中11名を競技力順に選んでいたように、彼のレギュラー選手選考は、生活態度の評価をいくらか加味しながらも、基本的に競技力を基準としていたといえる。その理由は、生徒指導に役立つ勝利を得るためだった。

このようにオカダ教諭が公式戦に出すのは、原則として競技力が高い生徒であったが、練習試合ではそうとはかぎらなかった。彼は、競技力が高くなくとも「頑張ってるから上のチームで試合に出させてあげたい」と思う生徒を練習試合に出場させることがあった。彼がいう「頑張ってる」の中身は、ラグビーにとどまらない。オカダ教諭は、「練習ももちろんそうだけど、生活（面）でも」頑張っていないと駄目だと語り、そうした条件を満たす生徒としてコウジやマモルを挙げた。コウジは生徒会役員の経験もあり、生活態度が「良い」。マモルは生活態度が「普通」ながら、他の生徒から嫌がらせを受けることがあったナオトをフォローしていたことでオカダ教諭の評価は高かった。練習試合でオカダ教諭は、競技力が高くない彼らを模範的な生徒として出場選手に選んでいた。

逆にオカダ教諭は、公式戦であっても生活態度に問題があった場合、競技力の高い主力の生徒を試合に出さないこともあった。たとえば、3年生のダイスケは、競技力がとりわけ高かったが、宿題を提出しないなど生活態度は「悪い」。オカダ教諭は夏休みの宿題を提出しなかったダイスケを秋の公式戦初戦に出場させなかった。オカダ教諭によれば、そうした罰則を与えると生徒は、「必死で、しょうもない提出物もちゃんと出す」ように変わるという。こうした生徒の変化を見て、オカダ教諭は選手の選考が生活態度の改善に役立つと感じていた。

　しかし、生徒が変化するのは、試合に出るためのその場しのぎにすぎない。たとえば、修学旅行で深夜に無断外出した3年生のレギュラー選手のケンタ、カツユキ、テツオを、オカダ教諭は修学旅行後の公式戦に出さなかった。オカダ教諭は、「ルールを破るということの重み」を教えるため、ケンタ、カツユキ、テツオの3人には、「練習もさせずに掃除とかだけやらせ」た。オカダ教諭は、無断外出の事態を生徒指導の機会として活用し、社会規範を身につけさせようと意図していた。そして3人は、オカダ教諭に言われたとおり、「朝早く（学校に）行って掃除したり、カーテン破れてるの縫ったり」するなどの「奉仕活動」をおこなった。その後彼らは、反省の色が見られたとオカダ教諭に判断され、次の試合には出場した。この3人の行動からは、オカダ教諭の生徒指導が成功したように見えるかもしれない。だがそのうちの一人であるケンタは次のように語った。

　（無断外出自体は）ちょっと自覚足んないなって…でも心の隅っこで思ってるのは（罰を）こんなに重くしなくてもって、戸惑ってる。［ケンタ：2006年6月18日］

　彼らは公式戦出場が許可されなかったことやその処遇に「戸惑って」いた。表面的に彼らがそれらを受け入れているように見えても、それは再び試合に出るためのその場しのぎにすぎなかった。とはいえオカダ教諭自身も、一度罰を与えれば生徒が「ルールを破ることの重み」を知ると、素朴に考えてはいない。だとすれば、目の前の勝利を得るため彼らを試合に出す選択もできたように思われる。選考基準に生活態度を組み入れるとき、オカダ教諭は勝利を放棄してしまっていたのか。

4−3−2 （ロー2)勝利を放棄してよいのか

　オカダ教諭は勝利をまったく放棄していたわけではなかった。彼は生活態度が「良い」生徒を試合に出そうとしていたが、それは練習試合に限っていた。またそうしたときには「練習試合で負けちゃう」ことから、「公式戦には出さない」とオカダ教諭は決めていた。他方で、オカダ教諭はたとえ公式戦でも、生活態度に問題がある主力の生徒を試合に出さないことがあった。しかし、その多くは対戦相手が「弱い」「初戦」であった。オカダ教諭は、勝てる公算を見積もって、いわば勝利を担保しながら、生活態度に問題がある生徒を試合に出さなかった。オカダ教諭にとって、生活態度の悪い生徒を試合に出さないことは教育的効果を得るために重要だったが、競技力の高い生徒を試合に出すことも生徒指導に役立つ勝利を得るために重要であった。だからオカダ教諭は、自チームと相手チームとの力量を注意深く比較して、その生徒が不在でも勝てるかどうかを見積もっていた。オカダ教諭にとって、生徒指導に役立つ勝利を放棄しないために、生徒の競技力を見抜くことが大切だったのである。

　とはいえ、勝てるかどうかを判断することは難しい。もしかしたら試合に負けてしまうかもしれないが、それでもオカダ教諭は、前述のケンタ、カツユキ、テツオのように、生活態度に問題がある主力を試合に出さないことがあった。なぜなら、「目の前の大切なゲームよりも、今後のチーム、立派な大人になっていくことを優先して考えた」からだという。奉仕活動をおこなったケンタがすぐに社会規範を身につけたとはいえないが、オカダ教諭は、将来的にチームと本人が「進化することを期待」していた。つまり、選考基準に生活態度を組み入れることによって、たとえ現在の勝利を逃しても未来の勝利につながるはずだと、オカダ教諭は考えていた。

　さらに実際には、勝てる公算が外れることもあった。オカダ教諭は、毎年ヒガシ中が難なく突破していた地域の予選大会で、先ほどと同じように宿題未提出のためダイスケを出場不許可としたことがあった。このときオカダ教諭は、主力のダイスケを欠いても勝てるはずだと見積もっていた。しかしヒガシ中は試合に敗れ、予選で敗退してしまった。これ以外にも、試合に負けることがなかったわけではない。運動部活動がスポーツであるかぎり、敗北は避けられない。試合に負けたとき、オカダ教諭は、次のように生徒に伝え

ていた。

　　負けたゲームは仕方がない。もし悔しいと思うならばやはりこれは練習や普段の生活で解決していくしかない。一人ひとりの基本的なプレー…そして、いやなことに積極的にがんばろうとする態度。ラグビーは格闘技的要素が強いので痛いことも伴う。これは避けては通れないがいやなことでもある…こういったことも練習や日々の生活で培うしかない。いやな勉強や掃除、当番活動などがんばっているだろうか？　そういったことがプレーにも必ず影響する。［「ラグビー通信」2005年10月11日号からの引用］

　オカダ教諭は、敗北の理由が「日々の生活」にあると考え、日常の生活態度を改善するように生徒に伝えていた。オカダ教諭にとって、勝利が生徒指導の結果である裏返しとして、敗北は生徒指導がいまだ十分でないことを示す結果だったのである。

4-4　(ハ)時間の配分場面での困難への意味づけ方

4-4-1　(ハ-1)運動部活動のために他の職務を疎かにするかどうか

　オカダ教諭は、放課後にラグビー部だけに専念できるわけではなく、担任業務や授業準備にも忙しかった。また「生徒同士のケンカ」や「校内での無断飲食」といった突発的な生徒指導上の問題に対応しなければならないことも多かった。運動会や文化祭などの学校行事が近づくと、さらに取り組むべき職務は増えた。だが、オカダ教諭はこれらを疎かにすることはなかった。運動部活動以外の場面での生徒とのかかわりや学校運営も、オカダ教諭にとってはやはり学校教育活動として大切だったからである。

　そのためオカダ教諭が、いつもラグビー部の活動に出られるとはかぎらなかった。その場合、彼は、他の教師に「臨時顧問」(3)を依頼して活動をおこなわせた。ヒガシ中では、顧問教師が部活動に出られないとき、安全上の理由から活動を中止するのが慣例だった。しかしオカダ教諭は、周りの同僚教師に代わりに見てもらうことで、できるだけ活動が中止にならないように配慮していた。たしかに臨時顧問を依頼することで継続的な練習が可能となった。とはいえ、臨時顧問に就く教師がラグビーの専門的知識や技術指導力を持っ

ているわけではない。そのため、事実上は指導者がおらず、活動は生徒に任せられることになる。すると当然ながら、練習の質は低下するし、失敗も増える。オカダ教諭はこうした事態をどう見ていたのか。

またオカダ教諭によると、生徒に任せたときは、ラグビーへの「食いつきが悪い」競技志向の弱い生徒たちが問題を起こすこともあるという。たとえば競技力の「低い」ハジメやトシオは競技志向が弱かった。ハジメとトシオは、ラグビー部の楽しみを、部内の友人との「トーク」「追いかけっこ」「ふざけ合い」と語った。そうしたハジメやトシオの「ふざけ合い」は、オカダ教諭不在時にとりわけ多くなり、ケンカや嫌がらせといった、他の生徒をも巻き込んだ生徒同士のトラブルにまでエスカレートすることもあった。部長のマナブが注意するとハジメとトシオは、一時的に控えるが、しばらくすればまた「ふざけ」ていた。彼らにとって、ラグビー部は居心地のよい遊び場であり、彼らは「(やめろと) 言われないようにしながら遊ぶ」ことを意図していた。彼らは、周りの生徒からの注意や叱責をかいくぐりながら、緩やかなつながりを保ちながら、ラグビー部に留まり続けていた。ハジメやトシオの「ふざけ合い」が生徒同士のトラブルにまで発展してしまっても、オカダ教諭は、自身不在のためそれを防げない。臨時顧問を依頼して生徒に任せながら活動を継続させたことでこうした問題が生じていたことを、オカダ教諭はどう考えていたのか。

4−4−2　(ハ-2)運動部活動に時間を配分できなくてよいのか

オカダ教諭は、自身が出られないときでも活動を継続させる意味を感じていた。まず生徒に任せることについて、オカダ教諭は次のように語った。

> (自分が出られないときは) 任せてますね。コンタクト［=危険を伴う接触プレイの意味］ができないから、タッチしたらおわりっていう (ことは指示して)。他にはこれやってみ、とか言って。あとでどうだった？ってわざと聞いたり。それでうまくいかなかったらどうしたらいい？って考えさせたりね。それで次に見て、修正したりとか。[オカダ教諭：2006年2月9日]

オカダ教諭は、自身が出られないとき、安全配慮の観点から、危険を伴う

接触プレイを禁じていたが、それ以外は生徒たちに「任せて」いた。そうすると練習の質は低下するし、失敗も増える。しかしオカダ教諭は、そうした試行錯誤を通じて、生徒自身に「考えさせ」ることに意味を感じていた。なぜなら、生徒たちは最終的に、「自分たちで何とかしなくちゃいけない」とオカダ教諭は考えていたからである。

　では、自身が不在時に生徒指導上の問題を起こす生徒がいたことについては、どうか。それでもオカダ教諭は、彼らを「切り捨てちゃダメだ」と考え、ラグビー部に留め置こうとした。なぜなら、「生徒に接する機会」をなくさないためだという。オカダ教諭がハジメやトシオをラグビー部に留め置くだけで満足するのは、彼らを4−2−2のコウイチのように威圧的に注意しなかったことと関係している。「頭悪い」から勉強は苦手と語るハジメは、授業への姿勢は消極的であり、成績も学年内で下位だった。しかし、ハジメはそうした学校生活面での振る舞いについてオカダ教諭から注意されたことは「ない」という。また授業中は「寝てます」と笑いながら語るトシオは、成績が学年内で下位であり、遅刻も多く、オカダ教諭もその生活態度を「悪い」と評価していた。だが、トシオもそうした点をオカダ教諭に注意されたことは「ない」という。オカダ教諭は、ハジメやトシオを厳しく注意して、強引に生活態度を改善させようとはしなかった。なぜなら、もし厳しく注意して彼らがラグビー部を去ってしまえば、彼らとのつながりが完全に絶たれてしまうからだという。

　だからオカダ教諭は、ハジメやトシオたちと「つながりがもてる」こと自体に「意味がある」と感じていた。オカダ教諭は、放課後の活動がなくなれば生徒が学校外で問題を起こすかもしれないと危惧していた。そのため、ラグビー部によって彼らの「時間が拘束」できることや、「エネルギーも発散」できることに、問題を予防する効果を感じていた。さらに、彼らとのつながりを維持することで、将来的に問題が起きたときも「指導が入りやすい」と考えていた。オカダ教諭は、次のように語った。

　　　抱え込んでおくことで…そいつにとっても、学校で先生とかかわることができるし、居場所があって。こっちにしても、指導するチャンス、話をするチャンスが増える。…ケンカとかぶっ飛ばしたりとか、問題はしょっちゅう起こすけど、居れるだけいいかって。［オカダ教諭：2007

年3月25日〕

　オカダ教諭は、「抱え込んでおくこと」を、教育の「チャンス」と捉えていた。だから究極的には「居れるだけいい」というように、自身が活動に出られない場合でも、臨時顧問を立ててラグビー部の活動を保障し、生徒たちを学校につなぎとめようとしたのである。

5　運動部活動と積極的な顧問教師

5−1　教師が運動部活動に積極的にかかわり続ける理由

　これまでの記述を踏まえて、オカダ教諭が指導上の困難をどう意味づけているのか、そして、なぜ運動部活動に積極的にかかわり続けるのかを考察する。
　（イ）多様性への対処に関して、オカダ教諭は多様な生徒を抱え込んでいた。オカダ教諭にとって、できるだけ多くの生徒に、運動部活動を通じて生徒指導をおこなうことが重要だったからである。だが生徒指導に役立つ勝利を得るためには、競技力の向上も疎かにできない。そこで技術指導を円滑に進めるため生徒を競技力の高さによって序列化したが、その結果、望ましくない生徒同士のトラブルが生じてしまった。この事態にオカダ教諭は、生徒の競技志向の強さに思慮深く目を向けて対象を限定しながら、威圧的に注意することで社会規範の内面化を促し、その教育的効果を実感していた。オカダ教諭は、コーチとして生徒の競技志向の強さを見抜くことが、単なる技術指導を超えて、教師として生徒指導をおこなううえでも大切になると考えていた。こうしたオカダ教諭の教師／コーチ役割の関係の捉え方は、後で再び論じる。
　ただ、威圧的な注意には限界があり、生徒同士のトラブルは完全になくならなかった。そこでオカダ教諭は、多様な生徒を抱え込んだために生じたトラブルを、ネガティブな教育問題ではなくポジティブな教育機会と捉え直していた。オカダ教諭は、多様性への対処場面での困難をこのように意味づけていた。
　（ロ）選手の選考に関して、基本的にオカダ教諭は競技力を基準としていた。ただしオカダ教諭は、生徒に社会規範を内面化させるため、競技力よりも生

活態度を重要視する場合もあった。オカダ教諭は、生活態度の悪いレギュラー選手を試合に出さないことで、そこで見られる生徒の変化に教育的効果を実感していた。だが一方でオカダ教諭は、生徒指導に役立つ勝利を手放せなかった。そのため彼は、生徒の競技力に目を向け、自チームと相手チームの力量を比較し、勝利を担保しようとした。オカダ教諭は、(イ)で生徒の競技志向に目を向けたのと同様に、コーチとして生徒の競技力を見抜くことも、教師として生徒指導をおこなうために大切と考えていた。つまり彼は、コーチ役割を教師役割の有効な手段として捉えていた。

　先行研究が葛藤関係として扱っていた教師／コーチ役割の関係を、オカダ教諭は目的─手段関係として捉えていた。オカダ教諭は、優秀なコーチならば生徒指導が達成できる、そして生徒指導が達成できれば勝利が得られると考えていた。ただし実際は、生徒が社会規範を内面化しないこともあり、勝てるはずの試合に負けることもあった。こうした事実は、オカダ教諭のコーチとしての高い専門性を踏まえると、コーチ役割が教師役割の有効な手段であるという捉え方を反証しているように思われる。しかしオカダ教諭は生徒が社会規範を内面化しなかったとき、優秀なコーチでも生徒指導ができないとは考えず、生徒指導の結果は将来に出てくるはずだと考えていた。さらに試合に負けたとき、生徒指導が十分でも負けたとは考えず、生徒指導が不十分だから負けたと考えていた。教育という営みは、いつ、どれほど達成されるのかを客観的に測定することが難しい。オカダ教諭は、こうした教育測定の難しさを逆手にとるように、選手の選考場面での困難を意味づけていた。だから、コーチ役割を教師役割の手段と見なすオカダ教諭の捉え方は崩されなかったのである。

(ハ) 時間の配分に関して、オカダ教諭は他の職務の都合からラグビー部に顔を出せないこともあった。だがそれらも運動部活動と同様に学校教育活動であるから、オカダ教諭は疎かにできない。そうしたとき、オカダ教諭は、臨時顧問を立てて生徒に任せながら活動させていた。生徒に任せた結果、生徒たちは失敗することもあった。しかし、そうした生徒の試行錯誤にも、オカダ教諭は教育的効果を感じていた。なぜなら、自分で自分を律するように生徒たちを成長させたいと願うオカダ教諭にとって、直接に指導できない時間と場所もまた、教育的に必要だったからである。

　だが、そのときには、競技志向の弱い生徒の「ふざけ合い」が生徒指導

上の問題に発展することもあった。オカダ教諭と彼らのつながりは緩やかであり、たとえ優秀なコーチであっても、彼らを学校秩序に適応させることは難しかった。しかし、競技志向の弱い生徒への教育に運動部活動が役に立たない、とオカダ教諭は考えない。オカダ教諭は、彼らをラグビー部あるいは学校に留め置き、緩やかなつながりを維持することで、少なくとも、目の届かない学校外での問題を予防できる、そして将来的に問題が起きてもその指導に役立つと考えていた。ここでは、教師が担うべき教育の範囲が、空間的には学校から学校外にまで広げられ、時間的にはいまこの瞬間から将来にまで広げられている。こうした教育の範囲の広がりのなかで、オカダ教諭は、自身がラグビー部に時間を注げない場合でも、生徒たちが学校に残ること自体に教育的効果を実感していた。そのようにオカダ教諭は、時間の配分での困難を意味づけていた。

　以上の考察から得られる本章の知見を、先行研究に照らしてまとめておく。[4]第1に、顧問教師の積極性を論じた研究群Ⅰとその消極性を論じた研究群Ⅱのつながりについて、本章は、顧問教師の主観による教育的な意味づけ方が両者を媒介していることを明らかにした。運動部活動に積極的にかかわる顧問教師は、教育的な意味づけ方によって、少なくとも主観的には困難を乗り越えていた。第2に、その教育的な意味づけ方の内容について、とりわけ先行研究で困難を生み出す葛藤関係として論じられていた教師／コーチ関係について、本章は、その関係が教育的効果を生み出す目的―手段関係として意味づけられていることを明らかにした。そうすることで顧問教師は、勝利と生徒指導が補完関係にあるという捉え方を崩すことなく、スポーツを通した教育的効果を実感し続けている。こうした特徴的な意味づけ方があるからこそ、顧問教師は積極的に運動部活動にかかわり続けていると考えられる。

5-2　教師の積極的なかかわりと〈子どもの自主性〉

　最後に、運動部活動への教師の積極的なかかわりを、〈子どもの自主性〉の観点から考察する。論点は2つある。1つ目の論点は、運動部活動に積極的にかかわる教師が、〈子どもの自主性〉をどう意味づけているかである。第2章の6-2で論じたように、戦後の歴史を見ると〈子どもの自主性〉の理念は、民主主義的確立期や平等主義的拡張期で、教師たちが運動部活動にかかわる目的的な価値として意味づけられていたが、管理主義的拡張期にな

ると、生徒指導の手段として利用されていった。そのように〈子どもの自主性〉を手段化することによって、教師は、生徒指導のためにより強く深く運動部活動にかかわるようになった。しかし、それが行き過ぎると、〈子どもの自主性〉の理念自体が空洞化してしまう。そうした反省が、歴史的な課題として、現在に引き継がれていた。

それを踏まえて、本章の分析を見直してみると、オカダ教諭の積極的なかかわりでは、〈子どもの自主性〉が目的であると同時に手段でもあると意味づけられていることがわかる。オカダ教諭は、生徒が自分で自分を律し、社会規範などの「当たり前のこと」を強制ではなく自分自身で「当たり前にする」ようになることを、運動部活動の目標としていた。それはまさに〈子どもの自主性〉の理念であるといえる。その点で、〈子どもの自主性〉は運動部活動の目的として意味づけられている。

一方で、そうした目的の達成に向けて、オカダ教諭は、自由に楽しむスポーツの遊戯としての特徴を利用しながら、その遊戯に引き付けられる生徒の自主性を活用して、生徒をよりよく成長させようとしていた。ここでは、〈子どもの自主性〉が手段として意味づけられている。いわば、〈子どもの自主性〉という目的のために〈子どもの自主性〉を手段とする、〈子どもの自主性〉を得るために〈子どもの自主性〉を利用する、そのように意味づけられているわけである。このように意味づけることで、現在に引き継がれた歴史的な課題であったはずの、〈子どもの自主性〉を手段化することで〈子どもの自主性〉自体が空洞化される可能性が、教師の主観的な意味世界では乗り越えられているのかもしれない。

2つ目の論点は、〈子どもの自主性〉のために教師がかかわることで〈子どもの自主性〉が壊されるという逆説についてである。仮に上記の意味づけ方によって、〈子どもの自主性〉の手段化という課題が乗り越えられたとしても、この逆説が回避されるわけではない。そして第3章の4－2で論じたように、戦後の教師たちは、国家体制側の不当な干渉から〈子どもの自主性〉を守る、という論理を立てることで、この逆説を回避し、運動部活動へのかかわりを継続させてきた。しかし、現在の新自由主義的／参加民主主義的再編期では、国家体制という強烈な対抗軸が弱体化し消失し、先の論理は崩れてしまい、教師は、〈子どもの自主性〉のためのかかわりが〈子どもの自主性〉を壊すという逆説を、あらためて抱え込むことになる。では、オカ

ダ教諭のような運動部活動に積極的な教師は、この逆説にどう向き合っているのか。

　この問いを、オカダ教諭の実践と意味づけ方に即して展開すると、次のようになるだろう。本章の4の記述全体からわかるとおり、オカダ教諭は、生徒を好き勝手にただ遊ばせて、放任していたわけではなかった。生徒を自由放任にしておけば、ケンカや嫌がらせといった生徒指導上の問題が生じるかもしれないし、能力の高い生徒だけを優先するような選手中心主義に陥ってしまうかもしれない。そのためオカダ教諭は、生徒指導上の問題には威圧的に注意することもあったし、選手中心主義に陥らないように介入していた。これらの点で、オカダ教諭の運動部活動へのかかわりは、生徒自身の単純な自由を抑制するものであり、一見すると、〈子どもの自主性〉を壊しているように見える。では、オカダ教諭にとって、こうした〈子どもの自主性〉を壊すように見えるかかわりは、いかに意味づけられ、正当化されていたのか。

　その答えは、「生徒が成長するから」というシンプルな意味づけ方であると考えられる。上述したように、オカダ教諭は、〈子どもの自主性〉を目的として意味づけながら、そのうえで〈子どもの自主性〉をより望ましい水準へと導こうとしていた。他方で、当然ながら、子どもは未熟であり過ちを犯すこともある。だから、オカダ教諭は、生徒指導上の問題を生じさせるような、単純な子どもの自由を抑制しなければならなかったし、子どもをより望ましい方向に修正しなければならなかった。そのため、オカダ教諭にとって、〈子どもの自主性〉を壊すように見えるかかわりは、「当たり前のことが当たり前にできない」という望ましくない現状を、「当たり前のことが当たり前にできる」という望ましい状態へと変えるものとして、意味づけられていたと考えられる。つまり、望ましくない低次の〈子どもの自主性〉を壊すことが、より望ましい高次の〈子どもの自主性〉を実現するために、正当化されていたわけである。このように、いわば〈子どもの自主性〉を発展的に更新させようとする意味づけ方によって、教師は、〈子どもの自主性〉のためのかかわりが〈子どもの自主性〉を壊すという逆説を回避し、運動部活動に積極的にかかわり続けるのではないだろうか。

注

（1）この整理の仕方は、先行研究が共通して指摘する部分をつないだものであり、必ずしも包括的ではない。そのため他の困難、たとえば、職場での同僚関係から生じる困難や、家庭での家族関係から生じる困難などを考察できていない。この点は本章の限界である。
（2）顧問教師が運動部活動に積極的になるか消極的になるかを考えるうえで、指導種目の経験の有無は重要な変数である。図7−1を見ると、指導種目の経験がないタキザワ教諭・ドイ教諭・ノダ教諭・ヤマシタ教諭・アイカワ教諭はすべて消極的であり、その経験がないことで消極的なかかわりになる可能性が示唆される。ただし、指導種目の経験があるオカダ教諭・フジモト教諭・サイトウ教諭・ナカタ教諭・イズミダ教諭・フクハラ教諭・コクブ教諭は積極的と消極的に分かれていて、必ずしも、その経験があることで積極的なかかわりになるとはかぎらないといえる。では、その経験があることは、どのようにして運動部活動への積極的なかかわりにつながるのか。それを考えるためにも、本章では、オカダ教諭を取り上げた分析のなかで指導種目の経験や技術指導力、コーチとしての専門性などについて考察する。
（3）「臨時顧問」とは、ヒガシ中で使用されていた用語であり、顧問教師不在時に代替的な責任者となる教師を指す。実際の観察期間中では、サッカー部顧問でありラグビーの経験がないアイカワ教諭が、臨時顧問に就くことがしばしばあった。
（4）ただし、本章で集中的に分析をおこなったのはオカダ教諭1人にすぎない。このオカダ教諭による困難への意味づけ方は、なぜ教師が運動部活動に積極的にかかわるかという問いへの答えとして、一つのパターンを示している。しかし、ここでは、その答えとなる他のパターンの意味づけ方があるかどうかの検討が課題として残されていて、顧問教師一般を論じるためにはいまだ十分ではない。この点は本章の限界である。

第8章　運動部活動に消極的な顧問教師

1　なぜ教師は運動部活動から離脱しない／できないのか

　本章では、教師がなぜ運動部活動から完全に離脱しない／できないのかに関して、消極的な顧問教師を対象として、そのかかわりを継続させる文脈を分析する。
　前章では、さまざまな困難が生じながらも、なぜ教師が運動部活動にかかわり続けるのかという問いを、運動部活動に積極的な顧問教師を対象に考察した。しかし、一方で、決して積極的とはいえないが、消極的ながら運動部活動にかかわり続け、そのかかわりを完全には絶たない教師たちがいる。単純な数でいえば、こうした消極的な教師が、顧問教師の大部分だといってもよいだろう。そうした消極的な顧問教師は、さまざまな苦悩と葛藤を抱えながら、運動部活動に向き合っている。運動部活動が教師の職務に含まれるかどうかはあいまいであることや、教師のかかわりを支える制度的な基盤が脆弱であることを踏まえれば、消極的な顧問教師たちが運動部活動から完全に離脱することも十分にありうるはずである。だが実態としては、それらの顧問教師のほとんどが、顧問であることを引き受け、かかわりを継続しているのである。消極的な顧問教師は、なぜ運動部活動から完全に離脱しない／できないのか。それを考察することが、本章の課題である。

2　消極的な顧問教師の記述的分析

2−1　記述的分析

　あらかじめ断っておくと、本章の分析方法は、データに先立つ理論的な枠

組みから演繹させて説明的におこなうものではなく、フィールドで集められたデータから帰納させて記述的におこなっていくものである。その理由は、顧問教師のかかわりを扱った先行研究で、消極的な顧問教師が離脱しない／できない理由と文脈という本章の課題が、ほとんど論じられることがなく、この課題に関連する理論的な蓄積が非常に少ないからである。第4章の3で論じたように、消極的な顧問教師に関する論点は、もっぱらその消極性の要因の解明であった〔研究群Ⅱ〕。そこでは、消極的になるのはなぜか、が問われ続けたが、逆に、消極的ながら離脱しない／できないのはなぜか、が問い返されることはほとんどなかった。

こうした研究動向を踏まえると、本章の課題を解題するにあたっては、フィールドで集められたデータをスタート地点にして、そこから帰納させて記述的に分析を進めて、新たな論点を提出することが、妥当であり意義を持つと思われる。以上から、本章は、データから帰納させて論じる記述的分析を、方法として採用する。

2-2 分析対象とする消極的な顧問教師

本章の分析対象は、前章で消極的な教師として分類した運動部活動顧問教師である。繰り返しになるが、前章では、一定期間調査し、十分なデータを収集できた12名の顧問教師を、部活動への参加の仕方の強さと負担感の大きさから、積極的な顧問教師2名と消極的な顧問教師10名に分類した。積極的な顧問教師とは、参加の仕方が強く、かつ、負担感が小さい教師であり、消極的な教師とはそれ以外の、参加の仕方が弱い、あるいは、負担感が大きい教師である。本章で分析対象としたのは、この消極的な顧問教師である。ただし、そのうちの一人だったコクブ教諭は文化系の吹奏楽部の顧問教師だったので、彼女を除いた9名の運動部活動顧問教師を取り上げた。そのプロフィールと参加と負担感のありようについて、前章の表7-1と表7-2から抜き出して、あらためて表8-1にまとめた。

以下では、この9名の消極的な教師が、なぜ運動部活動にかかわり続けていたのか、を記述的に分析していく。論を先取りすれば、そうした記述的分析から浮かび上がってきた、消極的な顧問教師が離脱しない／できない理由と文脈は、（ⅰ）個人的志向、（ⅱ）教師-生徒関係、（ⅲ）教師-教師関係、（ⅳ）職場環境の4つであった。以下では、それぞれを順に記述していく。

表8-1 消極的な顧問教師のプロフィールと参加の仕方と負担感

顧問	年代	性	教科	校務分掌	部活動	活動頻度	指導種目の経験	参加の仕方	負担感
タキザワ教諭	20代	男	数学	教務	サッカー	週4日	無	弱	大
フジモト教諭	30代	男	数学	進路指導	サッカー	週4日	有	強	大
サイトウ教諭	30代	男	理科	進路指導	卓球	週3日	有	強	大
ドイ教諭	30代	男	理科	教務	ラグビー	週5日	無	強	大
ナカタ教諭	30代	男	保健体育	生活指導	ラグビー	週5日	有	弱	小
ノダ教諭	30代	女	理科	生活指導	卓球	週1日	無	弱	大
ヤマシタ教諭	30代	女	数学	教務	女子バレーボール	週4日	無	弱	大
フクハラ教諭	40代	男	技術	教務主任	男子バレーボール	週4日	有	弱	小
アイカワ教諭	50代	男	数学	教務	サッカー	週5日	無	弱	小

　ただし、当然のことだが、そうした消極的な教師は、それぞれの理由や文脈から運動部活動から離脱しないとしても、運動部活動に積極的にかかわるように転じるわけではない。消極的な教師は、やはり消極的なままである。そのため以下の記述では、消極的な教師が運動部活動にかかわり続ける諸相を描きながら、同時に、それでもやはり積極的になることはなく、消極的にならざるをえない苦悩と葛藤のありようも描くことにする。

3　運動部活動から離脱しない／できない顧問教師

3-1　個人的志向のために離脱しない顧問教師

　はじめに指摘する（ⅰ）個人的志向とは、単純な好き嫌いのような教師の個人的な趣味・志向である。例外的なケースではあったが、顧問教師の置かれた文脈とは別に、個人的な趣味・志向の次元で運動部活動にかかわることを望んでいた教師がいた。サッカー部顧問のフジモト教諭である。フジモト教諭は、小学3年生からサッカーを始め、中学・高校時代もサッカー部に入っていた。そうした自身の経験から、サッカー部を受け持つこと自体には肯定的だった。実際、それまでの赴任先ではサッカー部の顧問となって、毎日

熱心に指導していたという。そうした経緯から、ヒガシ中学校でもサッカー部顧問となった。しかし、現在は、十分にサッカー部に時間を注ぐことができず、顧問を務めることに大きな負担を感じていた。もっとも大きな理由は子育てであった。フジモト教諭は、当時、生まれたばかりの0歳児を含む3児の父であり、共働きの妻とともに子育てに忙しかったからである。

しかし、それでも、フジモト教諭はサッカー部顧問を辞めなかった。フジモト教諭は、その理由を、「僕は（部を）見たいから、それが教員だと思っているから」と語った。フジモト教諭は、「サッカーをやりたい」「部活なくなったら教員辞める」というほどにサッカー部への強い思い入れがあった。たしかに、現在は家庭の状況から、顧問であることに消極的にならざるをえなかった。しかし、それでも完全に離脱することがなかった理由の一つには、こうした個人的志向があった。

ただし、このフジモト教諭のように、苦悩や葛藤を抱えながらも、純粋に好きだから顧問を辞めない、と考えるケースは、例外的であったといえる。本章の分析対象である9名の消極的な顧問教師のなかで、フジモト教諭を除けば、担当するスポーツに強い思い入れがある顧問教師はいなかった。他の8名の顧問教師は、個人的にそれほど好きというわけではないが、顧問を引き受け、かかわりを続けていたのである。個人的志向とは別の、そうした顧問教師が置かれた文脈を次に記述する。

3-2　教師-生徒関係によって離脱しない／できない顧問教師

（ⅰ）個人的志向とは別に、消極的な教師を、運動部活動にかかわるように動機づける、あるいは、たとえ望まない場合でもかかわらざるをえないように水路づける文脈——（ⅱ）教師-生徒関係、（ⅲ）教師-教師関係、（ⅳ）職場環境——があった。

ここで指摘する（ⅱ）教師-生徒関係とは、運動部活動をめぐって生じてくる生徒との人間関係である。その出発点には、生徒の希望や願いに応えたいという教師の態度があった。卓球経験がないノダ教諭が、卓球部顧問を引き受けたわけは、「子どもをやめさせるのはかわいそう」だからであり、「子どもだってやりたいと思ってると思う」からであった。ラグビー経験がないドイ教諭が、ラグビー部顧問を引き受けたわけは、生徒たちが「せっかく一生懸命やってる」からであった。上述したサッカー部顧問のフジモト教諭も、

自身がサッカーを趣味とする個人的志向とは別に、生徒たちに「サッカーをやり続けてほしい」と願っていて、「出て見てあげないとかわいそう」という思いもあった。教師たちは、生徒の希望や願いに応えようと、運動部活動にかかわろうとしている。しかし、実際には、多忙ななかで積極的にかかわることはできない。男子バレーボール部顧問のフクハラ教諭は、教務主任の立場で非常に忙しいなか、顧問を引き受け続けていることを、次のように語った。

　　　私がやりますよって簡単に言っちゃったのも悪かったんだけど、生徒がかわいそうだし。本当はつぶしてもよかったんですけど、いまの3年生だけじゃなくて、2年生もいますしね。…私、教務もやってまして。［キーボードを打つ仕草をみせながら］学校の行事予定や管理ばかりやってました。（だから部活動は）なかなか見れないですね。［フクハラ教諭：2005年10月17日］

　フクハラ教諭は、多忙さのために部を「つぶしてもよかった」かもしれないと言いながら、「生徒がかわいそう」という思いから顧問を引き受け続けている。しかし、多忙ななかで実際は部を「なかなか見れない」。だからフクハラ教諭は、自身のかかわりは消極的にならざるをえず、多くの場合、生徒に任せながら「自分たちで考えて練習」させていた。
　また教師は、できるだけ生徒の希望や願いに応えたいという態度を出発点にしながら、運動部活動を通じた教師－生徒関係が教育実践に有効であるとも認識していた。たとえば、ラグビー部顧問のナカタ教諭は、授業準備に忙しいなかでも、運動部活動から完全に手を引かない理由を次のように語った。

　　　子どもたちの生徒指導に有効ですから…ありあまった力をそこで発散するというか。ある程度の時間を拘束して。あと集団行動とか。そういうことを身につける…そういうことができる部活にしたい。［ナカタ教諭：2007年7月25日］

　ナカタ教諭は、「生徒指導に有効」だから運動部活動が重要だという。ナ

カタ教諭は、特別支援学校から赴任したばかりで、授業準備に追われていたため、「部活のほうはちょっと疎かになってる」と感じていた。だがそれでも、運動部活動での生徒指導は大切と認識するがために、最低限のかかわりを維持していた。

同じように、卓球部顧問のノダ教諭も、卓球の経験はないが顧問を引き受け、最低限のかかわりを維持していた。彼女は、運動部活動の目標を次のように語った。

> 挨拶とか。服装を正す、時間を守る、言葉遣いとかですね…他のメンバーに迷惑をかけないように、トラブルを起こさないとかね…義務教育の最後として、中学生の時期に社会に通用する人間に育てたいっていうね。社会に出れば、無断欠席なんてありえないんですから。プロを育てるためじゃなくて、生徒指導をね。［ノダ教諭：2004年8月5日］

ノダ教諭も、生徒指導上の有効性から、卓球部とのかかわりを完全に絶つことはなかった。しかし、実際のかかわりは非常に弱かった。ノダ教諭は、卓球の経験がまったくなかったことから、その技術指導のすべてを外部指導員に任せていたからである。ただし、このように外部指導員に任せきりにしたことで、当初の目標としていた生徒指導が達成しづらくなった、とノダ教諭は語った。

> やっぱり、生徒指導は難しいですね。どうしても生徒は技術指導の人の話を聞くから。なかなか（私の話は）聞いてくれない…（だから）私は距離を置くスタンスっていうか。言い方悪いけど、どうでもいい。卓球部をずっと持つつもりはないし。［ノダ教諭：2004年8月5日］

ノダ教諭は、生徒指導に有効であるという認識から、指導ができないにもかかわらず、外部指導員の助けを借りることで顧問を務めていた。しかし、外部指導員に任せたことで、その生徒指導が果たされないという。そのためノダ教諭は、非常に大きな負担を感じていた。

では、運動部活動が生徒指導に有効であると認識するならば、外部指導員に任せず、自ら指導するべきなのか。それを実践しようとしたケースとして、

ラグビー部顧問のドイ教諭がいた。ドイ教諭は、運動部活動での教師－生徒関係の重要性を次のように語った。

　　部活やってると、教室で普通に教えてる場面とは、全然違う顔も見れたりもしますし。部活でいい関係が築けたりしますと、他のところでも（役に立つ）っていうこともありますし。生徒とのかかわりっていうところで特別だなって。［ドイ教諭：2007年1月7日］

　このドイ教諭は、中学・高校時代には水泳部に所属していて、ラグビーの経験はなかった。しかし、運動部活動で築かれる生徒との「いい関係」が他の教育実践に波及するという認識から、まったく馴染みがないラグビー部の指導に、熱心に取り組んだ。ラグビーの指導書を私費で購入して熟読し、前章で取り上げたラグビー部顧問のオカダ教諭に指導方法を逐一相談し、指導資格の取得も目指し始めた。また、自身も近隣地域の学校教員が構成するラグビーチームに所属し、ラグビーを体験した。それらを糧に、平日も土日もラグビー部に顔を出し、不得手ながら生徒に混じって活動に参加し模範を示そうとした。

　しかし、実際に、ドイ教諭とラグビー部の生徒たちの間に「いい関係」が築かれたとは言い難かった。ドイ教諭は「生徒が話を聞かない」ことに悩んでいた。プレイに関するアドバイスをしても、生徒が素直に聞いてくれないという。たしかに、ラグビー経験の少ないドイ教諭のアドバイスが常に的確であったわけではなく、彼の示す模範が常にすばらしかったわけでもない。ドイ教諭は、前章のラグビー部顧問のオカダ教諭のように、優れたコーチとしての資質を、教育達成の手段として用いることはできなかった。そのため不満を抱える生徒も少なくなく、ドイ教諭について「意味わかんないことを言う」と漏らす生徒もいた。ドイ教諭は、生徒と「いい関係」を築くためにラグビー部に強く参加していたが、専門的な指導能力の不足からそれは容易に果たされず、負担感を大きく感じていた。

3-3　教師－教師関係によって離脱しない／できない顧問教師

　次に指摘する（ⅲ）教師－教師関係とは、運動部活動を取り巻く管理職や他の同僚教師との人間関係である。顧問教師は、運動部活動の内で生徒と関

係すると同時に、その外では管理職や他の同僚教師とも関係を取り結ぶ。運動部活動が学校教育活動であるかぎり、管理職の考えを無視できないし、他の同僚教師と協働したりする場面も生じうる。実際、顧問教師の多くが、運動部活動に関する校長や同僚教師の期待を感じていると報告する調査結果もある（西垣、1983、pp.104-105）。

　それでは、ヒガシ中学校の場合はどうか。ここでは、フィールドで観察された典型例として、サッカー部顧問のタキザワ教諭のケースを挙げて、詳細に検討したい。タキザワ教諭は、個人的な思いとしては離脱を強く望みながらも、校長や、部活動指導担当でラグビー部顧問のオカダ教諭との関係のなかで、最低限のかかわりを維持し続けていた。

　第6章の運動部活動改革の分析のなかで論じたように、サッカー部顧問のタキザワ教諭は、新任であったことやサッカーの経験もなかったことから、顧問を務め続けることに大きな負担を感じていた。だが、そうしたタキザワ教諭に、校長は「本当に感謝し」ていると伝え、オカダ教諭は「初めから持ちたい部なんて持てるもんじゃない」と説得し、顧問からの離脱を阻止しようとしていた。そうした感謝と説得を受けながら、タキザワ教諭は、自分のような「若造」の意見は取り上げられない、と愚痴をこぼしながら顧問を続け、平日の放課後の活動だけでなく、苦悩や葛藤を抱えながら早朝や土日の活動にも顔を出していた。早朝の活動がある際には7時20分に登校しなければならず、「朝はあんまり強くないから…きつい」という。しかし、ラグビー部も早朝から活動していて、オカダ教諭が7時ちょうどには登校しているから、タキザワ教諭は何も言えず、「来なきゃいけない」と感じていた。土日の活動についても、ラグビー部をはじめとした他の運動部が土日も活発に活動しているから、自分も顔を出さざるをえないという。こうした校長や他の教師との関係のなかで、タキザワ教諭は不満を抱えながらも顧問を続けていた。

　だが、タキザワ教諭は不満をさらに増大させ、ついに、顧問を辞めたい、少なくとも土日の活動には出たくない、と校長とオカダ教諭に伝えた。校長とオカダ教諭は何とか説得を試みたが、タキザワ教諭の不満も簡単には収まらなかった。そこで、双方の妥協点として、タキザワ教諭が顧問を継続することを条件に、土日の活動を他の教職員が肩代わりする「代理顧問制度」が考案された。その趣旨と内容を校長は次のように説明した。

実は、タキザワから私に直接「土日は出られない状況にある」という相談、お願い事を受けました。もちろん、顧問ですから公式戦などの引率はお願いすることになるのですが、その他の練習や練習試合などが土日におこなわれる際に、タキザワ抜きでどうにかできないかと考えたわけです。そこで…代理顧問制度というものを考えました。代理顧問制度とは、たとえばサッカー部がグランドで活動している際に、ラグビー部も活動していて、オカダ先生がいらっしゃるとき、また体育館でイズミダ先生がバスケットボール部を指導しているときなどは、彼らを代理顧問として、サッカー部の顧問がいなくてもOKにしようじゃないかということです。［校長：2003年4月26日］

　この代理顧問制度によって、たしかにタキザワ教諭の負担は軽減された。しかし、この制度は、あくまでタキザワ教諭の「代理」を保障する仕組みであり、彼が顧問の職を離れたわけではない。その意味で、タキザワ教諭の顧問としての責任の所在が明瞭になり、完全に離脱することが不可能になったともいえる。校長とオカダ教諭は、代理顧問を見つける作業を、最低限の責任としてタキザワ教諭自身に任せた。そのためタキザワ教諭は、自らの負担を軽減するために、代理顧問の依頼に奔走することになる。実際、タキザワ教諭の負担を慮って、代理顧問を一時的に引き受ける教師はいた。しかし、負担を感じているのはタキザワ教諭以外の顧問教師も同様であったから、常に引き受けてもらえるわけではなかった。それに多くの教師は負担を感じながらも、教育的効果や生徒指導上の有効性を期待して、顧問としてのかかわりを継続していた。そのためタキザワ教諭が、顧問であるにもかかわらず、サッカー部の中身にまったく無関心であることや、かかわりをまったく拒絶することに反発を覚える教師もいた。そのためタキザワ教諭が他の教師に代理顧問を依頼しても、「加担したくない」「教育的におかしい」「教育的な観点からは許せない」と非難も交えて断られる場合もあった。

　こうした事態を招いたことで、タキザワ教諭は、代理顧問制度を利用するに先だって、他の教師からの理解と信頼を得る必要に迫られた。あらためて顧問の責任を果たすため、サッカー部に最低限のかかわりを持つことが求められたわけである。結局、タキザワ教諭は、そうした管理職や他の同僚教師

からの説得や圧力を受けながら、顧問を継続した。皮肉なことに、タキザワ教諭は、顧問としてのかかわりから逃れるために、顧問としてかかわらざるをえなかったといえる。

3−4　職場環境によって離脱しない／できない顧問教師

　最後に指摘する（ⅳ）職場環境とは、すべての教師に共通した文脈となる学校全体のありようであり、具体的には、教育目標や校務分掌、そして人事のあり方である。

　まず、ヒガシ中学校では、教育目標に部活動が取り入れられていた[1]。学校要覧には、「運動・スポーツを愛好し、体力の向上や健康の保持・増進の心（意識）を育てる」という大目標に関連させて、「部活動の支援体制の確立」が掲げられ、その実現に向けて、校務分掌上に「部活動指導」が設けられている。この部活動指導の担当者が、前章で分析したラグビー部顧問のオカダ教諭であった。

　このようにヒガシ中学校の明文化された組織のあり方から見れば、教育目標を受けて校務分掌が設置され、担当者が取りまとめとなって、種々の運動部活動が学校教育活動として位置づけられているわけである。無論、多くの学校で事実上そうであるように、抽象的な教育目標が実務的な強制力を必ずしも持つわけではないし、校務分掌の担当者が強い権限を持っているわけでもない。実際は、これまでの章で分析してきたように、教師それぞれに一定の裁量権があるし、明文化されないインフォーマルなやりとりが大きな影響力を持つ。ただし、それでも、こうした教育目標や校務分掌上の位置づけによって、運動部活動を維持すること、そのために教師が顧問に就くことが、学校全体として緩やかに正当化されてきたといえる。実際、「部活はとりあえず何かやらなきゃいけない」（ノダ教諭）、「持たなきゃいけない」（ナカタ教諭）と、運動部活動の顧問に就くことを自明視している教師は少なくなかった。

　もう1つ指摘しておきたいのは、事実上、運動部活動は人事のあり方にも関連していることである。一般的な人事評価の仕方の一つに、教師自身が年度末に作成する自己評価書がある。自己評価書の項目は自治体によって多様だが、校務なのかどうかが不明瞭な教育課程外の運動部活動について書く欄は、設けられていない場合が普通である。本フィールドでもそうだった。た

だし、実態として、たとえば「その他」の欄に、担当した運動部活動の種目や活動内容などを書き記す慣例がある。本フィールドでも、筆者は現物を目視確認できなかったが、校長と顧問教師たちは、自己評価書に運動部活動についても記入する実態を語った。こうした実態は、教員の世界では広く知られていて、また問題として認識される場合もある。日本教職員組合のシンクタンクである国民教育文化総合研究所がまとめた『教職員評価（育成）制度の現状と課題』は、そのように運動部活動が人事評価に含められる問題点について、「「部活動に熱心に取り組み、優秀な成績を収めた」場合など5点、10点の加点が行われる」実態を告発しながら、それが「勤務時間外の勤務を暗に助長したり、部活動の過熱化をもたらしたりする可能性が大いにある」と指摘している（国民教育文化総合研究所、2005、p.72）。

　こうした人事評価のあり方に関連して、他校への異動人事にも運動部活動は無関連ではない。他校への異動人事の仕方も自治体によって多様だが、本フィールドを含めて一般的には、本人の希望と管理職や教育委員会の判断によっておこなわれる。制度的には、教員が他校に異動する際に第一に考慮されるのは、当然ながら担当教科である。ただし、そのうえで実際は、担当してきた部活動や経験ある種目などが考慮されることもある。担当教科を第一基準にしながらも、ある種目の運動部活動を担当したいという本人の希望や、何かの部活動を担当させたいという管理職や教育委員会の判断によって、異動先の学校が決定される場合があるということである。[2]

　教師の希望どおりの場合はひとまず問題がないが、希望と違った場合、異動先で管理職と折衝が重ねられる。一般的にその時期は、赴任する前の年度末であり、教師から見れば赴任先の状況がよくわからないままに、校長から部活動を委嘱されることになる。本フィールドでいうと、ヒガシ中学校に赴任してきた教員のほとんどは、年度末の3月上旬から中旬時におこなわれていた面談で、つまり赴任前に、部活動の顧問を委嘱されていた。ナカタ教諭は、年度末に校長と面談した際に、ラグビー部の顧問を委嘱された。「まさかラグビーとは思っていなかった」と、唐突な申し出にいくらか躊躇しながらも、「何でも積極的に返事をしなきゃ」という駆り立てられる思いから承諾したという。ノダ教諭は、3月中旬に校長と面談し、卓球部の顧問を委嘱された。そのとき、自身は卓球の経験がないことから、指導を担当できないといったんは返事をした。しかし、それでも校長は、「管理顧問でもいいか

ら引き受けてくれないか」と強く委嘱してきたので、承諾せざるをえなかったという。他に、ラグビー部顧問のドイ教諭やサッカー部顧問のタキザワ教諭なども、本人が希望したわけではないにもかかわらず、赴任前に校長からそれぞれの顧問教師を委嘱され、引き受けざるをえなかったという。

4 運動部活動と消極的な顧問教師

4-1 消極的な顧問教師が離脱しない／できない理由と文脈

以上のように、(i) 個人的志向とは別に、消極的な教師が顧問を引き受け、運動部活動にかかわり続けざるをえない文脈があった。(ii) 教師-生徒関係については、生徒の希望や願いに応えようとする態度と、それが教育実践に有効であるという認識があった。(iii) 教師-教師関係については、管理職や他の同僚教師からの説得や圧力があった。(iv) 職場環境については、教育目標や校務分掌、そして人事のあり方が関係していた。消極的な顧問教師が運動部活動から完全に離脱しない／できない理由は、個人を取り巻くこれら (ii) ～ (iv) の文脈があるからだと考えられる。言い換えると、これら (ii) ～ (iv) の文脈があることで、消極的な顧問教師は苦悩と葛藤を抱えながら、運動部活動にかかわり続けざるをえない。このように教師は、本人の純粋な個人的志向とは別に、運動部活動にかかわるように動機づけられ、水路づけられているのである。

それでは、こうした (ii) ～ (iv) の文脈は、どのように形づくられてきたのだろうか。本章はその分析を直接おこなうことができていないが、これまでの各章の分析を踏まえて推論すれば、いくつかの示唆を得ることはできる。

まず、(ii) 教師-生徒関係に関しては、前章で分析したような、顧問教師の教育的な意味づけ方から生じているのではないか。顧問教師は、指導上の困難に直面するにもかかわらず、教育的な意味づけ方をすることによって、それらの困難を主観的に乗り越えていた。こうした意味づけ方が、運動部活動が教育実践に有効であるという認識を生じさせ、そうした認識を教師一般にまで広く行き渡らせているのかもしれない。

次に、(iii) 教師-教師関係に関しては、第5・6章で分析したような学校

－保護者関係と、先と同様に前章で分析した教育的な意味づけ方から生じているのではないか。保護者との関係のなかで、学校は運動部活動の存続へと方向づけられていて、それが背景となって、管理職は、個々の教員に顧問の継続を求めて説得し圧力をかけているのかもしれない。そして、運動部活動を教育的に意味づけながら積極的にかかわる教師が、自身の主観的な観点から、他の同僚教師を説得し圧力をかけているのかもしれない。

最後に、(ⅳ) 職場環境に関しては、第2・3章で分析したような、戦後の実践の積み重ねから生じているのではないか。運動部活動は、制度と呼ぶにはあまりにも脆弱であり、むしろ実践の蓄積がつくりあげた慣習と呼ぶほうが適切である。戦後の実践の蓄積の結果、そうした慣習ができあがり、その一つの具体的現れが、運動部活動を教育目標・校務分掌・人事と関連づける職場環境を生じさせたのかもしれない。ただし、以上の議論は推論の域を出るものではなく、示唆するにとどめておく。

4−2　教師の消極的なかかわりと〈子どもの自主性〉

では、運動部活動への教師の消極的なかかわりに、〈子どもの自主性〉の理念は、どう関係していたか。それは、特に (ⅱ) 教師−生徒関係の文脈で関係していた。この文脈で、消極的ながらも教師が運動部活動にかかわろうとする出発点には、生徒の希望や願いに応えたいという教師の態度があった。生徒は運動部活動そしてスポーツを自由に楽しみたいはずだ、その思いを蔑ろにせず真摯に受け止めたい、できるだけ生徒の希望や願いを叶えてあげたい。こうした献身的ともいえる教師の態度には、〈子どもの自主性〉を尊重し大切にしようとする思いが含まれている。その点で、教師を運動部活動にかかわらせる出発点には、〈子どもの自主性〉の理念が関係しているといえる。ただし、〈子どもの自主性〉の理念は、教師を動機づけるとともに、たとえ困難な状況であっても教師を運動部活動に縛り付ける。消極的な教師にとって、〈子どもの自主性〉の理念は、そうした葛藤を生じさせるものでもあるだろう。

もう1つ指摘したいのは、こうした消極的な教師では、〈子どもの自主性〉のためのかかわりが〈子どもの自主性〉を壊すという逆説が、問題として現れてこないことである。なぜなら、そのかかわりが消極的だからであり、〈子どもの自主性〉を壊すほどに強くないからである。本章で取り上げたナ

カタ教諭やノダ教諭は、積極的に運動部活動にかかわっていた前章のオカダ教諭と同じように、生徒指導のために運動部活動が重要と認識していた。しかし、そうした認識はあるものの、実際に、運動部活動に積極的にかかわることはなかったし、そこで生徒指導を厳しく実践することもなかった。彼らのかかわりはあくまで消極的だった。そのため、自身のかかわりが〈子どもの自主性〉を壊してしまうかもしれない、という可能性が省みられることはない。つまり文字どおり、かかわりが消極的であるために、消極的な教師においては、〈子どもの自主性〉のためのかかわりが〈子どもの自主性〉を壊すという逆説が回避されているのではないだろうか。

注

（１）学校によっては、学校要覧などで定める教育目標で部活動に言及している場合がある（中澤ほか、2009、pp.324-325）。
（２）本フィールドで観察された典型例として、2006年度末にヒガシ中学校から別の中学校に異動したラグビー部顧問のオカダ教諭がいる。彼は、消極的な教師ではなかったが、そこから職場環境のありようの一端が理解できる。オカダ教諭は、ヒガシ中の在任時期が10年に及んだ2006年度末、他校への異動が差し迫った。異動先についてオカダ教諭は、ラグビー部が設置されている学校を希望し、そのことを校長に相談した。本人がいくら希望してもそのとおりになるとはもちろんかぎらないが、校長も「主張できるのはここしかない」とオカダ教諭を後押しし、教育委員会に本人の希望を伝えた。結果的に、オカダ教諭は希望どおり、2007年度からラグビー部がある別の中学校に異動した。教育委員会による人事の内容が公開されていない以上、実際、どれほど運動部活動について考慮されているかは、不明である。しかし、それとは別に、教師たちの間では「人事が部活で決まる」と語られたり、「教育委員会が部活に配慮した」と語られたりしていて、このオカダ教諭の異動のケースもそうした意味づけのなかに位置づけられる。つまり、少なくとも意味づけの次元で、運動部活動は人事のあり方と関連しているわけである。

終章　スポーツと学校教育

1　各章の概要

　本書の目的は、第1に、運動部活動の戦後の拡大過程と現在の維持過程を解明することであり、第2に、それを通じてスポーツと学校教育の日本特殊的関係の構築プロセスを考察することだった。以下では、各章の概要を整理したうえで、総括的に議論しよう。

　序章では、本書の目的と背景を論じた。スポーツと学校教育の日本特殊的関係がどのようにして構築されてきた／されているのか、という理論課題と、日本の大規模な運動部活動がどのように成立してきた／しているのか、という作業課題を設定し、それらを解題するために、教育学の知見を参照しながら、理念としての〈子どもの自主性〉に注目した。

　第1章では、運動部活動を分析するための方法論を検討し、運動部活動を取り巻く状況を整理した。これまでの体育学的議論を批判的に検討することを通じて、本書の方法論的立場を設定し、戦後以降の学校と教師のかかわりに焦点を当てるという分析枠組みを整えた。そのうえで国際比較の観点から、学校教育活動として大規模に成立してきた／している日本の運動部活動の国際的特殊性を指摘し、一方で国内で、運動部活動は、排除されるべき教育問題と見なされながらも成立し続けている、という今日的状況も検討した。そして運動部活動がこれまでどのように論じられてきたのかを、城丸章夫・中村敏雄・内海和雄の議論を検討して整理した。

　第Ⅰ部の戦後の拡大過程について、第2章では、戦後運動部活動の全体史として、終戦直後から2000年代までの実態・政策・議論の変遷と関係を論じた。そこでは、各種実態調査結果、政策関連資料、図書・雑誌・新聞の記事などを用いて分析した。結果として、運動部活動の戦後史を、①民主主義

的確立期（1945〜53年）、②能力主義的展開期（1954〜64年）、③平等主義的拡張期（1965〜78年）、④管理主義的拡張期（1979〜94年）、⑤新自由主義的／参加民主主義的再編期（1995年以降）、の5つに時期区分し、戦後運動部活動が、とりわけ①・③・④の3つの時代で、拡大してきたことを明らかにした。

　第3章では、戦後運動部活動の個別史として、運動部活動のあり方に対する日本教職員組合の見解を論じた。そこでは、日教組の労働組合／教育研究団体の両側面に注意しながら、全国教研の資料などを用いて分析した。結果として、戦後の教師たちが、「教育か労働か」という葛藤を抱えながら、「全生徒が自主的に」という難問に向き合わざるをえなかったために、選手中心主義を否定し、必修クラブ活動を否定し、社会体育化に躊躇し、その帰結として、運動部活動を消極的ながら維持し続けたことを明らかにした。

　続いて第Ⅱ部の現在の維持過程について、第4章では、分析枠組みを設定し、使用するデータの概要を論じた。そこでは、運動部活動の現在性を踏まえながら、組織レベルでは学校と保護者の関係を分析すべきこと、個人レベルでは教師の積極的／消極的なかかわりを分析すべきことを述べ、フィールドワークを通じて収集したデータの概要を述べた。

　第5章では、組織レベルで、学校－保護者関係が運動部活動の存廃に与える影響を論じた。そこでは、保護者の二面的なかかわり、つまり新自由主義的な流れにおける消費者としての〈要望〉と、参加民主主義的な流れにおける協働者としての〈支援〉に注目し、それらの影響を、顧問教師が異動した際の運動部活動の存廃を通して横断的に比較した。結果として、〈要望〉と〈支援〉の両方があるパターンで比較的スムーズに運動部活動が存続していて、保護者の〈要望〉と〈支援〉が運動部活動の存続へと影響していることを明らかにした。

　第6章では、組織レベルで、学校－保護者関係が運動部活動改革に与える影響を論じた。そこでは、運動部活動の存廃が問題となる運動部活動改革に注目し、その運動部活動の継続的な成立に向けて関与した保護者の意識、そしてそのかかわりと学校の対応を縦断的に分析した。結果として、保護者の〈要望〉と〈支援〉の源泉には、運動部活動を手段としても目的としても肯定する意識があること、それを背景にして増幅する保護者の影響によって、運動部活動改革は運動部活動を存続させるように進行することを明らかにし

た。

　第7章では、個人レベルで、運動部活動に積極的な顧問教師の困難の意味づけ方を論じた。そこでは、運動部活動に対する教師の積極性／消極性の分岐点となる困難に注目し、フィールドのなかで運動部活動にもっとも積極的だった顧問教師がそれらをどう意味づけているかを、解釈的アプローチを用いて分析した。結果として、顧問教師の主観では、教育的な意味づけ方によってそれらの困難を乗り越えており、そのため顧問教師は積極的に運動部活動にかかわり続けていることを明らかにした。

　第8章では、個人レベルで、運動部活動に消極的な顧問教師を動機づけ、水路づける文脈を記述的に分析した。そこでは、フィールドのなかで運動部活動に消極的だった顧問教師が、それでも運動部活動にかかわり続ける理由として、（ⅰ）個人的志向とは別に、個人を取り巻く（ⅱ）教師－生徒関係、（ⅲ）教師－教師関係、（ⅳ）職場環境という文脈があることを明らかにした。

　これら各章の関連を踏まえながら、以下では、第1の結論として運動部活動の拡大・維持過程をまとめ、第2の結論としてスポーツと学校教育の日本特殊的関係の構築プロセスをまとめ、それらを踏まえて新しく見えてきた課題と理論的な展望を述べたい。

2　第1の結論──運動部活動の拡大・維持過程

　運動部活動の拡大・維持過程を総括的に議論する。まず一方で運動部活動は、各時代の学校教育の背景のなかで、つまり民主主義のなかで確立し、平等主義のなかで拡張し、管理主義のなかでさらに拡張してきた。民主主義・平等主義・管理主義という学校教育の背景のなかで、運動部活動は、民主主義・平等主義・管理主義のために学校と教師に積極的に必要とされてきたのである。そのため教師の負担は大きく膨らんでいき、日教組によって教育問題としても扱われた。しかし、他方で運動部活動は、同じく日教組によって民主教育の実現を追求するために、消極的ながら必要とされてきた。選手中心主義と必修クラブ活動を否定し、社会体育化に躊躇した帰結として、運動部活動は縮小されなかった。戦後運動部活動は、このように積極的／消極的に拡大してきた。

次に、現在の維持過程には、組織レベルでは保護者の存在と影響がある。保護者は、運動部活動を手段としても目的としても肯定しながら、新自由主義的な流れにおける消費者としてその存続を〈要望〉し、同時に参加民主主義的な流れにおける協働者としてそれを〈支援〉する。こうした保護者の二面的なかかわりの影響を受けて、学校は運動部活動を維持し続けざるをえない状況にある。個人レベルでは、コーチ役割を教師役割の手段と位置づける意味づけ方によって、運動部活動を負担に感じず積極的にかかわり続ける教師がいる。そして運動部活動を負担に感じる教師は、こうした保護者の影響を受けた学校と、積極的な教師に取り囲まれることで、消極的ながらも運動部活動にかかわり続けている。
　すなわち、運動部活動の拡大・維持過程には、それを強く肯定してきた積極的な過程と、完全には否定できなかった消極的な過程がある。積極的な過程として、運動部活動は、民主主義・平等主義・管理主義という各時代の学校教育の背景のなかで拡大してきたのであり、顧問教師の教育的意味づけによって維持されている。と同時並行的に、消極的な過程として、運動部活動は、民主教育を追求するがゆえに縮小されることなく、新自由主義／参加民主主義を媒介し体現する保護者の存在と影響、そして教師を取り囲む学校教育の文脈によって解体されることもなかった。こうした積極的／消極的な過程のなかで、日本の運動部活動は大規模に拡大・維持されてきたのである。
　以上を踏まえると、運動部活動を「教育問題」と見なす見方を再考しなければならないことがわかる。日教組の見解や学校スリム化論の主張、教育学領域や体育・スポーツ科学領域の諸研究は、学校や教師の負担などを理由として、運動部活動を「教育問題」と見なしてきた。こうした見方からは、その「問題」解決のために、運動部活動を地域社会に移行すべきだと主張されてきた。しかし、実態として運動部活動は拡大し、維持されてきた。運動部活動を「教育問題」と見なす見方からは、こうした実態を理解できない。
　それに対して本書は、運動部活動が拡大・維持される過程を、学校と教師のかかわりを通して描いてきた。そこで明らかになったことは、運動部活動は、まさに教育のために積極的に強く肯定されてきたのであり、それが教育と見なされるからこそ、消極的ながら完全に否定できなかったということである。つまり、学校と教師の側から捉え返せば、運動部活動を「教育問題」と見なす見方は必ずしも適切ではない。そうではなく、むしろ学校と教師に

とって運動部活動は教育そのものなのであり、学校と教師が教育を追求してきた／しているからこそ運動部活動が拡大され、維持されているのである。

3　第2の結論——スポーツと学校教育の日本特殊的関係の構築プロセス

　以上に述べた積極的／消極的な過程を経て、一見すると学校教育と無関連に見えるスポーツが、学校教育に密接に関連し強く結び付けられるという、スポーツと学校教育の日本特殊的関係が構築されてきた。これまでの議論をふり返りながら、この構築プロセスをまとめよう。
　なぜスポーツは学校教育に結び付けられるのか。本書の冒頭でこの問いを立てたのは、両者が内容的に無関連であるからというだけでなく、遊戯として自由に楽しむスポーツと、そうした遊戯の性質と相容れず自由を制限しうる学校教育との間に、原理的な矛盾があると考えられてきたからだった。それでは、原理的な矛盾がありながら、なぜスポーツは学校教育に結び付けられるのか。これに対して本書は、理念としての〈子どもの自主性〉がスポーツと学校教育を結び付ける、という仮説を提示した。あらためて、この仮説が支持されたのかどうかを振り返りながら、スポーツと学校教育の日本特殊的関係の構築プロセスを、3つの観点から総括的に議論する。3つの観点とは、第1に、戦後の歴史で学校と教師は〈子どもの自主性〉をどう扱ってきたのか、第2に、現在の状況で学校と教師は〈子どもの自主性〉をどう扱っているのか、第3に、そうした歴史と現状で、〈子どもの自主性〉のためのかかわりが〈子どもの自主性〉を壊す、という逆説に学校と教師はどう向き合ったのかという観点である。
　まず第1に、戦後の歴史で学校と教師は〈子どもの自主性〉をどう扱ってきたのか。戦後に出発した民主主義を基調とした学校教育は、〈子どもの自主性〉を高く価値づけ、そうした〈子どもの自主性〉を表出するスポーツを必要とした。そのため、学校と教師は学校教育の一環としてスポーツに積極的にかかわることになった。この戦後教育改革期に、〈子どもの自主性〉を媒介しながら、スポーツと学校教育が結び付く日本特殊的な関係が構築される、その開始点があった。続いて、学校教育が平等主義化すると、〈子どもの自主性〉という教育的価値が見いだされるスポーツを、すべての子どもに

提供することが目指された。なぜなら、それが、まさしく戦後に追求された民主主義的な教育をあらゆる子どもに平等に行き渡らせることを意味したからである。こうしてスポーツと学校教育の結び付きは、〈子どもの自主性〉を押し広げながら、広がっていった。

　しかし、その後に学校教育が管理主義化すると、〈子どもの自主性〉が表出されるスポーツを非行防止／生徒指導の手段としたことで、〈子どもの自主性〉という教育的価値が空洞化しそうになり、反省を余儀なくされた。自由に楽しむスポーツを非行防止／生徒指導の手段にする、逆にいえば、非行防止／生徒指導という目的のために〈子どもの自主性〉を手段化する。こうした事態は、一見すると、〈子どもの自主性〉を媒介としたスポーツと学校教育の結び付きがより強固になったように見える。しかし、それまではスポーツが〈子どもの自主性〉を表出するからこそ目的的な価値があったが、〈子どもの自主性〉を手段化してしまえば、子どもを管理し抑圧することになり、そこに見いだされていた〈子どもの自主性〉自体が空洞化していってしまう。そうした危惧から、〈子どもの自主性〉を手段化する管理主義は批判された。管理主義への批判は、反省的に、〈子どもの自主性〉それ自体の目的的な価値を取り戻そうとするものだった。その点で、〈子どもの自主性〉という理念は、空洞化しそうになりながらも、完全に消え去りはしなかった。

　これ以降の、新自由主義と参加民主主義の重なりのなかでの展開は、一時は空洞化してしまいそうになったが、それでも消え去らなかった〈子どもの自主性〉という教育的価値を取り戻そうとするプロセスであり、運動部活動そしてスポーツを学校教育に結び付けることを反省的に再考するプロセスだといえる。

　第2に、現在の状況で学校と教師は〈子どもの自主性〉をどう扱っているのか。学校－保護者関係では、空洞化しそうになった〈子どもの自主性〉を回復するため、管理主義への反省から、新自由主義的／参加民主主義的な流れのなかで学校の過剰なかかわりが相対的に弱まっていく反面で、子どもの代理人であり当事者でもある保護者が台頭してきた。保護者は、子どもが自由にスポーツを楽しむことを願って、すなわち〈子どもの自主性〉を体現するように運動部活動にかかわる。そして学校はそれを消極的ながらも受け止め、運動部活動そしてスポーツが学校教育に結び付けられていく。ただし、

保護者は、かつての管理主義的な学校がそうだったように、運動部活動そしてスポーツが子どもを成長させる手段になる、とも意味づけている。つまり現在の運動部活動が維持される学校－保護者関係という文脈は、〈子どもの自主性〉という目的的な価値を取り戻す契機でありながら、その〈子どもの自主性〉が手段化されうる可能性も潜ませている。そのため、運動部活動の新自由主義的／参加民主主義的な再編プロセスは、保護者の台頭によって〈子どもの自主性〉という理念が回復された、というような単純なプロセスではない。そうではなく、〈子どもの自主性〉をめぐる緊張関係が、学校と教師に加えて保護者も関与するなかで、より一層複雑化していくプロセスだといえる。

　そして、教師のかかわりでは、その出発点に、生徒に運動部活動そしてスポーツを自由に楽しませてあげたい、そうした自由な試行錯誤のなかでこそ生徒が成長するはずだ、という教師の思いがあった。その思いは、戦後に追求されてきた〈子どもの自主性〉の理念であり、それはいまも捨て去られてはいない。それが捨て去られていないからこそ、教師はたとえ困難な状況であっても、運動部活動にかかわることを動機づけられる。ただし、こうした教師のかかわりには、管理主義的な非行生徒への指導がそうだったように、自由に楽しむスポーツの遊戯としての特徴を利用しながら、その遊戯に引き付けられる生徒の自主性を活用して、生徒をよりよく成長させようとする意図も込められている。周知のとおり、多くの学校と教師は、運動部活動そしてスポーツを生徒指導の手段として活用しようとしている。そうしたとき、現在に引き継がれた歴史的な課題であった、〈子どもの自主性〉を手段化することで〈子どもの自主性〉自体が空洞化される可能性を、教師は常に反省しなければならない。そうした反省性を内に含み込みながら、教師は〈子どもの自主性〉を目的的かつ手段的に意味づけて、運動部活動にかかわり続けている。

　第3に、以上の歴史と現状で、〈子どもの自主性〉のためのかかわりが〈子どもの自主性〉を壊す、という逆説に学校と教師はどう向き合ったのか。上述のとおり、〈子どもの自主性〉を媒介とすることで、スポーツが学校教育に結び付けられてきた。しかし、学校と教師が学校教育の一環として意図的・計画的にスポーツを編成しようとすれば、そのかかわりがスポーツを形式化・画一化させ、その結果として、スポーツに見いだされていた〈子ども

の自主性〉という教育的価値が壊されてしまう。〈子どもの自主性〉を媒介としたことで、学校と教師は、この逆説を抱え込まざるをえない。その点で、〈子どもの自主性〉を媒介としたスポーツと学校教育の結び付きは、緊張関係を内在化させたまま構築され、広がってきたといえる。

　それでは、なぜ、こうした逆説や緊張関係は、スポーツと学校教育の結び付きを決定的に分裂させなかったのか。この逆説を回避し、緊張関係を緩和させてきた、学校と教師による意味づけ方を3つ指摘したい。

　1つ目は、〈子どもの自主性〉を国家体制から保護するため、という意味づけ方である。戦後の学校と教師は、国家体制側の不当な干渉が〈子どもの自主性〉を壊すと見立てて、自分たちのかかわりが、それに対抗して〈子どもの自主性〉を守り抜くものだと意味づけていた。この意味づけ方では、国家体制という強烈な対抗軸が存在するために、〈子どもの自主性〉のためのかかわりが〈子どもの自主性〉を壊すという逆説は、回避されている。

　2つ目は、保護者と共にかかわることで〈子どもの自主性〉を間接的・代替的に尊重する、という意味づけ方である。近年台頭してきた保護者は、子どもの代理人であり、教育を受ける当事者でもある。そこでは、保護者が学校教育にかかわるということが、まさに〈子どもの自主性〉を体現するためだと意味づけられている。そのため、学校と教師の側から見れば、〈子どもの自主性〉を体現する保護者のかかわりを受け止めて、保護者と共にかかわることが、〈子どもの自主性〉を間接的・代替的ながら尊重することを意味する。この意味づけ方に沿って学校と教師が保護者と関係を結ぶことで、〈子どもの自主性〉のためのかかわりが〈子どもの自主性〉を壊す、という逆説は回避されている。

　3つ目は、〈子どもの自主性〉を発展的に更新させていく、という意味づけ方である。子どもをよりよく育てようとする学校と教師にとって、〈子どもの自主性〉を尊重することは、子どもをただ自由放任させることと同義ではない。学校と教師は、過ちを犯してしまうような、望ましくない低次の〈子どもの自主性〉を抑制しなければならないし、そのうえで、〈子どもの自主性〉をより望ましい高次の状態へと発展的に更新していかなければならない。そうして、望ましくない低次の〈子どもの自主性〉を壊すことが、より望ましい高次の〈子どもの自主性〉を実現するために、正当化される。このような意味づけ方によって、〈子どもの自主性〉のためのかかわりが〈子ど

もの自主性〉を壊すという逆説が、回避されるわけである。

　まとめると、次のようになる。スポーツと学校教育は、戦後日本社会という文脈で、〈子どもの自主性〉が価値づけられ、広がっていったことで、日本特殊的に結び付いた。そして、その〈子どもの自主性〉を反省的に意味づけ直しながら、いまもなお、スポーツと学校教育は結び付けられ続けている。ただし、こうした結び付きには、〈子どもの自主性〉のためのかかわりが〈子どもの自主性〉を壊すという逆説があり、スポーツと学校教育の間には緊張関係がある。しかし、その逆説は〈子どもの自主性〉を保護し、間接的・代替的に尊重し、発展的に更新させようとする意味づけ方によって回避され、スポーツと学校教育の緊張関係は緩和される。その結果、スポーツと学校教育の結び付きは、決定的な分裂に至らず、緊張関係を内在化させたまま保持される。こうしたプロセスを経て、〈子どもの自主性〉を媒介としたスポーツと学校教育の日本特殊的関係が、構築されてきた／されていると考えられる。

　以上が本書の結論である。

4　新たな課題——訓練としてのスポーツ、解放としてのスポーツ

　最後に、なぜスポーツは学校教育に結び付けられるのかを探究した本書の分析と考察を踏まえて、そこから新しく見えてきた課題と理論的な展望を述べたい。

　まず、どのような新しい課題が見えてきたかについて、第1章で議論した先行研究を見直す形で述べておこう。なぜスポーツは学校教育に結び付けられるのかという問いに対して、先行研究は、スポーツを、よりよい人格を育成するための手段と捉える人格形成論的図式、身体を鍛え上げるための手段と捉える身体形成論的図式、現状のスポーツ文化をより発展させるための手段と捉えるスポーツ文化論的図式を用いて回答してきた。それらの図式の大きな問題点は、そこで前提となっているスポーツの人格／身体形成への有効性やスポーツの文化的価値という仮定がいつも成り立つとはかぎらず、それらの議論が規範理論にとどまっていることにあった。これに対して本書は、〈子どもの自主性〉の理念に注目した社会科学的アプローチを取った。この

方法論的特徴の一つは、歴史的・社会的に構築された観念として〈子どもの自主性〉の理念を扱う点にあり、それによって、学校と教師の主観的な意味づけを分析することが可能になった。簡単にいうと、本当に子どもが自主的であるかどうかではなく、「子どもが自主的であり、それはよいことだ」と学校と教師が思っていることを分析したことで、なぜ学校と教師がスポーツにかかわるのかを理解できたわけである。

　ただしそうすると、先ほどいったん退けた、スポーツの人格／身体形成への有効性や文化的価値という仮定も同様に、学校と教師の思いや観念として、分析できる可能性が開けてくる。本当にスポーツが人格形成や身体形成に有効かどうかは不確かだが、「スポーツは人格形成に役立つだろう」「スポーツは身体形成に役立つだろう」と学校と教師が思い、その思いからスポーツにかかわろうとすることは考えられる。またスポーツの文化的価値についても同様に、「スポーツには文化的価値があるから学校教育に結び付けよう」と学校と教師が思い、実際にスポーツにかかわる場合もあるだろう。そう考えると、人格形成論的図式・身体形成論的図式・スポーツ文化論的図式が、先行研究が議論した形とは違った形で再び重要性を帯びてくる。すなわち、スポーツの人格／身体形成への有効性や文化的価値という仮定を、普遍に妥当する真理ではなく、学校と教師の主観的な意味づけによって構築された観念として社会科学的に分析できる。もっといえば、それらの観念を〈子どもの自主性〉の理念と同一地平に置いて、社会科学的に分析することで、学校と教師の主観的な意味世界で、本書が注目した〈子どもの自主性〉の理念の相対的位置を明らかにしたり、全体として、学校教育はスポーツをどう意味づけてきたのかを明らかにすることもできるかもしれない。

　本書の分析と考察を経たいま、こうした新たな課題が見えてきたように思う。

　では、どうすればよいか。理論的な展望として、スポーツと学校教育の結び付きに関する二元的パースペクティブ──スポーツへの訓練論的／解放論的な意味づけを提起したい。

　このパースペクティブは、先行研究の人格形成論的図式・身体形成論的図式・スポーツ文化論的図式がスポーツを手段として位置づけていたことに対して、本書が注目した〈子どもの自主性〉の理念が、スポーツの目的的側面に焦点化したことに関係している。人格形成論的図式・身体形成論的図式・

スポーツ文化論的図式では、スポーツが、人格を育成する手段、身体を鍛え上げる手段、現状のスポーツ文化を発展させる手段として意味づけられている。つまり、スポーツが、子どもを訓練し、よりよく変えるための手段として意味づけられている。こうした意味づけ方を、「スポーツへの訓練論的な意味づけ」と呼ぶことにしよう。対して、〈子どもの自主性〉の理念では、スポーツが目的として意味づけられている。そこでは、子どもが遊戯としてのスポーツ自体を楽しんでいる様子が、子どもの解放、欲求の充足、自由の表出として意味づけられている。これを、「スポーツへの解放論的な意味づけ」と呼ぶことにしよう。このようにスポーツへの意味づけ方を、訓練論と解放論の2つに大きく区別してみる。訓練論的な意味づけと解放論的な意味づけは、スポーツを手段と見るか目的と見るかという点で異なり、そこに込められる意味内容に違いがある。

5 理論的展望
―― スポーツと学校教育の結び付きに関する二元的パースペクティブ

それでは、あらためて、訓練論と解放論を組み合わせると、どのような理論的な展望が開けるだろうか。実証的根拠が不十分であることは自覚しながらも、スポーツへの訓練論的／解放論的な意味づけに注目した、スポーツと学校教育の結び付きに関する二元的パースペクティブの可能性を、図終－1を用いながら試論してみよう。図終－1は、スポーツと学校教育を結び付ける訓練論と解放論という2つの意味づけが、独立しながらも重複する部分を持つ関係にあると想定した模式図である。つまり、①訓練論的な意味づけによってスポーツと学校教育が結び付けられる領域、②解放論的な意味づけによってスポーツと学校教育が結び付けられる領域、③訓練論と解放論の両方の意味づけが重なりながらスポーツと学校教育が結び付けられる領域、という3つの領域があると想定している。この模式図に従って、二元的パースペクティブが与える理論的な展望を述べる。

①訓練論的な意味づけによってスポーツと学校教育が結び付けられる領域では、スポーツは手段として意味づけられる。子どもの人格や身体を形成するため、子どもにスポーツ文化を学習させるため、学校と教師はスポーツを用いる。その結果、スポーツと学校教育が結び付けられる。そこで結び付け

訓練としてのスポーツ　　　解放としてのスポーツ

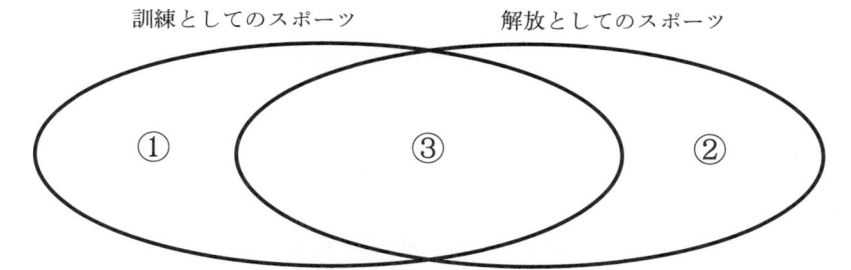

①　　　　　③　　　　　②

図終-1　スポーツと学校教育の結び付きに関する二元的パースペクティブ

られているスポーツは、訓練としてのスポーツである。

　しかし、訓練としてのスポーツと学校教育の結び付きは不安定である。なぜなら、訓練には抑圧の問題が伴うからである。スポーツへの訓練論的な意味づけは、子ども自身の意図とは別に、子どものために子どもをよりよくしようとする学校と教師の動機から生じる。そこには、パターナリズムという権力がある。そのため訓練論的な意味づけには、子どもの自由を制限し、子どもを抑圧する問題を伴う。たとえば、人格形成のための訓練が管理主義的な生徒指導を引き起こし、身体形成のための訓練がけがや障害を引き起こし、スポーツ文化発展のための訓練がしごきや勝利至上主義を引き起こしてしまうことがある。当然ながら、いずれも教育的に望ましくない結果であり、これまで繰り返し批判されてきた問題である。こうした抑圧の問題について、それらが事実として生じるかどうかとは別に、意味解釈上、学校と教師は意識せざるをえない。子どもを訓練すれば、もしかすると子どもを抑圧させるかもしれない。その可能性が意識された瞬間、学校と教師は、自らの振る舞いを反省的に振り返らざるをえなくなる。なぜなら、訓練に役立つから学校教育でスポーツを行おう、という考え方には、すぐさま、訓練は子どもを抑圧するから学校教育でのスポーツは止めておこう、という批判が向けられるからである。そのため、訓練としてのスポーツと学校教育の結び付きは、その訓練に伴う抑圧の問題があるため、不安定にならざるをえないのである。

　そう考えると、スポーツへの訓練論的な意味づけに注目しているだけでは、スポーツと学校教育の強く密接な結び付きを十分に説明・理解できないことになる。そこに、スポーツへの解放論的な意味づけにも注目しなければならない余地がある。

②解放論的な意味づけによってスポーツと学校教育が結び付けられる領域では、スポーツは目的として意味づけられる。学校と教師は、スポーツ自体を楽しむ子どもの様子に、子どもの解放と自由を感じ取る。そして、そうした子どもの解放と自由を大切にしようと、学校と教師はスポーツにかかわる。その結果、解放としてのスポーツが、学校教育に結び付けられることになる。

加えて、こうしたスポーツへの解放論的な意味づけは、①で見たような、スポーツへの訓練論的な意味づけが引き起こす抑圧の問題に対して、批判を生じさせる。訓練論的な意味づけが引き起こしてしまう、管理主義、けが、勝利至上主義などに対して向けられる、好きなスポーツを好きなように楽しむべきだという批判は、スポーツ自体を目的とするスポーツへの解放論的な意味づけから生じている。いわば解放論は、訓練論に対抗し、その行き過ぎを止める機能を果たすわけである。注意したいのは、そのように解放論が訓練論を批判する結果、スポーツと学校教育の結び付きが断ち切られるのではなく、別の筋道で再び結び直されていることである。訓練としてのスポーツと学校教育の結び付きは、抑圧の問題を伴うことから不安定であり、その不安定さに解放論的な批判が向けられていた。そして、その批判を生じさせるスポーツへの解放論的な意味づけは、訓練論とは違った筋道で、スポーツと学校教育を結び付ける。意味づけ方が訓練論から解放論に切り替わった後、解放としてのスポーツがやはり学校教育に結び付けられる。つまり、解放論と訓練論は互いに対抗的でありながら、それぞれ別々の意味づけによってスポーツと学校教育を結び付けているのである。

しかし、解放としてのスポーツと学校教育の結び付きもまた、不安定である。なぜなら、解放には放任の問題が伴うからである。解放論的な意味づけは、それが行き過ぎれば単なる放任となりかねず、未熟な子どものスポーツを未熟なままに見過ごすことになり、無秩序や混乱を引き起こし兼ねない。未熟な子どもは、当然ながら、ケンカもするし、トラブルも起こす。これもまた教育的に望ましくない事態であり、やはりこれまで批判されてきた問題である。こうした放任の問題もまた、事実として生じるかどうかとは別に、学校と教師は意識せざるをえない。子どもを解放するとは、ただ子どもを放任しているだけではないか。その可能性が意識された瞬間、学校と教師は、やはり自らの振る舞いを反省的に振り返らざるをえない。なぜなら、子どもの解放を目指そうとすれば、子どもを放任せずにしっかり訓練すべきだと言

われるからである。こうした解放論への批判は、訓練論的な意味づけから生じている。解放論が訓練論の行き過ぎを止める機能を果たすのと同様に、訓練論もまた解放論の行き過ぎを止める機能を果たす。

　つまり、解放としてのスポーツと学校教育の結び付きもまた、放任の問題を伴うことから不安定であり、その不安定さに訓練論的な批判が向けられる。そしてもう一度、スポーツへの意味づけ方が解放論から訓練論に切り替わり、訓練としてのスポーツが学校教育に結び付く。スポーツと学校教育を結び付ける解放論と訓練論という対抗的な関係は、逆説的ではあるが、循環的な関係でもあるのかもしれない。

　では、この循環的な関係という部分を、さらに突き詰めて純化すればどうなるか。訓練論と解放論が、学校と教師の主観的な意味世界で同時的に成立する可能性について、最後に述べてみよう。

　③訓練論と解放論の両方の意味づけが重なりながらスポーツと学校教育が結び付けられる領域では、スポーツは手段でもあり目的でもあると意味づけられる。学校と教師は、スポーツを通じて子どもを訓練しながら、同時に、子どもがスポーツをする様子に子どもの自由を感じ取る。このように対抗的なはずの訓練論と解放論が同時に成立する領域は、一見すると、すばらしく見える。この領域では、訓練論に伴った抑圧の問題が解放論によって解決され、解放論に伴った放任の問題が訓練論によって解決される。そうした弁証法的な解決の筋道を、この領域に求めたくもなる。しかし、それらはあくまで学校と教師による意味解釈上の想定である。実態は、そううまくいくとはかぎらない。むしろ筆者は、安易に訓練論と解放論が同時に成立すると意味解釈してしまうことで、抑圧と放任の問題が解決されない危険性も感じている。

　まず解放論に伴った放任の問題について考えてみよう。学校と教師は、解放論的な意味づけによってスポーツを目的とし、その場合に解放論に伴う放任の問題に向き合うことになる。ただし、この場合、同時に訓練論的な意味づけによって、子どもの解放と自由を感じ取るスポーツに、子どもをよりよく変化させる訓練効果も感じているのかもしれない。たしかに、事実として、本当にスポーツが子どもをよりよく変化させるかどうかはわからない。しかしそれとは別に、子どもの解放と自由を象徴するスポーツを大切にしようとする学校と教師が、スポーツが子どもをよりよく変化させると信じてしまう

終章　スポーツと学校教育　　327

ことで、子どもにただスポーツをさせておけばよいと思い込んでしまうことがある。この意味解釈に従えば、学校と教師の意識から放任の問題が消え去ってしまう。子どものスポーツ現場での、放任の問題がなかなか解決できない一つの理由が、ここにあるようにも思われる。

　次に、訓練論に伴った抑圧の問題については、もっと深刻な危険性をはらんでいる。学校と教師は、訓練論的な意味づけによってスポーツを手段とし、その場合に訓練論に伴う抑圧の問題に向き合うことになる。ただし、この場合もやはり、同時に解放論的な意味づけによって、訓練の手段としているはずのスポーツから、子どもの解放と自由を感じ取っているのではないか。人格形成のため、身体形成のため、スポーツ文化発展のために、子どもにスポーツをさせている学校と教師は、それでも子どもはスポーツを好きで楽しんでいるのだ、と解釈することがある。その意味解釈は、深刻で危険な問題をはらんでいる。なぜなら、この意味解釈に従えば、スポーツをしている子どもは解放されているのだから、そこに抑圧は存在しないことになってしまうからである。しかし実は、人格形成のためのスポーツが、管理主義的な生徒指導に転じ、子どもを苦しめているかもしれない。身体形成のためのスポーツがけがや障害を引き起こしているかもしれない。スポーツ文化発展のためのスポーツが、しごきや勝利至上主義を引き起こし、子どもを抑圧しているかもしれない。しかし、たとえ事実として子どもが抑圧されていたとしても、子どもはスポーツを楽しんでいると解釈してしまえば、学校と教師の意識から抑圧の問題が消えてしまい、学校と教師はそれに気づかず、見過ごしてしまう。そうすると、管理主義、けが、勝利至上主義が止まらず、むしろ加速してしまいかねない。訓練論に対抗するはずの解放論の歯止めが機能しないため、抑圧の問題を潜在化させ加速させてしまうからである。その結果、解放論が、深刻で危険な逆機能を果たしてしまうのである。

　以上が、本書から新しく見えてきた課題と理論的な展望である。

おわりに

　本書では、運動部活動の戦後と現在を描き、それを通じて、なぜスポーツは学校教育に結び付けられるのかを考えてきた。おわりに、「はじめに」で記した私が本書を書こうとした根本的な動機——いったい運動部活動とは何か——に立ち返って、ささやかなインプリケーションを記したい。

　運動部活動は、戦後日本社会という特異な文脈が生み出した一つの現象なのかもしれない。本書を書き終えたいま、私はそう思っている。互いに矛盾しうるように見えるスポーツと学校教育が、〈子どもの自主性〉という戦後民主主義教育的な価値と理念によって、結び付けられてきた。その結節点に運動部活動が存在した。そう考えると、戦前からのつながりを持つ運動部活動が戦後になって大きく拡大した理由が理解できるし、運動部活動が他の国では見られない日本特殊的な存在である理由が理解できる。運動部活動は、戦後日本社会という文脈があったからこそ、存在してきたように思われる。
　そうであれば、その運動部活動が、揺らぎながらではあっても、現在も維持されているということは、運動部活動を取り巻く学校教育や社会のあり方が、いまだ戦後日本社会という文脈の延長線上にあり、そこから抜け出しきれていないことを意味していることになる。私たちは、戦後にそうであったように現在も、子どもに無理やりに強制させたくないと感じたり、子ども自身が自由に考えたり楽しんだりしてほしいと感じている。そして学校教育でも、〈子どもの自主性〉という価値と理念を大切に守ろうとしている。だから運動部活動は、私たちの身近にあり続けてきたのではないか。そう考えると運動部活動が良いか悪いか、運動部活動を今後どうすべきか、といった運動部活動の理想論を語るためには、運動部活動を存在させる戦後日本社会という文脈も含めて考え直さなくてはならないはずだ。運動部活動をめぐるさまざまな問題の根深さの一端は、ここにあるのかもしれない。
　もう一言だけ添えたい。戦後日本社会という文脈で、〈子どもの自主性〉という価値と理念を大切にしたことで、学校教育はスポーツを必要としてきた。このことは、教育に伴うパターナリズムの問題に対する一つの「解答」

だったのかもしれない。その「解答」は、正しかったのかどうか、うまくいったのかどうかがはっきりしないという意味で括弧付きだが、次のようなものだ。すなわち、私たちは、生徒や子どもの自由や自主性を大切に守ろうとしてきた。だから、無理やりに生徒や子どもを教育したり訓練したりすることは、できるだけ避けたいと願ってきた。しかし、生徒や子どもを好き勝手に自由放任にしていては、教育は成り立たない。私たちは、自由を大切にしたいと願いながらもパターナリズムを捨て去ることができない。戦後日本社会という文脈での学校教育は、そうした葛藤に悩まされてきたのであり、それを何とか乗り越えようと悪戦苦闘してきた。そこで見いだされた一つの筋道が、遊戯としてのスポーツだったのであり、運動部活動だったのではないか。本人の自由を守りながらそのなかで教育しよう、あるいは本人の自由を通して教育しよう。そうした自由主義的な教育を実現する可能性が、その正否と成否は別にして、スポーツそして運動部活動に賭けられた。戦後日本社会という文脈での学校教育が、パターナリズムの問題に対して用意した「解答」。それがつまり、運動部活動だったように思う。

　本書は、2012年3月に東京大学大学院教育学研究科に提出した博士論文「学校運動部活動の戦後の拡大過程および現在の維持過程に関する体育学的研究——スポーツと学校教育の日本特殊的関係の考察」に加除修正を施し、一橋大学の「平成25年度武山基金による出版奨励事業費助成」を受けて刊行されたものである。各章の基になった、筆者の論文の初出一覧は次のとおりである。

序章・第1章　「学校運動部活動研究の動向・課題・展望——スポーツと教育の日本特殊的関係の探求に向けて」「一橋大学スポーツ研究」第30号、一橋大学スポーツ科学研究室、2011年、pp.31-42.
　　「なぜスポーツは学校教育へ結びつけられるのか——運動部活動の成立と〈子どもの自主性〉の理念」「一橋大学スポーツ研究」第32号、一橋大学スポーツ科学研究室、2013年、pp.13-25.
　　「学校運動部活動と戦後教育学／体育学——なぜスポーツは学校教育へ結びつけられるのか」「〈教育と社会〉研究」第23号、一橋大学〈教育と社会〉研究会、2013年、pp.135-144.

第2章　「学校運動部活動の戦後史（上）――実態と政策の変遷」「一橋社会科学」第3号、一橋大学大学院社会学研究科、2011年、pp.25-46.
　　　　「学校運動部活動の戦後史（下）――議論の変遷および実態・政策・議論の関係」「一橋社会科学」第3号、一橋大学大学院社会学研究科、2011年、pp.47-73.
第3章　「運動部活動のあり方に対する日本教職員組合の見解に関する考察――教育研究全国集会（1951-1989）における各都道府県報告書を資料として」「〈教育と社会〉研究」第21号、一橋大学〈教育と社会〉研究会、2011年、pp.11-21.
第4章　書き下ろし
第5章　「部活動の処遇における学校と保護者の相互行為――保護者の〈要望〉と〈支援〉に注目して」「学校教育研究」第23号、2008年、日本学校教育学会、pp.130-143.
第6章　「運動部活動改革への保護者のかかわりに関する社会学的考察――公立中学校サッカー部の事例研究」「スポーツ科学研究」第5号、早稲田大学スポーツ科学学術院、2008年、pp.79-95.
第7章　「なぜ教師は運動部活動へ積極的にかかわり続けるのか――指導上の困難に対する意味づけ方に関する社会学的研究」「体育学研究」第56巻第2号、日本体育学会、2011年、pp.373-390.
第8章　「学校運動部活動への教師のかかわりに関する記述的研究――消極的な顧問教師が離脱しない／できない理由と文脈の考察」「一橋大学スポーツ研究」第31号、一橋大学スポーツ科学研究室、2012年、pp.29-38.
終章　書き下ろし

　私は、本書で運動部活動を学術的に客観的に論じようとしてきたが、自分自身の実体験を振り返ってみれば、スポーツや運動部活動と泥臭く付き合ってきた。だんじり祭りで有名な大阪府岸和田市で生まれ育った私が、初めてスポーツに触れたのは、小学生のときだった。それは小学校とは関係がない、いわゆる地域のサッカーチームだった。指導者は地域住民のおじさんたちだったが、彼らの素性はよくわからなかった。タオル職人、ネジ工場の社長、だんじり狂、そして代表監督は職業不詳。しごきもあったし、乱暴な言葉遣

いもあったが、彼らに教えてもらったサッカーが大好きになった。近所の友達とサッカーボールを夢中になって蹴り続けた。いま思えば、純粋に楽しかった。小学校の卒業が近づいてきたとき、両親が私立中学校を受験するかどうかと尋ねてきたが、私は、そのときのチームメイトともっとサッカーがしたくて、そのまま地元の公立中学校に進学した。

　中学校では、もちろんサッカー部に入った。何年か前の先輩たちが賭けサッカーに興じていたらしく、その反省から、「部員は全員丸坊主」というおかしな伝統があったが、私は、(いやがる母親をよそ目に)すぐに床屋で丸坊主にして、サッカー部に入った。でも、サッカー部でのサッカーは、小学校のときのように、ただ純粋に楽しむだけのものではなかった。顧問の先生は、生徒指導の中心を担う体育教師だった。サッカーはじょうずで、厳しく厳格な指導方針を持っていた。私を含めた生徒たちに、サッカーを楽しませながら、立派な人間に成長させようとしていたように思う。その先生から、感謝すべき指導も受けた。しかし体罰もあった。もしかすると、「部員は全員丸坊主」という伝統も、その先生がつくったのかもしれない。いま思えば、サッカー部の隅々にまで教育的配慮が張り巡らされていた、ということだったのだろう。その頃、サッカーが大好きだという私の気持ちは、少しほとぼりが冷めて、サッカーがまあまあ好き、というくらいになった。

　高校は、実家から少し離れた奈良の東大寺学園高校に進学した。制服がない、というバカみたいな理由で選んだが、自由に満ちたとてもすばらしい高校だった。私は、サッカーにもほとぼりが冷めていたし、通学時間も長かったので、当初、部活動に入るつもりはなかった。だが、いっしょに入学した無二の親友に誘われて、興味も経験もなかったテニス部に入った。入ってからわかったことだが、テニス部には、指導してくれる教師はいなかった。日々の練習計画・内容も、公式戦のエントリーも、すべて自分たちで決めなければならなかった。というより、自分たちで決めることができた。中学時代のサッカー部に張り巡らされた教育的配慮は、そこにはなかったように思う。何をするのも自由だったので、トコトンまで練習に明け暮れることもあった。でも、大半はそんなに真面目じゃなかった。練習をサボって部室でしゃべり続けて、2〜3週間ラケットを握っていないこともザラにあった。気分転換にテニスコートでサッカーをしてみたこともあった。テニス部員は私も含めてギャンブル好きが多くて、ラケットを握るよりも麻雀牌をつまんで

いる時間のほうが長かったかもしれない。もちろん（!）小遣いを賭けたりもしたけど、教育的配慮をもって戒める顧問教師はいなかったし、全員丸坊主にして反省することもなかった。その結果、私のテニス技術はそこそこで、競技成績も奈良県ベスト64という、ピンとこない、誇れるものではなかった。自主性が育てられたなんて偉そうなことを言うつもりはないが、後悔はまったくない。私は、中学のときとは違った、運動部活動を経験した。

　その後、東京大学に進んだ私は、何を血迷ったか、もう一度サッカーをしてみようと思い立ち、体育会系のサッカー部（東京大学ア式蹴球部）に入部した。でも、そこで過ごしたとても長い時間は、正直に言うと、あまり楽しいものではなかった。東京大学でも、体育会系の学生は、勝利を目指して、非常に多くの時間をスポーツに費やすことを強いられる。強いられるといっても、厳格な顧問教師がいるわけではない。それを強いているのは、学生自身であり専門的コーチである。部全体として、勝利のためにすべてを犠牲にすべきという考え方が支配的だった。だが、そうした考え方を自分たちで突き進める一方で、私たち学生は、サッカーを純粋に楽しんでいなかったように思う。そんなときには学生の誰かが、楽しむためにサッカーをしているんじゃない、勝つためにサッカーをしているんだ、と声を張り上げる。納得したわけではなかったが、私もそんなものかと思っていた。その結果、他にしたいこともできなかったり、勉学さえ疎かになり留年したりする。それに耐えられない学生は、立ち去らなければならなかった。実際に部を辞めていく学生も少なくなかった。甘いと言われるかもしれないが、私にはつらかった。かくいう私は、意地になって辞めることはやめたが、勉学はさておき、かわいい彼女ができたのに、デートする時間もなかった。そんなことを考えている私は、やはり甘いのだろう。楽しくないサッカーを、何のためにしているのか、わからなくなった。しかし、そこで鍛えられた精神や肉体に意味があったのかもしれない。ただ、サッカーがまあまあ好きだという私の気持ちは、さらに冷めてしまった。私は、中学や高校のときとはまた違った、運動部活動を経験した。

　小学生時代にサッカークラブ、中学生時代にサッカー部、高校時代にテニス部を経験した後、ちょうど大学のサッカー部を経験しながら、私は、学部3年生から運動部活動の研究に取り組み始めた。一つひとつの経験の記憶はあいまいだし、それらを根拠にして何かを論じるつもりはない。またそれぞ

れの経験が、どう研究に反映されたのかは、正直、いまもわからない。ただ、そうした個人的な経験の固まりが、運動部活動とは何か、という運動部活動それ自体を疑う問題関心を形づくっていったように思う。

　学部3年生から大学院博士課程までずっと指導教員を引き受けてくださった東京大学大学院教育学研究科身体教育学コースにおられた武藤芳照先生には、研究面だけでなく多方面でのご指導とご支援を賜りました。医学・生理学・神経科学・脳科学などの自然科学が主流だった研究室で、社会科学を志そうとする私を、武藤先生は温かく受け止めてくださいました。また自分自身のディシプリンも固まらないままに、他コース、他講座、他研究科、他大学にフラフラ出かけて、体系なく雑食のように学ぼうとしてご迷惑ばかりかけてしまった私を、いつもサポートしてくださいました。直接いただいたご指導はもちろん、私の研究者としての歩みをまるごと支えてくださった先生のご支援に、厚く感謝を申し上げます。

　その武藤先生のご紹介もあって、教育社会学コースにおられた西島央さんには、「部活研」メンバーとしても一個人としても、身に余るほどのご指導とご支援をいただくことができました。この「部活研」でスタートしたヒガシ中学校のフィールドワークが、私の出発点になっています。社会科学の基礎の基礎もわからなかった私は、何度も何度も西島さんの研究室に伺っては、しつこいくらいに尋ね、お話を伺い、学ばせていただきました。また、学会発表や論文執筆を共同でおこなう機会もいただけたことは、社会科学的に研究するとはどういうことかを学ぶ何よりも貴重な経験でした。指導教員でもないにもかかわらず、私のような何もわからない学生に、なぜこれほど懇切丁寧に付き合ってくれるのかと尋ねると、西島さんは、それが学問をつなぐということだと仰いました。西島さんから受けた学恩をいくらかでも返すために、自身が励むことはもとより、研究と学問を次世代につないでいく大切さをひしひしと感じています。感謝の念に堪えません。

　「スポスポ」メンバーのみなさまにも、感謝を申し上げます。スポーツの社会科学に関心を持つ有志の学生・研究者・市民による自主的なゼミナールに参加することができ、みなさまから貴重なご意見とご批判をいただけたことが、本研究の基礎になっています。澤井和彦さん、出町一郎さん、岡田真平さん、横田匡俊さん、鈴木直文さん、新雅史さん、アーロン・ミラーさんに

感謝を申し上げます。特に、束原文郎さん、池上剛さん、岸哲史さんとは、「スポスポ」に加えて「コーヒー部」を創部して、おいしいコーヒーをいただきながら、これでもかというくらいに研究と学問について語り合いました。ときに、コーヒーが冷めてしまうくらいに議論は白熱しましたが、そうしたすばらしい時間を過ごせたことに、厚く感謝いたします。運動部活動ではなかったけど、この「コーヒー部」が私のベスト・オブ・部活動です。

　初めての職場となった一橋大学の同僚のみなさまにも、感謝を申し上げます。私にとって一橋大学大学院社会学研究科は、教育とスポーツを研究するうえで、これ以上ない職場でした。ここには、歴史学を重視して総合的な社会科学を目指そうとする学風がありました。それに触れたおかげで、フィールドワークから歴史分析へ研究の幅を広げることができました。教育社会学エリアの先生方とは、〈教育と社会〉研究会などで議論させていただき、特に木村元先生からは、本書の歴史分析をおこなううえで貴重なご意見をいただくことができました。またスポーツ科学研究室の先生方にも、定期的な研究会や、箱根での研究合宿で議論させていただきました。特に坂上康博先生には、お忙しいとは承知しながらも、「コーヒーをご一緒にいかがですか？」と何度も私の研究室にお招きして、たわいもない雑談交じりに議論させていただき、そのなかから、根本的で建設的なご意見を数多くいただきました。どんなにおいしいコーヒーをご馳走しても、感謝のすべてを表現できません。そして一橋大学の学生諸君にも感謝を申し上げます。本書の草稿を題材にした社会学部講義「身体と教育」では、熱心な受講生から、びっくりするくらいクリティカルな批判をもらうことができました。優れた学生諸君と共に学べたことを、うれしく思います。

　最後に、これまでの生活を支えていただいた家族に感謝いたします。父・隆一、母・眞弓には尊敬を込めて、妻・可奈には愛を込めて、どうもありがとうございました。

　　　　　2013年大晦日　国立の研究室でコーヒーを飲みながら

　　　　　　　　　　　　　　　　　　　　　　　　　　　中澤篤史

参考文献

［日本語文献（五十音順）］

相澤真一（2004）「戦後日本における教員の知能・能力観の考察——1950年代の教育運動の言説を中心に」「東京大学大学院教育学研究科紀要」第43号、東京大学大学院教育学研究科、pp.77-87.

相澤真一（2005a）「戦後教育における学習可能性留保の構図——外国語教育を事例とした教育運動言説の分析」「教育社会学研究」第76号、東洋館出版社、pp.187-20.

相澤真一（2005b）「運動イデオロギーとしての〈「習熟度別」批判〉——1950年代後半から60年代の英語教育をめぐる日本教職員組合の議論を中心に」「年報社会学論集」第18号、関東社会学会、pp.124-135.

相澤真一（2006）「戦後教育運動の自主編成に関する一考察——数学教育を事例として」「東京大学大学院教育学研究科紀要」第45号、東京大学大学院教育学研究科、pp.67-75.

青木邦男（1989）「高校運動部員の部活動継続と退部に影響する要因」「体育学研究」第34巻第1号、日本体育学会、pp.89-100.

青木邦男（2003）「高校運動部員のスポーツ観とそれに関連する要因」「体育学研究」第48巻第2号、日本体育学会、pp.207-223.

青木邦男／松本耕二（1997）「高校運動部員の部活動適応感に関連する心理社会的要因」「体育学研究」第42巻第4号、日本体育学会、pp.215-232.

浅川正一（1946）「新体育への指向」「新体育」第16巻第1号、新体育社、pp.22-23.

浅川正一（1947）「課外運動のありかた」「新体育」第17号（7・8・9月号）、新体育社、pp.28-30.

浅川正一（1954）「クラブ活動と対外試合」「学校体育」第7巻第4号、日本体育社、pp.8-13.

浅田隆夫（1968）「学校におけるスポーツクラブの地域化」「学校体育」第21巻第15号、日本体育社、pp.40-44.

朝日新聞東京本社（1940-）『朝日新聞（縮刷版）』朝日新聞東京本社

浅見俊雄ほか編（1984）『現代体育・スポーツ大系』講談社

東俊郎／清瀬三郎（1948）「対談 これからの学校体育とスポーツ」「学校体育」第1巻第3号、日本体育社、pp.22-25.

麻生誠（1982）『近代化と教育』（「教育学大全集」第3巻）、第一法規出版

阿部生雄／寳學淳郎／中塚義実／柳根直／孫煥／秋元忍／山本英作／後藤光将／池原知也／細江順／田原貴子／美山治（1998）「東京高等師範学校附属中学校における課外体育活動の歴史」「筑波大学体育科学系紀要」第21号、筑波大学体育科学系、pp.109-130.

新谷崇一（2002）「変わる地域スポーツ・変わる学校体育」「学校体育」第55巻第1号、日本体育社、pp.22-24.

アリエス（1980）『〈子供〉の誕生——アンシァン・レジーム期の子供と家族生活』杉山光信／杉山恵美子訳、みすず書房

有元佐興（1972）「中学校のクラブ活動（一）クラブ活動の問題点」「新体育」第42巻第8号、新体育社、pp.112-117.

有元佐興（1974）「「課外クラブ」の誕生」「新体育」第44巻第7号、新体育社、pp.42-45.

飯田芳郎（1971）「新しいクラブ活動の意義と今後の課題」「健康と体力」第4巻第3号、第一

法規出版、pp.2-5.
猪飼道夫／江橋慎四郎（1965）『体育の科学的基礎』東洋館出版社
石井宗一（1970）「クラブ活動の問題点」「新体育」第40巻第6号、新体育社、p.10.
石川悦子（1970）「クラブ活動の問題点」「新体育」第40巻第6号、新体育社、pp.13-14.
石黒宏夫（1988）「中学校における部活動の現状と改善の方向」「学校体育」第41巻第11号、日本体育社、pp.48-52.
石坂友司（2002）「学歴エリートの誕生とスポーツ——帝国大学ボート部の歴史社会学的研究から」「スポーツ社会学研究」第10号、日本スポーツ社会学会、pp.60-71．
市村博保（1970）「中学校におけるクラブ活動の実態」「新体育」第40巻第11号、新体育社、pp.56,67-70.
伊藤豊彦（1994）「コーチの社会的勢力の効果に及ぼす選手の個人特性の影響」「体育学研究」第39巻第4号、日本体育学会、pp.276-286.
伊藤豊彦／豊田一成／遠藤俊郎／森恭（1992）「コーチのリーダーシップ行動と社会的勢力の認知との関係」「スポーツ心理学研究」第19巻第1号、日本スポーツ心理学会、pp.18-25.
伊津野朋弘（1989）「教職員の異動——その意義と効果」「教育と医学」第37巻第7号、慶應義塾大学出版会、pp.668-674.
稲垣恭子（1989）「教師‐生徒の相互行為と教室秩序の構成——「生徒コード」をてがかりとして」「教育社会学研究」第45号、東洋館出版社、pp.123-135.
稲田俊治（1988）「学校運動部」、森川貞／佐伯聰夫編『スポーツ社会学講義』所収、大修館書店、pp.263-266.
稲地裕昭／千駄忠至（1992）「中学生の運動部活動における退部に関する研究——退部因子の抽出と退部予測尺度の作成」「体育学研究」第37巻第1号、日本体育学会、pp.55-68.
伊波ハルエ（1970）「クラブ活動の問題点」「新体育」第40巻第6号、新体育社、pp.12-13.
井上一男（1970）『学校体育制度史　増補版』大修館書店
茨田勇（1981）「非行生徒を変えたもの」「学校体育」第34巻第9号、日本体育社、pp.48-51.
今関博／上杉光芳／並木正成／池田延行（1999）「地域と学校の新しい関係づくり」「学校体育」第52巻第11号、日本体育社、pp.10-17.
今橋盛勝（1988）「部活動の教育法的検討」「体育科教育」第36巻第3号、大修館書店、pp.30-33.
今橋盛勝（1998）「父母の参加と学校改革」、佐伯胖／黒崎勲／佐藤学／田中孝彦／浜田寿美男／藤田英典編『学校像の模索』（「岩波講座現代の教育——危機と改革」第2巻）所収、岩波書店、pp.307-333.
今橋盛勝／林量俶／藤田昌士／武藤芳照編（1987）『スポーツ「部活」』草土文化
入江克己（1986）『日本ファシズム下の体育思想』不昧堂出版
イリッチ（1977）『脱学校の社会』東洋／小澤周三訳（現代社会科学叢書）、東京創元社
岩橋正明（1977）「スポーツ少年団における指導者の条件」「新体育」第47巻第1号、新体育社、p.35.
岩原拓（1936）「本邦体育運動の行政的観察」、田中寛一／寺沢巌男編『師範大学講座体育』第14巻所収、建文館、pp.1-79.
ウィドマー（1980）『スポーツ教育学——その構造と研究法に対する理論的考察』蜂屋慶ほか訳、東洋館出版社
上野耕平（2006）「運動部活動への参加による目標設定スキルの獲得と時間的展望の関係」「体

育学研究」第51巻第1号、日本体育学会、pp.49-60.
上野耕平／中込四郎（1998）「運動部活動への参加による生徒のライフスキル獲得に関する研究」「体育学研究」第43巻第1号、日本体育学会、pp.33-42.
ウェーバー（1968）『理解社会学のカテゴリー』林道義訳（岩波文庫）、岩波書店
ウェーバー（1972）『社会学の根本概念』清水幾太郎訳（岩波文庫）、岩波書店
内海和雄（1992）「がんばれ！スポーツ部活」「体育科教育」第40巻第10号、大修館書店、pp.22-24.
内海和雄（1995）「生徒が主人公のスポーツ部活を」「体育科教育」第43巻第5号、大修館書店、pp.29-32.
内海和雄（1996）「いま、子どものスポーツ競技会は」「体育科教育」第44巻第8号、大修館書店、pp.14-17.
内海和雄（1998）『部活動改革——生徒主体への道』不昧堂出版
内尾亨（1979）「社会体育から学校体育への「逆行」」「体育科教育」第27巻第8号、大修館書店、pp.43-45.
宇土正彦（1988）「これからの運動部活動」「体育科教育」第36巻第3号、大修館書店、p.9.
宇土正彦／八代勉／青木真（1969）「運動クラブの顧問活動に関する一考察」「東京教育大学体育学部紀要」第8号、東京教育大学体育学部、pp.51-60.
梅本二郎（1975）「学校教育におけるスポーツクラブ活動の諸問題」「新体育」第45巻第4号、新体育社、pp.14-17.
浦井孝夫（1987）「対外運動競技基準の変遷」「健康と体力」第19巻第3号、第一法規出版、pp.11-13.
浦野東洋一（2003）『開かれた学校づくり』同時代社
宇留田敬一（1981）『特別活動論』（「教育学大全集」第32巻）、第一法規出版
運動部活動の実態に関する調査研究協力者会議（2002）『運動部活動の実態に関する調査研究報告書』運動部活動の実態に関する調査研究協力者会議
江崎保（1975）「佐賀県における課外スポーツクラブ活動」「新体育」第45巻第4号、新体育社、pp.28-30.
江尻容（1949）「学校体育に於ける管理の問題」「学校体育」第2巻第5号、日本体育社、pp.8-11.
江藤恵治（1971）「児童・生徒の体育・スポーツ活動の指導について（熊本県）」「健康と体力」第3巻第4号、第一法規出版、pp.39-41.
江藤恵治（1974）「さまよえる部活動への路線」「体育科教育」第22巻第3号、大修館書店、pp.37-40.
江橋慎四郎（1979）「健康と身体の教育」、江橋慎四郎／高石昌弘編『健康と身体の教育』（「教育学講座」第14巻）所収、学習研究社、pp.1-32.
海老原修（2003）『競技歴と指導歴からみる指導信条のアンビバレンスが運動部顧問離れに及ぼす影響』平成11年度～平成14年度科学研究費補助金基盤研究（C）（2）研究成果報告書、横浜国立大学教育人間科学部
大瀬良佐吉（1969）「中学校における対外競技の企画と運営」「新体育」第39巻第7巻、新体育社、pp.34-39.
大島鎌吉（1967）「競技団体の立場から」「体育科教育」第15巻第9号、大修館書店、pp.39-40.

大島鎌吉／遠藤市蔵／渡子孝／堀江康男／紺野晃／伊東春雄／酒井和男／高田通（1966）「明日の少年たちのために　スポーツ少年団のビジョン」「スポーツ少年」第12号、日本体育協会、pp.2-15.
大竹弘和／上田幸夫（2001）「地域スポーツとの「融合」を通した学校運動部活動の再構成」「日本体育大学紀要」第30巻第2号、日本体育大学、pp.269-277.
大谷武一（1948）『これからの体育』明星社
大谷武一（1960）『大谷武一体育選集5』体育の科学社
大谷武一／高田通／清瀬三郎／西田泰介（1947）「新日本の体育を語る」「新体育」第17巻第6・7号、新体育社、pp.17-28,32.
大塚久雄（1966）『社会科学の方法——ヴェーバーとマルクス』（岩波新書）、岩波書店
大塚久雄（1977）『社会科学における人間』（岩波新書）、岩波書店
大友秀雄（1970）「クラブ活動の問題点」「新体育」第40巻第6号、新体育社、p.11.
大橋美勝（1995）「スポーツ部活、いま何が問題か」「体育科教育」第43巻第5号、大修館書店、pp.14-16.
大橋美勝／安田洋章／今井耕太（2003）「総合型地域スポーツクラブの形成過程に関する研究——NPOふくのスポーツクラブ」「岡山大学教育学部研究集録」第122号、岡山大学教育学部、pp.25-33．
岡崎助一（1991）「運動部活動はどこへ行くのか」「体育科教育」第39巻第9号、大修館書店、pp.24-26.
小笠原道生（1961）『体育は教育である』不昧堂書店
岡田有司（2009）「部活動への参加が中学生の学校への心理社会的適応に与える影響——部活動のタイプ・積極性に注目して」「教育心理学研究」第57巻第4号、日本教育心理学会、pp.419-431．
岡出美則（1987）「スポーツと教育」、中村敏雄／高橋健夫編『体育原理講義』所収、大修館書店、pp.110-119.
岡野俊一郎（1999）「21世紀の学校体育の問題点」「学校体育」第52巻第1号、日本体育社、p.12.
奥村晃一（2000）「「外部指導者」を導入するにあたって押さえるべきポイントとは」「体育科教育」第48巻第9号、大修館書店、pp.34-37.
小倉宏明（1974）「高校におけるクラブ活動の計画とその運営」「学校体育」第27巻第9号、日本体育社、pp.96-99.
落合優（1997）「教育改革と運動部活動」「学校体育」第50巻第7巻、日本体育社、pp.10-13.
落合優（1998）「これからの学校体育の方向と運動部活動」「学校体育」第51巻第3号、日本体育社、pp.23-25.
甲斐健人（2000）『高校部活の文化社会学的研究——「身体資本と社会移動」研究序説』南窓社
カイヨワ（1990）『遊びと人間』多田道太郎／塚崎幹夫訳（講談社学術文庫）、講談社
海後勝雄（1970）「学校教育におけるクラブ活動」「新体育」第40巻第6号、新体育社、pp.26-30.
加賀高陽（2003）『このままでいいのか!?　中学校運動部』東京図書出版会
加賀秀雄（1982）「1930年前後の旧制高等学校における運動部改革運動について」、岸野雄三教授退官記念論集刊行会編『体育史の探求——岸野雄三教授退官記念論集』岸野雄三教授

退官記念論集刊行会、pp.331-351.
加賀秀雄（1988）「わが国における1932年の学生野球の統制について」「北海道大学教育学部紀要」第51号、北海道大学教育学部、pp.1-16．
学士会（1888－）「学士会月報」学士会
学校体育研究同好会編（1949）『学校体育関係法令並びに通牒集』体育評論社
学校体育研究同志会編（1984）『クラブ活動の指導』（学校体育叢書）、ベースボール・マガジン社
桂和仁／中込四郎（1990）「運動部活動における適応感を規定する要因」「体育学研究」第35巻第2号、日本体育学会、pp.173-185.
桂島静子（1970）「クラブ活動の問題点」「新体育」第40巻第6号、新体育社、p.12.
加藤橘夫（1975）「野球統制の問題」「体育の科学」第25巻第9号、杏林書院、pp.613-615．
加藤橘夫／前川峯雄／猪飼道夫編（1970）『青少年の体格と体力』杏林書院
加藤久／石井源信（2003）「中学生サッカー選手の日常的な心理的ストレス反応に関する研究」「スポーツ心理学研究」第30巻第2号、日本スポーツ心理学会、pp.9-26.
神谷拓（2000）「城丸章夫、中村敏雄の部活動論比較——今日における運動部活動の「位置づけ」の検討」和歌山大学修士論文
神谷拓（2007）「必修クラブの制度化と変質過程の分析——クラブ、部活動に関する「判例」を中心に」「スポーツ教育学研究」第26巻第2号、日本スポーツ教育学会、pp.75-88.
神谷拓（2008a）「城丸章夫の運動部活動論」「生活指導研究」第25号、エイデル研究所、pp.71-94.
神谷拓（2008b）「戦後わが国における「教育的運動部活動」論に関する研究」筑波大学博士論文
神谷拓（2009）「部活動の教育課程化に関わる論議過程の分析——2001年から2008年までの中央教育審議会の議論に注目して」「学校教育学研究紀要」第2号、筑波大学大学院人間総合科学研究科学校教育学専攻、pp.21-39.
神谷拓（2010）「「部活動を理由とする公立中学校の選択」をめぐる論議過程と現状の問題点」「学校教育学研究紀要」第3号、筑波大学大学院人間総合科学研究科学校教育学専攻、pp.19-36.
神谷拓／高橋健夫（2006）「中村敏雄の運動部活動論の検討」「体育科教育科学研究」第22巻第1号、日本体育科教育学会、pp.1-14.
唐澤富太郎（1955）『学生の歴史——学生生活の社会史的考察』創文社
苅谷剛彦（1994）「能力主義と「差別」との遭遇——「能力主義的―差別教育」観の社会的構成と戦後教育」、森田尚人ほか編『教育学年報3 教育のなかの政治』所収、世織書房、pp.233-265.
苅谷剛彦（1995）『大衆教育社会のゆくえ——学歴主義と平等神話の戦後史』（中公新書）、中央公論新社
川野衡平（1977）「社会体育に移行した部活動」「学校体育」第30巻第10号、日本体育社、pp.16-21.
河野重男／宇留田敬一編（1975）『特別活動の現代化をめぐる問題事例』学陽書房
川村俊五（1999）「地域と学校が一体となって育てるスポーツクラブ」「学校体育」第52巻第11号、日本体育社、pp.26-29.
川本信正（1967）「「教員の勤務時間」と「対外競技基準」」「体育科教育」第15巻第9号、大

修館書店、pp.2-5.
菊幸一（1998）「楽しい体育の理論的・実践的問題」、中村敏雄編『スポーツ教育と実践』（「戦後体育実践論」第3巻）所収、創文企画、pp.111-122.
きしさとる／小島勇（1987）『「部活」と「勉強」は両立できる——その体験集と部活を変えた実践』学陽書房
岸野雄三／成田十次郎／大場一義／稲垣正浩編（1999）『近代体育スポーツ年表—— 1800→1997』（3訂版）、大修館書店
北村勝朗／齊藤茂／永山貴洋（2005）「優れた指導者はいかにして選手とチームのパフォーマンスを高めるのか？——質的分析によるエキスパート高等学校サッカー指導者のコーチング・メンタルモデルの構築」「スポーツ心理学研究』第32巻第1号、日本スポーツ心理学会、pp.17-28.
木下秀明（1970）『スポーツの近代日本史』（杏林新書）、杏林書院
木原孝博（1979）「学校生活論」、河合隼雄／木原孝博編『教育学講座17 学校生活の指導』所収、学習研究社、pp.1-26.
木村吉次（1969）「課外体育と体育管理上の問題」、海後宗臣監修『戦後日本の教育改革7』東京大学出版会、pp.470-495.
教育総研・部活動問題研究委員会（2001）『21世紀の生涯文化・スポーツのあり方を求めて——部活動の地域社会への移行』国民教育文化総合研究所
教員給与研究会編（2002）『教育基本法制コンメンタール40 教育職員の給与特別措置法解説』（日本現代教育基本文献叢書）、日本図書センター
金明秀（1992）「運動部における集団規範の研究」「スポーツ心理学研究』第19巻第1号、日本スポーツ心理学会、pp.11-17.
グートマン（1981）『スポーツと現代アメリカ』清水哲男訳（Books'80）、ティビーエス・ブリタニカ
工藤信雄（1970）「高校クラブ」「新体育」第40巻第3号、新体育社、pp.95-100.
久冨善之（1993）『競争の教育——なぜ受験競争はかくも激化するのか』労働旬報社
久保正秋（1998）『コーチング論序説——運動部活動における「指導」概念の研究』不昧堂出版
粂野豊（1969）「クラブ活動対策　学校の運動クラブ」「新体育」第39巻第2号、新体育社、pp.72-78.
栗本義彦（1955）「中等体育の本質と校内競技の意義」「新体育」第25巻第4号、新体育社、pp.2-6.
栗本義彦（1970）「クラブ活動の諸問題」「新体育」第40巻第6号、新体育社、pp.32-37.
厨義弘（1992）「スポーツ部活の改革」「体育科教育」第40巻第10号、大修館書店、p.9.
グルーペ／クリューガー（2000）『スポーツと教育——ドイツ・スポーツ教育学への誘い』永島惇正／岡出美則ほか訳、ベースボール・マガジン社
黒木昊（1966）「中学校における教科体育の指導とクラブのコーチ」「学校体育」第19巻第2号、日本体育社、pp.24-27.
黒須充編（2007）『総合型地域スポーツクラブの時代1 ——部活とクラブの協働』創文企画
黒羽正見（2003）「アカウンタビリティに応え得る学校——アカウンタビリティに応え得る学校」「学校教育研究」第18号、教育開発研究所、pp.213-217.
桑尾光太郎（2006）「左翼学生の転向と復学——東京帝国大学における事例」「東京大学史紀

要」第24号、東京大学史史料室、pp.1-20.
群馬県富岡高等女学校（1946）「運動部経営の実際方法」「新体育」第16巻第3号、新体育社、pp.29-32.
経済同友会（1995）「学校から「合校」へ」「季刊教育法」第103号、エイデル研究所、pp.33-39.
経済企画庁経済研究所（1998）『エコノミストによる教育改革への提言——「教育経済研究会」報告書』大蔵省印刷局
国民教育文化総合研究所（2005）『教職員評価（育成）制度の現状と課題』国民教育文化総合研究所
小谷克彦／中込四郎（2003）「運動部活動において指導者が遭遇する葛藤の特徴」「スポーツ心理学研究」第30巻第1号、日本スポーツ心理学会、pp.33-46.
小谷克彦／中込四郎（2008）「運動部指導者の葛藤生起パターンごとにみられる対人関係の中での自己知覚の特徴」「スポーツ心理学研究」第35巻第2号、日本スポーツ心理学会、pp.1-14.
小西哲也／内藤勇治（1993）「部活動の効果的運営」「日本特別活動学会紀要」第1号、日本特別活動学会、pp.53-62.
小柳克彦（1984）「高校におけるクラブ活動の必要性」「体育科教育」第32巻第13号、大修館書店、pp.44-45.
近藤智靖／本間三和子／松田雅彦／山本理人（1999）「21世紀の学校体育を描く」「学校体育」第52巻第1号、日本体育社、pp.22-34.
近藤義忠（1988）「これからの社会と部活動のあり方」「学校体育」第41巻第11号、日本体育社、pp.14-21.
佐伯聰夫（1988）「転機に立つ運動部活動」「体育科教育」第36巻第3号、大修館書店、pp.18-20.
坂井康宣（2005）「家庭・地域社会との連携を目指す学校のグランド・デザイン——競争から共創の教育改革へ」「学校教育研究」第20号、日本学校教育学会、pp.33-46.
坂上康博（1998）『権力装置としてのスポーツ——帝国日本の国家戦略』（講談社選書メチエ）、講談社
坂上康博（2001）『にっぽん野球の系譜学』（青弓社ライブラリー）、青弓社
桜井隆志（1975）「桐蔭学園高専における運動部」「新体育」第45巻第4号、新体育社、pp.40-41.
佐々木吉蔵（1951）「学校体育と運動部の活動」「学校体育」第4巻第11号、日本体育社、pp.16-19.
佐々木吉蔵（1970）「運動クラブ活動への希望」「新体育」第40巻第11号、新体育社、p.9.
佐々木吉蔵（1973）「学校教育としての運動部の意義」「学校体育」第26巻第4号、日本体育社、pp.10-16.
佐々木吉蔵／西田泰介（1972）「対談　対外運動競技の教育的意義を語る」「健康と体力」第4巻第6号、第一法規出版、pp.22-26.
佐々木久吉（1962）「高校のクラブ活動のあり方について」「学校体育」第15巻第4号、日本体育社、pp.14-17.
佐々木秀幸（2000）「学校体育から地域スポーツへ」「体育の科学」第50巻第3号、杏林書院、pp.185-188.

佐藤臣彦（1993）『身体教育を哲学する――体育哲学序説』北樹出版
佐藤裕（1974）「スポーツ集団の力学と人間関係――小集団の生態的観察とその力学的研究」「体育社会学研究」第3号、道和書院、pp.103-133.
沢田稔行（1997）「「公立中学校」部活動取材記」「体育科教育」第45巻第7号、大修館書店、pp.28-31.
三本松正敏（1983a）「子どもの健全育成におよぼす運動部の功罪」「学校体育」第36巻第9号、日本体育社、pp.40-46.
三本松正敏（1983b）「スポーツ（部活動）と非行防止をめぐる問題」「学校体育」第36巻第13号、日本体育社、pp.78-82.
シーデントップ（1981）『楽しい体育の創造』高橋健夫訳、大修館書店
塩津正雄（1973）「わが校の運動部活動の計画と運営」「健康と体力」第5巻第9号、第一法規出版、pp.28-31.
鹿内節夫（1979）「運動部活動のあり方と問題」「学校体育」第32巻第11号、日本体育社、pp.49-56.
渋倉崇行／小泉昌幸（1999）「高校運動部員用ストレス反応尺度の作成」「スポーツ心理学研究」第26巻第1号、日本スポーツ心理学会、pp.19-28.
渋倉崇行／森恭（2002）「高校運動部員の部活動ストレッサーに対するコーピング採用とストレス反応との関連」「スポーツ心理学研究」第29巻第2号、日本スポーツ心理学会、pp.19-30.
渋倉崇行／森恭（2004）「高校運動部員の心理的ストレス過程に関する検討」「体育学研究」第49巻第6号、日本体育学会、pp.535-545.
渋倉崇行／西田保／佐々木万丈（2008）「高校運動部員の部活動ストレッサーに対する認知的評価尺度の再構成」「体育学研究」第53巻第1巻、日本体育学会、pp.147-158.
清水諭（1998）『甲子園野球のアルケオロジー――スポーツの「物語」・メディア・身体文化』新評論
清水睦美（1998）「教室における教師の「振る舞い方」の諸相――教師の教育実践のエスノグラフィー」「教育社会学研究」第63号、東洋館出版社、pp.137-156.
清水善之（1967）「教師の勤務時間とクラブ活動」「学校体育」第20巻第12号、日本体育社、pp.30-33.
清水紀宏（2001）「成功するか総合型地域スポーツクラブ」「学校体育」第54巻第1号、日本体育社、pp.12-14.
白井慎／西村誠／川口幸宏編著（1991）『特別活動』（教育演習双書）、学文社
白松賢（1997）「高等学校における部活動の効果に関する研究――学校の経営戦略の一視角」「日本教育経営学会紀要」第39号、第一法規出版、pp.74-88.
ジレ（1952）『スポーツの歴史』近藤等訳（文庫クセジュ）、白水社
城丸章夫（1962）『集団主義と教科外活動』（現代教育全書）、明治図書
城丸章夫（1980）『体育と人格形成――体育における民主主義の追求』（青木教育叢書）、青木書店
城丸章夫（1993a）『集団主義と教科外活動』（「城丸章夫著作集」第5巻）、青木書店
城丸章夫（1993b）『体育・スポーツ論』（「城丸章夫著作集」第7巻）、青木書店
城丸章夫／水内宏編（1991）『スポーツ部活はいま』青木書店
新堀通也／加野芳正（1987）『教育社会学』（玉川大学教職専門シリーズ）、玉川大学出版部

杉浦哲郎(1978a)「学校事故救済制度の改善について」「学校体育」第31巻第7号、日本体育社、pp.80-81.
杉浦哲郎(1978b)「学校事故救済制度の改善について(2)」「学校体育」第31巻第10号、日本体育社、pp.80-82.
杉本厚夫(1986)「中学・高校運動部員における社会学的アンビバランスの変容」「体育学研究」第31巻第3号、日本体育学会、pp.197-212.
鈴木清(1981a)「子どもの非行化と学校体育」「体育科教育」第29巻第4号、大修館書店、pp.14-16.
鈴木清(1981b)「非行とスポーツの教育的機能」「学校体育」第34巻第9号、日本体育社、pp.10-17.
鈴木信(1974)「わが校における運動部活動のくふう」「健康と体力」第6巻第7号、第一法規出版、pp.24-27.
鈴木敏夫／大櫃敬史(1993)「明治期中学校におけるスポーツの隆盛」「北海道体育学研究」第28号、北海道体育学会、pp.1-12.
世界教育史研究会編(1975)『世界教育史大系31 体育史』講談社
関春南(1997)『戦後日本のスポーツ政策──その構造と展開』大修館書店
全国教育研究所連盟編(1981)『クラブ活動の教育的効果』東洋館出版社
全国高校生活指導研究協議会編(1966)『高校クラブ活動指導研究』明治図書出版
園山和夫(1993)「学校週五日制の基本的な考え方」「学校体育」第46巻第1号、日本体育社、pp.14-16.
染谷幸二編(2009a)『部活は"生き方指導"である』(「「燃える部活」への道」1)、明治図書出版
染谷幸二編(2009b)『部活で生徒と絆をつくる』(「「燃える部活」への道」2)、明治図書出版
高田通(1946)「学校体育の新発足」「新体育」第16巻第1号、新体育社、pp.3-7.
高橋重政／丹下友和(1971)「中学生を主体とした学校および地域社会の体力づくりとスポーツクラブの育成」「学校体育」第24巻第6号、日本体育社、pp.104-113.
高橋健夫／後藤一彦／松本格之祐／長見真／蜂須賀博昭／友添秀則(2001)「いま、学校体育はこう変わる」「学校体育」第54巻第4号、日本体育社、pp.15-23.
高橋久義(1984)「豊かで健康な人生の基礎づくりのための部活動」「体育科教育」第32巻第13号、大修館書店、pp.51-52.
高旗正人／北神正行／平井安久(1996)「中学生の「向学校性」に関する調査研究」「岡山大学教育学部研究集録」第102号、岡山大学教育学部、pp.249-258.
高部岩雄(1975)「スポーツクラブ活動の教育的意義」「新体育」第45巻第4号、新体育社、pp.10-13.
高村梨江／高橋豪仁(2006)「学校運動部と地域スポーツクラブとの融合──ソレステレージャ奈良2002を事例にして」「奈良教育大学紀要」第55巻第1号、奈良教育大学、pp.165-175.
竹谷茂輝(2001)「中学校における組織体制の確立と人事異動に関する学校裁量」「現代学校研究論集」第19号、京都教育大学公教育経営研究会、pp.13-19.
竹之下休蔵(1950)『体育五十年』(「二十世紀日本文明史」第10巻)、時事通信社
竹之下休蔵(1966)「スポーツ・クラブの現状と問題」「体育科教育」第14巻第5号、大修館書店、pp.2-5.

竹之下休蔵（1968）「学校における運動部の将来」「体育の科学」第18巻第8号、杏林書院、pp.469-472.
竹之下休蔵（1970）「今こそ総合的な対策を」「体育科教育」第18巻第5号、大修館書店、pp.2-5.
竹之下休蔵（1972）『プレイ・スポーツ・体育論』大修館書店
竹之下休蔵／岸野雄三（1983）『近代日本学校体育史』日本図書センター
竹之内隆志／田口多恵／奥田愛子（2002）「中学・高校運動選手の自我発達を測定する文章完成テスト12項目版の作成──信頼性と妥当性の検討」「スポーツ心理学研究」第29巻第1号、日本スポーツ心理学会、pp.9-20.
竹村昭／丹羽劭昭（1968）「運動部のモラールの研究（1）──モラール調査の作成」「体育学研究」第12巻第2号、日本体育学会、pp.77-83.
竹村明子／前原武子／小林稔（2007）「高校生におけるスポーツ系部活参加の有無と学業の達成目標および適応との関係」「教育心理学研究」第55巻第1号、日本教育心理学会、pp.1-10．
田沢清作（1974）「生き生きさせるクラブ活動の推進」「学校体育」第27巻第13号、日本体育社、pp.118-124.
田代正之（1996）「中等学校野球の動向からみた「野球統制令」の歴史的意義」「スポーツ史研究」第9号、スポーツ史学会、pp.11-26．
多々納秀雄（1992）「スポーツ部活と体育教師」「体育科教育」第40巻第6号、大修館書店、pp.24-26.
田能村祐麒（1965）「中学校の対外競技」「体育の科学」第15巻第4号、杏林書院、pp.190-192.
田能村祐麒（1983）「保健体育科教師と非行防止」「体育科教育」第31巻第3号、大修館書店、pp.28-30.
玉木正之（1999）『スポーツとは何か』（講談社現代新書）、講談社
玉木正之（2000）「スポーツは、学校（教育の場）で行われるべきか？」「体育科教育」第48巻第9号、大修館書店、p.9.
玉木正之（2001）『日本人とスポーツ』（NHK人間講座2001年6月〜7月期）、日本放送出版協会
玉木正之（2003）『スポーツ解体新書』日本放送出版協会
田村幸久（1998）「部活動指導者に対して」「体育科教育」第46巻第4号、大修館書店、pp.45-47.
丹下保夫（1961）『体育原理（下）』（「新体育学講座」第19巻）、逍遥書院
丹下保夫（1975）「体育科教育論争（下）」、城丸章夫／荒木豊／正木健雄編『戦後民主体育の展開 理論編』所収、新評論、pp.33-44.
丹下保夫／瀬畑四郎編（1965）『中学校体育行事・運動部の指導』明治図書出版
千葉和夫（1988）「中学校の部活をめぐって」「体育科教育」第36巻第8号、大修館書店、pp.78-79.
中学生・高校生のスポーツ活動に関する調査研究協力者会議（1997）『運動部活動の在り方に関する調査研究報告書』中学生・高校生のスポーツ活動に関する調査研究協力者会議
帝国大学新聞社（1984）『帝国大学新聞（復刻版）』不二出版
手塚朝一（1969）「青少年運動競技中央連絡協議会の設立について」「健康と体力」第1巻第10

号、第一法規出版、pp.53-54.
手塚朝一（1970）「児童生徒の運動競技の基準について」「健康と体力」第4巻第2号、第一法規出版、pp.26-30.
手塚建次（1972）「学校体育と社会体育の連けい」「健康と体力」第4巻第6号、第一法規出版、pp.31-34.
デューク（1976）『日本の戦闘的教師たち――外人研究者に語られた日教組の闘争三十年』市川博訳、教育開発研究所
寺崎昌男（1979）『日本における大学自治制度の成立』評論社
土居光郎（1975）「長良中学における課外スポーツクラブ活動」「新体育」第45巻第4号、新体育社、pp.36-37.
東京大学編（2007）『教員勤務実態調査（小・中学校）報告書――平成18年度文部科学省委託調査研究報告書』東京大学
東京大学百年史編集委員会編（1984―1987）『東京大学百年史』東京大学
東京帝国大学編（1932）『東京帝国大学五十年史』東京帝国大学
東京帝国大学学生課編（1935）『東京帝国大学学生生活調査報告』東京帝国大学学生課
東京帝国大学運動会（1926―）『運動会報』東京帝国大学運動会
東京都教育委員会（2007）『部活動顧問ハンドブック――児童・生徒の充実した学校生活の実現に向けて』東京都教育庁指導部指導企画課
遠山喜一郎（1961）「対外試合について」「体育科教育」第9巻第7号、大修館書店、pp.16-17.
徳永敏文／山下立次（2000）「中学校運動部活動に関する調査――運動部顧問教師における体育教師とその他の教師との比較研究」「岡山大学教育学部研究集録」第115号、岡山大学教育学部、pp.87-99.
登坂晴世（1981）「非行ゼロの学校をめざして」「学校体育」第34巻第9号、日本体育社、pp.43-47.
富倉まゆ子（2004）「学校の総合型づくりへのかかわり方」、大橋美勝編『総合型地域スポーツクラブ――形成事例的考察』所収、不昧堂出版、pp.78-86．
鳥取県立米子東高等学校（1975）「わが校の必修運動クラブと運動部」「学校体育」第28巻第6号、日本体育社、pp.47-51.
冨岡勝（1994）「旧制高校における寄宿舎と「校友会」の形成――木下広次（一高校長）を中心」「京都大学教育学部紀要」第40号、京都大学教育学部、pp.237-246.
友添秀則（2009）『体育の人間形成論』大修館書店
中込四郎／岸順治（1991）「運動選手のバーンアウト発症機序に関する事例研究」「体育学研究」第35巻第4号、日本体育学会、pp.313-323.
中澤篤史（2008）「大正後期から昭和初期における東京帝国大学運動会の組織化過程――学生間および大学当局の相互行為に焦点を当てて」「体育学研究」第53巻第2号、日本体育学会、pp.315-328.
中澤篤史（2010）「オリンピック日本代表選手団における学生選手に関する資料検討――1912年ストックホルム大会から1996年アトランタ大会までを対象に」「一橋大学スポーツ研究」第29号、一橋大学スポーツ科学研究室、pp.37-48.
中澤篤史（2011）「学校運動部活動の外部指導者」、笹川スポーツ財団編『スポーツ白書――スポーツが目指すべき未来』所収、笹川スポーツ財団、pp.87-88.
中澤篤史／西島央／矢野博之／熊谷信司（2009）「中学校部活動の指導・運営の現状と次期指

導要領に向けた課題に関する教育社会学的研究——8都県の公立中学校とその教員への質問紙調査をもとに」『東京大学大学院教育学研究科紀要』第48号、東京大学大学院教育学研究科、pp.317-337.
中嶋健（1993）「昭和初期文部省の「国民体育」政策の展開過程について——主に体育・スポーツ団体の系統整備計画を中心に」『体育史研究』第10号、体育史学会編集委員会、pp.43-61.
永島惇正（1988）「岐路に立つ部活」『学校体育』第41巻第11号、日本体育社、pp.74-75.
永島惇正（1989）「これからの学校体育と運動部活動の在り方」『健康と体力』第21巻第12号、第一法規出版、pp.5-8.
中条一雄（1980）「私のスポーツ観——高校野球と暴力」『新体育』第50巻第9号、新体育社、pp.720-721.
中田康彦（2010）「「開かれた学校づくり」にみる教育と社会の関係性」『〈教育と社会〉研究』第20号、一橋大学〈教育と社会〉研究会、pp.23-31.
中西純司（2004）「「教育コミュニティ」を創る学校運動部のイノベーション戦略の検討」『福岡教育大学紀要』第53号（第5分冊）、福岡教育大学、pp.101-114.
長沼誠編（1972）『これからのクラブ活動』（教育実践シリーズ）、帝国地方行政学会
中村哲也（2007）「「野球統制令」と学生野球の自治——1930年代における東京六大学野球を中心に」『スポーツ史研究』第20号、スポーツ史学会、pp.81-94.
中村敏雄（1979）『クラブ活動入門——スポーツの変革とクラブの創造』高校生文化研究会
中村敏雄（1995）『日本的スポーツ環境批判』大修館書店
中村敏雄（2009）『中村敏雄著作集4 部活・クラブ論』創文企画
中村敏雄編（1997－1999）『戦後体育実践論』創文企画
中村敏雄／阿部生雄／加賀秀雄／早川武彦／村上修／高橋健夫／横山一郎／荒木豊（1978）『スポーツ教育』（「シリーズ スポーツを考える」第3巻）、大修館書店
中村直美（2007）『パターナリズムの研究』（熊本大学法学会叢書）、成文堂
夏秋英房（2003）「愛知県半田市の総合型地域スポーツクラブの展開と運動部活動」『生涯学習研究 聖徳大学生涯学習研究所紀要』第1号、聖徳大学、pp.15-24.
西順一（1995）「学校週五日制時代における学校体育」『学校体育』第48巻第4号、日本体育社、pp.14-16.
西順一（1996）「学校週五日制をめぐる論議が投げかけたもの」『学校体育』第49巻第4号、日本体育社、pp.18-20.
西垣完彦（1983）「高等学校の運動部顧問教師の生活と意識」『体育・スポーツ社会学研究』第2号、道和書院、pp.95-131.
西沢宏（1983）「荒れる中学生と学校体育」『体育の科学』第33巻第4号、杏林書院、pp.267-271.
西島央編（2006）『部活動——その現状とこれからのあり方』学事出版
西島央／藤田武志／矢野博之／荒川英央／羽田野慶子（2000）「中学校生活と部活動に関する社会学的研究——東京23区内における質問紙調査を通して」『東京大学大学院教育学研究科紀要』第39号、東京大学大学院教育学研究科、pp.137-163.
西島央／藤田武志／矢野博之／荒川英央（2002）「移行期における中学校部活動の実態と課題に関する教育社会学的考察——全国7都県調査の分析をもとに」『東京大学大学院教育学研究科紀要』第41号、東京大学大学院教育学研究科、pp.155-187.

西島央／藤田武志／矢野博之／荒川英央／中澤篤史（2003）「部活動を通してみる高校生活に関する社会学的研究――3都県調査の分析をもとに」『東京大学大学院教育学研究科紀要』第42号、東京大学大学院教育学研究科、pp.99-129.

西島央／中澤篤史（2006）「中学校部活動の制度的変化と『活動参加状況』に関する教育社会学的考察――家庭の経済的背景に注目して」『東京大学大学院教育学研究科紀要』第45号、東京大学大学院教育学研究科、pp.49-66.

西島央／中澤篤史（2007）「静岡県の高校部活動における制度的変化と『活動加入状況』に関する教育社会学的考察――学習指導要領改訂前後の比較調査をもとに」『東京大学大学院教育学研究科紀要』第46号、東京大学大学院教育学研究科、pp.99-120.

西島央／矢野博之／中澤篤史（2008）「中学校部活動の指導・運営に関する教育社会学的研究――東京都・静岡県・新潟県の運動部活動顧問教師への質問紙調査をもとに」『東京大学大学院教育学研究科紀要』第47号、東京大学大学院教育学研究科、pp.101-130.

西田泰介（1954）「学徒スポーツの取扱いについて」『新体育』第24巻第2号、新体育社、pp.7-10.

西田泰介（1967）「再び学校のクラブ活動について」『新体育』第37巻第5号、新体育社、pp.8-9.

西田泰介（1973）「学校運動部の社会体育への移行」『学校体育』第26巻第4号、日本体育社、pp.18-23.

西村勝巳（1970）「対外運動競技の基準改訂の意義」『健康と体力』第4巻第2号、第一法規出版、pp.8-11.

二宮皓編（2006）『世界の学校――教育制度から日常の学校風景まで』学事出版

日本教育経営学会編（1986－1987）『講座日本の教育経営』ぎょうせい

日本教育経営学会編（2000）『シリーズ教育の経営』玉川大学出版部

日本教育方法学会編（1966－）『教育方法』明治図書出版

日本教師教育学会編（1992－）『日本教師教育学会年報』日本教育新聞社

日本教職員組合編（1953－）「日本の教育」（現在はアドバンテージサーバーから刊行中）

日本教職員組合編（1967）『体育白書――歪められている国体・学校体育の実態』日本教職員組合

日本教職員組合編（1973）『私たちの教育課程研究 保健・体育』一ツ橋書房

日本教職員組合教育課程改革委員会（1994）『子どもにゆとりと真の学力を』

日本教職員組合教育課程改革委員会（1996）『共に学び、共に生きる教育をめざして』

日本教職員組合教育文化部編（1951－）「教育評論」（現在はアドバンテージサーバーから刊行中）

日本教職員組合権利確立対策委員会編（1989）『部活動を見直そう――時間外労働・部活動実態調査まとめ』日本教職員組合権利確立対策委員会

日本体育協会（1965）『第18回オリンピック競技大会報告書』日本体育協会

日本体育協会日本スポーツ少年団（1979－）『スポーツ少年団育成事業報告書――スポーツ少年団年鑑』

日本体育協会日本スポーツ少年団（1993）『日本スポーツ少年団30年史』

日本体育協会日本スポーツ少年団編（2010）『スポーツ少年団とは――ガイドブック』

日本中学校体育連盟（2001－）「部活動調査」

丹羽劭昭（1968）「運動部員の成員性検査の作成」『体育学研究』第13巻第1号、日本体育学会、

pp.13-20.
野口源三郎（1960）「選手強化対策と学校体育」「学校体育」第13巻第5号、日本体育社、pp.8-13.
長谷川輝（1974）「生き生きとしたクラブ作り」「学校体育」第27巻第13号、日本体育社、pp.138-144.
畑東一郎（1963）「オリンピックの後にくるもの――中学校教師の立場から」「新体育」第33巻第12号、新体育社、pp.25-30.
羽田野慶子（2004）「〈身体的な男性優位〉神話はなぜ維持されるのか――スポーツ実践とジェンダーの再生産」「教育社会学研究」第75号、東洋館出版社、pp.105-125.
花輪民夫（1969）「高校における校内競技会」「新体育」第39巻第7号、新体育社、pp.57-62.
馬場四郎（1960）「学校体育とオリンピック」「学校体育」第13巻第5号、日本体育社、pp.14-16.
林正義（1980）「部活動こそ非行化の歯止め」「体育科教育」第28巻第2号、大修館書店、pp.42-43.
葉養正明編（1993）『新特別活動の研究』紫峰図書
葉養正明編（1999）『学校と地域のきずな――地域教育をひらく』（「シリーズ子どもと教育の社会学」4）、教育出版
菱山一正（1974）「必修運動クラブの問題点とその解決の方向」「学校体育」第27巻第13号、日本体育社、pp.40-47.
日野克博（1998）「昭和52・53年の学習指導要領改訂と楽しい体育」、中村敏雄編『スポーツ教育と実践』（『戦後体育実践論』第3巻）所収、創文企画、pp.69-81.
ヒューズ（1952）『トム・ブラウンの学校生活』上・下、前川俊一訳（岩波文庫）、岩波書店
平野政二郎（1946）「我が校の運動部」「新体育」第16巻第10・11号、新体育社、pp.26-31.
広田照幸（2001）『教育言説の歴史社会学』名古屋大学出版会
広田照幸（2004）『教育』（思考のフロンティア）、岩波書店
フーコー（1977）『監獄の誕生』田村俶訳、新潮社
深川長郎（1975）「学校課外スポーツの社会化と日本体育協会の立場」「体育の科学」第25巻第9号、杏林書院、pp.601-604.
部活動基本問題検討委員会（2005）「部活動基本問題検討委員会報告書」東京都教育庁指導部指導企画課
部活動振興専門委員会（2006）「部活動振興専門委員会報告書」東京都教育庁指導部指導企画課
藤田明（1954）「学徒、特に中学生の対外試合」「新体育」第24巻第2号、新体育社、pp.11-16.
藤田武志（2001）「中学校部活動の機能に関する社会学的考察――東京都23区の事例を通して」「学校教育研究」第16号、日本学校教育学会、pp.186-199.
藤田英典（1991）『子ども・学校・社会――「豊かさ」のアイロニーのなかで』（UP選書）、東京大学出版会
藤野源次（1967）「教員の勤務時間とクラブ活動」「学校体育」第20巻第12号、日本体育社、pp.26-29.
不老浩二（1975）「女子の部活動指導について考えること」「学校体育」第28巻第1号、日本体育社、pp.82-85.

ホイジンガ（1973）『ホモ・ルーデンス』高橋英夫訳（中公文庫）、中央公論新社

堀尾輝久（1979）「世界の教育運動と子ども観・発達観」、太田堯ほか編『子ども観と発達思想の展開』（「子どもの発達と教育〔岩波講座〕」2）所収、岩波書店、pp.299-359.

堀尾輝久ほか編（1995-96）『講座学校』柏書房

本間茂雄（1960）「オリンピック選手養成と学校体育」「新体育」第30巻第6号、新体育社、pp.8-9.

毎日新聞社（1950-）『毎日新聞（縮刷版）』毎日新聞社

前川峯雄（1948）『体育学の課題』教育科学社

前川峯雄（1965）「対外試合の基準をめぐって」「体育の科学」第15巻第4号、杏林書院、p.176.

前川峯雄（1967）「学校体育における論争点」「学校体育」第20巻第5号、日本体育社、pp.10-14.

前川峯雄（1975）「課外体育の展望」「体育の科学」第25巻第9号、杏林書院、pp.582-586.

前川峯雄（1979）「学校教育と運動競技」「健康と体力」第11巻第8号、第一法規出版、pp.7-10.

前川峯雄（1981）『体育原理（改訂版）』（「現代保健体育学大系」1）、大修館書店

前川峯雄編（1973）『戦後学校体育の研究』不昧堂出版

真栄城勉／高木儀正（1986）「愛媛県における近代学校スポーツの発展過程――旧制松山高等学校の校友会運動部」「琉球大学教育学部紀要」第二部第29号、琉球大学教育学部、pp.179-190.

真栄城勉／青野聡（1990）「愛媛県における近代学校スポーツの発展過程（2）――明治期の松山中学校における運動部の活動」「琉球大学教育学部紀要」第一部・第二部第37号、琉球大学教育学部、pp.253-260.

槇常三編（1992）『中学校クラブ活動・部活動の弾力的運営』（「特別活動の新研究」14）、明治図書出版

正木健雄（1975a）「国民教育の建設と体育」、城丸章夫／荒木豊／正木健雄編『戦後民主体育の展開 理論編』所収、新評論、pp.114-126.

正木健雄（1975b）「課外体育に日教組はどう対処してきたか」「体育の科学」第25巻第9号、杏林書院、pp.597-600.

増田靖弘（1967）「学校クラブ活動の行く方と社会体育への展望」「体育科教育」第15巻第9号、大修館書店、pp.47-49.

松尾哲矢（2001）「スポーツ競技者養成の《場》とハビトゥス形成――学校運動部と民間スポーツクラブに着目して」「体育学研究」第46巻第6号、日本体育学会、pp.569-586.

マッキントッシュ（1960）『近代イギリス体育史』加藤橘夫／田中鎮雄訳、ベースボール・マガジン社

マッキントッシュ（1983）『フェアプレイ――スポーツと教育における倫理学』水野忠文訳、ベースボール・マガジン社

マッキントッシュ（1991）『現代社会とスポーツ』寺島善一ほか訳、大修館書店

松崎吉照（1970）「運動クラブの顧問教師の役割と責任」「新体育」第40巻第11号、新体育社、pp.39,57-61.

松田岩男（1971）「学校体育とスポーツ教室」「学校体育」第24巻第10号、日本体育社、pp.10-11.

松田岩男（1978）「運動部の指導に専任教員の配置を」「学校体育」第31巻第12号、日本体育社、pp.10-11.
松原敏浩（1990）「部活動における教師のリーダーシップ・スタイルの効果――中学校教師の視点からのアプローチ」「教育心理学研究」第38巻第3号、日本教育心理学会、pp.312-319.
松本國夫（1989）「今後の運動部活動の運営の視点」「健康と体力」第21巻第12号、第一法規出版、pp.9-12.
水内宏（1997）「学校に運動部活動は必要か」「体育科教育」第45巻第7号、大修館書店、pp.25-27.
水上博司（2004）「中学校にナイター設備を設置した運動部保護者会の事例」「月刊トレーニングジャーナル」第26巻第9号、ブックハウス・エイチディ、pp.55-58.
水野忠文／猪飼道夫／江橋慎四郎（1973）『体育教育の原理』東京大学出版会
緑川哲夫（1983）「部活動と非行防止」「学校体育」第36巻第12号、日本体育社、pp.62-66.
宮坂哲文（1950）『特別教育活動――市民形成のための学校計画』明治図書出版
宮坂哲文（1975）『宮坂哲文著作集Ⅲ』明治図書出版
宮畑虎彦／梅本二郎（1959）『対外競技』（「中学校高等学校スポーツの管理」第3巻）、ベースボール・マガジン社
宮本政明（1977）「「新指導要領」の答申と体育指導法の問題」「学校体育」第30巻第1号、日本体育社、pp.43-47.
ミル（1971）『自由論』塩尻公明／木村健康訳（岩波文庫）、岩波書店
武藤芳照（1987）「スポーツ部活動に伴う障害の実態とその背景」、今橋盛勝／藤田昌士／林量俶／武藤芳照編『スポーツ「部活」』所収、草土文化、pp.118-139.
武藤芳照（1989）『子どものスポーツ』（UP選書）、東京大学出版会
武藤芳照編（1988）『小・中学生への気になるスポーツ指導』草土文化
武藤芳照／太田美穂編著（1999）『けが・故障を防ぐ 部活指導の新視点』ぎょうせい
村井健祐（1978）「高校運動部指導の意識と方法」「スポーツ心理学研究」第5巻第1号、日本スポーツ心理学会、pp.29-39.
森清（1961）「オリンピック大会と学校体育の協力」「学校体育」第14巻第5号、日本体育社、pp.10-14.
森恭／伊藤豊彦／豊田一成／遠藤俊郎（1990）「コーチの社会的勢力の基盤と機能」「体育学研究」第34巻第4号、日本体育学会、pp.305-316.
森川貞夫（1994）「21世紀を展望した改革を」「体育科教育」第42巻第1号、大修館書店、pp.42-44.
森川貞夫（1995）「「子どもの権利」とスポーツ「部活」」「体育科教育」第43巻第14号、大修館書店、pp.25-28.
森川貞夫（1996）「部活動の地域委譲は可能か」「体育科教育」第44巻第12号、大修館書店、pp.39-41.
森川貞夫／遠藤節昭編（1989）『必携スポーツ部活動ハンドブック』大修館書店
文部科学省（2011）「平成22年度総合型地域スポーツクラブに関する実態調査結果概要」文部科学省 スポーツ・青少年局生涯スポーツ課
文部省（1875－）『文部省年報』
文部省（1966）『青少年の健康と体力』

文部省編（1968）『外国における体育・スポーツの現状』大蔵省印刷局
文部省編（1982）『特別活動をめぐる諸問題――高等学校特別活動指導資料』ぎょうせい
文部省（1999a）『みんなでつくる運動部活動――あなたの部に生かしてみませんか』文部省
文部省（1999b）『中学校学習指導要領（平成10年12月）解説――特別活動編』ぎょうせい
文部省初等中等教育局（1952）『学校体育実態調査報告 第4集』文部省
文部省初等中等教育局中等教育課（1956a）「対外競技校内競技に関する調査報告（1）」「中等教育資料」第5巻第7号、学事出版、pp.9-22.
文部省初等中等教育局中等教育課（1956b）「対外競技校内競技に関する調査報告（2）」「中等教育資料」第5巻第8号、学事出版、pp.15-22.
文部省体育課長（1947）「学校体育指導要綱に就て」「新体育」第17巻第6－7号、新体育社、pp.1-6.
文部省体育局（1965）『体育調査資料 第1号』
文部省体育局（1976－）『我が国の体育・スポーツ施設』
文部省体育局体育課（1972）「運動部活動と対外競技に関する一問一答」「健康と体力」第4巻第6号、第一法規出版、pp.39-43.
文部省体育局体育課（1988）「運動部活動状況調査結果の概要」「健康と体力」第20巻第4号、第一法規出版、pp.94-95.
文部省大臣官房調査統計課編（1979）『小・中・高等学校における特別活動等に関する実態調査報告書――昭和52年度』文部省大臣官房調査統計課
文部省（1933）『中等学校ニ於ケル校友会運動部ニ関スル調査』文部大臣官房体育課
安井一郎（2003）「子ども、家庭、地域の変貌とカリキュラム開発の課題」「学校教育研究」第18号、教育開発研究所、pp.37-50.
八代勉（2001）「連携から融合へと向かう学校体育」「学校体育」第54巻第8号、日本体育社、pp.6-7.
柳沢和雄（1995）「学校週五日制とスポーツ部活」「体育科教育」第43巻第5号、大修館書店、pp.21-24.
柳沢和雄（1996）「これからの教科外体育のマネジメント」「体育科教育」第44巻第12号、大修館書店、pp.22-24.
柳沢和雄（1997）「地域委譲のメリットとデメリット」「体育科教育」第45巻第7号、大修館書店、pp.36-38.
柳沢和雄（1998）「学校体育と地域社会の新たな関係構築へ向けて」「体育科教育」第46巻第17号、大修館書店、pp.114-116.
柳瀬好夫（1975）「明石市における課外スポーツクラブ活動」「新体育」第45巻第4号、新体育社、pp.32-33.
山市孟（1972）「高等学校における教科外体育の運営と指導」「学校体育」第25巻第2号、日本体育社、pp.58-65.
山岡二郎（1954）「中学校長としての立場から」「新体育」第24巻第2号、新体育社、pp.17-23.
山岡二郎（1961）「現場からみた中学校の対外競技の問題点」「学校体育」第14巻第8号、日本体育社、pp.23-27.
山岡二郎（1962）「課外体育のあり方」「新体育」第32巻第10号、新体育社、pp.84-88,117.
山川岩之助（1967）「全校スポーツ活動の必要」「学校体育」第20巻第9号、日本体育社、

pp.10-13.
山川岩之助（1973）「クラブ活動をめぐる問題」「健康と体力」第5巻第9号、第一法規出版、p.57.
山口満編（2001）『新版 特別活動と人間形成』学文社
山口泰雄（1988）「生涯スポーツからみた部活動のあり方」「学校体育」第41巻第11号、日本体育社、pp.28-34.
山口泰雄／池田勝（1987）「スポーツ社会学の最近の研究動向1 スポーツの社会化」「体育の科学」第37巻第2号、杏林書院、pp.142-148.
山口県立山口高等学校（1993）「自己教育力の育成」「学校体育」第46巻第1号、日本体育社、pp.31-35.
山村賢明（1985）「教育社会学の研究方法」、柴野昌山編『教育社会学を学ぶ人のために』所収、世界思想社、pp.43-59.
山本清洋（1987）「子どもスポーツに関する社会化研究の現状と課題」「体育・スポーツ社会学研究」第6号、pp.27-49.
山本清洋（1990）「これからの体育・スポーツ指導者に求められるもの」「学校体育」第43巻第1号、日本体育社、pp.26-28.
山本清洋（1993）「転換期を迎えたスポーツクラブ・部活動」「学校体育」第46巻第12号、日本体育社、pp.10-13.
山本徳郎（1988）「体育やスポーツの科学化・合理化が意味していたもの」「体育・スポーツ評論」第3号、不昧堂出版、pp.93-112.
横田匡俊（2002）「運動部活動の継続及び中途退部にみる参加動機とバーンアウトスケールの変動」「体育学研究」第47巻第5号、日本体育学会、pp.427-437.
横田匡俊（2004）「運動部活動の現場から（3）顧問教員からみる運動部の利点と今後」「月刊トレーニングジャーナル」第26巻第5号、ブックハウス・エイチディ、pp.64-67.
吉田清（1961）「対外試合の新しい基準をめぐって」「体育科教育」第9巻第7号、大修館書店、pp.6-7.
吉田清（1965）「文部省通達「対外競技の基準」の存廃をめぐって」「新体育」第35巻第2号、新体育社、pp.117-122.
吉田浩之（2009）『部活動と生徒指導――スポーツ活動における教育・指導・援助のあり方』学事出版
吉村斉／坂西友秀（1994）「学校生活への満足度と部活動との関係（2）」「埼玉大学紀要（教育学部）教育科学」第43巻第1-2号、埼玉大学教育学部、pp.53-68.
読売新聞社（1958－）『読売新聞（縮刷版）』読売新聞社
ルソー（1962－64）『エミール』今野一雄訳（岩波文庫）、岩波書店
脇本三千雄（1970）「クラブ活動の問題点」「新体育」第40巻第6号、新体育社、pp.10-11.
渡辺誠三（1997）「中等学校における部活動の発祥と位置づけ――明治20年代を中心として」「日本特別活動学会紀要」第6号、日本特別活動学会、pp.35-47.
渡辺融（1961）「東京大学開設当時における体育とスポーツに関する一考察」「体育学紀要」第1号、東京大学教養学部体育研究室、pp.1-7.
渡辺融（1973）「F.W.ストレンジ考」「体育学紀要」第7号、東京大学教養学部体育研究室、pp.7-22.
渡辺融（1978）「明治期の中学校におけるスポーツ活動」「体育学紀要」第12号、東京大学教

養学部体育研究室、pp.1-22.
21世紀カリキュラム委員会編（1999）『地球市民を育てる――学校がつくる子どもがつくるわたしのカリキュラム』アドバンテージサーバー
Benesse教育研究開発センター編（2007）『教員勤務実態調査（高等学校）報告書――平成18年度文部科学省委託調査研究報告書』Benesse教育研究開発センター

［英語文献（アルファベット順）］

Aspinall, R. W.（2001）*Teacher's unions and the politics of education in Japan*, State University of New York Press.
Bennett, B. L., Howell, M. L. and Simri, U.（1983）*Comparative physical education and sport*, second edition, Lea & Febiger.
Best, C.（1985）"Differences in social values between athletes and nonathletes", *Research quarterly for exercise and sport*, 56（4）, pp.366-369.
Blackwood, T.（2008）"Bushido baseball?", *Social science Japan journal*, 11（2）, pp.223-240.
Blackwood, T.（2010）"Playing baseball/playing 'house'", *Sport, education and society*, 15（1）, pp.83-101.
Broh, B. A.（2002）"Linking extracurricular programming to academic achievement", *Sociology of education*, 75（1）, pp.69-95.
Cave, P.（2004）"Bukatsudo", *The journal of Japanese studies*, 30（2）, pp.383-415.
Chelladurai, P. and Kuga, D. J.（1996）"Teaching and Coaching", *Quest*, 48（4）, pp.470-485.
Coakley, J. J.（2003）*Sports in society*, 8th edition, international edition, McGraw-Hill.
Crosnoe, R.（2001）"The social world of male and female athletes in high school", *Sociological studies of children and youth*, 8, pp.89-110.
Crosnoe, R.（2002）"Academic and health-related trajectories in adolescence", *Journal of health and social behavior*, 43（3）, pp.317-335.
Cummings, W.（1980）*Education and equality in Japan*, Princeton University press.
De Knop, P., Engstrom, L. M., Skirstad, B. and Weiss, M. R. eds.（1996）*Worldwide trends in youth sport*, Human kinetics publisher.
Denscombe, M.（1985）*Classroom control*, Allen & Unwin.
Eidsmoe, R. M.（1964）"High school athletes are brighter", *Journal of health, physical education and recreation*, 35（5）, pp.53-54.
Eitle, T. M. and Eitle, D. J.（2002）"Race, cultural capital, and the educational effects of participation in sports", *Sociology of education*, 75（2）, pp.123-146.
Eitzen, D. S. and Sage, G. H.（2009）*Sociology of North American sport*, 8th edition, Paradigm publishers.
Fejgin, N.（1994）"Participation in high school competitive sports", *Sociology of sport journal*, 11（3）, pp.211-230.
Feldman, A. F. and Matjasko, J. L.（2005）"The role of school-based extracurricular activities in adolescent development", *Review of educational research*, 75（2）, pp.159-210.
Feltz, D. L. and Weiss, M, R.（1984）"The impact of girls' interscholastic sport participation on academic orientation", *Research quarterly for exercise and sport*, 55（4）, pp.332-339.
Figone, A. J.（1994）"Teacher-Coach Role Conflict", *The physical educator*, 51（1）, pp.29-34.

Flath, A. W. (1987) "Comparative physical education and sport",「体育学研究」31 (4), pp.257-262.

Fredricks, J. A., Alfeld-Liro, C. J., Hruda, L. Z., Eccles, J. S., Patrick, H. and Ryan, A.M. (2002) "A qualitative exploration of adolescents' commitment to athletics and the arts", *Journal of adolescent research*, 17 (1), pp.68-97.

Gerdy, J. R. (2006) Air Ball, University Press of Mississippi.

Gore, S., Farrell, F. and Gordon, J. (2001) "Sports involvement as protection against depressed mood", *Journal of research on adolescence*, 11 (1), pp.119-130.

Goldsmith, P. A. (2003) "Race relationship and racial patterns in school sports participation", *Sociology of sport journal*, 20 (2), pp.147-171.

Haag, H., Kayser, D. and Benett, B. L. eds. (1987) *Comparative physical education and sport* (volume 4), Human kinetics publisher.

Hanks, M. P. and Eckland, B. K. (1976) "Athletics and social participation in the educational attainment process", *Sociology of education*, 49 (4), pp.271-294.

Hanson, S. L. and Kraus, R. S. (1998) "Women, sports, and science", *Sociology of education*, 71 (2), pp.93-110.

Holland, A. and Andre, T. (1987) "Participation in extracurricular activities in secondary school", *Review of educational research*, 57 (4), pp.437-466.

Hollis, M. (2002) *The philosophy of social science (revised and updated)*, Cambridge University Press.

Landers, D. M. and Landers, D. M. (1978) "Socialization via interscholastic athletics", *Sociology of education*, 51 (4), pp.299-303.

Landers, D. M., Feltz, D. L., Obermeier, G. E. and Brouse, T. R. (1978) "Socialization via interscholastic athletics", *Research quarterly*, 49 (4), pp.475-483.

Light, R. (2000) "From the profane to the sacred", *International review for the sociology of sport*, 35 (4), pp.451-463.

Light, R. (2008) "Learning masculinities in a Japanese high school rugby club", *Sport, education and society*, 13 (2), pp.163-179.

Locke,L.F. and Massengale,J.D. (1978) "Role conflict in teacher/coaches", *Research quarterly*, 49 (2), pp.5-11.

Mangan, J. A. (1981) *Athleticism in the Victorian and Edwardian public school*, Cambridge University Press.

Marsh, H. W. (1993) "The effects of participation in sport during the last two years of high school", *Sociology of sport journal*, 10 (1), pp.18-43.

McDonald, B. and Hallinan, C. (2005) "Seishin habitus", *International review for the sociology of sport*, 40 (2), pp.187-200.

McElroy, M. A. (1979) "Sport participation and educational aspirations", *Research quarterly*, 50 (2), pp.241-248.

McNeal, R. B., Jr. (1995) "Extracurricular activities and high school dropouts", *Sociology of education*, 68 (1), pp.62-80.

McPherson, B. D., Curtis, J. E. and Loy, J. W. (1989) *The social significance of sport*, Human kinetics publisher.

Melnick, M. J., Vanfossen, B. E. and Sabo, D. F. (1988) "Developmental effects of athletic participation among high school girls", *Sociology of sport journal*, 5 (1), pp.22-36.

Melnick, M. J., Sabo, D. F. and Vanfossen, B. E. (1992a) "Effects of interscholastic athletic participation on the social, educational, and carrer mobility of Hispanic girls", *International review for the sociology of sport*, 27 (1), pp.57-74.

Melnick, M. J., Sabo, D. F. and Vanfossen, B. (1992b) "Educational effects of interscholastic athletic participation on African-American and Hispanic youth", *Adolescence*, 27 (106), pp.295-308.

Miller, A. (2011) "Beyond the four walls of the classroom", in Wills, D. B. and Rappleye, J. eds., *Reimagining Japanese education*, Symposium Books, pp.171-191.

Miller, K. E., Sabo, D. F., Farrell, M. P., Barnes, G. M. and Melnick, M. J. (1998) "Athletic participation and sexual behavior in adolescents", *Journal of health and social behavior*, 39 (2), pp.108-123.

Miller, K. E., Sabo, D. F., Farrell, M. P., Barnes, G. M. and Melnick, M. J. (1999) "Sports, sexual behavior, contraceptive use, and pregnancy among female and male high school students", *Sociology of sport journal*, 16 (4), pp.366-387.

Miracle, A. W and Rees, C. R. (1994) *Lessons of the locker room,* Prometheus book.

National Center for Education Statistics (2005) *Youth indicators 2005.*

Nicholson, C. S. (1979) "Some attitudes associated with sport participation among junior high school females", *Research quarterly,* 50 (4), pp.661-667.

Otto, L. B. and Alwin, D. F. (1977) "Athletics, aspirations, and attainments", *Sociology of education,* 50 (2), pp.102-113.

Rees, C. R. and Miracle, A. W. (2000) "Education and sports", in Coakley, J. and Dunning, E. eds., *Handbook of sports studies,* Sage, pp.277-290.

Rees, C. R., Howell, F. M. and Miracle, A. W. (1990) "Do high school sports build character? A quasi-experiment on a national sample", *The social science journal,* 27 (3), pp.303-315.

Rehberg, R. A. and Schafer, W. E. (1968) "Participation in interscholastic athletics and college expectations", *American journal of sociology,* 73 (6), pp.732-740.

Riess, S. A. (1995) *Sport in industrial America 1850-1920,* Harlan Davidson.

Roden, D. (1980) *Schooldays in imperial Japan,* University of California press.

Rohlen, T. P. (1983) *Japan's high schools,* University of California press.

Sabo, D., Melnick, M. J. and Vanfossen, B. E. (1993) "High school athletic participation and postsecondary educational and occupational mobility", *Sociology of sport journal,* 10 (1), pp.44-56.

Sage, G. H. (1987) "The Social World of High School Athletics Coaches", *Sociology of sport journal,* 4 (3), pp.213-228.

Sage, G. H. (1989) "Becoming a High School Coach",*Research quarterly for excercise and sport,* 60 (1), pp.81-92.

Sage, G. H. (1998) *Power and ideology in American Sport,* second edition, Human kinetics publisher.

Saunders, J. E. (1987) "Comparative research in regard to physical activity within schools", in Haag, H. et al., eds., *Comparative physical education and sport* (volume 4), Human kinetics publisher, pp.107-126.

Schendel, J. (1965) "Psychological differences between athletes and nonparticipants in athletics at three educational levels", *Research quarterly*, 36 (1), pp.52-67.

Siedentop, D. ed. (1994) *Sport Education*, Human Kinetics publisher.

Spady, W. G. (1970) "Lament for the letterman", *American journal of sociology*, 75 (4), pp.680-702.

Spreitzer, E. (1994) "Does participation in interscholastic athletics affect adult development?", *Youth and society*, 25 (3), pp.368-387.

Spreitzer, E. and Pugh, M. (1973) "Interscholastic athletics and educational expectations", *Sociology of education*, 46 (2), pp.171-182.

Sport England (2001) *Young people and sport in England 1999*.

Snyder, E. E. and Spreitzer, E. (1977) "Participation in sport as related to educational expectations among high school girls", *Sociology of education*, 50 (1), pp.47-55.

Snyder, E. E. and Spreitzer, E. (1979) "High school value climate as related to preferential treatment of athletes", *Research quarterly*, 50 (3), pp.460-467.

Thirer, J. A. and Wright, S. D. (1985) "Sport and social status for adolescent males and females", *Sociology of sport journal*, 2 (2), pp.164-171.

Thurston, D. R. (1973) *Teachers and politics in Japan*, Princeton University Press.

Tracy, A. and Erkut, S. (2002) "Gender and race patterns in the pathways from sports participation to self-esteem", *Sociological perspectives*, 45 (4), pp.445-466.

University of Michigan, Institute for Social Research (1975-) , *Monitoring the future*.

Vogel, E. F. (1979) *Japan as number one*, Harvard University press.

Wagner, E. A. ed. (1989) *Sport in Asia and Africa*, Greenwood press.

Weiss, M. R. and Gould, D. eds. (1986) *The 1984 Olympic scientific congress proceedings (volume 10) Sport for children and youths*, Human kinetics publisher.

Weiss, M. R. and Hayashi, C. T. (1996) "The United States" in De Knop, P. et al. eds., *Worldwide trends in youth sport*, Human Kinetics Publishers, pp.43-57.

Woods, P. (1979) *The divided school*, Routledge & K. Paul.

Woods, P. (1983) *Sociology and the school*, Routledge & K. Paul.

Yamaguchi, Y. (1996) "Japan" in De Knop, P. et al. eds., *Worldwide trends in youth sport*, Human Kinetics Publisher, pp.67-75.

［著者略歴］
中澤篤史（なかざわ・あつし）
1979年、大阪府生まれ
東京大学教育学部卒業、東京大学大学院教育学研究科修了、博士（教育学、東京大学）
一橋大学講師・准教授を経て、現在、早稲田大学スポーツ科学学術院教授
専攻はスポーツ社会学・身体教育学・社会福祉学
著書に『そろそろ、部活のこれからを話しませんか――未来のための部活講義』（大月書店、2017年）、共著に*Routledge Handbook of Youth Sport*（Routledge, 2016）など

運動部活動の戦後と現在
なぜスポーツは学校教育に結び付けられるのか

発行	2014年3月26日　第1刷
	2023年1月18日　第7刷
定価	4600円＋税
著者	中澤篤史
発行者	矢野未知生
発行所	株式会社青弓社
	〒162-0801 東京都新宿区山吹町337
	電話 03-3268-0381（代）
	http://www.seikyusha.co.jp
印刷所	三松堂
製本所	三松堂

© Atsushi Nakazawa, 2014
ISBN978-4-7872-3374-5 C0036

山本雄二
ブルマーの謎
〈女子の身体〉と戦後日本

1990年代以降に学校現場から姿を消したブルマーは、なぜ60年代に一気に広がり、30年間も定着したのか。綿密な資料探索や聞き取り調査を通して、普及のプロセスと戦後日本の女性観の変容と軋轢を浮き彫りにする。定価2000円+税

岩竹美加子
PTAという国家装置

社会教育組織・地域組織としてこの国最大規模の巨大組織であるPTAの歴史と目的、活動を、歴史的な背景、国の教育行政やほかの地域組織との関連、共同体論や社会関係資本などとの関係から多角的に考察する。　定価2000円+税

笹生心太
ボウリングの社会学
〈スポーツ〉と〈レジャー〉の狭間で

ボウリングはなぜ、どのように日本に広まったのか。1960年代半ばから70年代初頭の爆発的なブームを起点にボウリングの戦後史をたどって、時代ごとの社会的な評価や人々の余暇観の変化などを照らし出す。　定価1600円+税

松尾哲矢
アスリートを育てる〈場〉の社会学
民間クラブがスポーツを変えた

民間スポーツクラブの台頭が青少年期のアスリート養成とスポーツ界全体の構造を変化させている。民間スポーツクラブの誕生と発展、学校運動部とのせめぎ合いをたどり、アスリートを養成する〈場〉の変容に迫る。定価2000円+税

古川岳志
競輪文化
「働く者のスポーツ」の社会史

ケイリンとしてオリンピック種目にも採用されている日本発祥の自転車競技・競輪。選手とファンの関係、公的な運営組織と選手、競輪場と地域社会、競輪界とスポーツ界などの切り口から、競輪の戦後史を活写する。定価2000円+税